工程原理 上

【美】布雷特·A.汉德利　戴维·M.马歇尔　克雷格·库恩　著
黄兆祺　楼初旸　唐楚虹　汪凡　王佳元　译

上海科技教育出版社

出版说明

21世纪是知识和经济全球化的时代，科技创新越来越受到重视，社会对科技与工程类人才的需求与日俱增。各国为了应对竞争压力，纷纷进行基础教育改革，尤其是美国发起的STEM（科学、技术、工程和数学，简称STEM）教育，在全世界引起了广泛的关注和探索实践。

当前，我国基础教育阶段的工程教育尚处于起步阶段，没有成熟的课程设置与师资配备，也缺乏相对权威可靠的课程资源。为此，我们精选美国“项目引路”机构（Project Lead the Way，简称PLTW）的课程资源，引进出版了这套“中小学工程教育”丛书。目前，美国50个州和哥伦比亚特区已经有4700多所学校开设PLTW课程，PLTW的课程资源是目前美国初中和高中使用最广泛的预备工程教育课程资源。我们希望，这套丛书的引进出版，为我国当下正在策划的基于“核心素养”的基础教育课程改革，以及我国以工程技术思想为龙头的STEM教育的有效实施提供参考。

需要说明的是，原书使用的度量衡单位、符号及部分规范，与国内通用的国际单位有所不同，为了原汁原味地保持原有内容，以及行文的简洁，我们仅在每本书的前面附上了单位换算表，以方便读者使用。此外，该套丛书涉及科学、技术、工程和数学多个领域，翻译难度较大。不当之处，欢迎广大读者批评指正。

丛书序

教育要面向未来多变的社会，要培养具备全球胜任力的学生。在这样的背景下，综合性、跨学科的知识和能力越来越重要，这也是我国当前课程改革中最新提出培养、发展学生核心素养（即必备品格与关键能力）的重要内涵。因此，通过加强跨学科课程建设，给学生提供跨学科学习经历尤显重要。国际上当前流行的STEM、STEAM课程，也正是以跨学科、综合性作为其重要特征的。

我国的基础教育历来十分注重学科课程。虽然学科课程原本内涵着跨学科的元素（如物理中有数学，化学中有物理，历史中有地理），但长期以来已被固化，缺乏与时俱进的深化和拓展。近年的课程改革又开始重视综合性课程和跨学科课程的开发，如全国课程改革中的综合实践活动课程，上海课程改革中的研究型课程、科学课程和艺术课程。但在实施中，这些课程远未达到应有的水平。而且现在看来，这些课程缺乏了一个重要内容，就是工程教育。工程是科学、数学与技术等的整合与应用，航天工程、生物工程、桥隧工程、建筑工程、“菜篮子工程”等都是工程。在工程中，必须把设计思维和实践能力放在重要位置，这就要求能够在面临一个复杂的、综合性的任务时，创造性地利用各种手段和方式去完成任务。在设计思维里，系统性思想、以人为本的思想都非常重要。因此，工程教育是跨学科的，是培养设计思维和实践能力的一个很重要的载体，而这正是发展学生核心素养的重要内容。

在基础教育课程改革中，我们首先关注课程的育人价值，在今天特别要考虑课程面对未来的育人功能。工程教育的缺失会产生育人的短板，这也是国际教育界通过反思之后特别重视STEM课程的重要原因。当前，加强工程教育已经成为国际共识。相比之下，我们就更需要努力了。

如何弥补工程教育在我国基础教育中的的薄弱与空白？由于当前国内还没有理想的中小学工程教育教材，所以需要学习和借鉴。本套“中小学工程教育”丛书是从美国引进的，有很多值得借鉴的优点。首先，内容系统、完整。书中对工程学科有全面、系统的介绍，包括工程设计的一般流程，工程建设相关的工具、材料、职业等。书中还结合具体的工程项目，介绍了物理、数学等学科知识在工程问题中的应用。其次，它是跨学段的系统设计，初中阶段的学生用书是《工程学入门》，高中阶段的学生用书是《工程原理》《工程设计导论》，内容的难易与梯度都比较合适。第三，语言生动、图文并茂，可读性很强。最后，整套书不仅有功能类似传统教材的学生用书，还有配套实践手册，可供学生练习、提高。

“他山之石，可以攻玉”。我希望这套“中小学工程教育”丛书的翻译出版，可以为我国当前的课程改革、教材开发服务。希望国内的相关人士，能够在此基础之上，开发本土中小学工程教育教材。

张民生

2017年12月

单位换算表

量的名称	英（美）制单位		换算关系
	名称	符号	
长度	英寸	in	1 in = 25.4 mm
	英尺	ft	1 ft = 12 in = 0.3048 m
	码	yd	1 yd = 3 ft = 0.9144 m
	英里	mi	1 mi = 1760 yd = 1609.344 m
面积	平方英寸	in^2	1 in^2 = 645.16 mm^2
	平方英尺	ft^2	1 ft^2 = 0.092 903 m^2
	英亩	acre	1 acre = 4840 yd^2 = 4046.856 m^2
体积	立方英寸	in^3	1 in^3 = 16.387 cm^3
容积	加仑（美）	gal	1 gal = 231 in^3 =3 .785 4 L
流量	加仑每分钟	gal/min, gpm	1 gpm = 0.003 785 4 m^3/s
速度	英尺每分钟	ft/min	1 ft/min = 0.005 08 m/s
	英寸每秒	in/s	1 in/s = 0.0254 m/s
	英寸每分钟	in/min	1 in/min = 0.3048 m/s
加速度	英尺每平方秒	ft/s^2	1 ft/s^2 = 0.3048 m/s^2
质量	磅	lb	1 lb = 0.453 59 kg
	盎司	oz	1 oz = 28.3495 g
压强，应力	磅每平方英寸	lb/in^2, psi	1 psi = 6894.757 Pa
	千磅每平方英寸	ksi	1 ksi = 6 894 757.293 Pa
温度	华氏度	℉	华氏度 = $\frac{9}{5}$ 摄氏度 + 32 华氏度 = $\frac{9}{5}$ 开氏度 − 459.67
功、能、热	英尺磅	ft · lb	1 lbf · ft = 1.355 82 J
	英寸盎司	in · oz	1 in · oz = 0.007 061 55 J
	英制热量单位	Btu	1 Btu = 1055.056 J
	热姆	therm	1 therm = 10 000 Btu = 105 505 585.26 J
比热容	英制热量单位每磅华氏度	Btu/（lb · ℉）	1 Btu/(lb · ℉) = 4186.8 J/(kg · K)

（续表）

量的名称	英（美）制单位		换算关系
	名称	符号	
功率	英尺磅每秒	ft · lb/s	1 ft · lb/s = 1.355 82 W
	马力	hp	1 hp = 550 ft · lb/s = 745.700 W
转矩	盎司力英寸	ozf · in	1 ozf · in = 0.007 061 55 N · m
	磅力英寸	lbf · in	1 lbf · in = 0.112 985 N · m
	磅力英尺	lbf · ft	1 lbf · ft = 1.355 82 N · m

前言

毫无疑问，工程学并不是一门新兴的学科。从人类文明开始出现时，工程学就得到了运用。随着更多强有力技术的进化与整合，工程师使用的方法一直在改变。然而，工程学最基本的原理（比如说概念、科学定律、数学公式）却是始终不变的。

《工程原理》对于教师来说是一本全新的教科书，他们可以用它帮助高中生在现有数学和科学知识的基础上，理解什么是工程学。同时，它也可以激发学生对工程学领域以及技术领域的职业的探索热情。《工程原理》这本书通过展示工程师和设计专家塑造现代化人造社会所依据的原理和概念，培养学生的技术素养以及解决问题的能力。这些能力在后续的工程学学习以及工程技术活动中都是非常宝贵的。

《工程原理》和PLTW机构

本书是德尔玛圣智学习出版公司（Delmar Cengage Learning）和项目引路机构（Project Lead The Way，简称PLTW）于2006年2月开展的一项合作的成果。作为一家开发工程学课程的非营利性基金会，为了让学生能够更好地学习工程学以及工程项目，PLTW机构整理了一系列与之相关的严谨的、实用的重要知识。

PLTW的课程开发人员力求在每一门课程中，通过策划易于实施、联系实际的项目让学生学到相关的数学、科学知识。为了支持PLTW的课程目标以及所有想要在工程学领域和工程技术领域策划项目的老师，德尔玛圣智学习出版公司出版了一系列教科书来配合PLTW的九门课程：

技术入门
工程设计导论
工程原理
数字电子学
航空航天工程
生物技术工程
土木工程与建筑

计算机集成制造

工程设计与开发

本书是如何研发的？

德尔玛“PLTW”系列的研发是从一个讨论小组开始的。这个讨论小组的成员都是经验丰富的教师以及课程研究人员，他们都来自工程学科的不同领域。通过讨论，他们认为有两点非常重要：(1) 教师需要一种适应当今工程学教学的资源；(2) 教师希望能够有支持基于项目和问题学习的互动资源。

多年来，教师们一直试图让传统的教科书适用于以科学、技术、工程与数学（STEM）为基础的工程学课程。大多数高中教师在教学时，都会先从一摞厚厚的课本中提取有用的素材，然后组合起来再给同学讲解工程学的概念。《工程原理》这本书满足了以上需求，因为它既有工程学的理论知识也有相应的应用技术。从此，教师就可以选择只用一本书进行教学，因为这一本书就可以解决基于项目和问题学习的问题，并且全面覆盖工程设计过程需要用到的重要概念和技术。

本书的独特之处在于它是由一个团队撰写的，作者们都拥有丰富的高中工程学理论教学经验。这些作者耗费了大量精力编写这本高中生能够理解但又不失严谨的课本。每一个章节的内容都经过工程学教授的彻底审查，以确保工程学内容的准确性和合理性。《工程原理》通过以下方式支持基于项目和问题的学习：

- 创造了以概念理解而非传统课本内容指导的非常规教育方法，它“重在示范，而不是灌输”。在每一章节的开始，便将重要概念罗列出来，从而使学生在阅读过程中能清楚地理解概念的含义。
- 根据实际的应用案例、项目策划、问题的解决，加深对重要概念的理解。
- 将课本里的内容与现实世界相结合。案例研究、工程师档案、讲述人类成就的短文以及拓展学习部分的资源向学生展示了工程师和建筑师如何迈上职业道路，如何战胜失败挫折，如何不断创新以完善成果、提高项目质量。
- 加强了课本的互动性。本书包含许多有趣的古代和现代的土木工程与建筑实践活动，供学生参与、练习。

组织

本书主题严谨有序，每一个主题都经过了精挑细选，能够满足PLTW对于“工程原理”课程的要求。

特点

教师希望能够有一本具有互动性的教科书，以使学生对塑造当今城市的工程产品和工程方案背后的故事感兴趣。在本教科书中，有许多的趣味阅读和关于当代技术的介绍，通过以下这些小栏目，让学生体验整个设计过程。

▶ **案例研究** 让学生能够探索学习设计团队发明新技术的过程。

案例研究

木工具箱：设计木质机械驱动玩具

埃里克·威廉森（Eric Williamson）是一位设计师和手工艺者，家住英国威尔士中部的兰布林迈尔。自20世纪70年代以来，他一直在制造独特的木制玩具，并称其为机器人。这些玩具利用简单的机械装置，例如连杆机构和凸轮，将手摇曲柄的旋转运动传递给木质动物形象、机器,甚至人像玩偶，使它们做出一些栩栩如生的动作（见图4-16）。埃里克的灵感来自于他对人体解剖学和大自然创造优雅运动方式能力的崇敬，这些优雅的运动极难用机械进行复制。

在他妻子艾莉森（Alison）的帮助下，埃里克将他的机器人发展成为商业化的自行拼装式木制玩具，叫做Timberkits，销往全世界。尽管高科技玩具不断涌现，但埃里克的机器人20年来一直畅销。他认为很多针对儿童的现代玩具和活动没有给孩子的想象力留下空间。“人类的想象力是很强大的。孩子总是能从最简单、最平凡的物体中发现一些相当神奇、难以想象的东西，并且会热衷于将一片片的木头拼成一个鼓手、一只毛毛虫，或者是一条龙。”

埃里克“将想法转换为可行的现实”所用的设计方法非常独特，包括了反反复复地画图和建模。“我的方法可以概括为，一个艺术家认为他的想法一定能被制造出来，而且一定能够大卖！首先，我简单地‘涂涂画画’。然后我制作模型来检验想法是否可行。在此之后，我回到画图板（有数学工具的那种简单、老式的板），修改图稿。这个过程反复进行，直到我做好画‘技术图纸’的准备，这种图纸要详细说明每一个元件各个部位的尺寸。”

埃里克把他完成的模型展示给别人，让他们对他的想法“挑毛病”，反馈“真实世界”对它们的看法。他也和零售商合作，发现他们感兴趣的地方。然后把一个完成的样品送到中

(a) (b)

图4-16 （a）威廉森自20世纪70年代以来一直在设计和制造木玩具。（b）他的商业化的木玩具工具包（叫做Timberkits），将简单的机械装置运用在活灵活现的模型里，例如这个毛毛虫和蝴蝶。

案例研究

国制造商手中，利用传统方法或计算机辅助制造法进行批量生产。每一个工具包都配备有详细的拼装步骤说明，还有手工绘制的原尺寸斜视立体图。霸王龙是埃里克的Timberkits模型之一（见图4-17）。

图4-17 霸王龙的部件由一系列彼此联系的连杆机构和凸轮组成。

组装好的霸王龙由手动曲柄机构驱动，曲柄连接在平板凸轮上（见图4-18）。平板凸轮再通过连杆机构和活动铰链连接到玩具的左腿上。连杆机构将曲柄连续的圆周运动转换成摇摆运动，使得左腿前后摆动。右臂和下颌是一个四杆机构系统的一部分，控制着霸王龙嘴巴的张开和合拢。当右臂向上抬起时，嘴巴闭合。

埃里克和他的妻子希望能够激励孩子们用一切可利用的资源制造他们自己的机器人，无论他们年龄大还是小。“我们希望人们做出自己的模型，而且希望我们的模型能够打开这个局面。”

图4-18 （a）改良的滑块和曲柄使得玩具的左臂活灵活现。（b）霸王龙下颌的运动是由一个四杆机构控制的。

(a) (b)

▶ **趣味阅读** 展示有趣的故事以及产品不断完善的过程。

趣味阅读

通往未来的桥梁

达·芬奇的发明在当时并非都是可实现的，其中有许多是超越时代的。比如，在1502年，达·芬奇曾为博斯普鲁斯河画了一张长达720英尺的单孔桥的设计草图，这个项目是君士坦丁堡苏丹巴耶赛特二世时期土木工程合同中的一部分，位于现在的土耳其。但是这座桥一直未能建成，因为达·芬奇对于该桥的建造构想比当时的工程技术水平领先300年。大约500年后，达·芬奇的这份简约却不简单的草图吸引了挪威艺术家桑德（Vebjøon Sand）的注意。桑德从这张草图中得到了灵感，并决定将该想法变成现实。达·芬奇的这张草图画完500年以后，这座达·芬奇桥最终于2001年10月31日在挪威奥斯陆建成并开放供行人和骑自行车的人使用。目前，桑德正在考虑在美国的一些地方继续建造达·芬奇桥。

▶ **轮到你了** 通过技能型活动强化书中的概念。

轮到你了

2010年1月，阿拉伯联合酋长国迪拜的哈利法塔成功投入使用，成为世界上最高的建筑。这座塔高2625英尺，层数超过160层（图1-20）。你可以在网上查询关于这座世界上最高的建筑的资料，并调查一下在这个工期长达6年的项目中，工程师所遇到的问题和采取的解决方法。

图1-20 哈利法塔是世界上最高的建筑，高达2625英尺。

▶ **术语解释** 贯穿全文，为工程学术语提供可靠的解释。

连杆机构（linkage）： 是指机械系统中某些刚性机械部件的装配集合，它们连接在一起传递力和控制运动。

▶ **STEM** 展示用科学和数学原理解决工程技术领域问题的例子。

希腊符号π（pi）是一个常数，比3略大，数学家用它来表示圆的周长与直径的比值。上千年来，π让世界上无数的数学家为之着迷，因为它是一个无理数。它的小数位无限且不循环。科学计算器有个π按钮，方便人们进行相关计算。如果你没有科学计算器，那么使用π的近似值3.14也是可以接受的。因为数值的有效位数会影响到你的最终答案，所以在回答问题之前，最好先问一下你的老师应该选哪个数值。

- **工程师档案** 介绍一些优秀工程技术人员，以激发学生对工程学领域职业的追求。

工程师档案

诸事皆可能

霍布斯（Jamesia Hobbs）是一名工艺工程师，供职于美国科罗拉多州丹佛市的一个全球咨询公司的总部，她说：“工程涉及到我们日常生活中的各个方面。”在公司亚特兰大办公室工作的霍布斯被工程学的多样性所吸引。她说：“你的职业生涯有多条路可走，我就爱这许许多多的可能性，不喜欢停滞不前。”

霍布斯：化学工艺工程师

迄今为止她都没有停滞不前。在获得她的工程学位后，霍布斯在造纸行业的一个龙头企业工作。就是在那，她萌生了想要成为工程师的愿望。“工程师分两种，”她说，“实干型工程师，他们只是一味积极投入；另一种我称之为把控型工程师，也就是幕后工作者，他们的工作就是协助前者使之能够顺利完成自己的工作。我很早就意识到我更适合做后者，因为我确实很喜欢做设计工作，并把完成的内容打包发给客户。”

工作内容

霍布斯目前所在的公司涉及多个方面的内容，她在能源化工部门工作。她说：“现在我正投入在多晶硅工业的研究中，来设计某些能被运用于太阳能技术中的材料。现在的重点是为一些打算走环保型路线的公司提供帮助。”

作为一名化学工程师，霍布斯主要关心的是流过设备的原材料情况。她观察温度变化范围、化学品所处的气压大小以及管道中的情况。作为一名顾问，霍布斯几乎不进入现场检测。但她那让人难忘的工程师经历足以让她具备丰富的经验。霍布斯说：“当我还在纸品公司工作时，我是负责几个项目停工关闭系统的工程师。在一次停工期间，有一台设备必须彻底关闭进行维修和清洁。当时在动力室有一个很大的锅炉需要清洁和检查，而我就正好有机会进去看一遍。这些事情在学校里你也可以听到，但当你亲临现场，你会发现这将是一个极大的启发。”

职业启蒙

霍布斯并不是一直都清楚自己要当一名工程师。她说：“在我小的时候，我对于我长大要做什么的想法每周都会变，但是我始终热爱数学和科学，它们对我来说就像谜一样。当我听说一个朋友家的女儿进入化学工程行业的时候，我觉得有点意思。”

霍布斯的父母支持她的想法，但并没有强迫她。她说：“他们俩在我出生前都没有上过大学，但他们一直强调教育对我的未来是多么重要。所以在我很小的时候，我就知道取得好成绩以进入大学是多么重要。为了强调大学教育的重要性，我的母亲在我高中二年级的时候开始攻读一个大学学位。”

教育经历

霍布斯以优异的成绩从北卡罗来纳州立农工大学毕业。她说：“这真的是一个很小的集体，因为在我们班只有12人左右，所以更像是一个家庭。”

霍布斯最爱的老师都是严厉管教学生的。霍布斯说：“我喜欢老师们严格要求我们，这样我才能学得最好。”

给学生的建议

霍布斯建议学生们一定要在数学和科学上打好坚实的基础以便于接受工程教育，但她同时也鼓励学生们应该做好多方面准备。她说：“从长远考虑，应该通过一家公司或是一家机构与工程始终保持接触，并且从不同方面找到可以运用到你的专业知识的地方。”

- **设计概要**和**工程师笔记本**是进行有效沟通的重要方式。

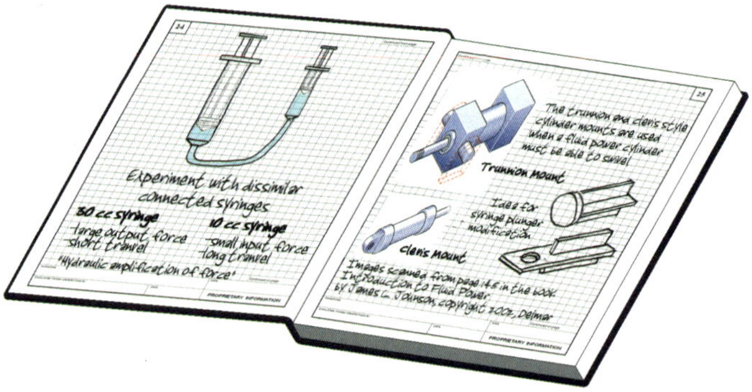

设计概要

客户：	杰纳西峡谷电力局
设计者：	克里斯廷·哈斯
问题陈述：	低放射性核废料的处理存在危险，不能让处理核废料的工人冒险与之直接接触。
设计要求：	设计一个特制的液压机器手臂，它可以从工作区域中的指定位置转移一个乒乓球大小的物体并将其扔进一个内径为1.5英寸的管道中。这个乒乓球大小的物体代表敏感物质。工作区域代表着危险的环境，不适合人类进入与敏感物质进行直接接触。
约束条件：	1. 完成期限：3周 2. 预算100美元 3. 最大重量 = 10 lb 4. 在机器手臂工作过程中，工作区内的任何物品不得与人体接触 5. 该机器组装完成以后，尺寸不能超过“11英寸 × 9英寸 × 17英寸”（一个标准复印纸纸盒的大小） 6. 该机器必须能够通过2个相距3英寸的1/4-20螺纹插件插入到测试环境的底座上

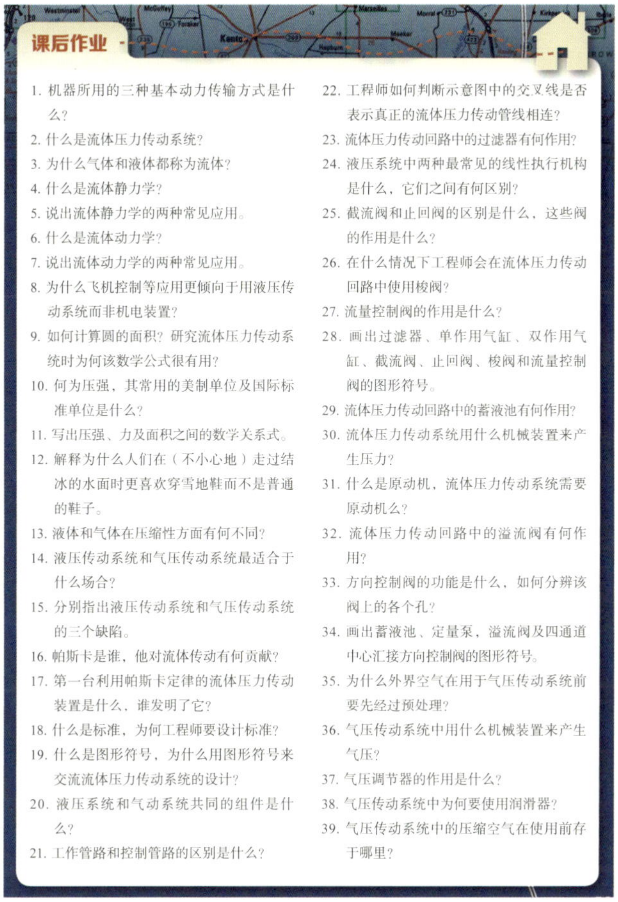

课后作业

1. 机器所用的三种基本动力传输方式是什么？
2. 什么是流体压力传动系统？
3. 为什么气体和液体都称为流体？
4. 什么是流体静力学？
5. 说出流体静力学的两种常见应用。
6. 什么是流体动力学？
7. 说出流体动力学的两种常见应用。
8. 为什么飞机控制等应用更倾向于用液压传动系统而非机电装置？
9. 如何计算圆的面积？研究流体压力传动系统时为何该数学公式很有用？
10. 何为压强，其常用的美制单位及国际标准单位是什么？
11. 写出压强、力及面积之间的数学关系式。
12. 解释为什么人们在（不小心地）走过结冰的水面时更喜欢穿雪地鞋而不是普通的鞋子。
13. 液体和气体在压缩性方面有何不同？
14. 液压传动系统和气压传动系统最适合于什么场合？
15. 分别指出液压传动系统和气压传动系统的三个缺陷。
16. 帕斯卡是谁，他对流体传动有何贡献？
17. 第一台利用帕斯卡定律的流体压力传动装置是什么，谁发明了它？
18. 什么是标准，为何工程师要设计标准？
19. 什么是图形符号，为什么用图形符号来交流流体压力传动系统的设计？
20. 液压系统和气动系统共同的组件是什么？
21. 工作管路和控制管路的区别是什么？
22. 工程师如何判断示意图中的交叉线是否表示真正的流体压力传动管线相连？
23. 流体压力传动回路中的过滤器有何作用？
24. 液压系统中两种最常见的线性执行机构是什么，它们之间有何区别？
25. 截流阀和止回阀的区别是什么，这些阀的作用是什么？
26. 在什么情况下工程师会在流体压力传动回路中使用梭阀？
27. 流量控制阀的作用是什么？
28. 画出过滤器、单作用气缸、双作用气缸、截流阀、止回阀、梭阀和流量控制阀的图形符号。
29. 流体压力传动回路中的蓄液池有何作用？
30. 流体压力传动系统用什么机械装置来产生压力？
31. 什么是原动机，流体压力传动系统需要原动机么？
32. 流体压力传动回路中的溢流阀有何作用？
33. 方向控制阀的功能是什么，如何分辨该阀上的各个孔？
34. 画出蓄液池、定量泵、溢流阀及四通道中心汇接方向控制阀的图形符号。
35. 为什么外界空气在用于气压传动系统前要先经过预处理？
36. 气压传动系统中用什么机械装置来产生气压？
37. 气压调节器的作用是什么？
38. 气压传动系统中为何要使用润滑器？
39. 气压传动系统中的压缩空气在使用前存于哪里？

▶ **课后作业**　在每一章节的最后，都有相应的问题和活动，以加强学生对本章节知识的理解。

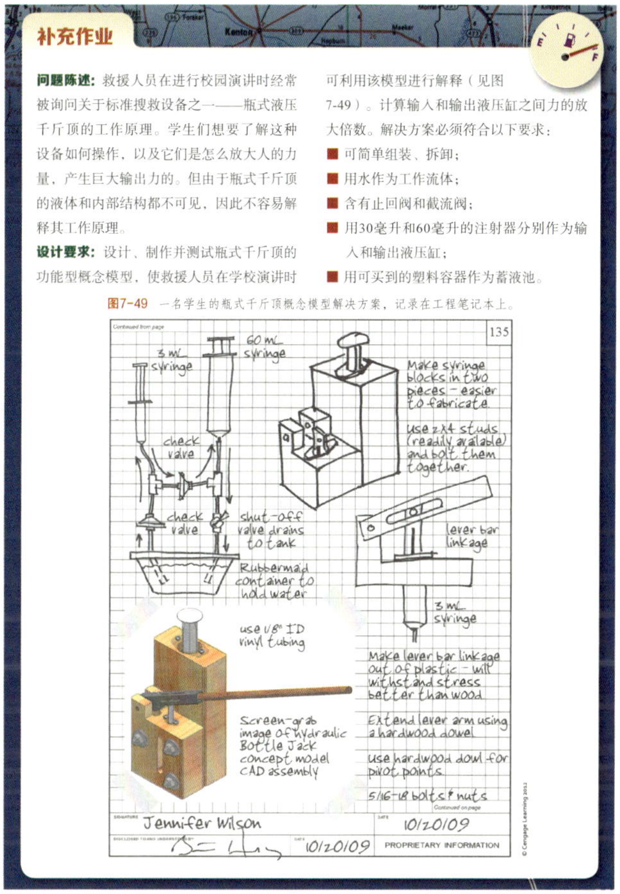

补充作业

问题陈述： 救援人员在进行校园演讲时经常被询问关于标准搜救设备之一——瓶式液压千斤顶的工作原理。学生们想要了解这种设备如何操作，以及它们是怎么放大人的力量，产生巨大输出力的。但由于瓶式千斤顶的液体和内部结构都不可见，因此不容易解释其工作原理。

设计要求： 设计、制作并测试瓶式千斤顶的功能型概念模型，使救援人员在学校演讲时可利用该模型进行解释（见图7-49）。计算输入和输出液压缸之间力的放大倍数。解决方案必须符合以下要求：

- 可简单组装、拆卸；
- 用水作为工作流体；
- 含有止回阀和截流阀；
- 用30毫升和60毫升的注射器分别作为输入和输出液压缸；
- 用可买到的塑料容器作为蓄液池。

图7-49　一名学生的瓶式千斤顶概念模型解决方案，记录在工程笔记本上。

▶ **补充作业**　在每一章节最后的工程设计挑战或探索项目为那些想要继续挑战的学生提供了一个深入学习的机会。

配套材料

为了帮助教师在工程学教学中运用现代化教学手段，在出版本书的同时还配套出版了学生实践手册，通过实践练习和活动加强学生对于教科书中概念的理解。

《工程原理》是怎样支持STEM课程的

科学和数学是我们交流工程技术思想的语言。在本书中，几乎没有哪个段落不涉及科学、技术、工程和数学的。对于数学、科学以及工程、技术之间的联系，作者还进行了补充阐述。在本书中“STEM”符号标记的段落展示了工程师或技术专家如何运用数学和科学原理完成杰出设计。

致谢

像《工程原理》这样一本书的完成离不开家人和朋友的耐心支持，以及教育机构的宝贵贡献。作者想要在这里感谢很多人的支持和耐心。

汉德利（Brett Handley）想要感谢父母、妻子和女儿在编写本教科书第一版的漫长进程中对他的忍耐、理解和无条件的支持。同样也要感谢他的学生、同事和领导一直对他的鼓励。汉德利希望以本书纪念他的外祖母康沃尔（Laura Cornwall），他的外祖母在初稿完成后不久就去世了。

马歇尔（Dave Marshall）想要感谢妻子梅拉妮（Melanie）的帮助，以及两个儿子对他把编书放在第一位的理解。特别要感谢他的学生和学校的技术团队不停地激发他的新想法。他还要感谢PLTW给予他这个机会，使他能够参与教学、编写课程并与同事进行交流，所有的一切都使他成为一个更好的教师。

PLTW的工程原理课程的教学始于20世纪80年代末期，是由我们的一位朋友和已退休的同事，来自纽约州克里夫顿帕克的舍内德霍瓦高中的凯恩（Paul Kane）发展起来的。感谢凯恩，若不是你，这本书可能根本不会出现。

除署名的作者之外，谢弗（Mary Pat Shaffer）、鲍威尔（Allyson Powell）、雅各布森（Dawn Jacobson）、威廉斯（Kent Williams）和施蒙西斯（Lindsay Schmonsees）等多位友人对本书作出了很多贡献。我们还要对我们的项目经理克莱因（Mary Clyne）表示特别的感谢，感谢她的专业、耐心、坚持不懈、指点迷津以及理解。

圣智学习出版公司希望感谢讨论小组及审稿团队为本项目提供宝贵的知识和经验。

讨论小组成员

贝尔图奇（Connie Bertucci），纽约州维克多，维克多高中

加西亚（Omar Garcia），加利福尼亚州圣迭戈，卡尼高中

汉德利（Brett Handley），纽约州斯科茨维尔，惠特兰-奇利中学

马特森（Donna Matteson），纽约州立大学奥斯威戈分校

赖希魏因（Curt Reichwein），宾夕法尼亚州兰斯代尔，北潘高中

雷卢斯库（George Reluzco），纽约州鹿特丹，莫霍纳森高中

施罗尔（Mark Schroll），克恩家族基金会项目协调人

威廉斯（Lynne Williams），科罗拉多州科泉市，科罗拉多高中

审稿团队

布伦德尔(Andy Brendel), 伊利诺伊州特洛伊, 三岛高中

巴克(Kyle Buck), 佛罗里达州塔彭斯普林斯, 东湖高中

哈夫利克(Nick Havlik), 威斯康星州布鲁克菲尔德, 东布鲁克菲尔德高中

休伯(Jason Huber), 威斯康星州南密尔沃基, 南密尔沃基高中

林奇(David Lynch), 威斯康星州麦迪逊, 纪念中学

马丁(Michael Martin), 加利福尼亚州里弗塞德, 马丁路德金高中

蒂姆·牛顿(Tim Newton), 纽约州恩迪科特, 联合恩迪科特高中

奥尔(Rick W. Orr), 犹他州奥格登, 韦伯州立大学

兰德森(Dara M. Randerson), 伊利诺伊州奥斯威戈, 东奥斯威戈高中

斯帕克(Daniel Spak), 俄亥俄州阿克伦, 费尔斯通高中

斯特赖特(George Streit), 威斯康星州埃德加, 埃德加高中

塔克(Peter Tucker), 伊利诺伊州特洛伊, 三岛高中

作者要感谢两位审稿者的特别支持:

罗特洛-珀杜(Pamela Lottero-Perdue), 马里兰州陶森市, 陶森大学

威特(Barry Witte), 纽约州科勒尼, 南科勒尼中央学区

罗特洛-珀杜是一名工程师、大学教授, 曾经担任硕士工程原理课教师和幼儿教师, 她在每一章节的审查中都提出了宝贵的意见。威特拥有多年关于课程开发和课堂教学方面的经验, 以其敏锐的眼光审阅本书的细节。这两位审稿者花费了大量的时间和精力, 展现了他们对工程学素质教育的重视。我们真心感谢他们为本书所做的贡献。

技术编辑

作者和出版社对我们沉着细心的技术编辑表示特别的感谢: 埃及亚历山大大学工程学院, 海洋工程和造船工程系, 伊拉基斯(Aly El-Iraki)教授。

出版社还要感谢特别顾问北卡罗莱纳州立大学的克拉克(Aaron Clark)先生。

出版社同时也要感谢PLTW工程课程主管考克斯(Sam Cox), 以及副主管特雷尔(Western Terrell)对稿件各章节的评审。

关于作者

汉德利是一名技术教育教师，在参与了PLTW项目的惠特兰-奇利中学任职。编写本书时正在教授PLTW的技术入门课和高中的工程设计、计算机集成制造、工程原理等课程。曾担任PLTW课程开发部门的副主管。他拥有技术教育专业的理学学士学位，以及工程教育方面的专业研究硕士学位。

马歇尔是一名技术教育教师，在参与了PLTW项目的西伊朗德阔伊特学区任职，教授工程原理、数字电路、产品设计与制图以及技术入门等课程，参与编写了最新版本的工程原理教材。他从事工程原理课程教学已有15年，每年暑假都会在美国各地进行授课。他拥有技术教育专业的理学学士学位，以及技术教育的硕士学位。

库恩（Craig Coon）是一名技术教育教师，在参与了PLTW项目的布罗克波特中心学区任职。他从事工程原理课程教学已有10年，每年暑假都会和全美国各地的教师一起合作授课。他参与开发了目前全美通用的工程原理课程。目前，库恩正在教授工程原理以及工程设计与发展两门课程。他拥有技术教育专业的理学学士学位，以及教育集成技术的硕士学位。

目录

《工程原理（下）》目录

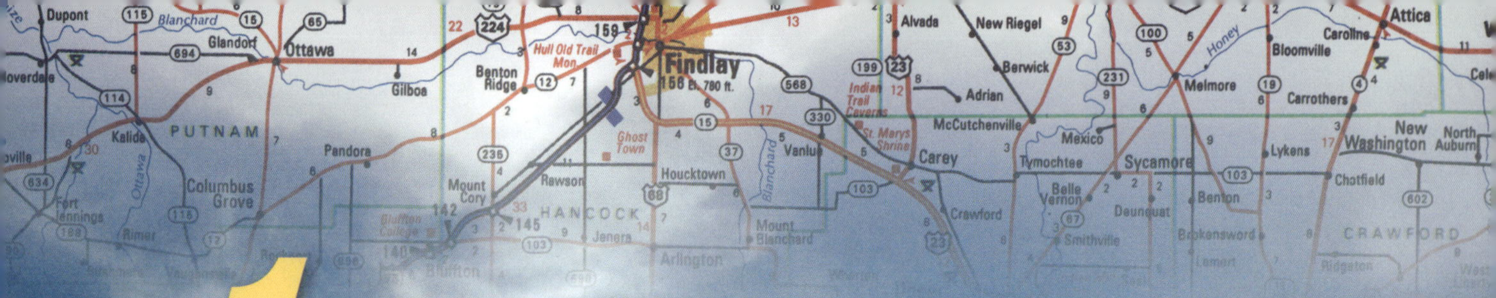

第 1 章 工程学概述

GPS DELUXE

Menu | START LOCATION | DISTANCE | END LOCATION

头脑准备

在学习本章的概念时，请思考下面的问题：

1. 什么时候开始有工程学？
2. 最初的工程设计有哪些？
3. 在工程学领域，著名的工程师有哪些？他们做出了哪些贡献？
4. 在当今社会，成为一名工程师的首要条件是什么？
5. 技术进步如何促进工程学领域的发展？

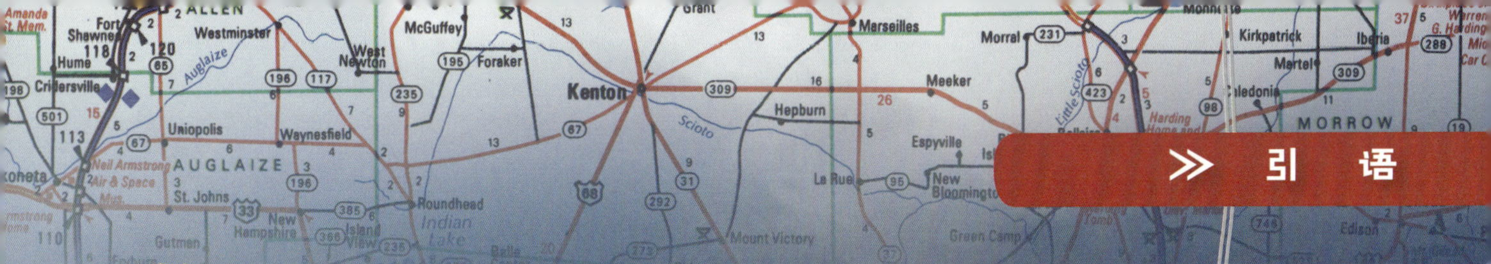

引语

你擅长解决问题吗？你对事物的工作原理感到好奇吗？你享受想方设法让事物变得更好、更有效率的过程吗？如果你对这些问题回答“是”，那么你应该考虑从事工程学领域的工作。

工程师运用数学和科学方面的知识来解决问题，因此许多人对工程师和科学家这两种工作的区别感到困惑。作为一名工程学领域的学生则应该知道这两门独立学科的定义。**科学家**的工作是提出问题并且回答问题，探索关于世界怎样运作的新知识。而**工程师**的工作是利用科学家发现的知识解决问题并创造能满足人类需求的技术。

从远古时代开始，人们就开始研究世界是怎样运作的，并运用他们的智慧来改善生活质量。他们利用自己的聪明才智应对饥饿、天气变化和敌人的攻击等一系列不利因素。为了打猎、耕作、捕鱼和战斗，他们需要像当代的工程师那样去思考问题。事实上，有许多由远古人民发明的工具如今仍在工程学领域中使用，比如楔子、杠杆和轮子。（图1–1）

大约在公元前3000年，工程学发展的速度加快了。埃及人修建水渠以防洪水泛滥，并运用灌溉技术来满足日益增长的人口需求；中国人发明了纸，使建筑师可以记录下中世纪建筑的杰作，也给远洋探险者绘制航海地图创造了条件。现代文明——它的复杂性、它的多样性以及它的广阔范围，都是建立在人类历史中无数次微小的进步之上，在迄今15 000年的进程中，人类的栖息地已经从洞穴飞越到了国际太空站（图1–2）。

© iStockphoto.com /rest.

图1–1　考古学家只能靠猜测想象5000年以前工程师建造英国巨石阵所使用的工具和技术，那些建造者也许使用了如今我们在工程技术方面运用的工具，比如轮子、楔子和杠杆。

工程师（engineer）：

受过专业训练并擅长于设计及运用技术解决人类问题的人。

Courtesy of NASA.

图1–2　在国际太空站外，宇航员纽曼（James Newman）在一次舱外活动中对着镜头招手。

引 语

本章将对工程学漫长的历史进行一个简短的介绍，并向大家展示工程学发展过程中的一些令人惊叹的关键时刻。杰出科学家艾萨克·牛顿曾经在一封给朋友的信中写道："如果我看得比别人更远些，那是因为我站在巨人的肩膀上。"本章将介绍一些这样的巨人。他们热衷于解决问题，对事物的工作原理感到好奇，并且想让人们的工作效率得到提高。当你在阅读本章时，你会发现他们的成就依然在影响着你每天的生活质量。

工程学涉及我们日常生活的方方面面。它帮助我们交流、工作、旅行以及保持健康。它是一个非常巨大的学科，可分为以下几个主要类别：土木工程、电气工程、化学工程、机械工程等。这几个大类学科又能进一步细分为更专门的领域，例如生化工程、航空航天工程、计算机工程等。在本章中，我们将探索许多对今天的工科学生来说大有可为的职业机遇。

1 美索不达米亚文明

几千年前，底格里斯河和幼发拉底河之间的土地被称为美索不达米亚（即两河流域）。这片土地位于如今的伊拉克境内（图1-3），据说，轮子和手推车就是在这个地方发明的。在最早的历史记载里，生

图1-3 美索不达米亚人居住在现在的伊拉克境内，占据着底格里斯河和幼发拉底河之间的平原。他们建造了已知最早的一批工程奇观。

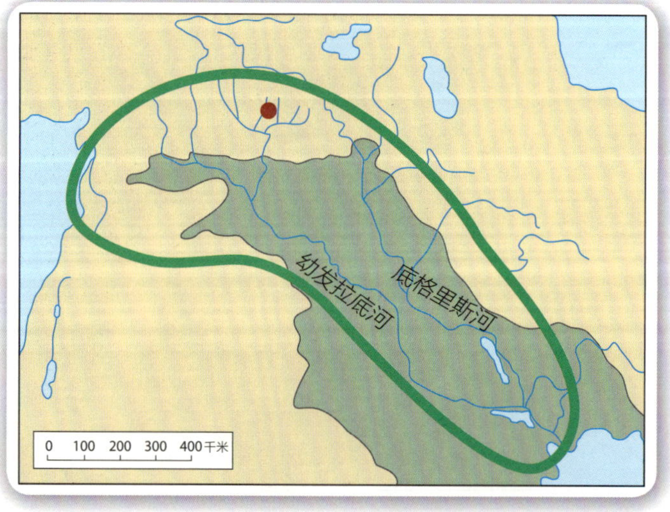

活在两河流域南部的苏美尔人修建了运河、城墙和神庙。它们是已知最早的工程成就。

天文学也是从这里产生的，最古老的星盘就是在这里发明的，它出现于约公元前2000年。星盘（见图1-4）是用来测量太阳或星星的地平纬度的一种工具。美索不达米亚的星盘是块黏土板，上面刻着三个分为12个部分的同心圆。星盘技术可用于解决天文学问题和航海问题，直到中世纪，这项技术才被更加精准的测量仪器所取代。

图1-4 美索不达米亚人用黏土板进行天文测量，这个古老的仪器被称为星盘。虽然在随后的成百上千年里人们用各种不同的材料来制造这种仪器，但是直到中世纪，它才被新的技术所取代。

当时，美索不达米亚最著名的统治者是亚述人和巴比伦人。汉穆拉比就是巴比伦王国最杰出的国王之一。他创立了目前所知的世界上第一个建筑规范，为惩治质量低劣的建筑提供了准则。《汉穆拉比法典》规定了一系列建造规则，强调了质量的重要性，并明确规定了违反规范所要承受的处罚。

美索不达米亚人发明了许多方法来控制洪水和灌溉田野，其中一些灌溉系统的遗迹甚至保留至今。例如，与底格里斯河平行的奈赫赖万运河，它曾经宽达400英尺，长约200英里。

大约在公元前700年，亚述人建成了第一个公共供水系统。他们在塔斯山脉和存留至今的科斯罗河之间修建了一个淡水运河，这条河流能将水输送至尼尼微（古亚述王国的首都），总长达45英里。在杰万，人们用切割好的石头砌造了一条引水渠，从天然的河流中引出淡

趣味阅读

《汉穆拉比法典》

当今法律学校的学生仍然在学习《汉穆拉比法典》，以下为现代学者翻译的该法典的部分章节：

第二二九条　倘建筑师为自由民建屋而工程不固，结果其所建房屋倒毁，房主因此而死，则此建筑师应处死。

第二三〇条　倘房主之子因此而死，则应杀此建筑师之子。

第二三一条　倘房主之奴隶因此而死，则他应对房主以奴还奴。

第二三二条　倘财物因此遭受毁损，则彼应赔偿其所毁损之全部财物；且因所建之屋不坚而致倒毁，彼应出资重建倒毁之屋。

第二三三条　倘建筑师为自由民建屋，即使未完工而墙壁欲塌，则此建筑师应出资将墙壁加以修缮。

水。引水渠长863英尺，宽68英尺，最高处达28英尺，水流经过的河道宽达50英尺，深至5英尺，该河道用混凝土砌成，是目前已知的最早使用混凝土的建筑物。

埃及文明

灌溉（irrigation）： 通过人工方式，将水输送到田地里用于浇灌作物。

埃及人利用尼罗河的天然资源来支撑他们复杂的技术社会。每年春天，尼罗河的河水都会上涨，淹没峡谷，到了旱季，洪水退去，便会留下一层新的淤泥，这层淤泥中含有丰富的营养物质，使尼罗河谷成为一块沃土，非常适合农作物生长。通过发展可控的**灌溉**技术，埃及人能够在旱季充分利用这些肥沃的土壤种植作物。

能够运用尼罗河河水的涨落规律是埃及人成功的关键。有了充足的食物供应，埃及人便可专注于社会和文化的发展。到现在我们仍可以通过他们的建设工程，体会他们复杂的文化。

在埃及2000多年的历史中，埃及人运用了许多不同的建造方式，其中最著名的就是金字塔。在吉萨，仍旧屹立着三座世界闻名的金字塔（图1-5），最大的一个被称为大金字塔或者基奥普斯金字塔，高达481英尺，基座占地面积达13英亩。令人震惊的是，这样的一个建筑奇迹是在没有借助任何动力工具的条件下建设完成的。

图1-5　希腊人把吉萨的大金字塔视为古代世界七大奇迹之一，它是其中唯一一座保存完整的建筑物。

在古埃及，国王选择一个值得信赖的人作为“工程总负责人”。作为一名建筑专家，这位负责人会针对灌溉、洪水控制和测量等规划向国王提出建议。在当代，与之类似的例子便是美国总统任命一名美国交通运输部部长管理整个交通运输部，他的任务是：“无论是在现在还是未来，始终为美利坚合众国服务，确保交通运输系统高速、安全、高效、通畅、方便，符合国家最高利益，提高美国人民的生活质量。”在美国，任命交通运输部部长需要得到国会的批准。

希腊文明

希腊美丽的风光使得当地居民选择住在沿海一带。希腊人致力于海港和船只的建造，从而成为当时的航海业领导者。大约在公元前300年，他们在亚历山大港（如今位于埃及）建造了第一座灯塔（图1-6）。这个法罗斯灯塔高370英尺，为古代世界七大奇迹之一。

在伯里克利（Pericles）执政期间，雅典的这位统治者试图把他们的城市变成世界上最漂亮的大都市，他将最优秀的艺术家、建筑师和建设者聚集在一起，建造了著名的神殿、雕像和其他一些建筑物。他们用简单的机械、木架结构和手动升降梯（类似于现在的电梯）来建造梁、柱等至今仍堪称经典的希腊建筑结构。

图1-6 大约在2300年前，希腊人在亚历山大港建造了法罗斯灯塔，这是世界七大奇迹之一。

© Cengage Learning 2012

图1-7 罗马工程师重视建造有实际用途的建筑，比如引水渠，能将水从数英里之外的源头引至市区。位于西班牙的塞哥维亚引水渠就能将10英里之外的弗里奥河的河水引至市区。

Image copyright Jose Ignacio Soto, 2010. Used under license from Shutterstock.com.

罗马文明

罗马人的工程是实用型的，它们的外形设计简约，但是规模却很庞大。罗马人尤为关心的是建筑物的实用性而非艺术性（图1-7）。

古罗马的土木工程师主要让奴隶建造公共设施。其中最著名的有澡堂、剧场、马路、神庙和广场。

这些伟大的罗马工程杰作，展现了他们所发明的先进建造方法和技术。他们发明了水泥和众多的建筑机械，比如起重机、打桩机和木水车等（图1-8）。

中世纪文明

历史学家将古罗马帝国衰落后的时期称为 **中世纪** 。在这段时期里，工程技术发展相对缓慢。即便如此，中世纪的发明者在结构设计方面仍然做出了不少贡献。此外，他们还发明了一些高能效的机器和节能设备。

如今我们仍旧使用的许多发明（诸如火药、造纸术、冶金和纺织等），都是在中世纪从中国传入的。

3

工程技术开拓者

在15、16、17世纪，科学技术取得了许多的进展，并为全世界的

图1-8 罗马人发明了木水车，用来将流水的能量转化为其他可利用的能量。通常，它被用来磨面。木水车被认为是现代水电站的前身。

工业发展奠定了坚实基础。在下一节，我们将介绍这个时代科学技术方面的一些开拓者，并阐述他们的成果对当今工程学的研究实践的重要影响。

不断改进的技术

在中世纪后期，古登堡（Johann Gutenberg，1398—1468）发明了活字印刷模具（图1-9）。在1450年，古登堡印制出了第一本印刷书。

古登堡的印刷术如同火花一样，点燃了广泛交流的火焰。在大家日益感到需要用一个简便的方式来分享信息的时候，他的发明出现了。即使现代信息分享的载体已经进入到了数字化时代，但是人们仍然在使用这个技术，印刷业依旧占有着很大的市场。

图1-9 古登堡的印刷机让人们能共享科学和工程方面日益完善的信息。

当古登堡的发明出现之前，其实很多其他形式的印刷术早已存在。早在11世纪，中国人就发明了一套用黏土和胶混合烤制而成的活字模具，先把活字固定在一块平板上制成印板，再把纸贴在印板上，就印刷成功了。因为这些字是用胶水粘在板上，所以只要一加热，就可以被取下来重复利用。这个发明虽未被用于大规模生产，但是它的确为后来的古登堡印刷术的发明提供了基础。在欧洲，一些印刷厂研制了一种可以生产便宜的卡牌和琐碎物品的印刷机，而古登堡却发现了人们迫切需要一种能够印制书籍供大众阅读的印刷机。此外，用纸张储存信息的方式也有助于知识

图1-10 达·芬奇画了许多发明的工程草图，这些发明在当时非常有用。

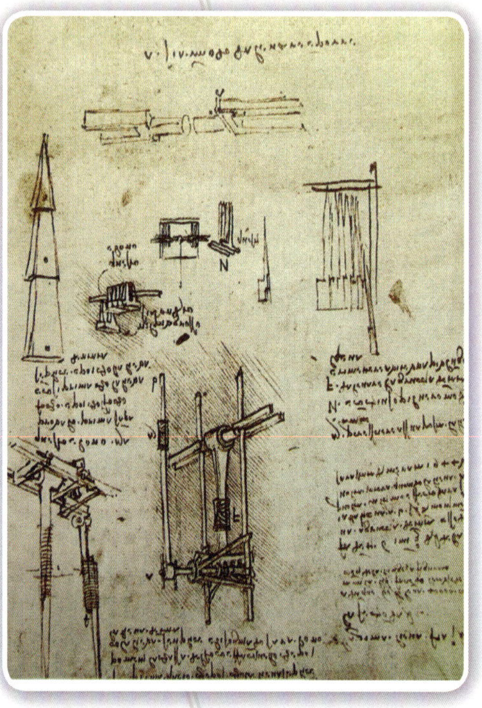

Image copyright Janaka Dharmasena, 2010. Used under license from Shutterstock.com.

的快速传播。到1500年，关于化学、采矿、冶金以及其他科学和工程方面的书籍已得到出版。

如今，人们已经发明了许多印刷方法来满足商业的需要。或许在你家里就有一台喷墨打印机，可以将墨滴喷到纸上，或有一台激光打印机，利用静电使碳粉吸附在纸上然后用加热辊使其熔化。现在还有很多各种各样的印刷方法用于打印报纸、包装材料甚至衬衫上的图案。

超越时代的技术

达·芬奇（Leonardo da Vinci，1452—1519）是文艺复兴时期的著名画家，创作了世界名画《蒙娜丽莎》。他用他的艺术天赋去观察和描述机器的工作原理，他运用所学的知识改进机器甚至发明了新的机器，这正是现在工程师所做的事。达芬奇的发明包括乐器、液压泵、可翻转曲柄装置、鳍状迫击炮弹和蒸汽炮（图1-10）。

趣味阅读

通往未来的桥梁

达·芬奇的发明在当时并非都是可实现的，其中有许多是超越时代的。比如，在1502年，达·芬奇曾为博斯普鲁斯河画了一张长达720英尺的单孔桥的设计草图，这个项目是君士坦丁堡苏丹巴耶赛特二世时期土木工程合同中的一部分，位于现在的土耳其。但是这座桥一直未能建成，因为达·芬奇对于该桥的建造构想比当时的工程技术水平领先300年。大约500年后，达·芬奇的这份简约却不简单的草图吸引了挪威艺术家桑德（Vebjøon Sand）的注意。桑德从这张草图中得到了灵感，并决定将该想法变成现实。达·芬奇的这张草图画完500年以后，这座达·芬奇桥最终于2001年10月31日在挪威奥斯陆建成并开放供行人和骑自行车的人使用。目前，桑德正在考虑在美国的一些地方继续建造达·芬奇桥。

科学与工程之间的关系

许多科学定律都是用发现该定律的伟大科学家的名字命名的，比如，玻意耳定律，就是用玻意耳（Robert Boyle，1627—1691）的名字命名的，他住在爱尔兰和英格兰。玻意耳定律指出：在一定的温度下，如果气体的体积减少了，那么气体的压强就会相应增加且与体积成反比。这个定律和玻意耳的另外一些气体实验结果，组成了一个重要知识体系，为许多气动设备的发明奠定了基础。

胡克（Robert Hooke，1635—1703）曾为玻意耳工作，他在工程领域取得了许多辉煌的成就，其中，他发明的空气泵是玻意耳的实验的重要工具。胡克和玻意耳之间的工作关系正是科学和工程的思想共同合作、彼此配合的优秀典范。玻意耳的许多气体实验的灵感可能来源于胡克对钟表、弹簧以及气体的研究，虽然两者不完全相同，但还是有着千丝万缕的联系。

显微术（microscopy）： 利用显微镜进行探索研究。

胡克出版了一本重要的书籍，名为《显微图谱》（*Micrographia*），后来这本书成为了 **显微术** 的科学基础。胡克用显微镜观察到了一个肉眼无法看见的世界，带领人们进一步探索更多迷人的发现和新的发明。比如，透过显微镜，胡克观察到了羊的胡须在干燥的条件下会变弯，在湿润的条件下会变直的现象，从而发明了 **湿度计** 。直到现在，人们依然用这类装置来测量空气中的水蒸气含量（图1-11）。

图1-11　湿度计可用来检测湿度，并帮助控制室内的环境空气质量，这种工具仍旧依赖于胡克在300年前用显微镜研究羊毛时的发现。

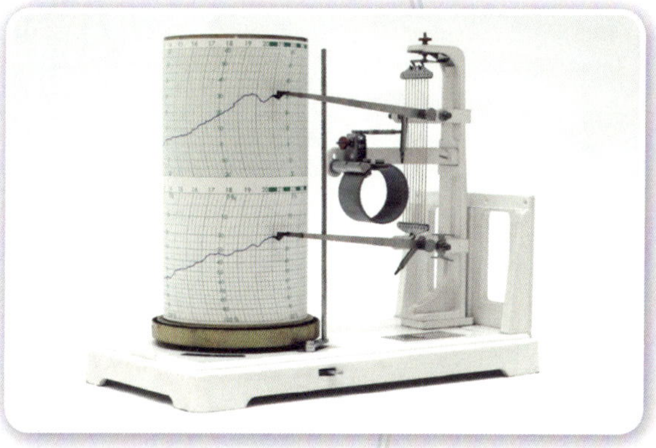

工程学与数学之间的联系

数学是工程师必不可少的工具，工程师和科学家都依赖于微积分来解决复杂问题。尽管全世界许多数学家都对微积分的发展做出了贡献，但是莱布尼茨（Gottfried Wilhelm Leibniz，1646—1716）和牛顿（Isaac Newton，1642—1727）才是微积分的创立者（图1-12）。

湿度计（hydrometer）： 用于测量空气中水蒸气含量的工具。

图1-12　牛顿是历史上最具影响力的数学家和科学家之一，他创立的微积分让工程师能够解决常规数学无法解决的问题。

微积分有两个分支。微分法能够解决复杂曲线的斜率或陡度问题，比如，计算出一个预备用作滑雪场地的山坡的倾斜程度或者计算过山车的速度；积分法能够计算出复杂形体的面积或者体积，比如，计算出装满不规则形状的水池所需水的体积。

交通运输时代

手推车出现以后，工程师一直在不断改进人们出行的方式，在18世纪60年代，瓦特（James Watt）设计的蒸汽机间接将人类带入了交通运输时代。

蒸汽动力交通工具

瓦特与著名的机械制造商博尔顿（Matthew Boulton）合作生产了几百台蒸汽机，但当时这些早期的蒸汽机与交通工具并没有什么关系。在19世纪，他们在英国生产的蒸汽机被用来抽取矿井中的水和驱动机器生产纺织品、炼铁。

实验促进了蒸汽机技术的进步，这些进步使得蒸汽机可以运用在交通工具之中，比如蒸汽船和蒸汽机车。第一艘用于商业运输的蒸汽船"克莱蒙特号"，就是由富尔顿（Robert Fulton）在1807年建造的，这艘船在哈德孙河上穿梭于纽约与奥尔巴尼两座城市之间，它的第一次航行花费了32小时。

在1823年，英国人斯蒂芬森（George Stephenson）证明了蒸汽动力火车运输系统的可行性，他的发明引发了全球各地的铁路运输事业飞速发展，在南北战争结束时，美国已经有35 000英里的铁路，到1900年，铁路总长又增加到了190 000多英里。

运河交通运输

运河交通运输方式也发展迅速。英格兰从1780年至1900年建造了大量的运河系统，美国在19世纪上半叶亦是如此（表1-1）。

表1-1 美国重要的运河，1800—1850。在19世纪上半叶的美国，几条重要的运河完善了交通体系。

航道	建造时间	连接
伊利运河	1817—1825	在布法罗和奥尔巴尼之间的纽约州城市
俄亥俄—伊利运河	1828—1836	克利夫兰和朴次茅斯
切萨皮克—俄亥俄运河	1828—1850	华盛顿和马里兰州坎伯兰

尽管在20世纪，运河的商业利用率有所下降，但是人们依旧依赖巴拿马运河来为国际贸易提供便利。巴拿马运河是20世纪最重要的工程项目之一。该运河在1914年竣工，长达50英里，宽达110英尺，深至70英尺。从美国的东海岸航行至西海岸，经过巴拿马运河，可以减少大约5000英里的行程（图1-13）。

图1-13　巴拿马运河长约50英里，它使美国东海岸至西海岸的航程缩短了5000英里。

公路建设

20世纪初汽车业的发展改变了我们的社会。1904年，亨利·福特（Henry Ford）实现了自己的预想：用流水线生产出大量高质量、经济上为一般人负担得起的汽车（图1-14）。在20世纪末，90%的美国家庭都有汽车。

随着汽车越来越便宜，人们想要去更远的地方旅行，于是修建更好的公路就变成了很必要的事情。麦克亚当（John MacAdam，1756—1836）影响着公路建设时代的早期，他发明了一种将碎石压紧的造路方法。麦克亚当用这个方法铺设了180英里的收费公路。他的苏格兰同胞，特尔福德（Thomas Telford）将大而平滑的

图1-14　福特发明的流水线生产技术使得他的公司可以生产出高质量、普通人负担得起的产品，T型号福特汽车是批量生产的标志。

石头楔入马路中形成坚固平整的表面，这个创新方法使得公路更加平整、耐用。

1956年的《联邦政府助建公路条例》（Federal Aid Highway Act of 1956）批准使用联邦基金在美国修建超过45 500英里公路。修建州际高速公路系统的总费用在1991年的预估值达到了1289亿美元（图1-15），工程师在维护已有道路和修建新道路两方面仍然起着重要的作用。

图1-15 大批量生产汽车对美国社会产生了重大的影响，促进了州际高速公路系统的发展。

空中飞行

在20世纪初，许多发明家都专注于一个目标：让比空气重的物体飞起来。奥维尔·莱特（Orville Wright）和威尔伯·莱特（Wilbur Wright）两兄弟在1903年首次实现了持续12秒、高度102英尺的飞行试验（图1-16）。在1905年，查尔斯·瓦赞（Charles Voisin）和加布里埃尔·瓦赞（Gabriel Voisin）两兄弟在法国创办了第一家制造定制飞机的飞机公司，格伦·柯蒂斯（Glenn Curtiss）于1911年在纽约的哈蒙兹波特创立了美国的第一家飞机公司。他从制造摩托车改行为制造飞机，并且发明了水上飞机。如今，空中运输让长途旅行变得既方便又实惠。

地下交通

在19世纪初，工程师开始构思建设**英吉利海峡隧道**。此前，人们尝试过几次在英法之间修建海底隧道，都以失败告终，直到1994年才

图1-16　奥维尔·莱特和威尔伯·莱特两兄弟第一次飞行试验在北卡罗莱纳沙滩上持续了12秒，飞行高度为120英尺。

Courtesy of NASA

成功建成。该工程于1988年开始，同时用11台钻机分别从法国和英国朝着彼此的方向挖掘隧道。在挖掘的过程中，距离和速度的计算必须十分精确，这样才使两个方向挖掘的隧道成功对接。现在，高铁列车已经能够在这条现代工程奇迹里自由穿梭。

电气时代

在19世纪早期，物理学家首先研究了电的本质。无数科学家为了开发 **电力** 用作能源而努力。经过多年的研究，工程师利用电能解决了许多问题。

电力（electricity）： 通过电子流过导体实现的能量传输。

你能想象一下没有电的生活吗？现在就想想你家里有多少电池在工作？它们持续为手表、手机、遥控器和其他便携式电子设备提供能量（图1-17）。当你使用电池供电的设备时，你用的是直流电（图1-18a和b），在直流电中，电子朝同一方向运动。

伏打（Alessandro Volta）在1827年发明了第一块电池，为了纪念他对科学技术的贡献，他的名字被用于命名引起电荷移动的电势差的基本单位：伏特。

在交流电中，电子以极快的速度来回移动。电力公司都是以交流电的形式把电输送到每家每户，将冰箱、烘干机和电视等家用电器的插头直接插入墙上的插座中就可以使用交流电了（图1-18c和d）。

图1-17　你能想象一下没有电的生活吗？

图1-18 依赖于电池供电的产品如电动牙刷（a）和汽车中的电子点火器（b）用的是直流电驱动的电动机。有插头的家用电器如电吹风（c）和冰箱（d）用的是交流电驱动的电动机。

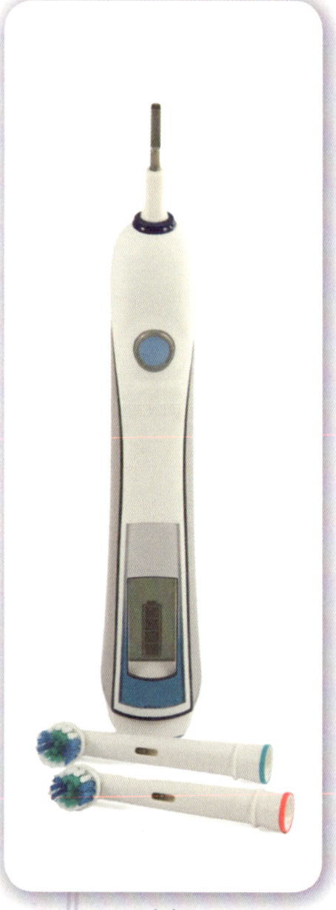

(a)

(b)

(c)

(d)

特斯拉（Nikola Tesla）对我们今天使用交流电的方式起到了至关重要的作用。特斯拉的发明影响了现代人们发电、输送电能以及将电能转化为机械能的方式。他发明了交流发电机并设计了尼亚加拉大瀑布发电站，这个发电站于1895年建成，并点亮了距离其400英里远的纽约百老汇大街的灯火。

我们都知道爱迪生（Thomas Edison）是白炽灯的发明者（图1-19），他还拥有另外1093项专利。爱迪生进一步发展了许多批量生产产品的方法，建立了第一个工业研究实验室。多亏了他的付出，纽约城首先成功地将电力输送到工厂和民宅。

图1-19 爱迪生的1093项专利涵盖了各方面的尝试，其中包括电灯、留声机、电影、电池、汽车、水泥、橡胶、电报、电话和水果保鲜的方法等。

Courtesy of Library of Congress/Brady-Handy Photograph Collection.

(a)

© iStockphoto.com/Felix Möckel.

(b)

20世纪的发明创造者充分利用电能生产出了许多能提高人们生活质量的产品。事实上，因为我们对于电能的需求量非常大，所以人们现在正在开发一些能够更高效地利用电能的技术。“能源之星”项目是由美国环境保护协会和美国能源部共同发起的一个项目，它的目的在于通过使用节能产品，或采取节能手段帮助消费者节约开支和保护环境。该项目也鼓励生产企业设计节能家用电器和家装材料，比如节能窗户和节能灯。“能源之星”也向工程师提出了更高的要求，要求他们设计出既能保证质量和舒适性又能节约能源的新产品。

工程师通过设计纯净水供应系统、发展改良基因农作物和建设更完善的医疗体系，改善了我们的生活质量。他们对人类社会的进步做

轮到你了

2010年1月，阿拉伯联合酋长国迪拜的哈利法塔成功投入使用，成为世界上最高的建筑。这座塔高2625英尺，层数超过160层（图1-20）。你可以在网上查询关于这座世界上最高的建筑的资料，并调查一下在这个工期长达6年的项目中，工程师所遇到的问题和采取的解决方法。

图1-20　哈利法塔是世界上最高的建筑，高达2625英尺。

出了重大贡献，现在，就让我们更加详细地了解一些重要的工程原理，认识一下成为一名工程师所要接受的教育和训练。

工程师协会

工程师这一职业得到正式的认可是在19世纪末。斯米顿（John Smeaton）是第一个称呼自己为土木工程师的人，为了吸引有着共同爱好的人，斯米顿在1771年建立了一个工程师协会。他发现这样的一个组织可以使这个职业更加正式。1818年，英国土木工程师学会成立了，特尔福德这位伟大的道路建设者，当选为第一任主席。不久之后，把蒸汽机车商业化的斯蒂芬森创立了机械工程师学会，并成为第一任主席。

到1908年，土木、机械、电气、化学、采矿、冶金等工程领域在美国都有了自己的协会（表1-2）。

表1-2　美国的工程师协会成立时间表。

1852年	美国土木工程师协会
1871年	美国矿业、冶金、石油工程师学会
1880年	美国机械工程师协会
1884年	电气电子工程师学会
1908年	美国化学工程师学会

为进入工程领域做准备

4

你应该在什么时候开始认真思考选择哪个主攻方向以及如何塑造自己的未来？答案是现在！高中阶段非常适合用来为未来的工程学学习做准备。许多学校都安排了工程项目或者设置了STEM（科学、技术、工程和数学）课程。STEM课程经常包含一些能够加强这些学科之间联系的学科合作活动（图1-21），你的辅导老师将会指导你选择一些对你学习工程学帮助最大的课程。

若想从事工程师的工作，你必须获得大学本科的理学士学位，你需要学习四年或者五年，具体取决于你所就读的大学。你应该花一些时间研究一下哪所大学比较适合你，参观一下这所大学并与教授交流。更重要的是，与学校里的学生交谈，问他们为什么学习工程学以及为什么选择这一所大学。

工程专业必须通过工程与技术认证委员会的认证，这个组织为各个学校制定统一规范标准。

当你拿到学位以后，你一般会作两种选择：一是在你的专业领域找一份工作，二是继续攻读该专业的硕士学位。在许多州，要想成为一名职业工程师，必须要通过一项考试。许多大学提供半工半读项目，这些项目可以给学生丰富的实践经验，帮助他们适应第一份工作。很多时候，半工半读的学生最终成为正式员工。

图1-21 STEM课程能帮助学生认识到数学和科学在解决工程技术问题方面发挥的巨大作用。

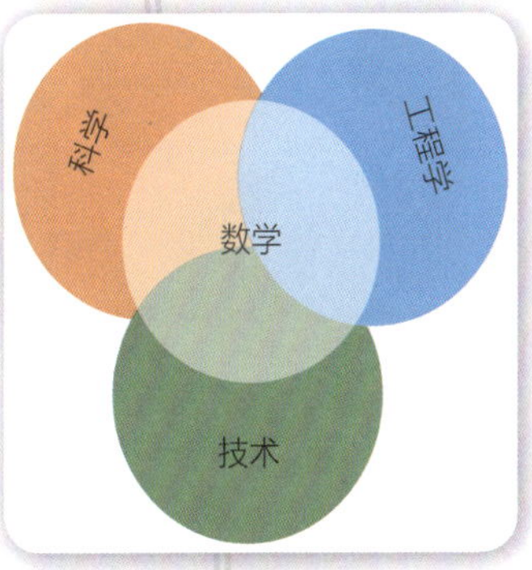

工程师都做哪些事？

5

当你阅读本书学习工程原理及其应用时，你会发现工程学有很多不同分支，工程师的就业方向也多种多样。工程学主要包含以下几个大类：土木工程、电气工程、化学工程和机械工程。其中每一类都包含非常庞大的知识体系，工程师一般只能在一个分类中选择一门专业进行研究学习，也有一些需要同时掌握两类知识。比如，航空航天工程学是机械工程学的一个分支，而工业工程师则需要同时掌握电气工程学和机械工程学原理。接下来，我们来了解不同类型的工程师的工作内容。

航空航天工程

航空航天工程与航空科学、航天科学有关，它研究所有的飞行方式：气球、滑翔机、螺旋桨飞机、喷气式飞机、导弹、火箭和卫星，除此之外，还研究一些先进的星际飞行技术，比如离子推进火箭和太阳帆（图1-22）。航空航天工程的任务是实现未来的星际飞行。工程

图1-22　这位航空航天工程师正在检查工业风洞的叶片。

© iStockphoto.com/36clicks.

师们面临的挑战是造出能用非常短的时间在太空中穿过漫长的距离的交通工具。设计这种先进的推进装置要求工程师能够在以前从未涉及的领域中尝试新的研究。

农业工程

在20世纪初，**农业** 生产占用了大部分的劳动力，然而随着农业生产效率的提高，所需的农民数量越来越少，许多人离开农村到工厂找工作。现在的农民生产粮食所能供应的家庭数是100年前的10倍。现在，美国只有不到5%的人口从事农业工作。那么如此少的农民如何能养活如此多的人口呢？农业生产中运用新的技术和工程大大提高了农民的生产效率和产量。农业工程师发明了用于种植、施肥和收割农作物的机器，设计了储存粮食的建筑结构，改进了防止水土流失的方法，甚至还研发出有抗虫基因的植物新品种（图1-23）。

农业（agriculture）： 种植农作物和饲养禽畜的活动。

化学工程学

人们已经花了好几个世纪研究化学，但是化学工程直到第一次世界大战结束不久才显示出它的优越性。化学工程用化学方法改变材料的成分和性质，使这些材料对工业生产更加有利。化学工程师的工作

图1-23　一些农业工程师用基因工程来提高作物的抵抗力。

Image copyright mtr, 2020. Used under license from Shutterstock.com.

范围包括研发聚合物、药品、油漆、杀虫剂、化妆品和食物等（图1-24）。他们从事炼油、造纸、生产纺织品，以及提取矿石中金属等工作。现在，化学工程领域的许多专业发展迅猛。

图1-24 现在的农民都十分依赖化学工程。

土木工程

土木工程师为人们建造各种建筑物，比如房子、桥梁、水坝和道路（图1-25）。他们需要参与建筑物的规划、设计和施工监督。同时他们也需要考虑建筑物的抗震能力和抵抗极端天气的能力。

在现代，土木工程师专注于建筑物和建筑系统的建设，比如桥梁、摩天大楼、隧道、运河、高速运输系统、高速公路系统、娱乐设施、工厂、水坝、核电站、铁路、港口、近海石油和天然气设施等。土木工程师不仅要提高人们出行的便利程度，还要保护我们的社会和环境。减少交通流量可以减少私家车的有毒气体排放，高速公路设计的进步可以减少交通事故的发生。当政府规划设计新的建筑物和交通系统时，土木工程师总是讨论会的中心人物。

图1-25 连接丹麦和瑞典两个国家的厄勒海峡大桥是世界上最长的单桥，桥上同时铺设了公路和铁路。土木工程师从1991年到1999年，用了8年的时间才把这座桥建成。

计算机硬件工程

无论是什么样的组织，都要依赖于计算机管理存货清单、打印发票、记录销售数据以及与客户交流。计算机能够存储大量信息，所以人们离不开它。过去的计算机有房间那么大，而现在计算机的尺寸已经缩小到拳头大小，运行速度不断提高，更新换代的速度让人难以置信。多亏了那些专注于研究、设计和测试计算机硬件的工程师（图1-26），现在的世界已经差不多完全以计算机为中心了，并且计算机的地位毫无疑问会不断升高。

图1-26 计算机工程师研究、设计和测试电脑硬件。

© iStockphoto.com/Marina Bartel.

电气工程

电气工程运用电学原理解决问题。直到19世纪，欧姆（Georg Ohm）和法拉第（Michael Faraday）两位科学家才逐渐建立起这门学科的知识体系。第一代电气工程师有爱迪生，他在1882年为纽约城市居民带来了光明；还有马可尼（Gulielmo Marconi），他在1896年发明了第一台无线电通信设备。从1993年第一台阴极射线管电视出现到现在的液晶显示屏电视和等离子体平板电视，你们可以想象一下，这其中经历了多少变化（图1-27a和b）。每一种家用电气设备都被电气工程师改变了。

工业工程

工业工程师是工程师大家庭中逐渐发展起来的一个分支，工业工程师研究一些能够提高生产效率和产品利润的工程原理和技术，这些创新者最擅长于“以少产多”。他们想办法改善客户服务水平和产品质量，使工作环境更加安全，工作内容更加简便。工业工程师必须设计、安装和优化作业系统，使工人、材料和设备成为一个整体，提升产品生产的效率（图1-28）。他们必须综合运用自然科学和社会科学知识，协调工人的活动，设计合理的工作环境，发挥工人最强大的生产能力。

机械工程

制造汽车、发动机、暖气和空调、燃气轮机和蒸汽轮机、飞机和航空飞行器、火车、轮船、自动控制装置、传动装置、散热器、**机电**

图1-27 从20世纪50年代的阴极射线管（a）到如今的平面显示屏（b），电视机生产技术享受了一次激动人心的飞跃。

© iStockphoto.com/Shaun Lowe.

(a)

© iStockphoto.com/Marcelo Poleze.

(b)

图1-28 工业设计师需要考虑制造过程中的效率和工人的安全。

© iStockphoto.com/Brasil2.

一体化装置、抽水机等机器设备都需要用到机械工程学知识。机械工程学解决与动力有关的问题，比如动力的产生与应用。动力能够影响物体运动和变化的速率，例如物体由于外界的刺激而发生运动或改变温度。

机电一体化（mechatronics）： 将计算机工程、电子工程和机械工程三者结合起来的一门学问。

机械工程师运用他们学到的关于物体运动的知识来完成一系列的任务。成为一名机械工程师，所需要学习的知识范围是十分广泛的，因此，机械工程专业的学生可以很方便地进入其他工程学领域，机械工程领域主要包括应用力学、控制技术、机械设计、发动机与动力装置、能源、流体、润滑、材料、压力容器和管道系统、交通运输与航空航天、加热器、通风设施和空调（采暖通风和空气调节）。你想通过努力让世界变得更美好吗？如果你对挑战充满激情并且愿意把好奇心转化为实际行动，那么你应该考虑当一名工程师。

总结

本章主要介绍了以下内容：

- 我们的世界是由古代像工程师那样思考和做事的人逐步建造起来的。
- 现代文明是人类历史发展过程中，许许多多的为了满足人类需求而取得的微小进步堆砌起来的。
- 美索不达米亚人发明了车轮，创立了建筑规范，还发明了控制洪水和灌溉农田的方法。
- 尼罗河周期性的洪水以及对灌溉的运用让埃及人创造出了一种高产的农业体系，充足的粮食供应使古埃及人民能够自由地发展复杂的技术文化，以及建造雄伟的建筑物，比如金字塔。
- 沿海的希腊居民成为了航海领导者并建造了世界上第一座灯塔。
- 在建筑方面，希腊人非常重视外观优美，他们用简单的机器、木架结构和手动升降机建造了经典建筑物。
- 在建筑方面，罗马人更加重视建筑物的功能，他们是最早采用水泥材料来建造公共建筑物的人。
- 中世纪的发明者对建筑设计做出了贡献，并发明了高效率机器和节能装置。
- 在中世纪，中国人把火药和造纸术传入西方。
- 许多科学先驱者对我们当今的工程学做出了极大的贡献。他们的工作经常体现出工程师、科学家以及数学家三者之间的联系。
- 在过去200年间，工程师制造出蒸汽动力的车和船，以及比重大于空气的飞行器，从而使交通更便利；他们还通过建造运河、修建马路和开凿隧道，大大缩短了人们的旅行时间。
- 伏打发明了第一块电池，他的名字被用于命名引起电荷移动的电势差的单位：伏特。
- 依赖于电池的产品使用的是直流电，有插头的家用电器用的是交流电。
- 工程师学会给予了有共同兴趣爱好的人一个分享交流的机会。
- 为工程学做准备可以从高中开始，学习一些运用科学、数学以及工程学方法来解决问题的课程。
- 工程学可以分为很多种类，如土木工程、电气工程、化学工程、机械工程等。工程师通常专攻其中一门专业。

课后作业

1. 讲述科学家和工程师两者之间的区别。
2. 《汉穆拉比法典》建立了怎样的标准？它在现代是如何被使用的？
3. 美索不达米亚人和古埃及人发明了哪些重要的农业设备？
4. 希腊的地理条件是怎样影响古希腊人的技术发展的？
5. 描述古罗马与古希腊工程技术的两个不同之处。
6. 哪个国家发明了火药？在什么时候发明的呢？
7. 哪一种发明让学术知识在15、16、17世纪传播得更迅速？
8. 蒸汽机最初运用在哪个领域？
9. 蒸汽机是怎样运用到交通运输领域的？
10. 在19、20世纪，哪一个建设项目的完成使旅行更加快捷、便利？
11. 列出一些历史上在飞行试验中比较重要的人物。
12. 伏打的哪一个发明让便携式电子设备用上了直流电？
13. 特斯拉怎样影响了交流电的使用？
14. 谁第一个称呼自己为土木工程师？他是怎样让这个职业得到公众认可的。
15. 若想开启工程师职业之路，你应该在什么时候开始学习工程学？
16. 请列出工程学的四个分支。
17. 你对工程学领域的哪一个专业最感兴趣？为什么？

补充作业

在你所在的社区里找到一位工程师，并对他做一次采访，问题如下：

- 他（她）为什么想成为一名工程师，什么时候决定要成为一名工程师？
- 简单介绍他（她）的教育经历。
- 他（她）为谁工作，他（她）的工作内容有哪些？
- 这份工作需要哪些技能？
- 对那些想成为工程师的人，他（她）有哪些建议？

工程学发展大事记

- 公元前350万年：人类出现。
- 公元前300万年：有证据显示人类已经能够计数（动物骨头上的刻痕）。
- 公元前25万年：最古老的木质工具出现。
- 公元前2万年：弓箭出现。
- 公元前1万年：冰河时代结束。
- 公元前8000年：早期家养动物出现。
- 公元前7000年：美洲出现农业文明。
- 公元前4000年：尼罗河沿岸的居民开始建造运河来控制洪水和提供灌溉。
- 公元前3500年：埃及人发明了象形文字。
- 公元前3000年：石造大坝投入使用。

- 公元前400年：人们开始使用水车并发明了弹弩。
- 公元前350年：中国人发明了印刷术，把字符刻在木块上。
- 公元前300年：欧几里得（Euclid）创作了《几何原本》（*Elements*）。
- 公元前200年：出现了最早的力学记录。
- 公元前50年：维特鲁威（Vitruvius）撰写《建筑十书》（*De architectura*）。
- 105年：蔡伦发明了纸。
- 400年：中国人开始使用风车。
- 700年：中国人发明了瓷器。
- 820年：代数学出现。

希腊开始进入青铜时代。

公元前2900年

公元前2800年

埃及人发明了胶合板。

公元前2600年

吉萨金字塔建成。

Image copyright Holger Mette, 2009. Used under license from Shutterstock.com.

人们开始使用辐条轮。

公元前2000年

公元前1800年

人们开始使用杠杆（船桨）。

腓尼基人发明了字母表。

公元前1500年

公元前1350年

人们开始使用日晷、铁器和滴漏计时器。

人们第一次建造引水渠。

Image copyright Jose Ignacio Soto, 2010. Used under license from Shutterstock.com.

公元前700年

公元前500年

毕达哥拉斯（Pythagoras）发展了几何学的概念。

培根（Roger Bacon）描述了火药的制备（公元1000年，中国已经开始使用火药）。

1242年

1450年

中国人发明了以木块为材料的活字印刷术。

古登堡发明了以金属为材料的活字印刷术。

1454年

1500年

工程科学出现（文艺复兴开始）。

1550年

斯泰芬（Simon Stevin，佛兰芒军人、土木工程师）发现力的平行四边形法则。

拉梅利（Agostino Ramelli）写了第一本工程学手册（大部分都是素描）。

1588年

1596年

法国科学家、哲学家笛卡儿（René Descartes）出生（死于1650年）。笛卡儿发明了代数与几何相结合的坐标系，这个坐标系以他的名字命名：笛卡儿坐标系。在拉丁文中，他的名字写做Renatus Cartesius。

北美洲第一个英国永久殖民地，詹姆斯敦，在弗吉尼亚州东南部建立。

1607年

1614年

纳皮尔（John Napier，苏格兰数学家）发明了对数。

1622年

奥特雷德（William Oughtred）发明了计算尺（计算器的前身）。

1687年

牛顿在《数学原理》（*Principia Mathematica*）中提出牛顿定律。

1709年

第一台钢琴问世。

1752年

富兰克林（Benjamin Franklin）证明了闪电是电的一种形式。

1769年

瓦特制造出蒸汽机。

1793年

惠特尼（Eli Whitney）发明了轧棉机。

1799年

伏打发明了第一块电池。

1802年

美国西点陆军学院成立，成为了第一个将工程学纳入研究领域的大学。

1807年

富尔顿建造了第一艘蒸汽轮船。

1814年

斯蒂芬森建造了第一个蒸汽式火车头。

1874年

第一座大跨径（三个拱跨径达500英尺）钢铁桥建成：位于密西西比河上的圣路易斯大桥。由伊兹（James B. Eads）设计。

1876年

贝尔（Alexander Graham Bell）发明了电话。

1879年

爱迪生发明了电灯泡。

© iStockphoto.com/ Felix Möckel.

1880年

美国机械工程师协会成立。

1883年

布鲁克林大桥建成。这是由罗布林（John A. Roebling）设计的悬索桥（长1595英尺），它跨越了纽约东河，连接了布鲁克林和曼哈顿两个地区。

1884年

美国电气工程师学会成立。

1885年

斯坦利（Willam Stanley）发明了交流变压器。

1895年

伦琴（Wilhelm Roentgen）发现了X射线。

1903年

莱特兄弟实现了第一次空中动力飞行。

Courtesy of NASA.

1908年

美国化学工程师学会成立。

1820年
奥斯特(Hans Oersted，1777—1851)发现了电与磁之间的关系。

1826年
安培(André-Marie Ampère)发表了有关电动力学的文章。

1827年
欧姆定律提出。

1830年
英国开始运行常规客运列车。

1831年
法拉第发现电磁感应现象。

1836年
莫尔斯(Samuel Morse)发明了第一台电报机。

1852年
美国土木工程师协会成立。

1856年
贝塞默酸性转炉炼钢法问世。

1866年
诺贝尔(Alfred Nobel)发明了炸药。

1869年
苏伊士运河投入使用。

1912年
泰坦尼克号在北大西洋沉没。

1914年
巴拿马运河投入使用。

1915年
爱因斯坦(Albert Einstein)发表了广义相对论。

1919年
人类第一次实现横跨大西洋飞行。

1937年
第一台喷气发动机问世。

1939年
英国人发明了雷达。

1940年
青霉素问世。

1953年
人类第一次登上珠穆朗玛峰。

1956年
口服脊髓灰质炎疫苗问世。

1957年
人造卫星“斯普特尼克1号”发射。

1968年 埃及阿斯旺高坝完工。

1969年 人类首次登上月球。

Courtesy of NASA.

1977年 苹果公司发布Apple Ⅱ电脑。

1980年 乙肝疫苗问世。

1981年 MS-DOS系统问世。

1982年 人体生长激素基因工程问世。

1983年 沃尔夫（Robert Wolf）用王安电脑写下了第一个桥梁施工分析工具。

1984年 光盘问世；苹果发布Apple Macintosh电脑。

1987年 首个3D视频游戏出现。

1988年 数字便携式电话出现，多普勒雷达问世。

1989年
高清电视出现。

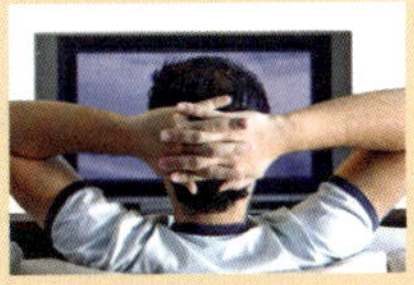

© iStockphoto.com/Marcelo Poleze.

1990年
万维网有了沿用至今的正式格式。

1993年
奔腾处理器出现。

1995年
数字化视频光盘（DVD）出现。

1997年
气体燃料电池出现。

2001年
苹果公司发布了iPod。

2003年
丰田汽车生产出了第一辆混合动力汽车。

2005年
YouTube网站建立。

第2章 设计工具

GPS DELUXE

Menu

START LOCATION | DISTANCE | END LOCATION

头脑准备

在学习本章的概念时，请思考下面的问题：

1. 设计过程怎样引导工程师从一个概念模糊的问题得出高度简练的解决方案？
2. 在设计过程中，工程师怎样运用头脑风暴来产生创意？
3. 工程师怎样运用草图形式来记录他们最初的想法？
4. 工程师怎样运用计算机建模方法来完成他们的设计？
5. 工程师怎样使用分析工具？他们为什么要使用这些工具？
6. 工程师怎样传达、展示他们的想法？

引 语

工程师明白科学、技术和数学不仅仅是相互关联的知识体系，更是工程学最基本的工具。所以本书各章节将对这一总思想进行延伸、探索。还有一些工具与技巧是所有工程学分类的工程师都要用到的。包括：

- 设计过程
- 头脑风暴
- 草图
- 建模
- 分析工具
- 展示和传达想法

与数学和科学课上遇到的那些通常用公式计算、只有唯一正确答案的问题不同，设计的问题可能有不止一种解决方案。得出设计方案的过程并不像用公式计算问题那样刻板。不过，在整个任务中，工程师和技术专家会运用一些策略来得出解决方案，这些策略被称为设计过程。

在一个设计项目中，如果工程师们组成一个目标明确的团队，那么他们往往能够取得更好的效果，因为在设计过程中产生的问题并不是一个人就能解决的（图2-1）。在设计过程中，团队里的工程师运用各种头脑风暴的方法提出问题，激发灵感。一个能够迸发大量灵感的团队，更容易得到可行性方案。

在设计过程中，技术草图的重要性不言而喻。通过技术草图来捕捉设计过程中产生的想法比用电脑记录要有效得多。在进行项目设计过程

© iStock.com/Dave Bolton.

图2-1 设计团队利用头脑风暴来提出问题，激发灵感。

引 语

© Cengage Learning 2012

图2-2 创新思想贯穿整个设计过程，工程师必须在它们消失之前记录下来。设计师经常随时随地将自己的想法画在身边任何可以涂写的物品上面。

中，创新的想法经常在不经意之间产生，此时此地，身边通常没有电脑可以记录，因此，如果我们没有在记忆淡忘之前将这个想法的细节完整描绘出来，那么我们以后就无法再将它记录到电脑里。

虚拟工具，比如计算机辅助设计程序（CAD），可以将那些已经详细记录在纸上的想法进一步完善；有限元分析方法（FEA）用于分析对CAD模型施加虚拟外力所产生的影响。通过几种不同的快速成形方法，虚拟的CAD模型可以变成实物模型。还可以把CAD模型输入到计算机辅助制造程序（CAM）中，用于生成生产机床控制程序。

一个方案做成模型之后，就要对它进行一系列测试，产生相应的测试数据。无论是虚拟测试的数据还是实际测试的数据，都需要分析、总结并以图表的方式进行交流。然后这些信息将会被用于改进该解决方案或者重新设计。

在设计项目的不同阶段，工程师需要告知客户或者经理项目进展的最新情况。有时候，这个过程需要用到数字化演示，比如PPT演示。如果该演示没有设计恰当，那么数字化演示这种形式将会使工程师所要传达的信息变得黯然失色。通过采用简单统一的布局和背景，大的字体和图表，巧妙切换图像、文字和幻灯片，这种情况可以避免。有效的交流也依赖于充分的准备，比如反复排练和设备检查，确保一切准备就绪。

1 设计过程

设计过程（design process）：

一个可以产生想法，并将想法转变为解决方案的系统方法。

在所有工程领域，工程师所用到的工具方法里，设计过程应该是最普遍的。在一个复杂艰巨的任务中，工程师和其他设计专家运用各种设计方法来帮助他们从概念模糊的问题得出高度简练的解决方案。虽然在工程学中没有统一的标准，但是 **设计过程** 已经被看作是得到解决方案的系统性方法了。

许多设计过程被描述为一系列线性步骤，这可能有些误导，因为解决问题的想法并不总是以一个线性的形式出现。即使是最有天赋的工程师也要承认，在设计过程中，当他们发现在错误的方向上走得太远的时候，他们也需要往回退几步。总之，他们发现将设计过程分解为一系列步骤以后，产生新的想法要容易得多。本章将会重点介绍一种有着12个步骤的设计过程（图2-3）。

图2-3 以下12个步骤可以看做是解决问题的途径，并可以引导任何需要提出想法并将其深化为解决方案的人。

From Rogers, Wright, and Yates, Gateway to Engineering, © 2010 Delmar Learning, a part of Cengage Learning, Inc.

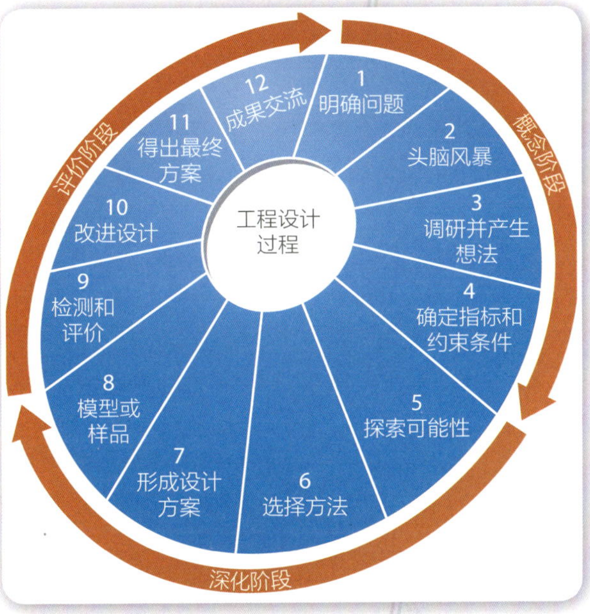

步骤1：明确问题

一个成功的设计工程师能够分析不甚理想的现状，找出问题的根本所在，并以简洁的方式明确问题。这也许看起来简单，但实际上却是需要多年锻炼才能得到的技能。很多时候，客户经常拿着概念模糊的问题来咨询工程师。在这种情况下，明确问题的能力就非常重要了，因为工程师可能需要通过全面仔细的倾听、询问和解释之后重新定义该问题，并将这个问题展示出来。

在设计过程的这个阶段，工程师将会开始规划设计概要的细节。简单来说，**设计概要**就是一份概括设计项目中最重要信息的说明，它是工程师和客户之间的约定，也是在设计开发过程的任何一个环节中，评价解决方案是否有效的标准。图2-4是一份设计概要的示例。请记住，并不是设计概要的所有内容都会在设计过程中的这个环节里得到确认。

设计概要（design brief）：

一份概括设计项目中最重要信息的说明性文件，它是工程师和客户之间的约定，也是在设计开发过程的任何一个环节中，评价某个方案有效性的标准。

设计概要包含以下信息：

- 作为客户的个人或者公司机构名称；
- 为该设计项目负责的个人或者组织名称；
- 客户的问题以及需求；
- 需要完成的工程任务以及完成任务需要达到的指标；
- 在整个设计过程中，工程师必须考虑到的约束条件。

问题陈述用来清楚简洁地表达出客户或者目标消费者的问题以及需求。因此必须分清问题与任务之间的不同之处。“问题”仅仅明确了一个需要改进的现状，不要求采取行动。如果你的老板或者老师让你设计某物，他（她）是给了你一个任务，而不是一个问题。

“任务”会被列入**设计要求**中，它会放在设计概要中的问题陈述之后。设计要求激励工程师必须采取措施来解决问题。它指出一个设计方案必须解决哪些问题，但不具体描述怎样解决这些问题。设计要求同时也明确了设计方案所应达到的指标：最终解决方案是要单件生产的还是要可以批量生产的？简单地说，设计要求告诉你，你应该做些什么，而问题陈述则是帮助你理解为什么你需要做这些事情。

图2-4 设计概要示例。

设计概要

客户：	杰纳西峡谷电力局
设计者：	克里斯廷·哈斯
问题陈述：	低放射性核废料的处理存在危险，不能让处理核废料的工人冒险与之直接接触。
设计要求：	设计一个特制的液压机器手臂，它可以从工作区域中的指定位置转移一个乒乓球大小的物体并将其扔进一个内径为1.5英寸的管道中。这个乒乓球大小的物体代表敏感物质。工作区域代表着危险的环境，不适合人类进入与敏感物质进行直接接触。
约束条件：	1. 完成期限：3周 2. 预算100美元 3. 最大重量 = 10 lb 4. 在机器手臂工作过程中，工作区内的任何物品不得与人体接触 5. 该机器组装完成以后，尺寸不能超过“11英寸 × 9英寸 × 17英寸”（一个标准复印纸纸盒的大小） 6. 该机器必须能够通过2个相距3英寸的1/4-20螺纹插件插入到测试环境的底座上

与此同时，你还应明白设计概要没有所谓的工业标准，就如同设计过程的步骤也没有工业标准一样，它们都是帮助设计工程师达到理想成果的有力工具。

步骤2：头脑风暴

一旦问题和任务明确以后，设计团队就会组织讨论会，集思广益讨论该问题，团队成员讲述各自对该问题的认识，产生需要解答的问题，明确分工合作方式，并且分配任务给团队里的成员。这个步骤在设计过程中被称为头脑风暴。

头脑风暴（brainstorming）： 设计团队为激发灵感所使用的一切方法。

头脑风暴包括了设计团队为激发灵感采用的一切方法。鉴于创造力的特殊性，头脑风暴经常在设计过程中的各个步骤里反复出现。设计团队可以用各种方法进行头脑风暴：有时候只需要口头讨论，大多数时候则会以三两句话的形式写下来。甚至有时候，在灵光乍现时，可以通过绘画的方式与他人快速分享和交流大量想法。值得注意的是，在这个阶段，我们无需评价或者判断该想法的好坏，头脑风暴的方法将在本章的后面深入探讨。

步骤3：调研并产生想法

调研（research）： 为了搜集证据，得出新的结论而对材料和根源进行的系统分析。

与一些刻板印象相反，工程师并不是事事皆知。然而，成功的工程师总是对知识有着永不满足的激情，并充分理解调研对于创造性方案的关键作用。**调研**是为了搜集证据，得出新的结论而对材料和根源进行的系统分析。你现在在学习过程中，有时候会需要写一篇学校研究报告，这也需要做一些调查研究。

一些心理学家认为创造性的想法来源于对规则模式的识别能力和将脑海中看似无关紧要的信息联系在一起的能力。如果这个理论是正确的，那么那些对某一个特殊问题了解甚详的团队成员就会更容易想出可行方案。

在团队明确了任务和问题所在，并建立了探索的主题以后，团队成员就要开始执行任务，分头寻找答案。调研通常包括对已有的信息进行搜集和筛选，这被称为二手调研。当你在谷歌上对一个关键词进行搜索时你便是在进行二手调研。书、电影、专利文献、专业期刊、杂志和百科全书等，都是二手调研经常用到的资源。工程师也会经常进行一手调研。一手调研就是通过采访、问卷调查、试验和观察得到最原始的信息。虽然一手调研需要花费大量的时间和精力，但是它经常能获得最有用的信息，从而产生创造性想法。

在设计过程的这个阶段，用工程师笔记本详细记录你所了解的信息是非常重要的。所谓**工程师笔记本**，就是一种用来记录工程调研内容和在设计过程中产生的想法的日记本（见图2-5）。它可以用来记录重要书名、有用的网页地址和一些研究相关问题的专家的姓名与联系方式。在调查过程中，最好随身携带一本工程师笔记本，以便记录下调研过程中出现的一切灵感。

工程师笔记本（egineer's notebook）：

一种用来记录工程调查内容和在设计过程中产生的想法的日记本。

与头脑风暴一样，调研也是工程师在设计过程中需要反复进行的步骤。基于这个原因，设计团队必须为初步调研设置严格的时间节点，否则这个步骤将会拖延整个设计项目的进度。一旦到了最后期限，团队成员就会再一次聚集在一起，分享他们所了解到的珍贵信息。此时，随身携带工程师笔记本不仅能让工程师准确地向队友复述重要信息，也能让他们在队友分享信息时记录一些有用的信息和想法。

图2-5 工程师笔记本是一种在项目设计过程中记录信息和想法的日记本。这个日记本中，经常包括一些涂涂画画的想法、工作会议的记录、电脑打印的图片、重要的参考资料和一些对测试实验结果的评论。

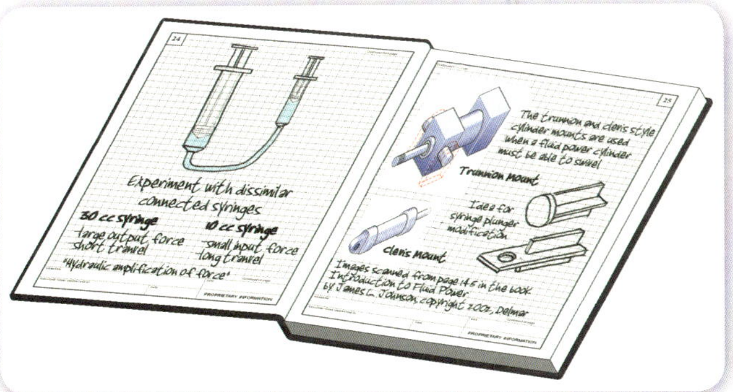

步骤4：确定指标和约束条件

在学校里作为教学用途的设计项目中，限制条件通常在项目开始时便确定好。然而，在结果无法预期的实际项目中，现实情况并不经常如此。在调查过问题并对任务有一个深入清楚的了解以后，团队成员和客户会再一次见面，重新确认限制条件，以及方案所需要达到的效果。这些限制条件将会作为一系列指标和约束条件附在设计概要的

指标（criteria）：

评判一个设计是否可采纳的具体标准。

约束条件（constraint）：

在设计项目中设定的限制，比如，项目时间期限、预算、材料或者制造方法。

后面。

如果没有限制条件，毫无疑问设计项目将会无限期拖延，因为改进的空间总是会存在。指标是评判一个设计是否可采纳的具体标准。比如，如果一个方案无法承受住指定负荷或者装入指定大小的箱子中，那么该方案就不会被采纳。约束条件就是在设计项目中设定的限制，比如，项目时间期限、预算、材料或者制造方法。值得注意的是，**指标**和**约束条件**需要列成清单，因为新的限制有可能在项目进行过程中出现。

步骤5：探索可能性

探索可能性是指，回顾步骤2（头脑风暴）和步骤3（调研并产生想法）期间，记录在工程师笔记本里的最初提案和草图，以此为基础进一步开发设计。在这个阶段里将会运用另一种头脑风暴的方法：每一位团队成员都会“画”出自己的提案并与组内成员一起讨论。这个方法能够让组里的所有成员都有表达自己想法的机会，与此同时，其他组员在聆听的同时，会扩展它们、组合它们，甚至有时候会将它们延伸至意想不到的方向。这些草图将会被贴在会议室的墙上，目的是形成大规模的思维草图，设计团队可以从中得出大量优秀的想法并继续进行深入的探索。

接下来，团队里的成员就要从这些想法里选出两到三个最适宜进行深化并且同时也能够满足之前所列出的限制条件的想法。可以给每位成员发两到三张便条纸让他们进行投票，得票最多的想法将会分配给不同的小组成员，让他们完善更多的细节。这些小组成员将会画出更多的草图（见图2-6），甚至有的设计师如果非常能干并且有充裕时

图2-6 被选中的提案的细节草图将在正式研讨会中展示和讨论。

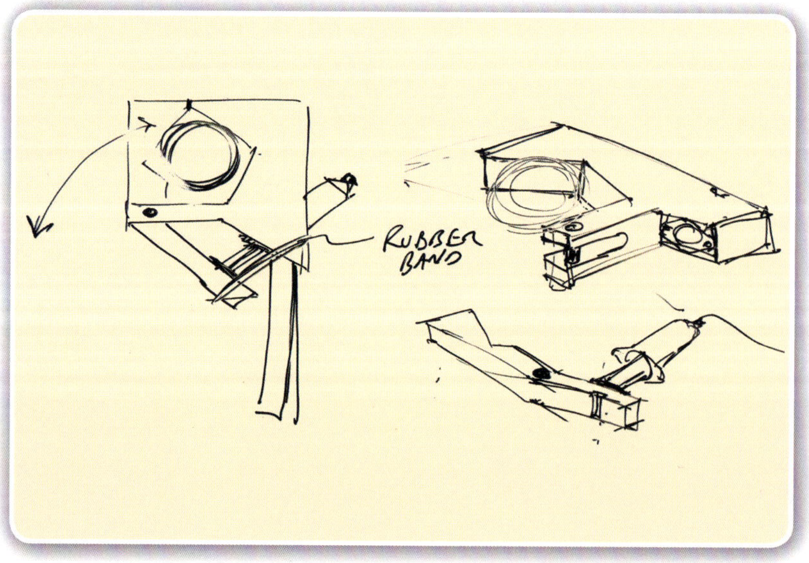

间的话，他们可能就直接画出CAD模型。随后，设计团队和客户会再次面谈，针对各个细节进行正式的 **评审** 。这次会议也给团队里的每一位成员一次发表自己看法的机会，并且从建设性的评论中得到反馈。

步骤6：选择方法

我们知道对于一个设计问题，解决方案不止一个，那么设计师该怎样选出最好的那一个提案呢？这就需要客户和设计师综合考量方案的功能、结构、美观、经济、环保等各方面条件以后才能得出答案。

有时候我们可能会非常喜欢自己的某个提案以至于影响了我们进行客观公正的判断。这叫“强嫁的主意”，它最终将会导致设计项目的失败。有两个方法可以阻止该情况的发生，（1）赋予客户选择项目的权利,（2）用一种叫“抉择矩阵”的方法来帮助团队得出 **一致意见** 。**抉择矩阵** 就是一个记分表格。当设计师需要从两个甚至更多个提案做出选择时，可以从几个最重要的角度进行考察、打分，最后根据综合得分选出最佳提案。

抉择矩阵（decision matrix）：

一个记分表格。当设计师需要从两个甚至更多个提案做出选择时，可以从几个最重要的角度进行考察、打分，最后根据综合得分选出最佳提案。

为了建立一个抉择矩阵，设计团队需要再一次聚在一起进行一次头脑风暴。这次会议的目的是确定评价方案所要考虑的因素。在大多数设计中，尺寸、功能性、易操作性、可制造性、预算、安全性和项目开发时间是最主要的考虑因素。然而在某些情况下，只评价一个想法是否达到某一个标准也是可以的。当所有必要因素都讨论通过之后，它们将会被填写在抉择矩阵的首行。每一个提案将会被填写在抉择矩阵的最左列中（见表2-1）。

有两种数学方法可运用在这个表格中，一个是评分法，另一个则是二进法。评分法可以包括任何大于2的数字范围，表2-1中所展示的抉择矩阵使用了一个分数等级为4的标准。在这种情况下，4分就要给那个最满足考虑因素的想法，而1分就要给那个最不契合的想法。当根据一个明确的标准或者问题来评价想法时，采用二进法来代替评分法。因此，“0”代表“否”，“1”代表“是”。有时候，有些考虑因素可能对最终决定有更大的影响。比如说，团队可能觉得结构稳定性的重要程度是可制造性的两倍，那么在这种情况下，就会用到加倍的算法。

设计团队里的每一位成员都需要填写抉择矩阵，计算出每一个提案的总分，然后统计这些团队成员的抉择矩阵分数，求出每一个提案所得的平均分，选出得分最高的提案，该提案是最有可能成功的可行方案。这种方法能够确保那些最重要的决定不被个人情感因素所左右。

表2-1 设计团队里的每一位成员将会综合考虑设计和制造等方面的因素，用抉择矩阵对所有的初步提案进行评分。接下来求出所有团队成员的抉择矩阵评分的平均数，选出最有可能获得成功的提案。

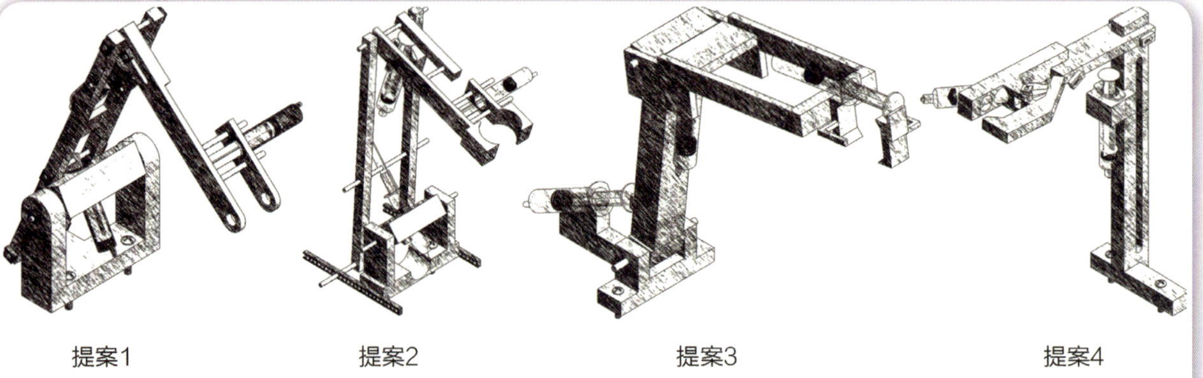

初步方案抉择矩阵

方案	设计和制造考虑因素							总和
	功能性	零件数	技术图纸复杂性	结构稳定性	零件可制造性	建造时间	组装容易性	
提案1	4	2	3	4	2	3	1	19
提案2	3	1	4	2	3	2	1	16
提案3	2	3	2	1	4	4	0	16
提案4	1	4	1	3	1	1	1	12

多级量化			
4	3	2	1
最好			最坏

二级量化	
1	0
是	否

图2-7 装配图和CAD模型展示了如何组装设计元件从而形成一个可行方案。

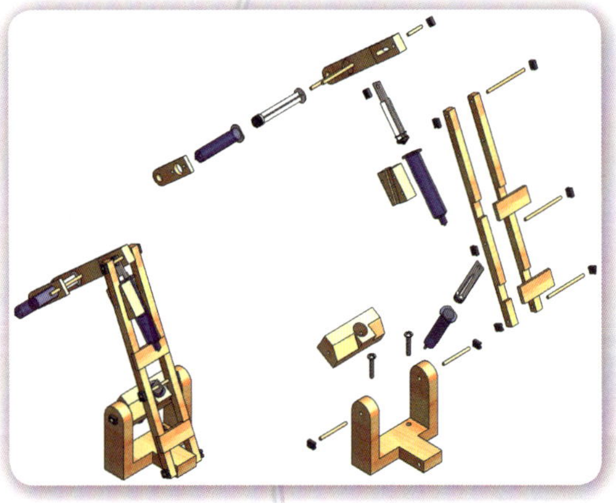

步骤7：形成设计方案

当已经确定好准备继续完成的提案后，设计团队必须立刻将这个提案定为实施方案。也就是要建立一个文档形式的设计方案。设计方案通常包括CAD模型组件（见图2-7）、装配图和制造部件的多视角绘制图。如果该方案中存在电子或流体动力元件，那么还需要多画几张示意图。

客户在出资建造和测试模型之前，可能会先浏览一遍设计说明书。在大多数情况下，设计说明书的目的在于记录下问题解决方案，以便于元件生产商可以依据方案自行制造出样品且不需要设计团队进行补充说明。

这个步骤可能还需要返回之前的阶段，调查那些还不是十分清楚的有关机械、电子，或者材料等方面的问题。大部分在这之前做好的决定都有可能在接下来的环节中出现更多的问题。策略性地想清楚每个决定会带来的影响，将会帮助设计团队避免一些问题的产生并且能让方案在约定的时间内完成。

步骤8：模型或样品

在一些情况下，为设计方案制作实物模型是十分必要的。实物**模型**就是一种用来进行交流、开发和测试设计成果的三维展示。它能够非常直观地体现设计方案的尺寸大小，这是CAD模型难以展示的。同时实物模型也可以对初定尺寸进行放大或缩小，并且不需要用与最终产品一样的材料来制作。

在把方案提交给客户之前，需要在可控的实际工作环境下对其进行检测。这种检测需要用到另一种模型，这种模型被称为样品。**样品**就是一种专门用来检测设计方案的工作模型。它根据设计说明书里的描述制造而成。

模型（model）：
一种用来进行交流、开发和测试设计成果的三维展示。

样品（prototype）：
一种专门用来检测设计方案的工作模型。

步骤9：检测和评价

设计的样品制作出来以后，便开始进入设计过程的检测环节。这个环节里，客户会和工程设计团队一起工作，讨论决定用哪一种检测方法来衡量设计方案的可靠性。检测可能包括向结构零件或者整个装配好的模型进行加压，确保该设计能够承受正常工作时来自外界的压力。如果检测会产生数据，那么这些数据就要记录下来，并进行整理和分析。这项工作通常可以用计算机**电子表格**程序，比如Microsoft Excel来完成。该步骤同时也包括检测该方案的功能性。如果所有的检测都按照计划通过，那么这个方案就满足之前设计概要中提到的设计要求和约束条件。

步骤10：改进设计

在检测和分析环节中发现的任何问题和缺点都会在设计团队里进行讨论。在这个环节，设计团队可能需要为了继续深入方案，而返回到设计过程的前几个步骤。

所有想对设计进行修改的想法都需要在工程师笔记本上画出来，并解释为什么这个修改是必要的。当这些想法的细节都已经在纸上证实合理后，设计师就会通过修改CAD模型和技术图纸来进一步改良设计。

步骤11：得出最终方案

当所有必要的修改都得到确认、完善、检测和评价后，就可以开始制作上交给客户的最终方案了。正如之前提到的那样，设计概要中包含的设计要求将会写明这个方案是独家定制的，还是限量生产的，或者是可以批量生产的。

图2-8 设计团队经常用数码展示的方法展示方案。

大批量生产的设计经常需要制造工程师、系统工程师和制模师等专业人员的协助。他们的工作包括设计特殊加工过程、机器和能够加快生产速度以及减少零件尺寸误差的工具。

步骤12：成果交流

设计的最终成果通常是以技术报告、数码展示（见图2-8）、实际工作方案展示的形式呈现给客户或者主管。设计过程中的这个步骤也可能包含制作安装手册、平面广告和专利文件。

头脑风暴法

之前我们提到头脑风暴是一种让设计团队在设计过程中产生想法的方法。头脑风暴将个人的智慧与人际沟通结合起来创造出解决问题的最佳方案。这是团队建设的最好时机，同时也是在任何设计过程中至关重要的一个步骤。“头脑风暴”这个词语最初是在20世纪20年代由一位名字叫做奥斯本（Alex Osborn）的广告主管提出的。奥斯本写了许多关于创新思维的书籍，并说了一句富有哲理的名言：为了形成想法，首先要有机会思考。

头脑风暴能够让团队成员无拘无束地进行创造性思考，好的头脑风暴实践可以创造一个鼓励大家积极参与的轻松环境。想法不一定要有意义，参与者不需要过度担心实用性或成本的问题。他们既不会在分享想法时感到尴尬，也不需要为了达到他人的期望而感到压力重重。头脑风暴给予了团队成员充分的自由以提出自己想到的方案，团队的头脑风暴一旦开启，初始的想法就会促使新的想法产生，然后产生一系列反应。

图2-9 个人头脑风暴能够产生更好的想法，因为参与者集中了100%的注意力构思想法，而没有分散精力去听他人的看法。

团队头脑风暴与个人头脑风暴

头脑风暴可以在团队里进行，也可以一个个单独完成。两种方法有各自的优点。有时候可以把两种方法结合起来一起使用以便发挥它们最大的优势。个人头脑风暴能够产生更好的想法，因为参与者集中了100%的注意力构思想法，而没有分散精力去听他人的看法（图2-9）。

另一方面，团队头脑风暴则是利用了组内众多成员的丰富经验。聆听不同角度的看法能拓宽人的思维，或者帮助他（她）突破思维障碍。团队头脑风暴很好地证明了团队中的每个成员各有所长，并让他们感觉到自己对最终方案的形成做出了贡献。

传统团队头脑风暴的指导原则

理想情况下，传统团队头脑风暴会议通常由5到7个知识背景不同的人组成。这些人围坐在一个大型的圆桌或者方桌旁边，这样参与者可以看见对方。很重要的一点是，开会的环境需要非常舒适并且没有其他因素的干扰。每个人都会准备一叠厚厚的白纸，这样在轮到他们发言之前可以先做一些标记或画一些草图。当想法需要进行筛选并缩小范围时，最常见的就是把每个想法分别写在一张纸上。用黑色笔画的草图能够让其他参与者看得更加清楚，从而明白纸上所解释的内容。

团队的努力往往需要一位主持人加以引导。这个主持人可能既参与头脑风暴也负责引导会议流程，保持团队成员注意力集中，鼓励安静内向的成员积极发言。在会议开始时，主持人需要让各位参与者了解**会议章程**，它能够帮助团队成员团结一致工作，从而在头脑风暴会议中得到最好的效果。会议章程内容包括：

- 专注于当前的任务。
- 不要批评或挑剔一个想法，但是要敢于问问题并提出积极的评论。
- 不要局限于理性思维。
- 完善其他参与者的想法。
- 每一次只能有一个人表达自己的想法。

在主持人清楚地阐述了问题所在，并说明了方案必须遵守的重要标准以后，参与者就可以开始在纸上写写画画，记录自己的想法。当某一个人有了想法以后，他（她）需要将自己的草图展示给他人看，并解释自己的想法，最后将这个草图钉在墙上陈列起来。当第一个想法展示完以后，其他的参与者再依次展示自己的想法。就像会议章程里提到的那样，礼貌等待发言的机会有助于营造一个鼓励创造性思维的舒适环境。值得注意的是，头脑风暴应该是一个有趣、吸引人的过程（见图2-10）。如果团队成员感觉到无趣，那么结果就会很不理想。当主持人发现团队渐渐失去激情时，他（她）会将会协调会议进程，并安排会议结束时间。

图2-10　头脑风暴应该是一个有趣、吸引人的过程。

其他的头脑风暴方法

一个打破头脑风暴初期沉默的方法就是用提问题开启交流。参与者可以提出一些疑问句，如：“你可以……吗？”“如果你……结果会怎样？”“有没有办法可以……”进而引发讨论。还有一些头脑风暴方法可以帮助刺激大脑并触发思考，其中有两种方法效果不错：阶梯法和反向思考法。

阶梯法 **阶梯法** 让团队里的每一位成员都参与讨论。这种方法尤其适合同时有性格内向成员和性格外向成员的团队。它确保了每一位成员都发表自己的想法。

步骤1： 明确问题和评判标准。

步骤2： 让每一个成员独自思考一段时间。

步骤3： 团队的两个成员一起交流想法，并在交流的过程中产生新的想法。

步骤4： 第三个成员加入讨论，他先向前面两个成员展示自己的想法，然后倾听他们之前的想法。当所有的想法都交流结束以后，就可以进行头脑风暴产生新的想法。

步骤5： 每一次增加一个成员重复步骤4，直到团队里所有的成员都参与并分享了自己的想法。

反向思考法 反向思考法并不直接产生问题的解决方案。传统的头脑风暴过程是直接产生问题的解决方案，而反向思考法则是关注问题的起因。在弄清楚问题的起因之后，团队成员就会开始讨论针对这些起因的措施。当问题非常多的时候，反向思考法是一个非常好的方法。接下来向大家展示一个反向思考法的过程：

步骤1： 明确问题。例子：学生不满意学校食堂。

步骤2： 以提问的形式反向陈述这个问题。例子：什么原因造成了学生对学校食堂不满意？

步骤3： 罗列这个问题的答案。例子：

- 食物是冷的。
- 噪音太大。
- 排队时间太长。
- 喜欢吃的食物很快就卖光了。
- 菜式有限。
- 食堂不干净。

步骤4： 产生解决这些问题的办法。例子：

▶ 设置保温托盘或加热灯。

▶ 在噪音区域播放音乐。

▶ 刷卡加快结账速度。

▶ 通过问卷调查了解学生的饮食喜好。

▶ 增加垃圾桶的数量。

总结头脑风暴成果

当头脑风暴临近尾声，所有成员的想法都得到展示后，接下来就是决定哪一个想法可以继续深入挖掘。在头脑风暴过程结束后，并不是立即就能发现最佳方案。接下来就是要帮助团队决定哪一个想法值得发展成为一个可行方案。

步骤1： 排除重复想法。

步骤2： 让每一位成员花一些时间研究和思考每一个想法。

步骤3： 让每一位成员选择自己最喜欢的三个想法并把便条纸贴在对应的草图上。

步骤4： 统计投票结果，选出最佳方案。

草图

头脑风暴的过程通常需要在纸上写写画画，这样才能把自己的想法与组内其他成员分享交流。**草图** 就是用于展示一个事物或者场景主要特点的粗略手画稿。绘制草图是一个将艺术家与工程师的工作结合在一起的技能。因为想法总是转瞬即逝，所以画好草图是十分重要的。对于工程师而言，草图是一种非常好的视觉交流，它能在想法消失之前快速记录下来并传达给其他人。一旦想法记录了下来，草图就可以转化成一个精心制作的CAD模型或者一个详细的技术图纸。本节将会详细介绍两种经常使用的草图：立体草图和多视图。

3

草图（sketch）： 用于展示一个事物或者场景主要特点的粗略手画稿。

立体草图

立体草图 是一种在一张示意图中标注物体长宽高的虚拟三维视图，立体草图可以展示棱柱形物体上三个相互垂直的面，并经常以等大（见图2-11）、倾斜或者透视的形式绘制出来。画在立体

图2-11 机械臂零件的立体草图可以让我们在一张二维的纸张上看到虚拟三维的实物效果。

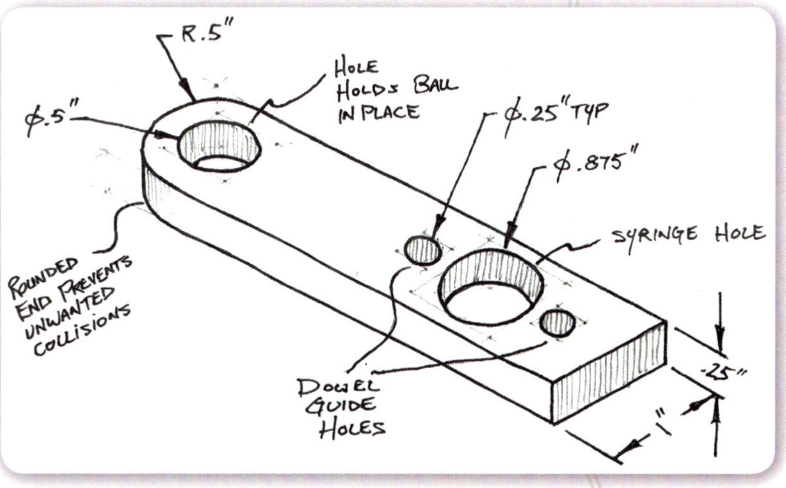

图2-12 机械臂零件的二视图（主视图和右侧视图）。每一个视图分别展示了该物体旋转90度前后的模样。这种草图需要用到多种约定俗成的线条，比如实线、虚线和中心线等。它们可以帮助看图者在脑海里想象这个物体的实际模样。

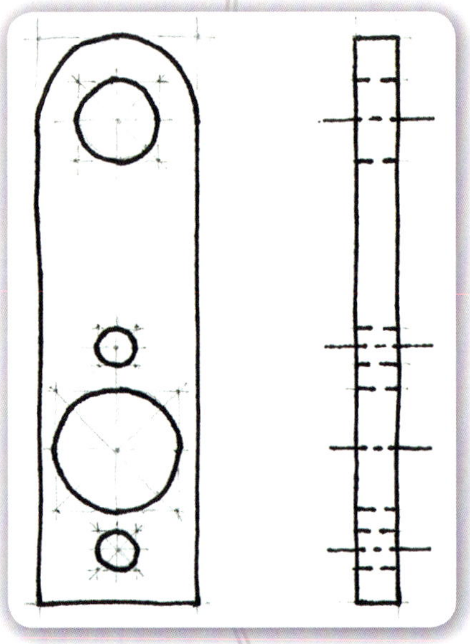

草图上的实物比较容易明白，因为我们是用三维的视角来感知周边的世界的。在草图上加备注能够让别人更好地了解一些单独用图画难以表达的信息。同时在草图上标注尺寸也有助于观察者了解物体大小。画好立体草图需要大量的练习实践，一幅好的草图能够在较短的时间里传达较多的信息，这在头脑风暴中是十分重要的。

多视图

一些复杂想法很难用立体草图的形式表现出来，在这种情况下，画多视图可能是最方便的选择。**多视图**就是将一个物体用一系列的不同视角的二维视图表示（见图2-12）。多视图通常会标注尺寸，用来展示该物体的长、宽、高的信息以及一些特征部位比如孔洞的尺寸、位置信息。最常见的多视图包含俯视图、正视图和侧视图。俯视图里可以看出物体的宽和深，主视图可以看出物体的宽和高，侧视图可以看出物体的深和高。宽度是一个物体左右两侧之间的尺寸，高度是物体顶部到底部的尺寸，深度是物体前面到后面的尺寸。

为思想建模

4

当一个想法的草图画好以后，设计者一般会再画一个更加详细的设计图。不久之前，设计团队还只能用铅笔和纸来画精细的细节图纸。这些设计图将会通过晒图机复印然后得到蓝图。然而电脑的出现改变了绘制设计图的方式。

计算机辅助设计的运用和优点

计算机辅助设计（CAD）软件能帮助工程师进行许多工业设计和产品制造，比如建造摩天大楼、悬索桥、隧道，制造汽车、轮船、飞机、宇宙飞船、火车、消费品和电子产品。CAD系统几乎运用在所有类型的工业生产中。包括：

- 航空航天
- 建筑
- 建造
- 消费品
- 电子
- 医疗
- 塑料

▶包装

▶运输

CAD软件的运用改进了产品设计的过程。激烈的竞争驱使CAD之类的技术和工具不断发展。为了在市场中取得胜利，公司必须比其他竞争对手效率更高，成本更低。CAD软件的友好界面让使用者很容易就画出复杂的形状，作图所消耗的时间比手绘少很多(见图2-13)。CAD模型修改起来很方便，同时它的各种设计图纸也会被更新。除此之外，CAD文件也可以用电子邮件发送给其他的工程师和世界各地的制造商。

图2-13 （a）CAD程序让工程师可以在一个虚拟环境中深化方案。（b）多视图的技术图纸可以从CAD模型中创建，这种图纸提供了装配实体产品所必要的几何细节信息。

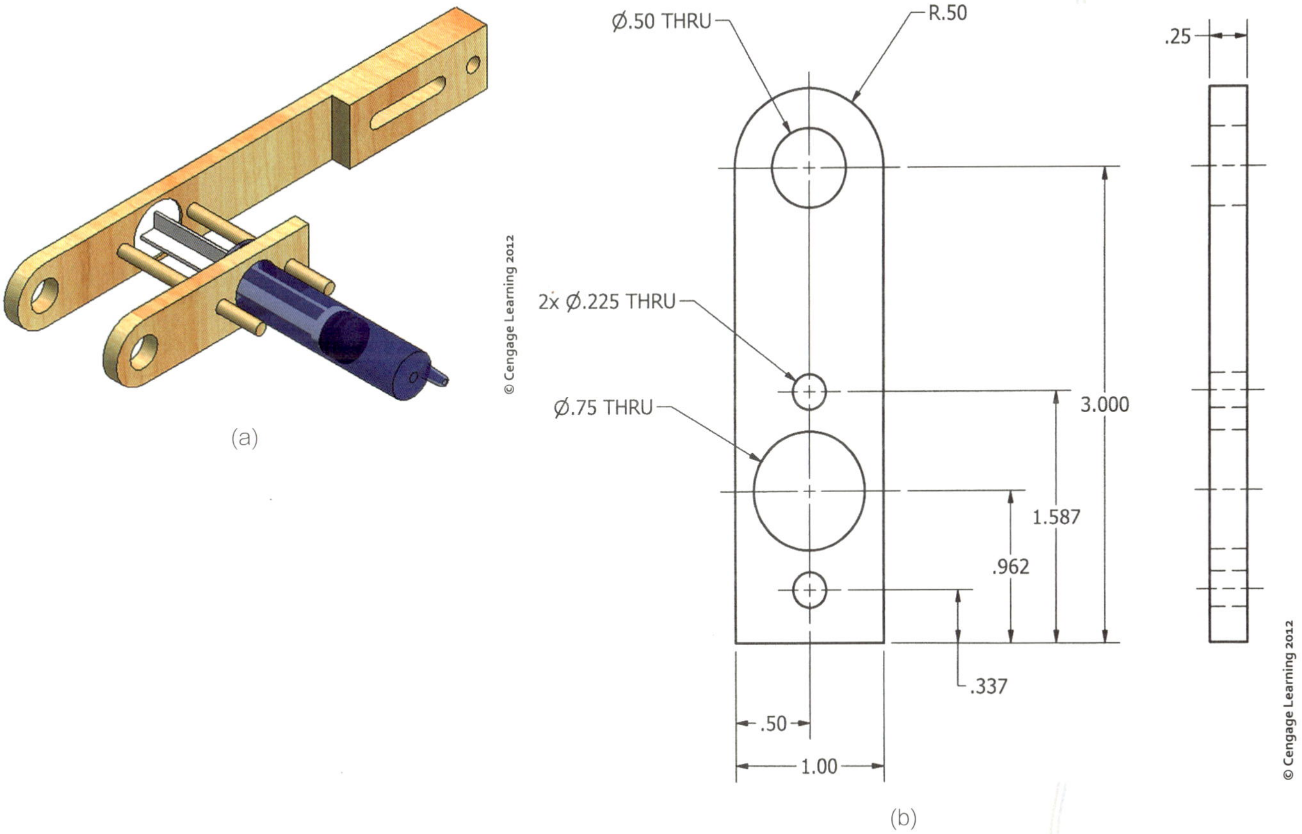

(a)　(b)

CAD系统的另外一个优点在于它可以保存一些工程设计中经常会用到的现成模板。这些经常使用的零件模板库可以下载并与其他的设计师共享。将特殊零件和现有零件模型按照要求组装起来，就构成了一个装配模型（见图2-14）。

利用CAD模型组装产品，精度要高于实物样品。市场人员可能会用虚拟模型的逼真图片和动画来制作一些像视频广告和销售手册之类的宣传材料。它们可能也会被用于市场调研，以确定该产品是否值得生产。除此之外，使用手册中也会用到CAD模型的图片。

图2-14　从零件库中取出的现成组件（比如紧固件）和一些特制的组件组装在一起，形成了复杂的CAD装配模型。

有限元分析　以前需要工程师花费数小时手算的数学信息现在可以一键解决了。只要知道CAD三维模型的尺寸和实物的材质，那么这个现代CAD系统就可以算出实物的表面积、体积和质量，并且可以确定该物体的重心和其他物理特性。现在许多CAD三维模型可以通过**有限元分析（FEA）**对组件或者装配后的产品进行结构分析。简单来说，有限元分析就是一个以计算机为基础的设计分析工具，它可以让设计者施加虚拟压力给CAD模型以确定挠度、应力集中和其他效果。有了有限元分析，工程师就不需要花费时间制作、测试实物样品来确定是否需要进一步修改几何形状（见图2-15）。这种虚拟测试最终既节约了时间又节约了花费。

计算机辅助制造　CAD系统经常和**计算机辅助制造（CAM）**软件一起使用，创建一个G&M代码形式的机械工具控制程序。G&M

图2-15　有限元分析程序让工程师可以模拟在实物上施加压力后的效果，比如挠度、应力集中等。红色区域代表了应力集中最强的部位。这意味着这个部位可能会最先出现结构损坏。

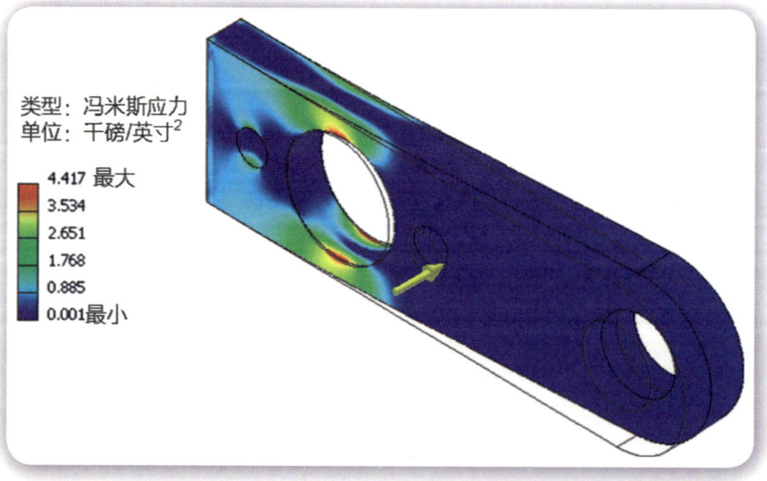

代码程序用来自动操控计算机数字控制（CNC）机器，比如车床、碾磨机、喷水器、激光切割机和焊接设备（见图2-16）。一个设计一般从用CAD系统制作虚拟部件模型开始，接下来这个虚拟模型就会被导入CAM系统中。在使用车床和铣床时，CAM软件将会为粗加工和精加工切割进行工具路径分析，然后把机器操作顺序转化成G&M代码的形式，分配给合适的机器进行零件制造。

图2-16　（a）把CAD模型导入CAM程序中用来进行工具路径分析和生成G&M代码。（b）G&M代码生成之后，将会被下载到生产实物零件的计算机数字控制机器中。

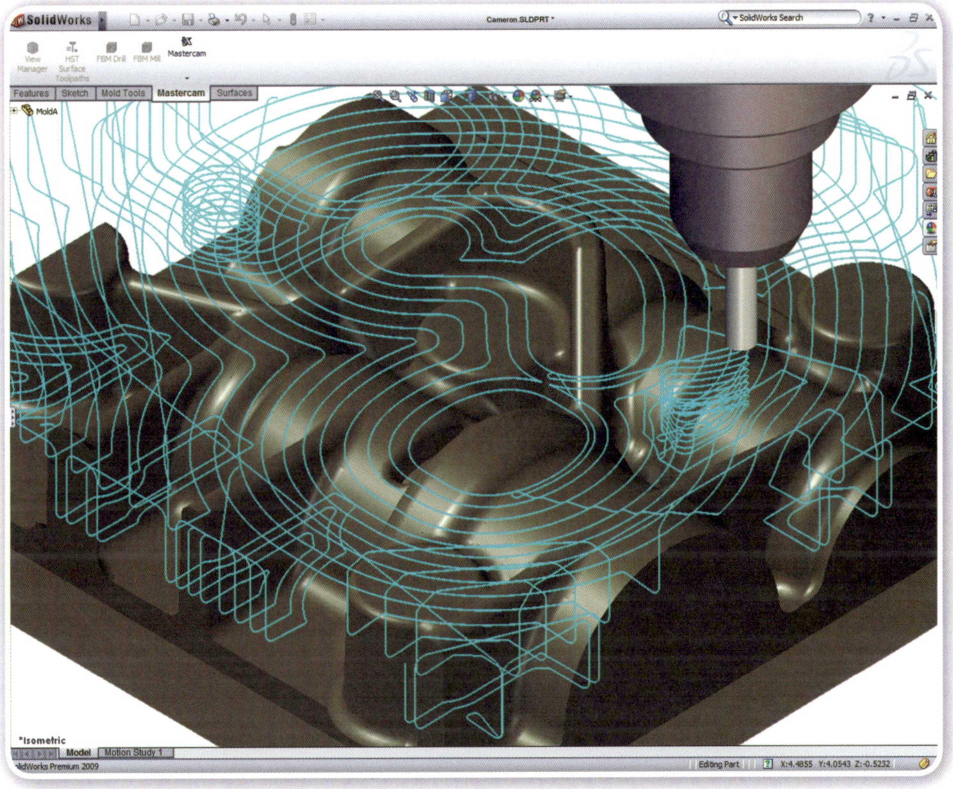

Courtesy of Mastercam.

(a)

© iStockphoto.com/Dan Driedger.

(b)

快速成型技术（rapid prototyping）：

一种附加了制造程序的CAD数据驱动的物理模型构建技术。

快速成型技术　通过传统制造方法或者CAD、CAM、CNC系统制造一个设计方案的实体模型需要熟练的技术人员的支持，这个过程将延缓产品设计过程。在20世纪80年代，一种叫做快速成型的方法出现了，它让工程师能够直接将CAD模型变成实体模型而不需要使用特殊技巧、工具和传统技术人员的帮助。**快速成型技术**是一种附加了制造程序的CAD数据驱动的物理模型构建技术。所有的快速成型过程都是从一个CAD三维模型开始，这个模型将被分成一系列超薄层，每一层的几何信息将会送到一个制造实物的机器中，这个机器每一次只制造一个薄层。

快速成型技术与以切削工艺为基础的传统的制造方法相比，有以下优点：

- 快速成型技术可以更快、更容易地制造出复杂模型。
- 快速成型技术的材料选择很多样，有聚合物、陶瓷和金属等。
- 一些快速成型技术可以为小批量的产品提供节约成本的替代产品。

设计师有许多种快速成型的方法可以选择。有四种是经常用的：

- 立体光刻
- 熔融沉积法
- 选择性激光烧结法
- 粉末黏合剂印刷法

立体光刻　立体光刻（SLA）是最早的快速成型技术。它用紫外激光硬化液态光敏树脂，通过逐层硬化来制造固体塑料模型。SLA机器就是在光敏树脂液槽里悬挂一个工作平台。在构建第一层之前，用一块刮板在工作平台上涂满一层均匀的光敏树脂，然后将一束紫外激光通过透镜聚焦到扫描镜上，扫描镜将会精确地控制紫外激光束，在建造面上硬化一层液态光敏树脂。当第一层完成以后，工作平台就会下降0.002到0.003英寸的高度，然后重新开始这个过程。这个过程将会循环进行直到整个零件制造完成（见图2-17）。将硬化后的零件从槽中移出来，晾干以后再放回到紫外线炉中进行烘烤加工，做好的SLA聚合物组件的尺度和细节都非常精准。

熔融沉积法　在SLA方法之后，很快又出现了另一种快速成型技术，叫做熔融沉积法（FDM）。FDM通过管嘴挤出塑料或者石蜡，依照设定好的路径移动，逐层涂抹横截面的几何形状（图2-18）。大多数的FDM机器都可以用装在可拆卸卷盘里的巨大丝盘提供制件材料和支撑材料。再将这些材料丝送进一个可以将温度升高到材料熔

图2-17　(a) SLA技术用紫外线激光硬化液态光敏树脂，通过逐层硬化来制造固体塑料模型。(b) 用SLA方法制造汽车轮胎轮辋。

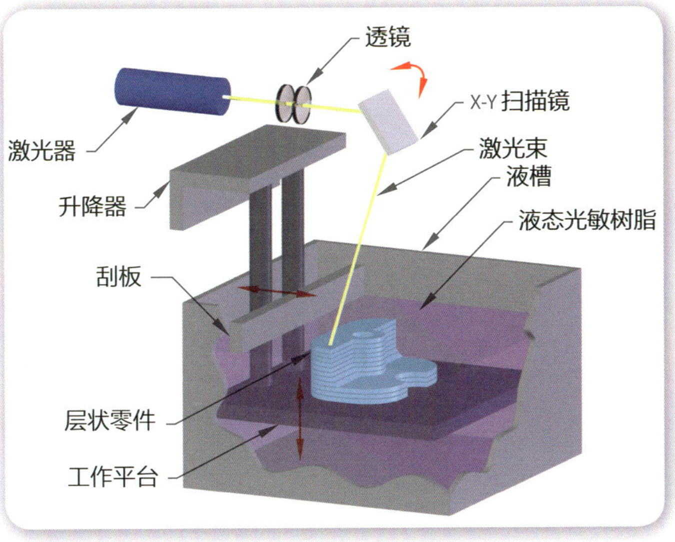

(a) Courtesy of CustomPartNet, Inc.

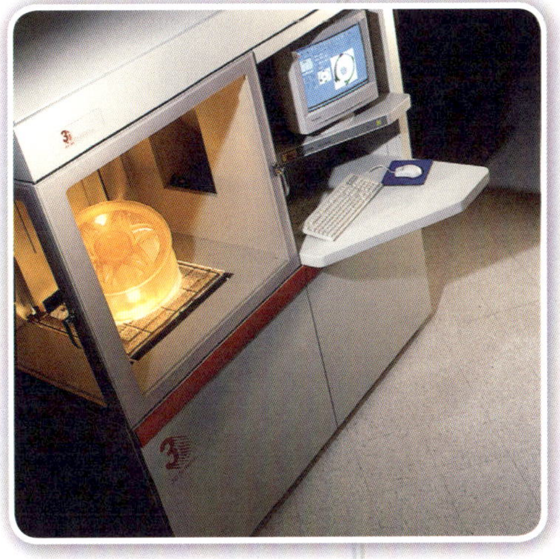

(b)

图2-18　(a) 熔融沉积制造法通过用一种可以追踪一层层横截面几何形状的喷嘴挤压塑料或者蜡材料完成。(b) 一些FDM建造材料能够展示弯曲性能。

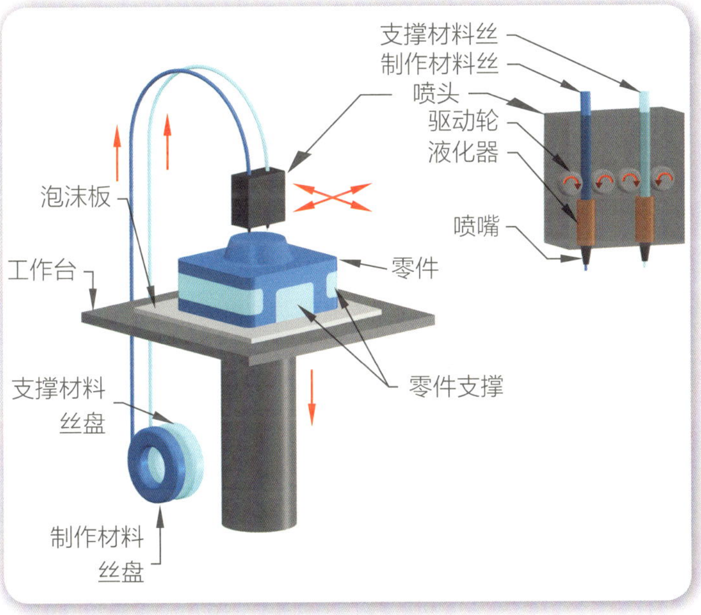

(a) Courtesy of CustomPartNet, Inc.

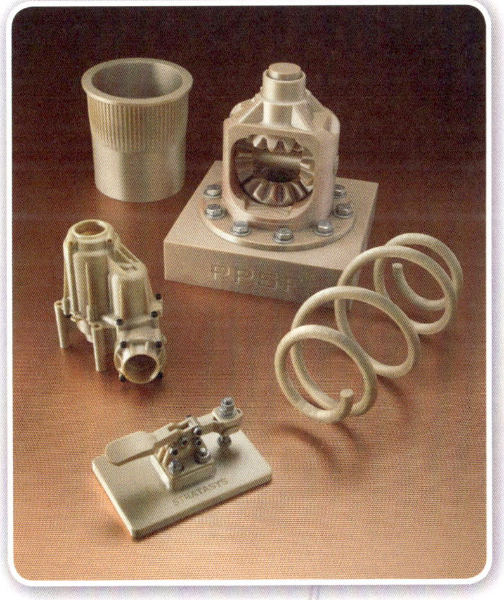

(b)

点的喷嘴。熔化的材料刚从喷嘴中流出来就立即硬化并粘合到下面的层上。每一层扫描完成以后，工作平台下降，喷嘴就会继续喷涂另一层。FDM方法可以用各种塑料和特殊的蜡制造部件。

选择性激光烧结法　选择性激光烧结法（SLS）是由得克萨斯大学奥斯汀分校的卡尔·德卡德（Garl Deckard）和他的同事于1987年发明的。SLS和SLA十分相似。它用一个激光束在粉状高分子材料上移动，扫描出各层的形状（见图2-19），这个过程叫做烧结。激光束的能量可以使粉状材料熔化并结合在一起。在烧结下一层之前，将一层新的粉状材料铺在已凝固的层上面。一种叫做直接金属激光烧结

图2-19 （a）SLS用一个可移动的激光束来将每一层的形状画在粉状高分子材料上，通过烧结将粉状材料结合在一起形成零件。（b）SLS模型比SLA模型更加坚固，在某些情况下，这个方法可用于生产最终零件而不仅是展示模型（用PA2210制造的空气静压箱）。

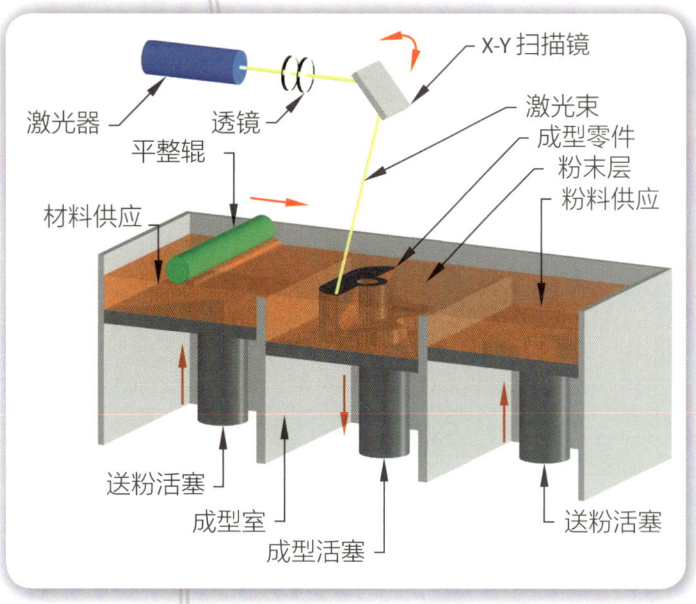

(a) Courtesy of CustomPartNet, Inc.

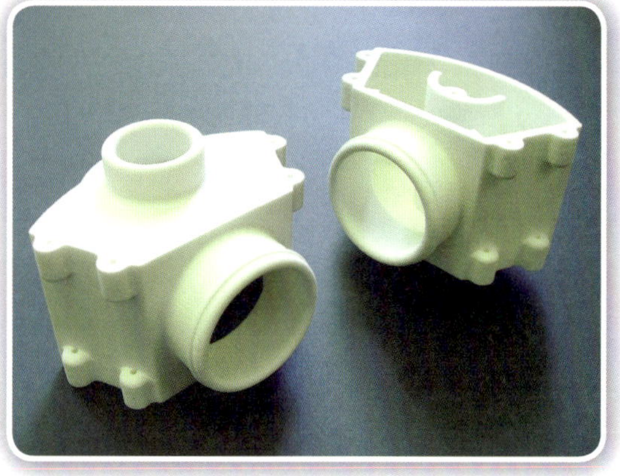

(b)

（DMLS）的方法与SLS类似，它用金属粉作为制作材料。

粉末黏合剂印刷法 粉末黏合剂印刷法快速成型技术和SLS一样，也用粉状材料来制作模型。它使用的粉状材料是淀粉或者石膏粉。与SLS不同的是，粉末黏合剂印刷法用一种液体黏合剂使粉末黏合而不是用激光使粉状材料熔化并凝结成块。一个跟喷墨打印机里类似的喷墨打印头，将液体黏合剂喷射到粉末层的目标区域，形成一层薄薄的零件横截面形状（见图2-20）。当一层做好之后，工作平台就会下

图2-20 （a）粉末黏合剂印刷法通过将液体黏合剂喷射到粉末层上制造零件。（b）这是唯一一种可以在一次时间内生产出多色模型的方法。

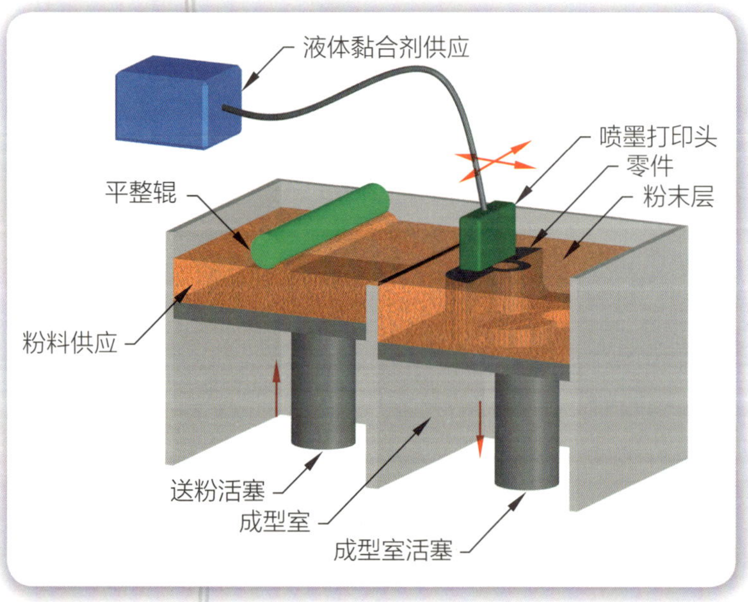

(a) Courtesy of CustomPartNet, Inc.

(b)

降，再放入新的一层粉状材料并压平。当零件制作完成之后，多余的粉末就会被刷走或者吹走。用粉末黏合剂印刷法制作的零件通常会涂上一层密封剂用来增加坚硬度和表面光洁度。

分析过程

按照定义，工程学是一门综合运用数学和科学的学科。因此，工程师会发现他们解决的科学或者数学问题在本质上和我们在科学和数学课堂上遇见的问题没有什么不同。在解决这样的问题时，工程师会采取系统分析策略，该策略可以分解为以下步骤：

步骤1 陈述问题：一份好的问题陈述应该能清楚、准确、有逻辑地解释需要解决的问题，解决问题所需的一切信息和预期成果都应该包括在内。已知条件和未知条件都应该陈述清楚，拟定一份好的问题陈述是得到有效方案的重要前提。

步骤2 创建图表：当解决工程问题时，俗语“一张图抵得过千言万语”毫无疑问是正确的。所谓的一张图可以是一张草图、工程图或者示意图。图中应该包括问题陈述的所有信息。

步骤3 进行猜想：大部分的工程学问题都需要进行猜想来得出方案。猜想能够让工程师通过减少潜在可变因素来简化复杂的问题。有经验的工程师知道哪一些猜想是安全的，哪一些可能会引起灾难。

步骤4 选择方程：所有的物理系统都可以用数学关系来描述。比如，欧姆定律就描述了电路中电压、电流和电阻的关系。选择合适的方程来分析是非常重要的。

步骤5 代入计算：将所有已知量代入方程中求出答案，用计算器或者计算机来进行数学运算。确保答案的单位和有效数字的位数正确。

步骤6 检查答案：反问自己：“这个结果合理吗？”你计算的结果和问题陈述所预期的结果一致吗？再一次检查计算的每一个步骤。你解决的工程学问题越多，发现差错的能力就越强。

步骤7 讨论结果：当你的方案全部检查完毕以后，你就可以向大家解释这个分析结果的意义。

演示工具

设计过程的最后一步就是交流成果，一个团队对自己方案的信心并不能保证该方案可以完全被实施。通常情况下，方案都需要展示在组织决策者面前以赢得他们的财政支持（见图2-21）。因此，成功不仅仅依赖于方案的质量，还依赖于团队展示的精彩程度。

图2-21　在一个设计项目过程中，工程师可能需要进行多次展示，包括向组织决策者展示工作方案以得到资助。

© iStockphoto.com/Baris Simsek.

成功交流方案依赖于正确使用工具和充分的准备。当今大多数的设计者都用数字形式来进行重要的展示。接下来的部分将对数字展示和公开演说提供一些指导性意见。

数字展示

在当今，用来进行数字展示的最受欢迎的软件是微软的PPT（PowerPoint）。一个好的PPT幻灯片应该要吸引眼球，条理清楚并富有信息价值。尽管PPT是一个很强大的工具，但是在一场展示中最重要的角色还是讲述者，请务必牢记这一点。因此，信息的好坏取决于传达信息的人。

准备展示的过程要比展示本身花费更多时间。经过调查、制作图表、写作、修改和反复排练，每一张幻灯片的制作平均都要花费一个小时甚至更多的时间。这个环节是整个项目中重要的一部分，因为它可以增加将设计方案变成实际施工的可能性，从而实现团队的根本目标。

了解你的观众

一个展示能否取得良好效果，取决于展示者有多了解他的观众。观众有着不同的知识基础，这将影响他们对于技术概念和细节理解的深度。一个好的展示应该重点展示观众需要知道的内容。细节问题可以在展示最后的问答环节中解决。

有效数字展示的特点

一个好的展示应该用尽可能少的幻灯片传递信息。它应该以一张标题幻灯片开始，接下来是目的概要。展示结束后应该是一张总结幻灯片，最后就是一张征求听众提问题和点评的幻灯片。将必要的联系方式给予听众也是一个非常好的做法，以便在展示结束后还能进行交流。

展示信息的方法和信息本身一样重要。在设计每一张幻灯片的时候应该充分考虑以下几个要点：

- 为幻灯片中包含信息的内容留下边界空间，就像为一幅画加边框。
- 通过使用项目符号而不是完整的句子（除了直接引用原文）将每一页幻灯片的文字量减少到最少。
- 使用统一简单的背景图，并且背景颜色应与文字颜色相匹配。
- 用图表帮助解释技术概念和想法。
- 用足够大的字体以便房间内所有人都可以看得清楚，标题要用更大的字体。
- 始终谨慎地使用声音、过渡效果和动画。
- 给整个布局留下一些空白空间，这样观看者才不会被太多的文本内容和图表压得疲惫不堪。即使你用了检查拼写错误的软件，你也必须十分仔细地再次校对你的PPT文件。拼写和语法的小错误很容易被观众发现。

练习

你要说的内容练习得越多，你在展示的时候就越自信。当你希望人们倾听并且赞成你的想法时，自信是非常重要的。练习多次后便可脱稿，这样展示的时候就会更加自如。虽然你需要重复排练多次，但是你也不用记住所有你要说的内容。在你每次排练的时候你说话的内容可以不同，专注于你想要传递的信息并确保这些信息在每一次排练的时候都是一样的。为了防止怯场，最好能记住一个开场白。

不超过规定的时间也是至关重要的，通过排练把握每一张幻灯片展示需要的时间。确保留出讨论和提问题的时间。同时也避免将幻灯片上的内容一字一句地念给观众听。幻灯片的内容应该尽可能简单，但是你的讲述应该尽可能地详细，提供更多的解释。如果你想确保信息没有被误解，或者观众需要记录信息以便在工作中参考，那么应该把重点标记出来加以强调。

图2-22 提前到达会场检查展示设备是否可以正常使用。

© iStockphoto.com/Michal_edo.

在观众面前穿着得体。你希望他们关注的是你说的内容而不是你穿的衣服。提前到达展示地点，检查并确保所有你要用的设备都是可以正常使用的（见表2-2）。记住将手机和其他任何会发出声音的电子设备关掉，以防打断你的展示过程。最后，选择一个值得你信任的人帮助你，他可以帮助你远程控制幻灯片或者记下观众的问题和评论，这样你就可以在以后予以解决。

公开演讲

在观众面前演讲感到紧张是正常的，但是你练习得越多，就会感到越轻松。表2-2列出了一些公开演讲应该做的事和不应该做的事。

如果在展示时你忘记了一点内容，这并没有什么关系。如果你突然失神并暂时忘记了你想要说的内容，那就问一问观众他们有没有问

表2-2 公开演讲中应该做的事和不应该做的事。

应该做的事	不应该做的事
语速正常，充满热情。 突出你的声音，必要情况下使用麦克风。 说话清楚。 重复重点，并故意停顿强调重点。 双眼注视观众。 当你不知道一个问题的答案时坦白承认，向观众真诚地表达你想找到答案并告诉他。	语速太快或太慢。 背对观众。 藏在讲台后面。 直接读幻灯片或笔记上的内容。 答不出的问题就道歉，而不是承认自己不知道答案并会想办法找到答案以告诉提问题的人。

图2-23 注意观众的反馈，它们将帮助你评判传递信息成功与否。

题。这样可以留出一些时间恢复状态。展示结束后认真倾听问题和反馈，它们将帮助你评判传递信息成功与否（见图2-23）。当你展示完以后，抽出一点时间想想哪些地方做得好，哪些地方可以做得更好，这样就可以提高你下一次展示的水平。

工程师档案

待改进的发动机

© Cengage Learning 2012

克朗普顿是卡特彼勒的高级工程师。

大多数人只是在看到黑烟从拖车的排气管里冒出来时才想到尾气排放标准，但是克朗普顿（Jess Crompton）一直在思考着它们。事实上，这是她的工作职责。克朗普顿是位于伊利诺伊州皮奥里亚的建筑和采矿设备制造商卡特彼勒的高级工程师。克朗普顿没有制造我们所看见的这些黄色卡车，而是尽力减少它们对环境的污染。

“我现在的工作在后处理控制团队，”克朗普顿说，“我帮助设计产品的发动机尾气排放控制系统。”

克朗普顿说，减少内燃机造成的污染有两种主要的方式。一种是减少内燃机燃烧过程中产生的尾气，另一种是处理发动机排出的尾气。第二种方法就包括了“后处理控制”。

“我们的机器必须达到尾气排放标准，”克朗普顿说，“所以我们一直在设计、测试、验证可以实现这个目标的系统。”

工作内容

克朗普顿与后处理控制团队的其他成员一起，正在研发环境保护署（EPA）的一个四级项目：下一轮的非公路机械排放法规。“EPA和我所在的公司有许多联系，”克朗普顿说，“他们做了大量研究以得到一个合适的尾气排放量限制，同时我们也向他们分享了所关心的问题。毫无疑问，即将到来的标准是一个极大的挑战，所以现在是一个非常重要的时期。”

职业启蒙

克朗普顿并不是一直都想当一名工程师，因为她原本并不知道工程师是做什么的。“当我还是一个孩子时，我喜欢数学，”她说，“但是在高中，当同学们开始考虑大学或者职业规划时，我不知道学习数学可以干什么，因为和数学有关的选择不多。事实上，我所知道的就是当老师。幸运的是，我们家和社区里有一些人建议我学工程学，在当时，我并不知道工程学学的是什么，所以我查了一下，了解了一点这门学科的内容。然而，当我选择工程学作为我大学的专业时，主要还是碰运气。最终它变成了我所喜欢的东西。”

教育经历

当克朗普顿在奥古斯塔纳大学（位于伊利诺伊州罗克艾兰）攻读物理学学位时，她仍然不知道自己追求的是什么。伊利诺伊大学的机械工程学学士学位和硕士学位坚定了她的想法。“我并不是一直都清楚地知道自己想成为一名工程师，”她说，“但是一步步走来，我已经做好了成为一名工程师的充分准备。”

给学生的建议

成为一名工程师以后，克朗普顿希望未来的工程师能从她的错误中吸取经验。“在一开始这对我来说是艰难的，”她说，“因为我根本不知道工程师是干什么的。我曾经尝试去了解它，但是我更希望的是我曾经和工程师接触过，了解他们的职业。工程学是一个巨大的挑战，但是如果你努力学习并且相信你可以做到，那么你就可以实现你的愿望。”

总 结

本章主要介绍了以下内容：

- 工程师利用设计过程来系统解决问题，该过程包括12个步骤：
  步骤1：明确问题
  步骤2：头脑风暴
  步骤3：调研并产生想法
  步骤4：确定指标和约束条件
  步骤5：探索可能性
  步骤6：选择方法
  步骤7：形成设计方案
  步骤8：模型或样品
  步骤9：检测和评价
  步骤10：改进设计
  步骤11：得出最终方案
  步骤12：成果交流
- 设计过程的第一部分就是制定一份关于设计项目最重要内容的设计概要。接下来就是进行调研，以更好地了解问题的本质和确认是否存在能解决相似问题的现成方案。这将在头脑风暴过程中对于想法的产生有一定的帮助。有经验的工程师知道在设计项目中工程师笔记本的重要性。这个本子可以记录调研中得到的重要信息并保存一些关于解决方案的想法。一旦重要信息在设计团队里分享以后，团队成员就会开始集思广益，产生许许多多的想法以找到解决方案。抉择矩阵用来提炼想法，它是一种选择最优方案的逻辑方法。选好想法以后，就可以开始用细节草图或者计算机模型来进一步深化。一旦想法通过设计提案发展成了备选方案，那么就可以开始制作样品并进行检测和修改。因为设计过程不可能一帆风顺，所以工程师可能需要不断重复之前的步骤才能使方案向前推进。当最终方案做好时，就可以向客户进行交流展示了。
- 头脑风暴将个人的智慧与人际沟通结合在一起，产生尽可能多的解决设计问题的办法。遵循头脑风暴指导原则将有利于创造一个轻松并且可以鼓励团队成员自由发表看法的环境。传统的头脑风暴方法是，几个人快速地边画草图边分享想法。阶梯法和反向思考法则是另外两种有助于产生解决方案的头脑风暴方法。
- 草图是设计师用来记录和表达想法的视觉交流方法。草图可以是三维的图示或者是二维的多视图。在多视图上标注尺寸可以表示出物体的长、宽、高和一些特征部位比如孔洞的大小和位置。

总　结

（接上页）

- 工程师用CAD程序来记录设计方案的几何信息。它可以和CAM软件以及快速成型技术结合在一起制作模型或样品。设计师有许多种不同的快速成型技术方法可供选择，包括立体光刻（SLA）、熔融沉积法（FDM）、选择性激光烧结法（SLS）和粉末黏合剂印刷法。
- 在解决数学和科学问题时，工程师采用系统分析方法。解决工程学问题的步骤如下：

  步骤1: 陈述问题

  步骤2: 创建图表

  步骤3: 进行猜想

  步骤4: 选择方程

  步骤5: 代入计算

  步骤6: 检查答案

  步骤7: 讨论结果
- 设计过程的最后一步就是交流成果，这个步骤通常需要用到数字展示。现在用来进行展示的最常用的软件是PPT。数字展示的效果取决于以下几个要素：
  - 展示者了解观众的程度。
  - 信息是否简洁、清楚。
  - 每一页幻灯片的内容是否吸引人，是否方便阅读。
  - 展示者练习的熟练程度。
  - 展示者公开演说的技巧。

课后作业

1. 设计过程是什么？
2. 为什么设计需要反复修改？
3. 什么是设计概要？它包含了哪些内容？
4. 头脑风暴是什么？你学习的设计过程的12个步骤分别采用了哪些不同的头脑风暴形式？
5. 为什么工程师要进行调研？
6. 一手调研和二手调研有哪些区别？
7. 工程师笔记本的作用是什么？笔记本里面通常记录了哪些信息？
8. 指标和约束条件的区别是什么。
9. 工程师用哪种方法选择最佳方案进行深化？
10. 抉择矩阵的目的是什么？怎样制作抉择矩阵？
11. 设计方案中通常包含哪些信息？
12. 样品和模型有什么区别？
13. 写出一种测试样品的方法。
14. 最终方案的交流有哪些不同方式？
15. 写出一种用来帮助设计团队产生想法的方法。
16. 为什么头脑风暴需要指导原则？
17. 解释立体图示和多视图的不同之处。
18. 多视图中的俯视图、主视图和侧视图分别标示哪些尺寸（宽、深或高）？
19. 列出CAD制图相对传统手绘制图的两个

课后作业

（接上页）

优势。

20. 有限元分析的目的是什么？

21. CAM程序是用来做什么的？

22. 快速成型技术是怎样节约设计开发时间的？

23. 列出四种快速成型技术，并描述它们是怎样制作模型的。

24. 列出工程分析的步骤。

25. 列出有效的数字展示的5个特点。

补充作业

问题陈述： 当同学们使用走廊上的饮水机时，他们手上的细菌微生物通过直接接触留在水龙头上，这将会传播感冒、流感以及其他疾病。

设计要求： 设计、制作并测试一个非接触控制装置，改装到学校现有的饮水机中，预防微生物的传播。

学习运用本章介绍的设计过程。用一个工程师笔记本记录下所有项目工作和每天的进步与努力。当你完成项目以后，用PPT的方式与当地教育局交流解决方案。

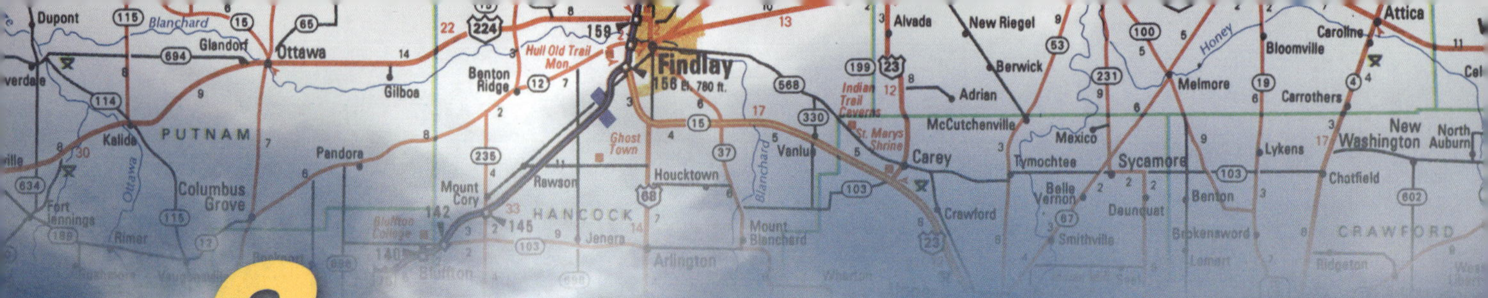

第3章

机械效益

头脑准备

在学习本章的概念时，请思考下面的问题：

1. 力是什么？它是怎样被运用的？
2. 功和功率之间的区别是什么？
3. 什么是机械效益？考虑到力和距离，它是如何在动力和负载之间进行权衡的？
4. 机器的实际机械效益（*AMA*）和理想机械效益（*IMA*）的不同之处在哪里？为什么其中一个总是比另外一个要小？
5. 六种简单机械分别是什么？怎样计算它们的机械效益？
6. 复合机械是什么？怎样计算它的理想机械效益？

我们人类建造的世界充满了名字叫做机器的机械装置。它悄无声息地融入在我们的日常生活中。虽然人们经常把它们想象成庞大而复杂、甚至是危险的物体，但是实际上并不是所有的机器都这样。比如，易拉罐的拉环就是一种简单机械（见图3–1）。

机器是任何可以帮助人们完成任务的设备，可以是固定的，也可以是活动的。机器可以用来改变作用力和运动的方向，也可以用来增加力、距离、扭矩和速度。运动可能是在一条直线上运动（直线运动），也可能是绕着一个中心点运动（圆周运动），甚至是沿直线来回摆动（往复运动）。

机器（machine）：
任何可以帮助人们完成任务的设备，可以是固定的，也可以是活动的。

本章节将会带大家了解力、功、功率、机械效益和简单机械的概念。从事设计、制造、安装、操作、分析，或者维护机械系统的人都应该充分理解这些概念。

© iStockphoto.com/deepblue4you.

图3–1　易拉罐上的拉环就是一种简单机械。

力、功和功率

力

力是对物体的一种作用，可以让物体开始运动、改变物体运动状态，或使物体变形。在工程应用中的力大部分是属于**接触力**。它们都是物体通过实际接触将力作用在另外一个物体上的。不需要通过接触产生的力，比如重力和磁力，都属于**场力**。力的单位有好几种。最常见的就是**国际单位**牛顿（N）。在**美制单位**中力的单位是磅（lb），1磅大约等于4.4牛顿。

力（force）：
对物体施加拉或推的作用，可以让物体开始运动、改变物体运动状态，或使物体变形。

当用机器工作时，我们把力分为动力和负载。**动力**是一种传给机械或者系统的输入力，它可以由人、发动机、磁场、弹簧、流动的水、风或者其他事物向机械或系统输入能量产生。如果你想将旗帜升到旗杆的顶部，那么你必须对滑轮绳施加一个动力（见图3-2）。

动力（effort force）：
一种传给机械或者系统的输入力，它是由人、发动机、磁场、弹簧、流动的水、风或者其他事物向机械或系统输入能量时产生的力。

负载（load）：
需要移动的物体的重量或机械装置完成任务时要克服的阻力。

机械系统输出的力称为负载或阻力，**负载**是需要移动的物体的重量或机械装置完成任务时要克服的**阻力**。例如，在乘坐电梯时，你的体重便是负载。圆珠笔里面的弹簧也是负载，因为笔需要克服它的阻力才能正常工作。

2

功

功（work）：
当力作用在物体上使之产生移动或形变时，传递的能量的大小。

工程师特别关心与功有关的主题以及如何让机械系统做功。他们设计机器让我们的工作变得更加容易。实际上，有许多工程师整个工作生涯都在设计使工作效率更高的设备。**功**就是当力作用在物体上使之产生移动或形变时，传递的能量的大小（见图3-3）。在一些情况下，物体可能施加了力但是没有做功。比如，你推墙，墙没有移动，那么你就没有做功。

计算功（W）需要将力（F）和位移（d）相乘（见式3-1）。此时我们假设力是持续不变地作用于物体，且物体运动方向与力的方向相同。**位移**是用来描述物体从起点到终点移动的直线距离。位移是一个**矢量**，它既有大小，也有方向：

$$W = Fd \tag{3-1}$$

位移的常用国际单位是米（m），常用美制单位是英寸（in）或者英尺（ft），随位移的数量级选择使用。值得注意的是不应该把路程和位移弄混。**路程**是**标量**（仅有大小），它也是测量长度的一种方法，但却不局限于直线路径。

图3-2 升旗时，拉绳的动作就是一个动力，旗帜的重量就相当于一个负载。

VisionsofAmerica/Joe Sohm/Photodisc/Getty Images.

图3-3 当力作用在一个物体上，并使之产生运动时，便做了功。

© Cengage Learning 2012

当力的方向与物体运动的方向相同时，所做的功是最多的。如果力的方向与物体运动的方向不同，则与物体运动方向平行的分力才做了功。分力大小等于力乘以力的方向与物体运动方向的夹角的余弦值（见式3-2）。当作用力的方向和运动的方向平行时，夹角为0，0度角的余弦值为1。做功方程的计算结果是一个标量，它的单位可以是美制的英尺·磅（ft·lb）或英寸·盎司（in·oz），也可以是国际单位制的牛顿·米（N·m）或者焦耳（J）。1焦耳等于1牛顿·米。

$$W = Fd\cos\theta \qquad (3\text{-}2)$$

例题

问题： 一位女士用100磅的力持续作用于一个物体上，该力偏离水平方向20°（见图3-4），物体在水平面上移动了12英尺，这位女士做了多少功？

$$\begin{aligned} W &= F\,d\cos\theta \\ &= 100\text{ lb} \times 12\text{ ft} \times \cos 20^\circ \\ &= 100\text{ lb} \times 12\text{ ft} \times 0.94 \\ &= 1128\text{ ft}\cdot\text{lb} \end{aligned}$$

图3-4　做功问题举例。

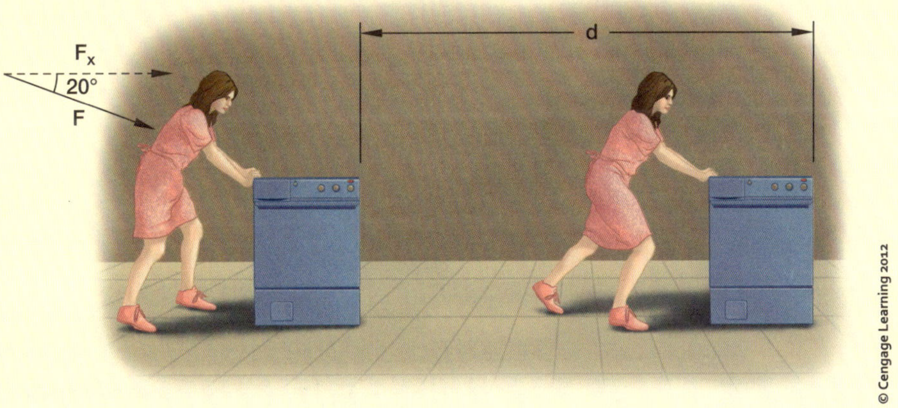

功率

功的概念与时间无关，因此不管是花了20秒还是20小时，100磅的力移动箱子12英尺所做的功都是一样的。你可能听说过这句俗语："时间就是金钱。"企业家经常会说这句话，因为他们希望在最短的时间里完成最多的工作。如果你考虑做功用的时间，那么你将会接触到功率这个概念。**功率**（P）是指物体在单位时间内所做的功的多少（见式3-3）。它的国际单位是瓦（W），为了纪念瓦特在18世纪末对蒸汽机的改进和定义功率概念而命名。美制单位则是英尺·磅/秒（ft·lb/s），1瓦等于0.738英尺·磅/秒。

功率（power）： 物体在单位时间内所做的功。

$$P=\frac{W}{t} \tag{3-3}$$

返回到我们之前的那个例题，一个箱子被移动了12英尺，我们知道这位女士做了1128英尺·磅的功，如果我们知道她用了20秒完成这个过程，那么她的功率是多少瓦？

$$\begin{aligned}P&=\frac{W}{t}\\&=\frac{1128\ \text{ft}\cdot\text{lb}}{20\text{s}}\\&=56.4\ \text{ft}\cdot\text{lb/s}\\1\text{W}&=0.738\ \text{ft}\cdot\text{lb/s}\\P&=\frac{56.4\ \text{ft}\cdot\text{lb/s}}{0.738\frac{\text{ft}\cdot\text{lb/s}}{\text{W}}}\\&=76.4\text{W}\end{aligned}$$

如果移动12英尺的过程用了20个小时，那么她的功率是多少瓦？

$$\begin{aligned}1\ \text{h}&=3600\ \text{s}\\t&=20\ \text{h}\times3600\ \text{s/h}\\&=72000\ \text{s}\\P&=\frac{W}{t}\\&=\frac{1128\ \text{ft}\cdot\text{lb}}{72000\ \text{s}}\\&=0.016\ \text{ft}\cdot\text{lb/s}\\1\text{W}&=0.738\ \text{ft}\cdot\text{lb/s}\\P&=\frac{0.016\ \text{ft}\cdot\text{lb/s}}{0.738\frac{\text{ft}\cdot\text{lb/s}}{\text{W}}}\\&=0.022\ \text{W}\end{aligned}$$

瓦特创造了专业术语**马力**(hp)，代表驮马的平均工作效率，用来衡量改良的蒸汽机的功率的大小。马力不是国际单位制的单位，但是它仍然在美国使用，尤其是常用于描述内燃机的输出功率（见图3-5）。

1马力大约等于746瓦，人类的力气根本无法与马力相比，所以我们要设计汽车和飞机来帮助我们从一个地方移动到另一个地方，而不是靠踩自行车或者划船，因为后者需要花费很多个小时甚至是几周的时间。一个受过高强度训练的运动员只能在几个小时内持续产生大约0.25马力的功率。一个健康的人平均能产生0.1马力的持续功率。这就是之前例题所述的那位女士在20秒内移动箱子12英尺所产生的马力。

$$\begin{aligned}1\ \text{hp}&=746\ \text{W}\\P&=\frac{76.4\ \text{W}}{746\ \text{W}}\\&\approx0.1\ \text{hp}\end{aligned}$$

图3-5 一些机器的功率：（a）一个典型的电锯发动机额定功率为2—6马力。（b）割草拖拉机功率大约11马力。（c）1967年雪佛兰Camaro SS的V-8发动机的额定功率是325马力。（d）与航天飞机轨道飞行器所产生的37 000 000马力相比，前面那些机器的功率简直微不足道。

(a) (b) (c) (d)

机械效益

如果你参与设计机器的过程，那么你就会不可避免地接触到机械效益这个术语。**机械效益** 可以被认为是机械的输出力（负载）和输入力（动力）之比，也是动力的作用距离和负载物体移动的距离之比。

3

机械效益（mechanical advantage）： 机械的输出力和输入力之比。

STEM

大部分人不知道马力是什么。这个术语是由瓦特创造的，他建议用蒸汽机替代驮马给矿山里的水泵提供动力。他估计一匹驮马在1秒内平均只能将一个重550磅的物体提高1英尺的距离（见图3-6），所以他便将这个功率设定为1马力。瓦特创造的这个单位让他顺利地将蒸汽机推销给矿业公司，因为顾客很容易理解这些机器的输出功率有多大。为了纪念瓦特的贡献，科学界将他的名字作为国际单位制中功率的单位。

（接下页）

图3-6　1马力相当于1秒内将一个重550磅的重物提高1英尺的距离。

一些机器专门用来放大输入力，当用较小的动力作用很长的距离使较重的物体移动较短距离时，就会用到这种机器。在这种情况下，机器的机械效益就会大于1。一些机器可能需要用较大的动力使较轻的物体移动较长的距离。这种情况下，机械效益在0到1之间。机械效益分为两种：理想机械效益（*IMA*）和实际机械效益（*AMA*）。

4

理想机械效益

理想机械效益（*IMA*）是动力的作用距离与物体在动力作用下的运动距离之间的比值（见式3-4）。“理想”一词意味着没有能量因为摩擦、结构部件的变形或其他能量吸收现象而减少：

$$IMA=\frac{\text{动力位移}}{\text{负载位移}} \quad (3\text{-}4)$$

如果其中的一个位移未知，那么机器的理想机械效益可以用负载（L）除以理想动力（E_I）得到（见式3-5）。**理想动力**就是在机器的工作效率为100%的理想状况下，移动负载所需要的力。在这种情况下，输入机器的功就等于机器输出的功。

$$IMA=\frac{\text{负载}}{\text{理想动力}} \quad (3\text{-}5)$$

$$IMA=\frac{L}{E_I}$$

实际机械效益

遗憾的是，理想条件从来就不存在，没有一个机器有100%的工作效率。机器在输入能量和输出能量时，会因为摩擦生热而造成能量损失。**摩擦力**是两个物体作相对运动时在两接触面之间产生的阻力。摩擦力总是与物体的运动方向相反，一些机械设备（比如轴承），以及一些润滑剂（比如石墨、油、动物油脂、硅胶等）都可用来减少摩擦力。

摩擦力（friction）： 当两个物体作相对运动时，在两接触面之间所产生的阻力。

实际机械效益（AMA）是负载力（L）和实际动力（E_A）的比值（见式3-6）。**实际动力**就是在机器的工作效率小于100%的实际条件下，移动负载所需要的力。与理想机械效益不同的是，实际机械效益经常要考虑到由于摩擦和其他现象，比如负载造成的形变（伸长或者弯曲）所造成的能量损失。因为这个原因，简单机械的实际机械效益总是小于它的理想机械效益。

$$AMA = \frac{负载}{实际动力} \qquad (3\text{-}6)$$

$$AMA = \frac{L}{E_A}$$

效率

如果所有的机器都不能达到100%的效率，那我们怎样才能知道机器的效率是多少？为了回答这个问题，我们先仔细分析一下效率这个概念。效率是输出功率与输入功率的比值，也是一个机器实际机械效益与理想机械效益的比值（见式3-7）。效率的符号是希腊字母“η”（发音eta）。它的值是一个大于0小于1的小数或者百分数。比如，0.85的效率就是85%。一个机器的效率永远不可能大于或等于1（100%），因为总会有能量损失。

效率（efficiency）： 实际机械效益与理想机械效益的比值。

$$效率 = \frac{实际机械效益}{理想机械效益} \qquad (3\text{-}7)$$

$$\eta = \frac{AMA}{IMA}$$

理想机械效益、实际机械效益和效率的公式适用于所有的简单机械。在接下来的内容中，我们将介绍一些关于理想机械效益、动力和阻力的大小以及各种简单机械的动力或阻力的作用距离的计算方法。

六种简单机械

5

埃及金字塔和罗马引水渠除了都是用石头建造的外，还有什么共同点吗？这两个古代人类工程的巨大成就都借助了简单机械的力量。

简单机械（simple machine）：

能够改变力的大小和方向的机械装置。

简单机械 就是能够改变力的大小或方向的机械装置。经典的简单机械设备有六种，分别是：斜面、楔子、杠杆、轮轴、滑轮、螺旋（见图3-7）。虽然这六种简单机械的发明者我们已经无从得知，但是希腊工程师、数学家阿基米德（Archimedes）于公元前3世纪在他的著作中详细解释了很多机械的工作原理。

图3-7　六种简单机械的例子和运用。(a)斜面；(b)楔子；(c)杠杆；(d)滑轮；(e)轮轴；(f)螺旋。

简单机械可应用于：

- 用较小的力使一个较重的物体移动较短的距离。
- 用较大的力使一个较轻的物体移动较长的距离。
- 改变力的大小和方向。

古老的谚语“鱼与熊掌不可兼得”对于简单机械来说也是正确的。没有一种简单机械可以既省力又缩短距离。力和距离两者之间总有一个要作出牺牲。

斜面

所有简单机械中，斜面是最简单的。**斜面**是一个具有一定倾角的固定平面，常用于连接两个在垂直方向有一定高度差的平面。斜面用来将一个难以进行直接抬升的物体（负载）从低处运往高处。轮椅专用坡道是一种常见的斜面应用（见图3-8）。

斜面（inclined plane）： 一个具有一定倾角的固定平面，常用于连接两个在垂直方向有一定高度差的平面。

图3-8 轮椅坡道是一种常见的斜面应用。

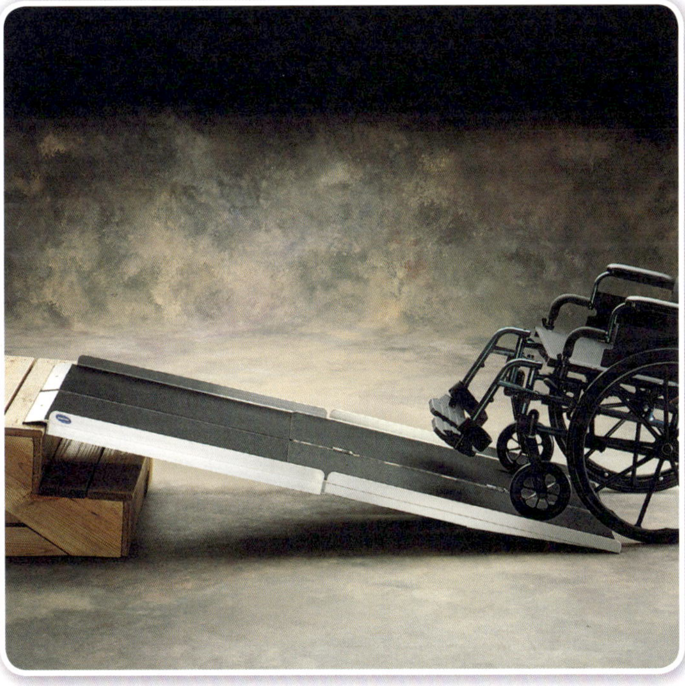

即使有摩擦力的存在，通过在斜坡上以滚动或者滑动的方式抬升一个较重物体仍然比直接抬升这个物体要轻松得多。比如，大部分的人都没有足够的力气将一台摩托车或者四轮车举起放进卡车的后备箱中。但是，用木板或者金属横梁搭建一个坡道，就可以将这些重物轻轻地推进卡车后备箱中。无论是用坡道推还是直接抬升，两种方法做的功都是一样的。前者用较小的力移动了较大的距离，而后者则用较大的力移动了较小的距离。利用较小的推力完成相同任务就体现了机械效益。

图3-9　与计算斜面机械效益有关的物理量。

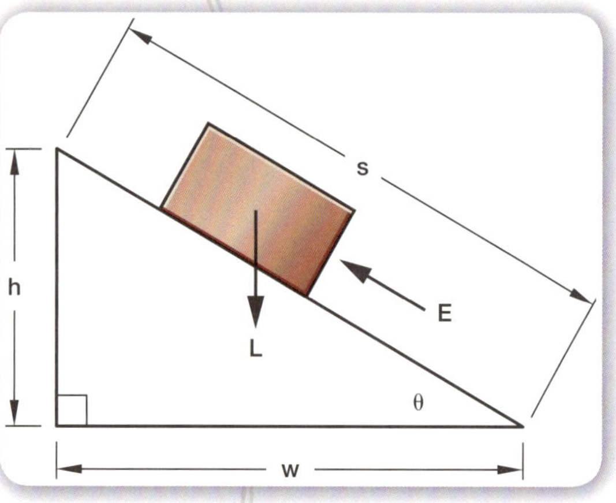

斜面的几何问题与直角三角形相同（见图3-9）。直角三角形的斜边就是坡长（s），倾角用θ表示。倾角所对的那条边代表斜面抬升物体的高度（h）。虽然斜面的基底宽度（w）不能直接用于计算机械效益，但它是倾角的邻边。

因为作用力沿着斜边推动重物，而重物提升的高度就是斜面的竖直高度，所以斜面的理想机械效益就是这两者的比值（见式3-8）。

$$IMA_{\text{斜面}} = \frac{\text{斜面长度}}{\text{斜面竖直高度}} = \frac{s}{h} \tag{3-8}$$

负载（L）、理想推力（E_I）、实际推力（E_A）也可以用于计算斜面的理想机械效益和实际机械效益（见式3-5和3-6）。

例题

问题： 如图3-10，利用斜面将一个重50磅的重物抬高36英寸。现已知将这个重物抬高至斜面顶部的实际推力是25磅。运用这些信息和图中所显示的信息，回答以下问题。

a. 斜坡长是多少？

$$\sin\theta = \frac{\text{对边}}{\text{斜边}} = \frac{h}{s} \Rightarrow \sin\theta = \frac{h}{s} \Rightarrow s = \frac{h}{\sin\theta}$$

$$s = \frac{36\ \text{in}}{\sin 20^\circ} = \frac{36\ \text{in}}{0.342} = 105.26\ \text{in}$$

图3-10　斜面问题。

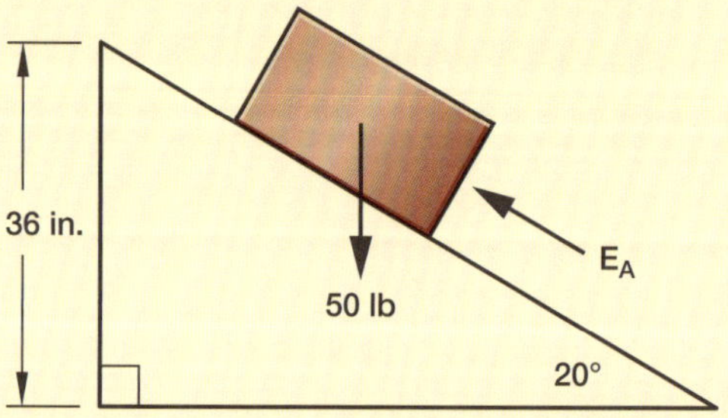

b. 斜面的理想机械效益是多少？

$$IMA_{\text{斜面}} = \frac{s}{h} = \frac{105.26\ \text{in}}{36\ \text{in}} = 2.92$$

c. 斜面的实际机械效益是多少？

$$AMA = \frac{L}{E_A} = \frac{50\ \text{lb}}{25\ \text{lb}} = 2$$

（接下页）

例题（接上页）

d. 这个斜面系统的效率是多少?

$$\eta = \frac{AMA}{IMA} = \frac{2}{2.92} = 0.68\text{或}68\%$$

e. 在不考虑摩擦力的情况下，将这个重物抬升至斜面顶部所需的理想推力是多少?

$$IMA = \frac{L}{E_I} \Rightarrow E_I = \frac{L}{IMA} = \frac{50\text{ lb}}{2.92} = 17.12\text{ lb}$$

楔子

为了认识到楔子的重要性，想象一下吃东西不能用牙齿的情况吧。**楔子** 就是一种具有斜面的刚体，它可以挤进物体内部并施加力的作用。楔子一般都是由两个底边重合的斜面组成，斜面和楔子最主要的区别在于斜面是一个固定不动的器具，并且不能穿过其他物体。

楔子（wedge）： 一种具有斜面的刚体，可以挤进物体内部并施加力的作用。

我们的祖先发现，有些石头被敲、打磨以后可以形成锋利的边缘。他们用这些石楔剥兽皮、砍树、雕刻船身以及削尖矛头。古埃及人用青铜楔和木楔挖掘石头建造寺庙和金字塔，这些建筑直到如今都令人惊叹不已。木楔会首先被敲进石头里的裂缝里，然后再用水浸泡。木头充分吸收水分以后，就会膨胀并使石头裂开。

现在我们所用的大部分切割工具都是楔子的应用。楔子还可被用于拉链、农场里的犁、钥匙（见图3-11）等。钥匙的齿和锁里面的锁栓外形都像楔子。当钥匙插入锁孔时，钥匙的齿就会使锁栓上下移动，直到钥匙可以打开锁芯。

图3-11 楔子可以被看作可移动的斜面，钥匙的齿和锁里面的锁栓就是楔子的常见应用。

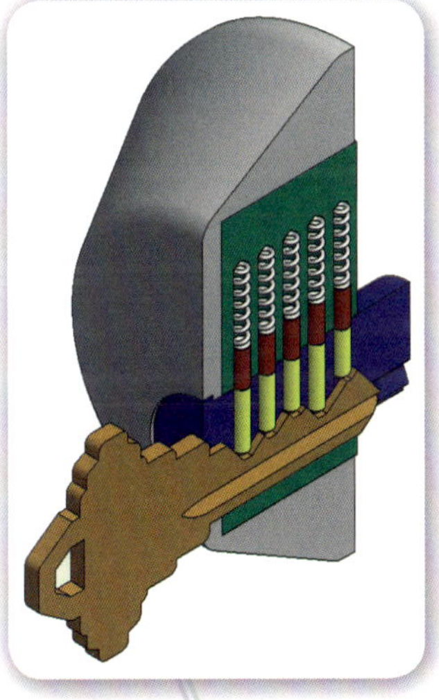

与所有简单机械一样，楔子的理想机械效益也是力的作用距离与负载的移动距离的比值。假设用一把斧头来劈木头，如果斧头完全劈进了木头里，那么木头就会被分成两半，这两部分会沿着楔子的斜边裂开，中间的空隙的宽度等于楔子的厚度（见图3-12）。

楔子的理想机械效益就是斜边长（s）与楔子厚度（t）的比值，见式3-9。

$$IMA_{\text{楔子}} = \frac{\text{斜边长}}{\text{楔子厚度}} \qquad (3\text{-}9)$$

$$IMA_{\text{楔子}} = \frac{s}{t}$$

图3-12 计算楔子机械效益的相关变量。

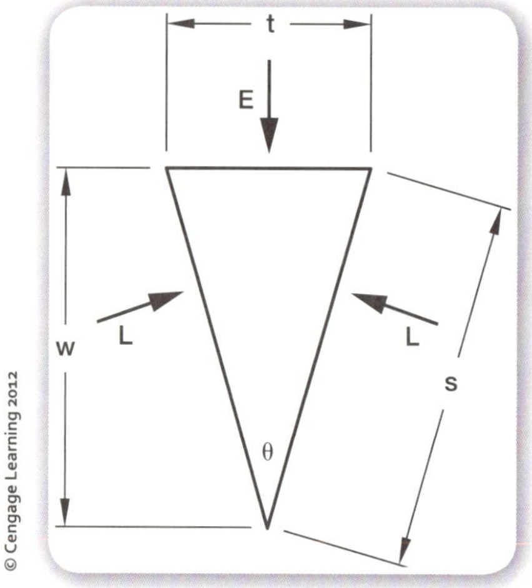

因为楔子和斜面的几何形状相似，它们的机械效益也有一些共同特点，当斜面的倾角（θ）逐渐减小时，机械效益会逐渐增大。换句话说，如果楔子或斜面越薄或越长，那么它们的机械效益就会越大。这就是厨师喜欢使用非常锋利的刀具的原因之一，用锋利的刀切菜要比用钝刀省力得多。

例题

问题： 图3-13中展示的液压动力劈木机的作用是将大木块劈成两半。装在设备一端的楔子就是用来切割木材的。楔子的形状是一个等腰三角形，底为4英寸，高为8英寸。如果要劈开图中的木块则实际上需要500磅的力。楔子的效率是90%，运用已知信息回答以下问题。

图3-13 （a）这个液压动力劈木机运用了楔子的原理。（b）这个楔子的形状是一个等腰三角形，底为4英寸，高为8英寸。

(a)

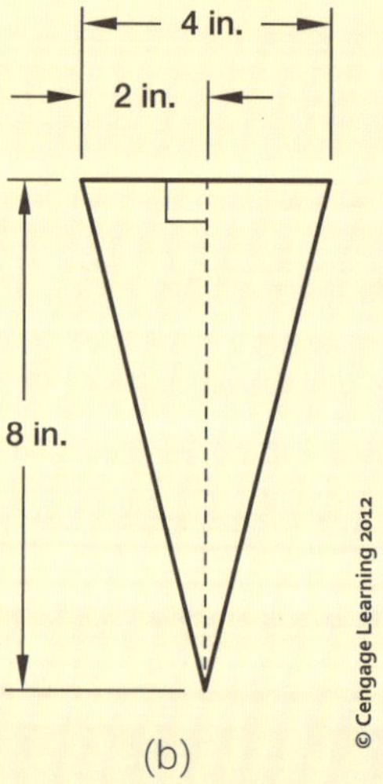

(b)

（接下页）

例题 （接上页）

a. 楔子的腰长是多少？

$$s=\sqrt{w^2+(0.5\times t)^2}$$
$$=\sqrt{(8\text{ in})^2+(0.5\times 4\text{ in})^2}$$
$$=\sqrt{64\text{ in}^2+(0.5\times 4\text{ in})^2}$$
$$=\sqrt{64\text{ in}^2+(2\text{ in})^2}$$
$$=\sqrt{68\text{ in}^2}$$
$$=8.25\text{ in}$$

b. 这个楔子的理想机械利益是多少？

$$IMA_{楔子}=\frac{s}{t}$$
$$=\frac{8.25\text{ in}}{4\text{ in}}$$
$$=2.06$$

c. 这个楔子的实际机械利益是多少？

$$\eta=\frac{AMA}{IMA}\Rightarrow AMA=\eta\times IMA$$
$$AMA=0.9\times 2.06$$
$$=1.85$$

d. 在楔子进行切割的时候，木头的阻力有多大？

$$AMA=\frac{L}{E_A}\Rightarrow L=AMA\times E_A$$
$$L=1.85\times 500\text{ lb}$$
$$=925\text{ lb}$$

e. 在不考虑摩擦力的情况下，劈木头所需的理想动力是多少？

$$IMA=\frac{L}{E_I}\Rightarrow E_I=\frac{L}{IMA}$$
$$E_I=\frac{925\text{ lb}}{2.06}$$
$$\approx 450\text{ lb}$$

杠杆（lever）：
一根可以绕着支点转动一定角度的刚性杆，常用来撬动物体。

杠杆

阿基米德曾说过："给我一根足够长的杠杆和一个支点，我就能撬起整个地球。"在所有的简单机械中，杠杆的原理可能在机械设计中运用得最为广泛。**杠杆**是一根可以绕着支点转动一定角度的刚性杆，常用来撬动物体。杠杆可以改变力的方向，省力或者节省距离，这取决于**支点**放置在杠杆的哪个位置。杠杆可以分为三类：第一类杠杆、第二类杠杆、第三类杠杆。

趣味阅读

与斜面和楔子的情况一样，杠杆的发明早于有记载的人类历史。历史学家认为斜面、楔子和杠杆在石器时代就已经得到了广泛运用，石器时代大约从公元前250万年开始一直持续到了公元前4000年。

当杠杆架在支点上时，动力和阻力都会形成弧状的移动路径。因此，动力到支点的距离或阻力到支点的距离就是弧的半径，也就是力臂（见图3-14）。

图3-14　动力或阻力到支点的距离就是弧的半径，即力臂。

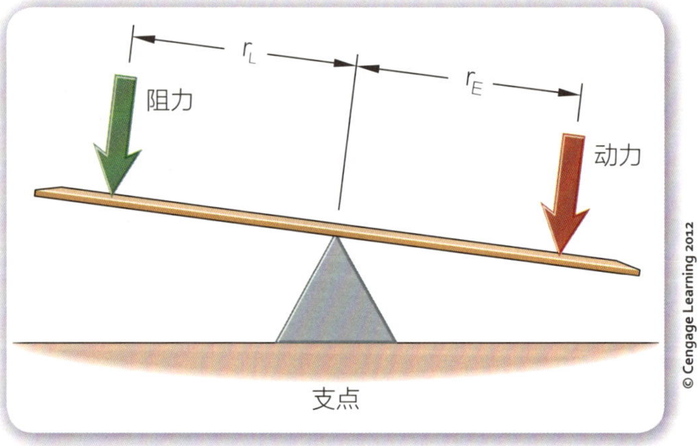

任何一个杠杆的理想机械效益都是动力臂（r_E）与阻力臂（r_L）的比值（见式3-10）。

$$IMA_{杠杆} = \frac{动力臂}{阻力臂} \quad (3\text{-}10)$$

$$IMA_{杠杆} = \frac{r_E}{r_L}$$

图3-15 （a）如果支点在杠杆中点，那么就没有机械效益。（b）如果支点较靠近阻力作用点，那么杠杆就能把动力放大。（c）如果支点较靠近动力，那么杠杆就可以将物体移动较远距离。

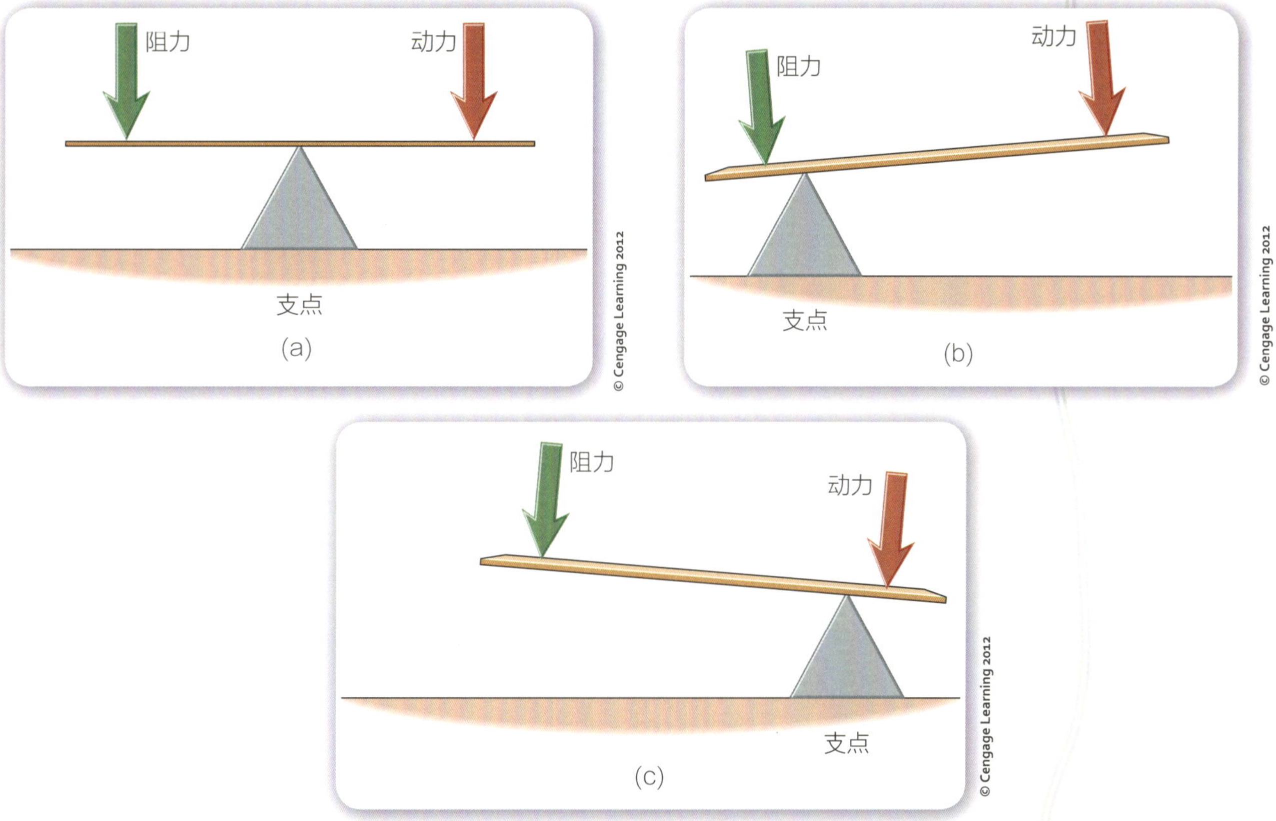

第一类杠杆的支点在动力作用点和阻力作用点之间。在三类杠杆中，只有第一类杠杆是动力和阻力方向相同，也只有它既可以变成省力杠杆，也可以变成省距离的杠杆（见图3-15）。

如果支点位于动力作用点和阻力作用点的中点，那么就没有机械效益，因为此时动力臂和阻力臂相等。在这种情况下，第一类杠杆只能用来改变作用力的方向。将支点朝阻力作用点移动，就能减小举起物体所需的动力。将支点朝动力作用点移动，就能增加物体移动的距离，但是所需的动力比阻力要大。

如果你曾经用螺丝刀撬开油漆罐或者用撬杆从木头上取出钉子，那么你就使用过第一类杠杆。当你小的时候，你可能在操场上玩过跷跷板，这也是第一类杠杆（见图3-16）。如果两个不一样重的小孩玩跷跷板，他们应该怎样做才能平衡杠杆的力臂呢？

图3-16 撬杆（a）和跷跷板（b）都是第一类杠杆的常见例子。

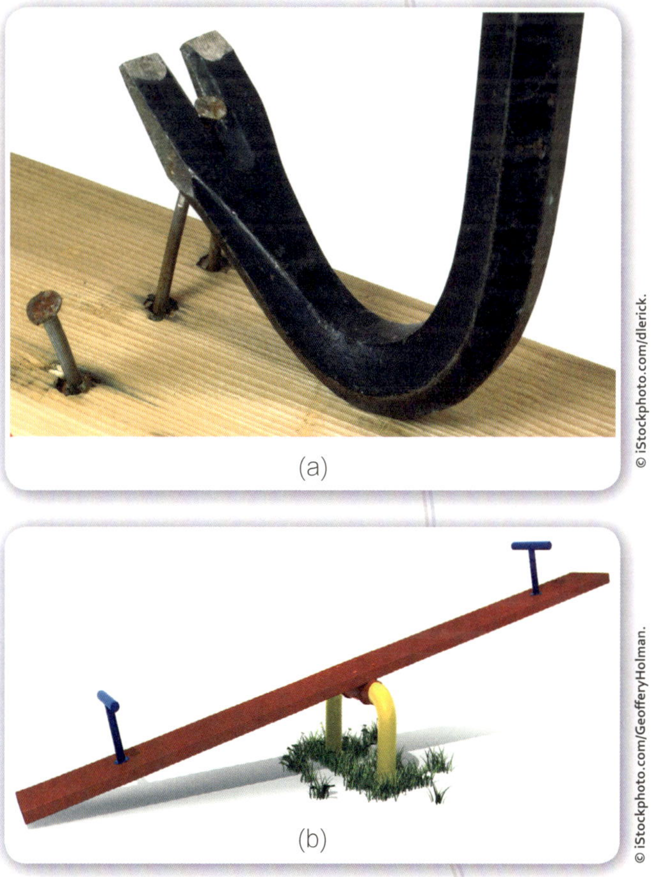

轮到你了

杠杆式秤是人类发明的第一种用来测量重量的设备。它运用了第一类杠杆的原理。在这个活动中，你将使用操场上的跷跷板作为杠杆式秤来计算出朋友的体重。进行这个活动之前，你需要准备一支笔、一本工程师笔记本、一个卷尺、一个体重秤、一个计算器、一个跷跷板和两个朋友。

1. 用体重秤称出你的体重并记录在你的工程师笔记本上。

2. 让你的两位朋友在有跷跷板的操场上集合。值得注意的是，这两位同学中，至少有一位的体重与你的体重差异明显（比你轻或者重10～20磅）。

3. 测量跷跷板的支点到座位中心的距离。支点到跷跷板两边的距离应该大致相等。

4. 在你的工程师笔记本上画一张跷跷板的草图，并记录下测量距离。

5. 让体重与你差别最大的那位朋友坐在跷跷板一边的座位，你坐在另外一边。把笔、卷尺、你的工程师笔记本给那位没有坐跷跷板的同学。

6. 让体重最重的那个人向支点移动，直到跷跷板平衡并保持水平。或者也可以让体重轻的人远离支点直到跷跷板平衡。确保两个人的脚都抬离地面并且没有靠在跷跷板上。值得注意的是，两人中要有一个人位置保持不变。

7. 跷跷板平衡之后，让拿着标尺的同学分别测出你到跷跷板支点以及你朋友到跷跷板支点的距离，然后把结果记录在你的工程师笔记本上。

8. 用下面的方程式估算你朋友的体重，将你的计算结果记录在你的工程师笔记本上。

$$\text{你朋友的估算体重}=\frac{\text{你的体重}\times\text{你到支点的距离}}{\text{你朋友到支点的距离}}$$

9. 让那位坐在跷跷板上的朋友测出自己的体重（最好是用之前称过你的体重的体重秤），并记录在你的工程师笔记本上。

10. 用下面的方程式计算出你朋友的估算体重与实际体重之间的误差，并记录在你的工程师笔记本上。

$$\text{误差}=\frac{\text{你朋友的估算体重}-\text{他的实际体重}}{\text{他的实际体重}}\times100\%$$

11. 推测估算体重与实际体重之间误差存在的原因。并将你的想法记录在你的工程师笔记本上。

图3-17　在第二类杠杆中，阻力总是在动力和支点之间。

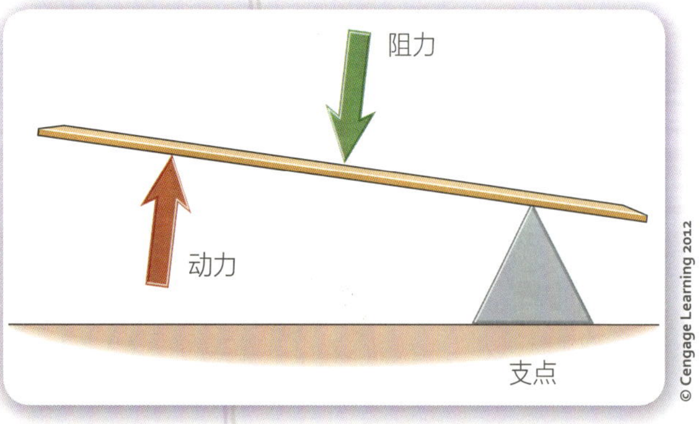

在**第二类杠杆**中，阻力和动力的方向总是相反，并且阻力总是位于动力和支点之间。这就意味着任何第二类杠杆的机械效益总是大于1（见图3-17）。让阻力朝着支点移动将会增加机械效益，让阻力朝着动力作用点移动将会减小机械效益。

第二类杠杆运用在必须放大动力的情形中。比如用手推车装泥土时，或者用钳子夹核桃时，就会用到第二类杠杆（见图3-18）。

图3-18 手推车（a）和核桃夹（b）都是第二类杠杆的常见例子。

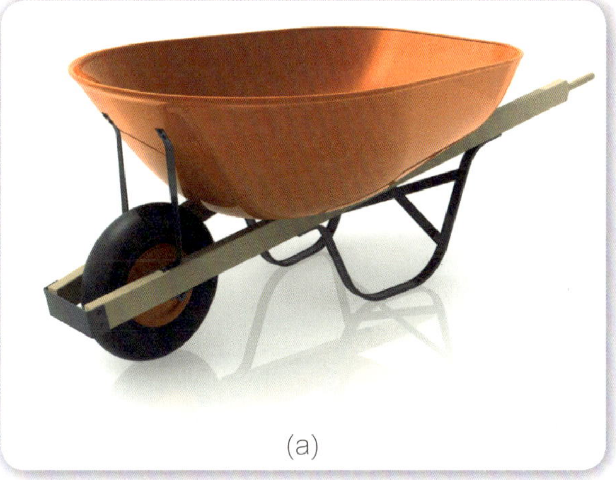

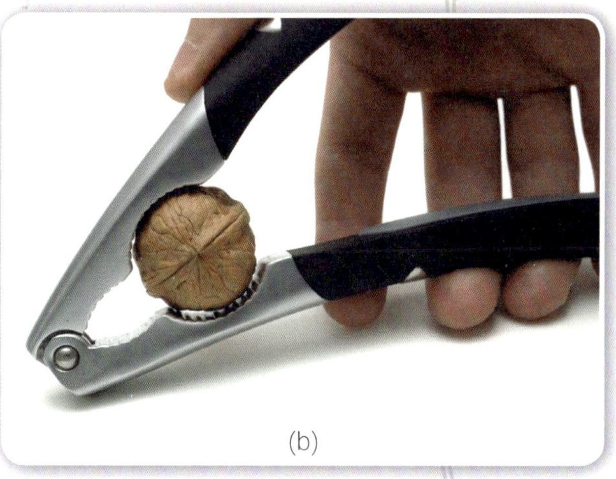

图3-19 在第三类杠杆中，动力总是在阻力和支点之间。

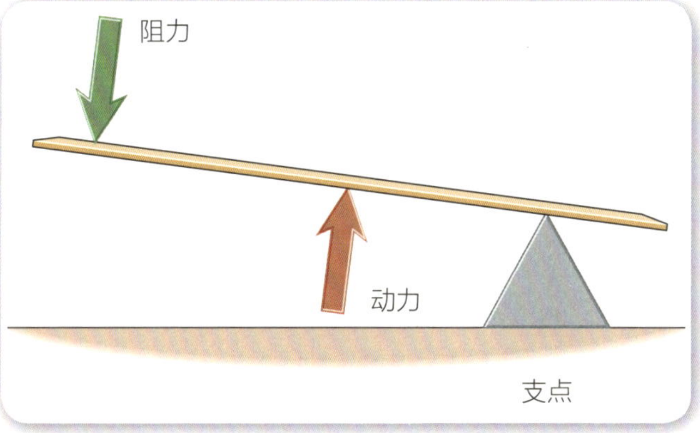

在**第三类杠杆**中，动力总是在阻力和支点之间（见图3-19）。因为这个原因，第三类杠杆的机械效益总是大于0小于1。和第二类杠杆的情况一样，阻力和动力的方向必须相反。

第三类杠杆的常见应用包括挖掘机、铁锹、烧烤钳、镊子。甚至你的前臂也是一个第三类杠杆（见图3-20）。下一次你举哑铃的时候，想象一下你的肱二头肌正在产生比你举起的重物还要强大的力。

图3-20 你的肱二头肌和前臂（a）就相当于第三类杠杆，镊子（b）也一样。

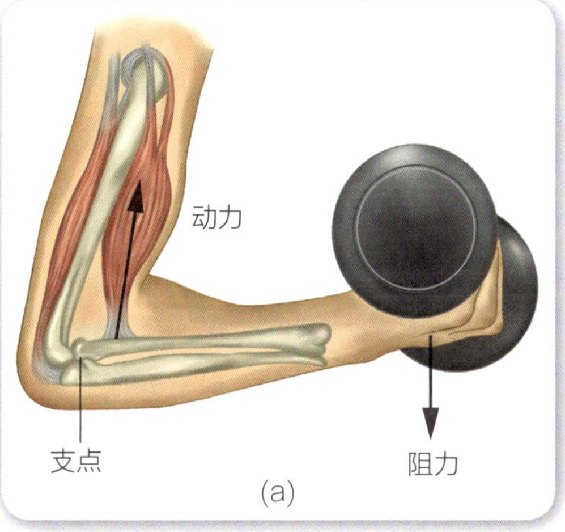

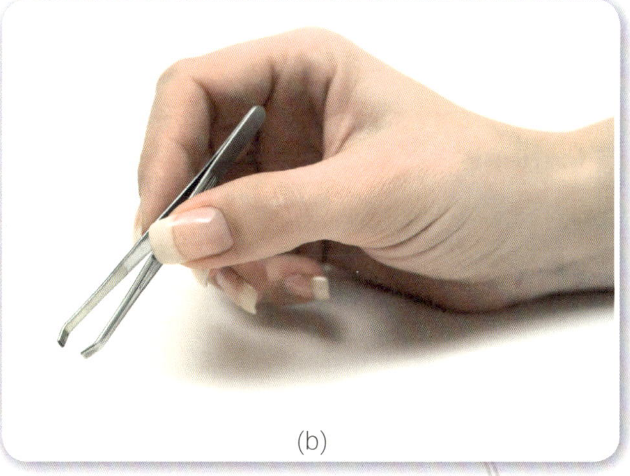

例题

问题： 图3-21中展示了一个第二类杠杆的示意图，一个重150磅的物体距离支点4英尺。分析显示该杠杆的效率是90%。运用以上信息回答以下问题。

a. 杠杆的理想机械效益是多少？

$$IMA_{杠杆} = \frac{r_E}{r_L} = \frac{8\ \text{ft}}{4\ \text{ft}} = 2$$

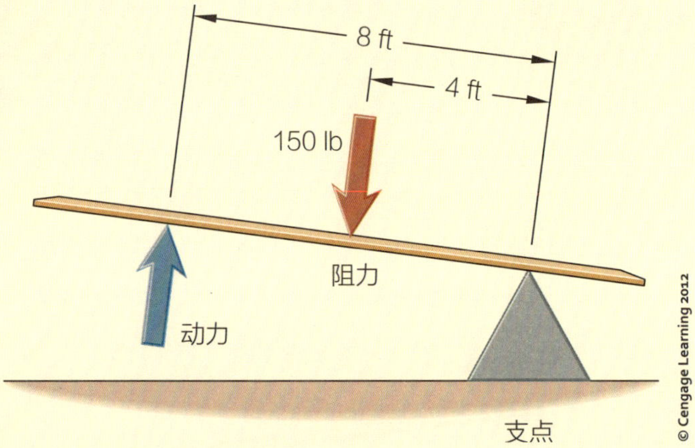

图3-21　杠杆问题。

b. 在不考虑摩擦力的情况下，移动杠杆所需的理想动力是多少？

$$IMA = \frac{L}{E_I} \Rightarrow E_I = \frac{L}{IMA}$$

$$E_I = \frac{150\ \text{lb}}{2} = 75\ \text{lb}$$

c. 这个系统的实际机械效益是多少？

$$\eta = \frac{AMA}{IMA} \Rightarrow AMA = \eta \times IMA$$

$$AMA = 0.9 \times 2 = 1.8$$

d. 该杠杆移动荷载所需要的实际作用力是多少？

$$AMA = \frac{L}{E_A} \Rightarrow E_A = \frac{L}{AMA}$$

$$E_A = \frac{150\ \text{lb}}{1.8} = 83.33\ \text{lb}$$

第三类杠杆主要用于将重物移动一长段距离或者减少动力。在第三类杠杆中，动力总是要比阻力大，这就是为什么第三类杠杆的机械效益总是小于1的原因。

轮轴

轮轴（wheel and axle）：

一种旋转装置，将一个轮子套接在直径很小的轴上。

许多古代发明都是用木头制作的，所以现在很难通过考古找到留存下来的古代发明的证据。大部分考古学家发现的证据都是刻在石头或者黏土上的，这些雕刻讲述了古代发明或者技术的存在，轮轴就是其中一个例子。**轮轴**是一种旋转装置，将一个轮子套接在直径很小的轴上。

历史学家认为轮轴是公元前5000年的美索不达米亚人发明的。轮轴不只是用于马车上，在公元前3000年，轮轴就被用于陶工旋盘，这是它最早的应用之一。用陶工旋盘制成的陶器，容积和品质都有了较大提升，可以用来盛装水和食物。轮轴的另外一个颇具历史意义的重要应用就是在公元前2世纪古希腊人发明的水车。几千年来，人们靠它研磨谷物和锯木料。

轮子，或者曲柄，其中心孔套接在一根细轴上，就成为轮轴。轮轴最常见的应用包括门把手、汽车方向盘、制造设备上的调速轮（见图3-22）。

图3-22　任何一种使用手柄或者调速轮的设备都用到了轮轴的原理。例如：（a）用来提升船锚的绞盘或者（b）钻床上的手动进给手柄。

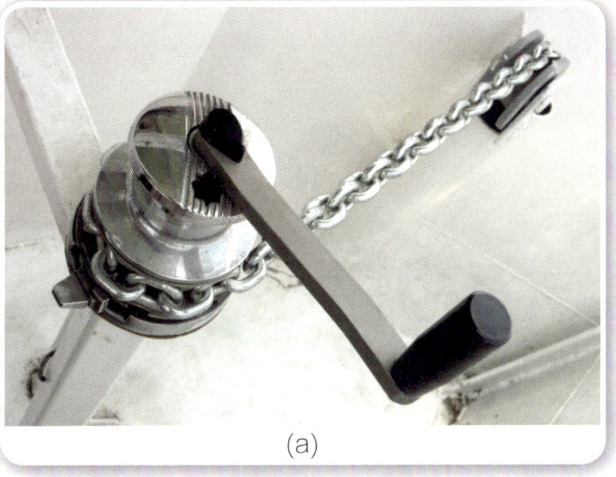
(a)
© iStockphoto.com/vladacanon.

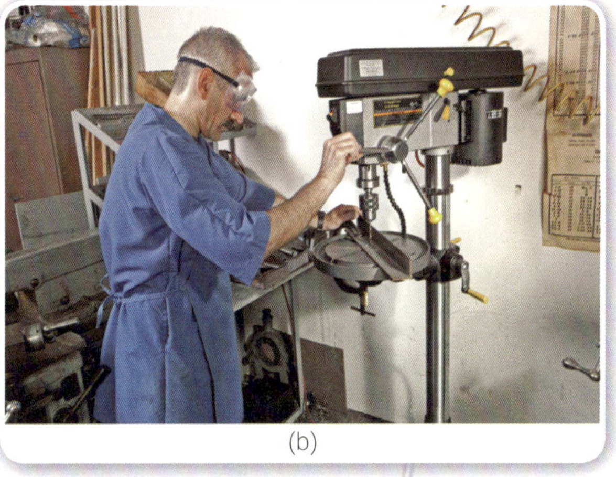
(b)
© iStockphoto.com/Hirkophoto.

你可以把轮轴当成一个持续旋转的杠杆。事实上，持续作圆周运动的轮轴和杠杆的唯一区别在于，杠杆只能在有限的角度内旋转。因此，轮轴也具有第二类杠杆或第三类杠杆的性质，这取决于动力作用在轮上还是轴上。当轮轴等同于第二类杠杆时，就能获得机械效益（见图3-23）。

图3-23　轮轴的理想机械效益就是在动力全部作用于轮子的条件下，轮子半径与轴半径的比值。

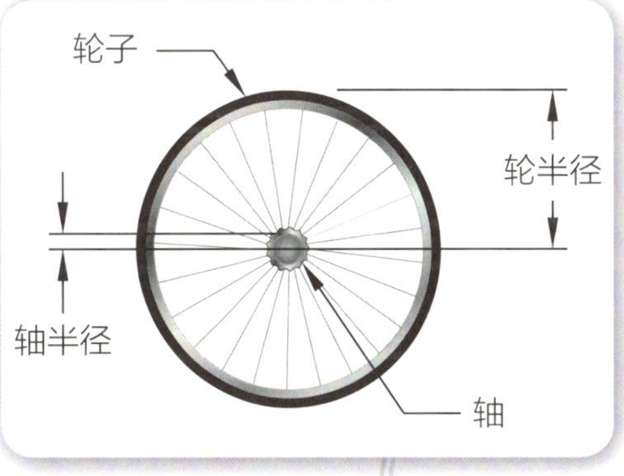

© Cengage Learning 2012

轮轴的理想机械效益就是用轮半径（r_W）除以轴半径（r_A），见方程式3-11。值得注意的是，这个方程式成立的条件是动力全部作用于轮子而不是轴。

$$IMA_{轮轴} = \frac{轮半径}{轴半径} \tag{3-11}$$

$$IMA_{轮轴} = \frac{r_W}{r_A}$$

当一个较小的力作用于轮子的圆周或者手柄上时，一个较大的转矩就会作用在轴上。这就是为什么在把难拧的螺母从螺栓上取下来的时候需要用一根管子延长扳手手柄。转矩的概念将在第4章“机械构造”里进行详细介绍。现在你可以把**转矩**当成旋转的力。

当用一个较大的力作用于轴时，轮轴就类似于第三类杠杆。自行车后轮就是这种类型的例子。动力作用在直径较小的链轮上，带动直径较大的车轮转动（见图3-24）。在这种情况下，假如考虑轮子行驶的距离与链轮转过的距离之间的关系，就能看出该系统的优点。正是因为这个原因，在自行车和汽车这类有轮子的交通工具中，动力作用于轴上以使每转一圈可以移动更远的距离。

图3-24　自行车的动力传输系统将较大的力作用于后轮的轴上，这样轮子每转一圈，负载（自行车和骑车者的重量）就可以移动更长的距离。

例题

问题： 图3-25展示了一种通过轮轴系统从井里打水的木桶。该轮轴系统的效率为75%。当木桶装满水时，重20磅。轴的直径为8英寸，手柄到轴中心的距离为16英寸。运用以上信息回答下列问题。

a. 轮轴的理想机械效益是多少？

$$IMA_{轮轴}=\frac{r_W}{r_A}$$

$$=\frac{16\text{ in}}{4\text{ in}}$$

$$=4$$

（接下页）

例题 （接上页）

b. 轮轴的实际机械效益是多少？

$$\eta = \frac{AMA}{IMA} \Rightarrow AMA = \eta \times IMA$$

$$AMA = 0.75 \times 4 = 3$$

c. 在理想的条件下，将一桶水从井里打出来，需要多大的力作用于手柄？

$$IMA = \frac{L}{E_I} \Rightarrow E_I = \frac{L}{IMA}$$

$$E_I = \frac{20\ \text{lb}}{4} = 5\ \text{lb}$$

d. 在实际情况下，将一桶水从井里打出来，需要多大的力作用于手柄？

$$AMA = \frac{L}{E_A} \Rightarrow E_A = \frac{L}{AMA}$$

$$E_A = \frac{20\ \text{lb}}{3} = 6.67\ \text{lb}$$

图3-25　这口井就是利用轮轴完成日常打水任务的例子。

滑轮

如果你曾升过旗或者乘坐过电梯，那么你就使用过滑轮。**滑轮** 是一种可自由转动的轮子（一般带槽），有绳、链或带子穿过。用来装卸货物集装箱的吊车和提升重物的起重机也运用到了滑轮系统。水手用滑轮来升降船帆的历史也已上千年（见图3-26）。

滑轮（pulley）： 可自由转动的轮子（一般带槽），有绳、链或带子穿过。

一些学者认为滑轮是美索不达米亚人在公元前1500年发明的。在当时，人们用滑轮来搬运水。从公元前8世纪的绘画可以看出，当时的亚述人（位于现在的伊拉克）曾使用过定滑轮。

图3-27中展示的定滑轮是所有滑轮系统里最简单的一种。滑轮固定在一个不可移动的表面，比如地面、墙或者天花板上。绳子的一端连接重物，另一端施加动力。绳子被滑轮分为两部分。在滑轮和重物之间的那部分用来提升重物的绳子称为支撑绳。

支撑绳 上承受了重物的全部或者部分重量。滑轮系统中动力牵引的那段绳索叫做 **动力绳** 。在单个定滑轮中，动力绳只是改变动力的方向，因此在理想条件下，拉起60磅的重物需要60磅的拉力。在这种情况下，动力绳不能分散重物重量。如果动力的方向与重物未受支撑时的移动方向相同（即向下拉），那么动力绳就不能当做支撑绳。值得

图3-26 几千年来，人们把滑轮用于（a）工程起重机和（b）帆船的船桅（或船帆）等装置。

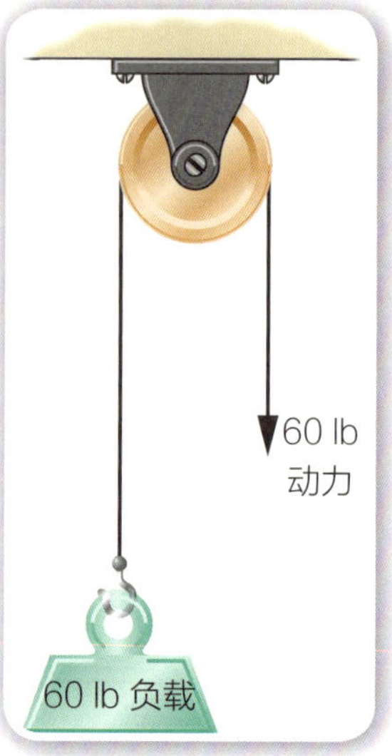

图3-27 单个定滑轮没有机械效益。

注意的是，你应该弄清楚在一个滑轮系统中有多少条支撑绳，因为支撑绳的数量指示着该滑轮系统的理想机械效益（见方程式3-12）。

$$IMA_{滑轮} = 支撑绳的数量 \quad (3\text{-}12)$$

定滑轮的理想机械效益是1，因为只有一条支撑绳。为了证明该说法是正确的，你可以把定滑轮当成一个可以旋转的第一类杠杆（见图3-28），动力和负载作用于滑轮两侧，它们各自联系的绳子与滑轮边缘相切，轴就是杠杆的支点。由于支点在动力与负载之间的中心位置，所以阻力臂（r_L）与动力臂（r_E）相等。运用之前学习的内容，可以知道一个动力臂与阻力臂相等的第一类杠杆理想机械效益为1。

图3-28 一个只有一条支撑绳的定滑轮相当于一个第一类杠杆。

因为在滑轮系统中总是存在摩擦力，所以一些能量将会转化为热能，这对所有的简单机械来说都是一样的。移动负载需要一个比理想动力大的实际有效作用力。

如果将滑轮从固定位置取下，并将它连接在负载上，那么这个滑轮就可以和负载一起移动。绳子的一端固定在某一位置，另外一端连接动力，这样的滑轮称为**动滑轮**。两端的绳子都是用来支撑负载的重量，所以都可被视为支撑绳。就像之前提到的那样，区分动力绳是不是支撑绳的方法就是看负载和动力的方向。对于动滑轮，动力向上，如果没有支撑，那么负载是往下移动的，与动力方向相反。由于在这个滑轮系统中有两条支撑绳，所以理想机械效益为2。为了证明这一点，你可以把动滑轮视为一个可以旋转的第二类杠杆（见图3-29），动力作用于轮子的右边，动力绳与滑轮相切，因为重物挂在滑轮上，并且和轴在一条线上，所以轴成为了阻力作用点。因此杠杆的支点就位于轮子的左边支撑绳与滑轮的切点处。注意到阻力作用点在支点和动力作用点的中间，所以阻力臂的长度是动力臂的一半。运用之前学习的内容，可以知道这样的一个第二类杠杆的理想机械效益总是大于1。

图3-29　单个动滑轮有两根支撑绳，相当于一个第二类杠杆。

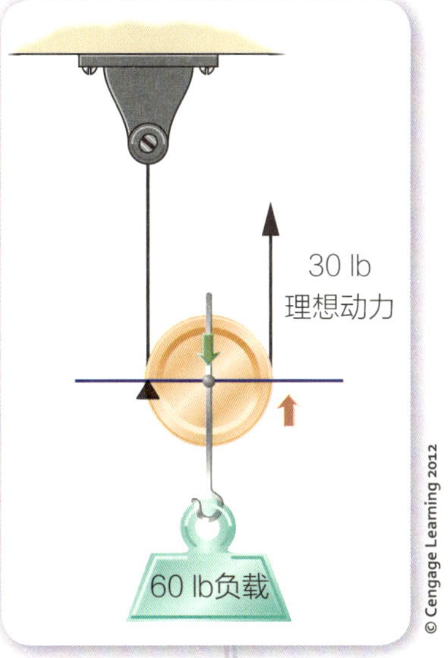

在理想情况下，用单个动滑轮提升重物所需要的动力是负载的一半。换句话说，移动1单位的负载只需要0.5单位的动力。缺点是使用者必须向上拉绳子，与重力的方向相反。不过，并不是所有的滑轮系统都是上下移动，还有一些是水平移动，在这种情况下就不用考虑重力。另外一个缺点则是使用者手里的动力绳移动的距离是负载移动距离的两倍（见图3-30），这与之前的理论是一致的：当作用力较小时，如果要产生机械效益，那么动力移动的距离就必须比负载移动的距离大。

因为所有简单机械的理想机械效益都是动力作用距离与阻力作用距离的比值，所以滑轮系统的理想机械效益可以用动力绳移动的长度（d_E）除以负载移动的距离（d_L）得出（见方程式3-13）。

图3-30　动滑轮可以让使用者用一半的力提升负载，但是动力移动的距离却是负载的两倍。

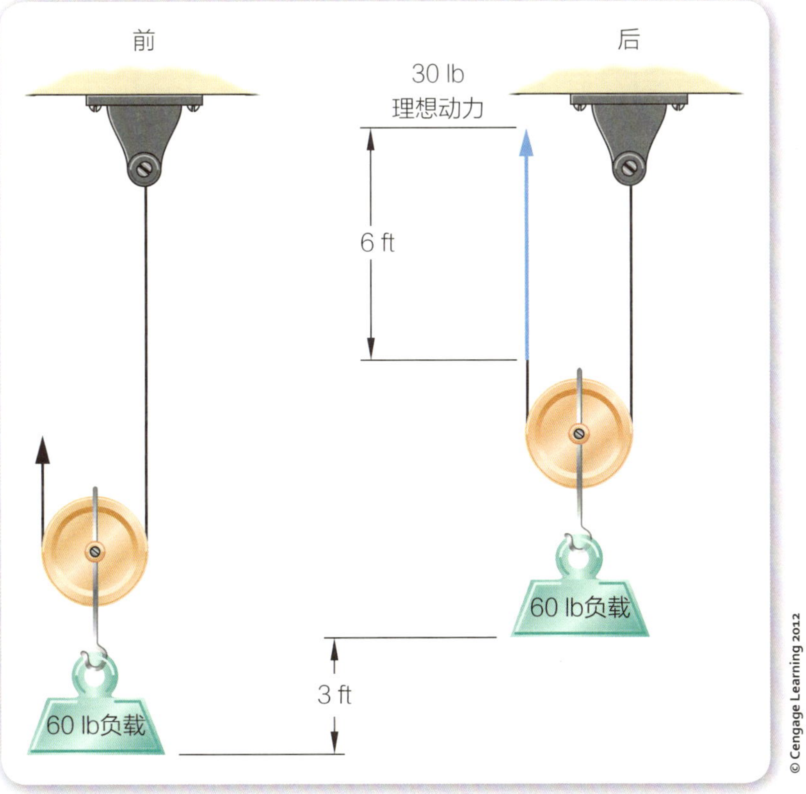

$$IMA_{滑轮} = \frac{动力绳移动长度}{负载移动距离} \quad (3\text{-}13)$$

$$IMA_{滑轮} = \frac{d_E}{d_L}$$

单个滑轮就是一种简单机械。两个或者两个以上的滑轮一起使用就组成了一个复合机械。组合使用的滑轮可以抬升非常重的负载或者完成更加复杂的任务。**滑轮组** 是一个用绳子将两个或多个滑轮连接在一起抬升或移动重物的机械。如果既要得到机械效益，又要使动力的方向与阻力的方向相同，就必须使用滑轮组。图3-31展示的两个滑轮系统的理想机械效益都为2。每一个滑轮组里都有两根支撑绳，各分担了负载的1/2。动力与阻力的方向相同，所以动力绳不是支撑绳。增加更多的滑轮将会增大系统摩擦力从而减小整个系统的效率。

图3-31　由一个定滑轮和一个动滑轮组成的滑轮组（a）和单个动滑轮（b）的机械效益是一样的，但是前者可以让使用者施加一个与阻力方向相同的作用力。

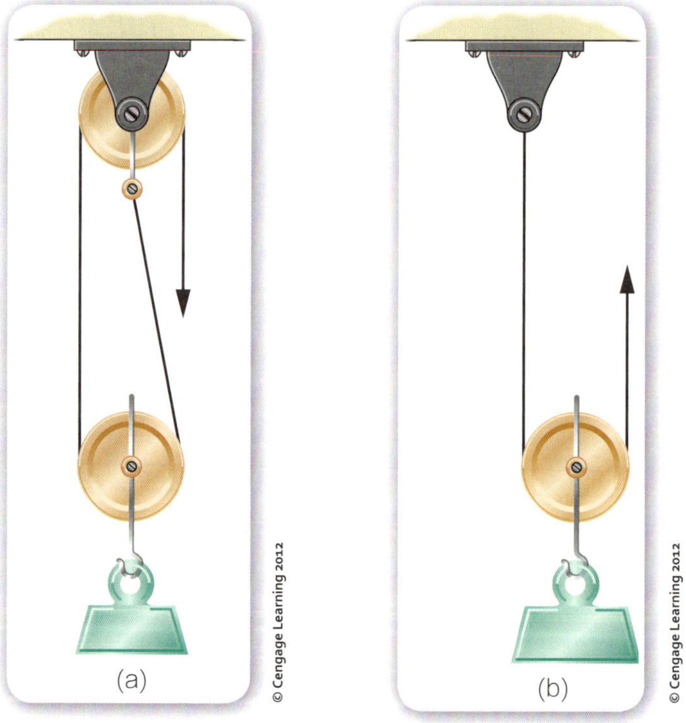

另外有一种复合滑轮系统可以实现相同目标，但是它的理想机械效益较难计算（见图3-32）。这个系统中的所有滑轮都是可以单独运动的动滑轮。如果你数出这个系统里的支撑绳的数量，你就会知道它的理想机械效益为6。然而，数支撑绳这个方法只适用于一根绳子连接所有滑轮的情况下才能成立。假如系统中有多个滑轮，它们中每一个都单独转动，但也作为整体一起移动，就不适用数支撑绳的方法。而图3-32中，每一个滑轮都是独立运动的。

图3-32 这个滑轮组系统有三个可以独立运动的动滑轮。

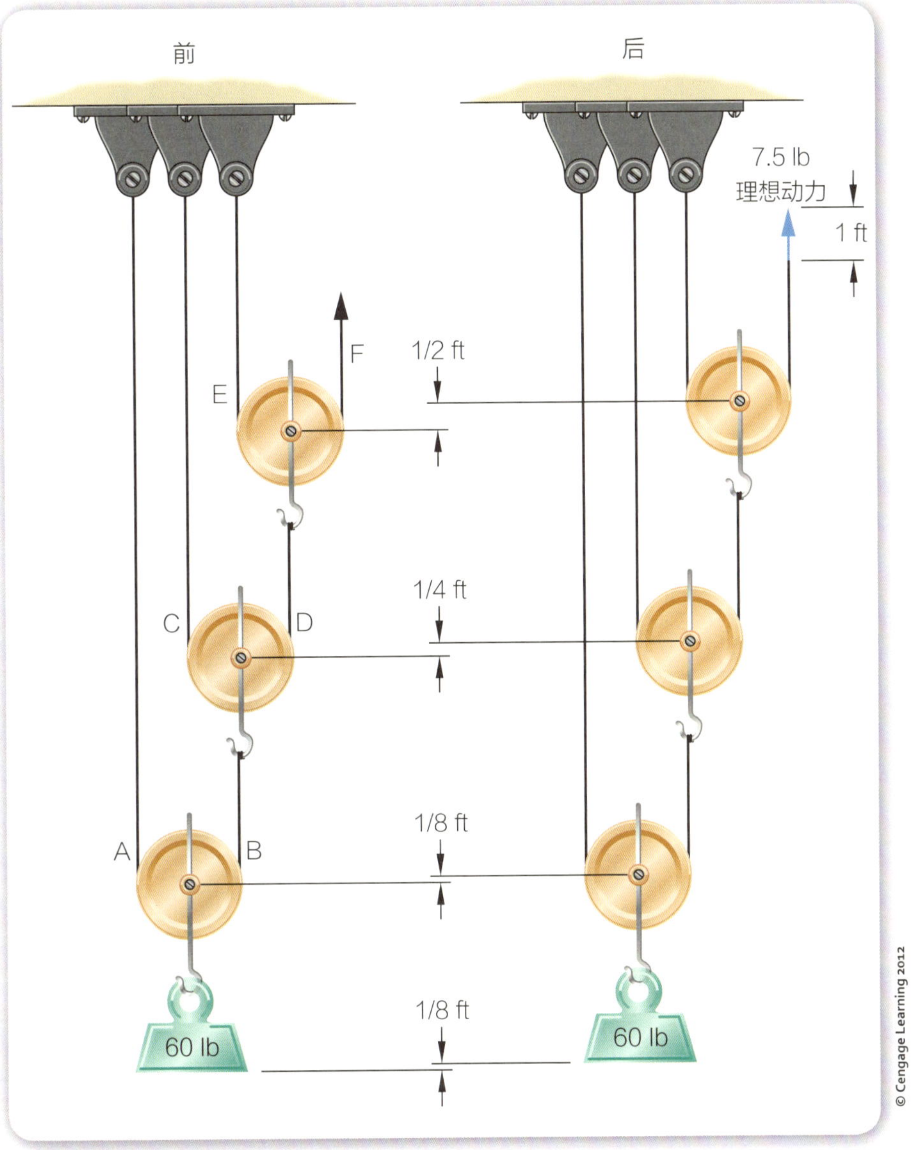

为了确定这个系统的理想机械效益，这个60磅负载的重量必须按顺序分配给支撑绳，在图3-32展示的例子中，60磅的负载是直接由绳*A*和绳*B*承担的，它们各承担了30磅的重量。然后，在*B*绳上的30磅将会被绳*C*和绳*D*分担，每一根承受15磅的重量。接着，在*D*绳上的15磅又会被绳*E*和绳*F*分担，每一根承受7.5磅的重量。因此，如果想要移动这个滑轮系统中的负载，只需要在*F*绳的一端施加一个7.5磅的理想动力就可以了。为了计算这个滑轮系统的理想机械效益，可以用负载重量除以动力大小，结果为8。要记住，这个滑轮组的缺点依然是使用者手里的动力绳移动的距离。在这个案例中，如果不考虑摩擦力，理想条件下，负载移动1英尺，使用者手中的绳需要向上拉升8英尺。

趣味阅读

古埃及人和古罗马人用起重机里的滑轮移动沉重的石块和大件物品。希腊历史学家普鲁塔克（Plutarch，公元46—120）写道，锡拉库萨城的耶罗王二世曾要求阿基米德一个人拉动一艘满载的货船，传说阿基米德通过使用一个组合滑轮系统节省了大量动力，成功完成了这个挑战（见图3-33）。

(a)

(b)

图3-33 （a）根据传说，希腊数学家、工程师阿基米德通过使用一个组合滑轮系统成功地完成了一个人拉动满载的货船（b）的挑战。

例题

问题： 利用图3-34展示的滑轮系统垂直移动一个重60磅的负载10英尺。移动这个负载需要的实际有效作用力为15磅。运用以上信息回答下列问题。

a. 滑轮系统的理想机械效益是多少？

$$IMA_{滑轮} = 支撑绳的数量$$
$$= 6$$

b. 滑轮系统的实际机械效益是多少？

$$AMA = \frac{L}{E_A}$$
$$= \frac{60\ \text{lb}}{15\ \text{lb}}$$
$$= 4$$

c. 滑轮系统的效率是多少？

$$\eta = \frac{AMA}{IMA}$$
$$= \frac{4}{6}$$
$$= 0.67或67\%$$

d. 移动这个滑轮系统中的负载所需的理想动力是多少？

$$IMA = \frac{L}{E_I} \Rightarrow E_I = \frac{L}{IMA}$$
$$E_I = \frac{60\ \text{lb}}{6}$$
$$= 10\ \text{lb}$$

e. 如果负载提升到了预期高度，那么使用者手中的动力绳需要拉动多长的距离？

$$IMA_{滑轮} = \frac{d_E}{d_L} \Rightarrow d_E = IMA_{滑轮} \times d_L$$
$$d_E = 6 \times 10\ \text{ft}$$
$$= 60\ \text{ft}$$

图3-34 滑轮问题例子。

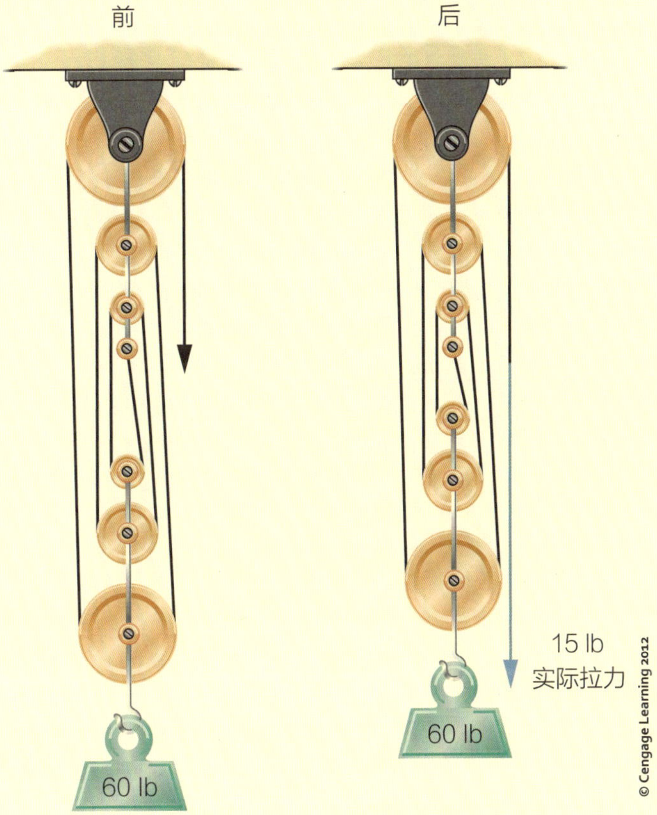

图3-35 灌溉系统是人们所知的最早使用螺旋的机械，它可以将水从低处运往高处。

© Cengage Learning 2012

螺旋

关于螺旋发明的时间，历史学家始终难以定论。一些人认为螺旋是在公元前7世纪由亚述人发明的，用在巴比伦空中花园的灌溉系统中。另外一些人则认为螺旋是在公元前3世纪由阿基米德发明的。在这两种说法中，螺旋都用于抬升水（见图3-35）。历史学家一致肯定，在公元前1世纪，木制螺旋被用于机械压力机。这个机器在地中海地区用于生产橄榄油和葡萄酒。

螺旋 就是侧面刻有螺纹的圆柱体。它可以将旋转运动转变为直线运动，同时产生巨大的输出力。正是因为这个原因，螺旋的用途非常广泛，如：阀门、压力机、千斤顶，以及各式各样不计其数的夹紧装置（见图3-36）。

螺旋的一个很重要的几何参数是 **螺距**，它是螺旋每旋转一周向前推进的直线距离。对于单旋螺纹而言，螺距就是相邻两牙对应点之间的轴向距离（见图3-37）。当螺旋的螺距非常小时，螺旋就能进行非常精准的线性运动。因为这个原因，螺旋也经常用于精确测量、校准仪器以及精密制造设备，比如千分尺、丝杠车床和铣床。

螺旋（screw）：
侧面刻有螺纹的圆柱体，它可以将旋转运动转变为直线运动，同时产生巨大的输出力。

螺距（pitch）：
螺旋每旋转一周向前推进的直线距离。

图3-36 这个台钳的螺旋能将手柄的旋转运动转变为钳身的直线运动。螺旋让台钳可以产生特别大的夹紧力。

© iStockphoto.com/DNY59.

图3-37 （a）对于一个单旋螺纹而言，螺距就是相邻两牙对应点之间的轴向距离。（b）螺距非常小的螺旋可以作为精确测量工具，比如0—1英寸的千分尺。

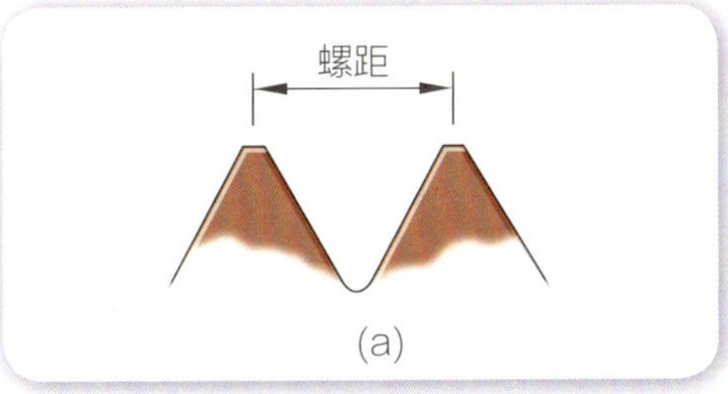

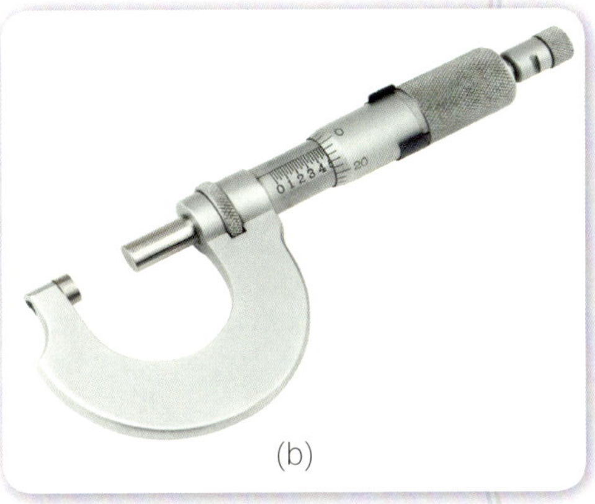

美制螺纹和公制螺纹是两种在美国常用的螺纹类型。这两种螺纹类型的标准略有不同，见图3-38。因此，能够区分这两种类型的螺纹很重要，除此之外，还要能够对两者进行换算。

图3-38 （a） 1-8UNC螺纹表示该螺旋的螺纹直径为1英寸，且每英寸有8个牙。（b）M24×3螺纹表示该螺旋的螺纹直径为24毫米，螺距为3毫米。

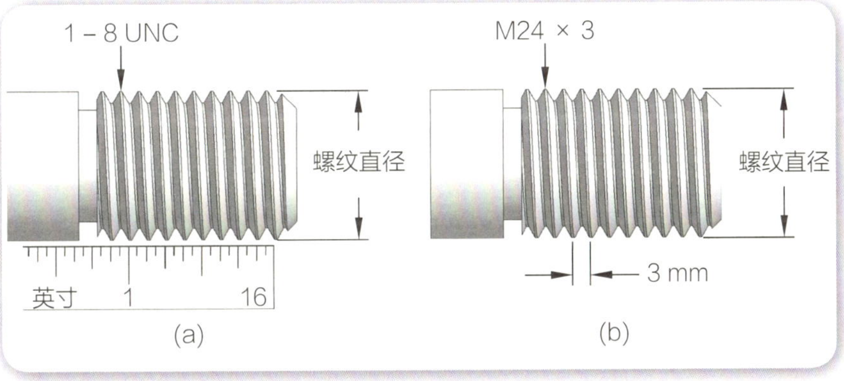

计算美制螺纹的螺距，必须用1英寸除以每英寸的牙数（见式3-14）。比如，1-8UNC螺纹的螺距就是用1英寸除以牙数8，也就是0.125英寸。为了计算螺旋的理想机械效益，必须知道螺旋的螺距。

$$p=\frac{1}{\text{每英寸的牙数}} \tag{3-14}$$

就像之前所提到的那样，螺旋可以产生巨大的机械效益。当你比较螺旋转动时动力转过的圆周长度和负载移动的短小的直线距离时，结论就很明显了。在这个过程中，负载移动的直线距离等于螺旋的螺距。（见图3-39）

计算螺旋的理想机械效益，必须知道从螺旋轴到施力点的半径距离。半径距离乘以2π就等于螺旋转动一周动力作用的距离。螺旋转动

图3-39 动力转过的圆周长（红色）比负载移动的直线距离（绿色）要长很多。

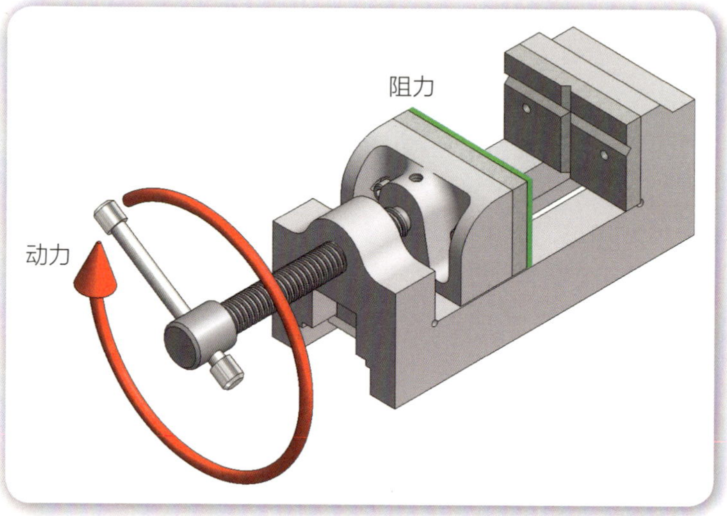

一周就会向前移动与螺距相等的直线距离。因此，用动力转过的圆周长除以螺距就得到螺旋的理想机械效益（见式3-15）。

$$IMA_{螺旋} = \frac{动力转过的圆周长}{螺距} \quad (3\text{-}15)$$

$$IMA_{螺旋} = \frac{2\pi r_E}{p}$$

M

希腊符号π（pi）是一个常数，比3略大，数学家用它来表示圆的周长与直径的比值。上千年来，π让世界上无数的数学家为之着迷，因为它是一个无理数。它的小数位无限且不循环。科学计算器有个π按钮，方便人们进行相关计算。如果你没有科学计算器，那么使用π的近似值3.14也是可以接受的。因为数值的有效位数会影响到你的最终答案，所以在回答问题之前，最好先问一下你的老师应该选哪个数值。

例题

问题： 图3-40显示的螺旋机器叫做螺母劈开器。它用来取下螺栓外卡死或者损坏的螺母。用扳手拧转一个1/2-20UNF的螺杆，将切割工具推进螺母中。施加在扳手上的作用力与螺旋中心轴的半径距离为10英寸。需要用一个2000磅的剪切力（负载）才能将螺母劈开。这个螺旋机器的实际机械效益为750。请解答以下问题：

（接下页）

例题（接上页）

a. 螺旋的螺距是多少？

$$p=\frac{1\ \text{in}}{\text{每英寸的牙数}}$$
$$=\frac{1\ \text{in}}{20}$$
$$=0.05\ \text{in}$$

b. 螺旋的理想机械利益是多少？

$$IMA_{\text{螺旋}}=\frac{2\pi r_E}{p}$$
$$=\frac{2\times3.14\times10\ \text{in}}{0.05\ \text{in}}$$
$$=\frac{62.8\ \text{in}}{0.05\ \text{in}}$$
$$=1256$$

c. 螺旋系统的效率是多少？

$$\eta=\frac{AMA}{IMA}$$
$$=\frac{750}{1256}$$
$$=0.60\text{或}60\%$$

d. 分离这个螺母，需要将多大的理想动力作用于扳手手柄？

$$IMA=\frac{L}{E_I}\Rightarrow E_I=\frac{L}{IMA}$$
$$E_I=\frac{2000\ \text{lb}}{1256}$$
$$=1.59\ \text{lb}$$

e. 分离这个螺母，需要将多大的实际有效作用力作用于扳手手柄？

$$AMA=\frac{L}{E_A}\Rightarrow E_A=\frac{L}{AMA}$$
$$E_A=\frac{2000\ \text{lb}}{750}$$
$$=2.67\ \text{lb}$$

图3-40　（a）螺母劈开器由一个螺旋和一个楔子组成。（b）它用于移除因为被腐蚀而卡在螺栓上的螺母。

(a)

(b)

6

复合机械

回想一下之前介绍滑轮部分的内容，你应该还记得两个或更多个滑轮一起工作的系统就是复合机械。前面介绍的螺母劈开器也是一种复合机械。**复合机械** 就是由两个或更多个简单机械组合在一起共同完成任务的机械。

复合机械（compound machine）：
一个由两个或更多个简单机械组合在一起共同完成任务的机械。

早期的工程师在掌握机械效益的概念和简单机械的应用后，就开始组合简单机械以制造出可以加倍放大动力的机器。复合机械的理想机械效益是每一个简单机械的理想机械效益的乘积。为了证明这一点，你可以把自己想象为一个古代希腊工程师，接到了任务需要设计一个由两种或更多种简单机械组合而成的起重机。具体内容可参阅图3-41中的设计概要。

图3-41　设计古代起重机的设计概要。

设计概要

客户：	马其顿国王，亚历山大大帝
设计者：	皇家工程师查普曼
问题陈述：	需要将希腊帝国的大木材和采石场石块从帆船上装卸搬运。
设计要求：	设计一台由多种简单机械组合的起重机来搬运重物，并计算它的机械效益。
约束条件：	1. 可利用材料：木头、绳子和锻铁。 2. 这个起重机必须独立完成工作。 3. 最大的负载是300磅。 4. 最大理想动力不能超过10磅。
最终成果：	▶提供总结解决方案的草图，其中包含所有进行相关计算所需的尺寸数据。 ▶计算出解决方案中涉及的所有简单机械的理想机械效益。 ▶计算出复合机械的理想机械效益。 ▶计算出搬运300磅负载所需的理想动力。

在材料和时代背景的限制下，你设计的起重机大概会与历史学家考证的古代希腊人发明的机器大致相似（见图3-42）。

仔细看这个设计，我们会发现它是由一个轮轴和一个滑轮组构成的。为了计算整个复合机械的理想机械效益，我们首先要从滑轮系统开始。缠绕在摇柄上的动力绳方向向下，你应该记得作用力与阻力方向相同的动力绳不是支撑绳。剩下的在定滑轮和动滑轮之间的绳子都是支撑绳。这个滑轮系统的理想机械效益就等于支撑绳的数量。因此，这个滑轮系统的理想机械效益就是4：

图3-42 这个古代起重机模型是一个利用了滑轮和轮轴的复合机械。假设所有的尺寸都是以英寸为单位。

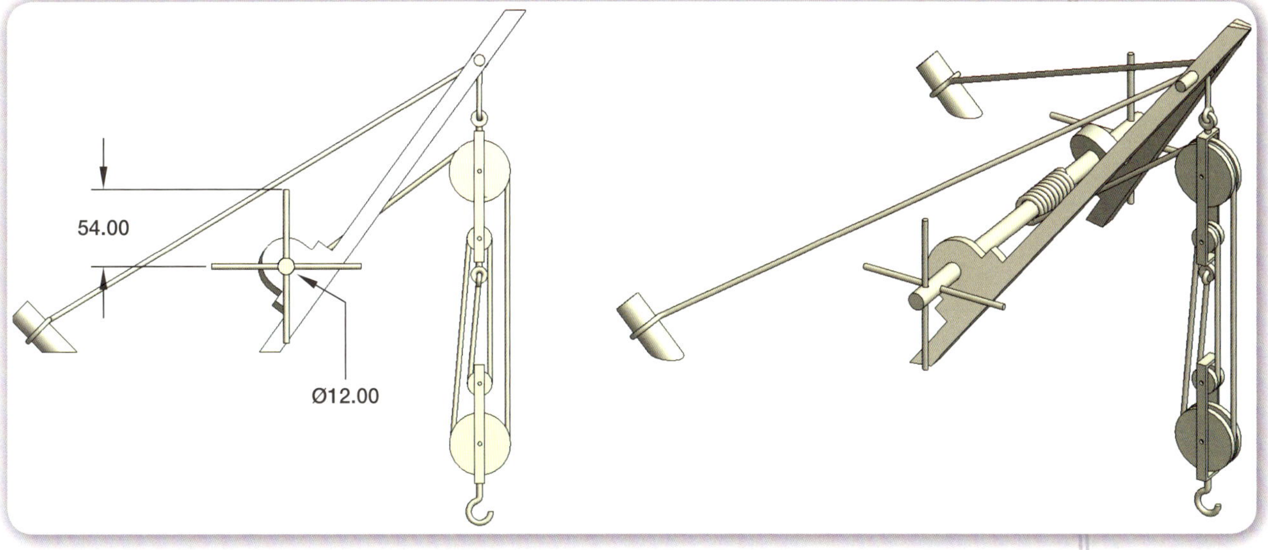

$$IMA_{滑轮} = 支撑绳的数量$$
$$= 4$$

现在我们将注意力转移到轮轴上。滑轮组的动力绳缠绕在直径为12英寸的轴上。每个手柄的末端到轴中心的距离为54英寸。假设动力作用于手柄末端，运用以上数据，可以算出该轮轴的理想机械效益为9：

$$IMA_{轮轴} = \frac{r_W}{r_A}$$
$$= \frac{54\text{ in}}{6\text{ in}}$$
$$= 9$$

就像之前提到的那样，复合机械的理想机械效益就是其中每一个简单机械的理想机械效益的乘积。因此，这个起重机的理想机械效益为36。

$$IMA_{复合机械} = IMA_{滑轮} \times IMA_{轮轴}$$
$$= 4 \times 9$$
$$= 36$$

与简单机械一样，复合机械的理想机械效益也是负载与理想动力之间的比值。在理想情况下，需要用8.33磅的理想动力作用于手柄末端才能提起300磅的负载。这个数值在限制条件10磅之内。如果理想动力超出了限制范围，那么你需要如何改变设计来满足标准呢？

$$IMA = \frac{L}{E_I} \Rightarrow E_I = \frac{L}{IMA}$$
$$E_I = \frac{300\text{ lb}}{36}$$
$$= 8.33\text{ lb}$$

因为复合机械能有一个更大的理想机械效益，所以我们可以很容易理解为什么当今许多机器都使用不止一种简单机械。图3-43展示了一个例子：工程师如何用工程师笔记本来记录其设计想法和计算。

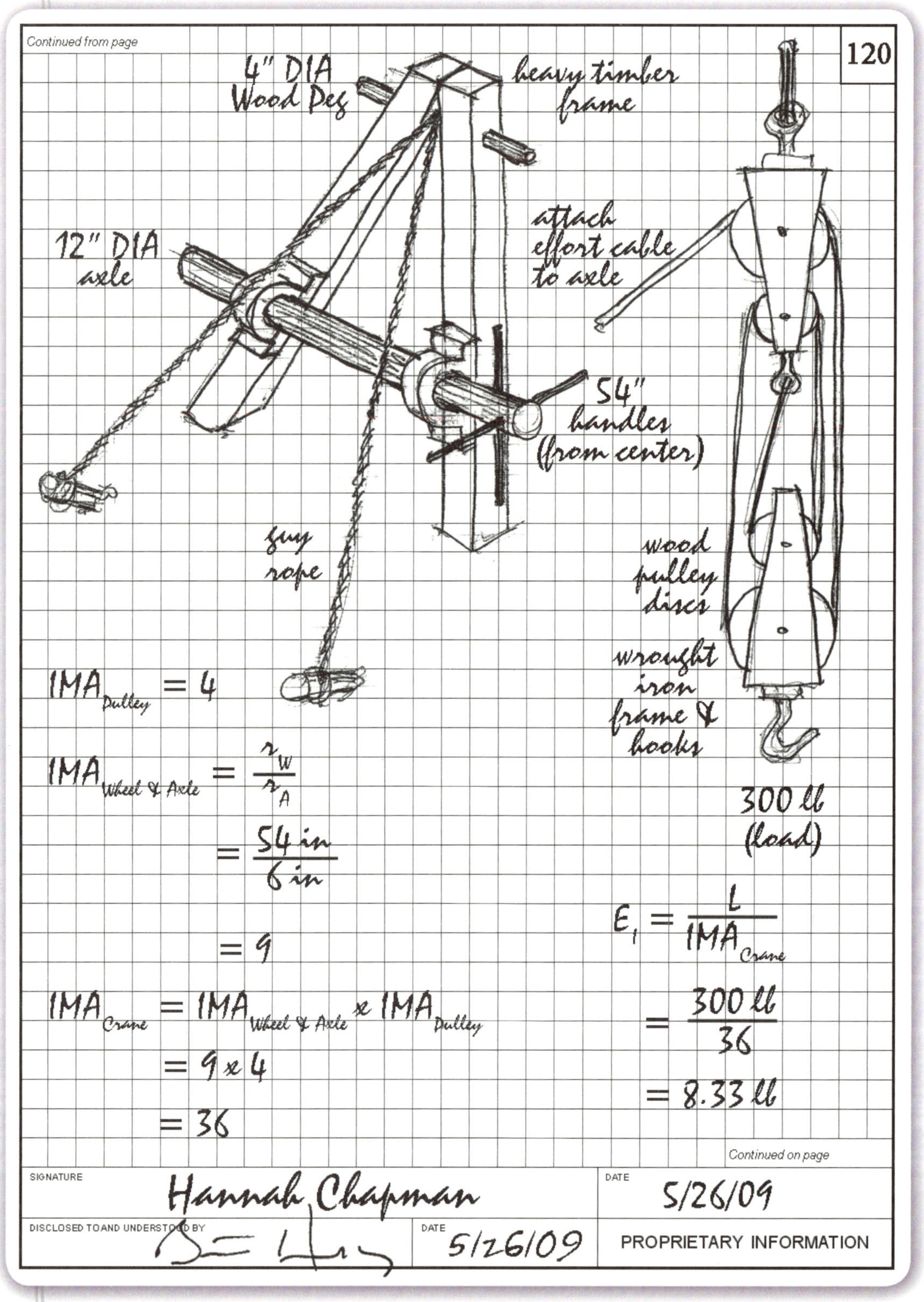

图3-43 工程师笔记本上记录了带有计算过程的设计方案草图。

总　结

本章主要介绍了以下内容：

- 力是能让物体开始运动、改变物体运动状态或者使物体产生形变的作用。力可以分为两种类型：接触力和场力。接触力是指物体直接接触产生的力，场力是一些现象产生的力，比如重力和磁力。动力是一种作用于机器的输入力。负载是需要移动的物体的重量或机械装置工作过程中要克服的阻力。因此，机器的输出力就是作用于负载的力。
- 当力作用在一个物体上，并使之产生运动时，便做了功（W）。功的常用单位有美制的英尺·磅（ft·lb）和国际单位制的牛·米（N·m）或者焦耳（J）。功率（P）是指物体在单位时间内所做的功。它的美制单位是英尺·磅/秒（ft·lb/s）或者马力（hp）。在国际单位制中，它的单位是牛·米/秒（N·m/s）和瓦（W）。
- 机械效益是机械的输出力（负载）和输入力（动力）之比。也是动力的作用距离和负载移动的距离之比。如果动力作用的距离比负载移动的距离长，那么机械效益就会大于1。如果负载移动的距离比动力作用的距离长，那么机械效益就在0到1之间。
- 理想机械效益（IMA）就是在没有摩擦力和能量损耗的理想情况下，机器的机械效益。因此，理想动力（E_I）所做的功全部传给了负载（L）。然而摩擦力和能量损耗总是存在，所以移动负载的实际动力（E_A）总是比理想动力大。实际机械效益（AMA）体现了机器输入与输出之间的损耗。因为实际动力总是比理想动力大，所以机器的理想机械效益总是比实际机械效益大。下面的方程式适用于所有的简单机械。

$$IMA = \frac{\text{负载}}{\text{理想动力}} = \frac{L}{E_I}$$

$$AMA = \frac{\text{负载}}{\text{实际动力}} = \frac{L}{E_A}$$

- 斜面、楔子、杠杆、轮轴、滑轮和螺旋是六种简单机械。它们的理想机械效益都可以用动力作用距离除以负载移动距离得到。因此，每一种简单机械都有自己的理想机械效益的运算方程（见图3-44）。
- 复合机械，比如起重机或者螺母劈开器，都是由两个或两个以上的简单机械组合在一起工作的机器。复合机械的理想机械效益就是其中每一个简单机械的理想机械效益的乘积。

总 结

（接上页）

图3-44 计算六种简单机械的理想机械效益的方程式。

斜面 $IMA_{斜面}=\frac{斜面长度}{斜面高度}=\frac{s}{h}$

楔子 $IMA_{楔子}=\frac{斜边长}{厚度}=\frac{s}{t}$

杠杆 $IMA_{杠杆}=\frac{动力臂}{阻力臂}=\frac{r_E}{r_L}$

轮轴 $IMA_{轮轴}=\frac{轮子的半径}{轴的半径}=\frac{r_W}{r_A}$

注意：这个方程式成立的条件是动力作用于轮子而不是轴。

滑轮 $IMA_{滑轮}=\frac{动力绳移动长度}{负载移动长度}=\frac{d_E}{d_L}$

螺丝 $IMA_{螺丝}=\frac{动力作用一周的长度}{螺距}=\frac{2\pi r_E}{p}$

课后作业

1. 什么是力?
2. 接触力与场力之间的区别是什么?
3. 列出两种场力。
4. 动力与阻力之间的区别是什么?
5. 为什么工程师更加关心机器的功率而不是功?
6. 什么是马力?
7. 机械效益如何在力和距离之间取得平衡?
8. 简单机械的理想机械效益与实际机械效益有什么区别。
9. 说出两个造成机械效率少于100%的原因。
10. 举一个运用斜面的例子。
11. 斜面和楔子之间的区别是什么?
12. 举一个运用楔子的例子。
13. 第一类杠杆、第二类杠杆和第三类杠杆之间有什么不同?
14. 识别第一类杠杆、第二类杠杆和第三类杠杆各有什么应用?
15. 一个第二类杠杆的动力臂为2英寸,阻力臂为1英寸,那么这个杠杆的理想机械效益是多少?
16. 找出一个运用轮轴的例子。
17. 一个轮轴的实际机械效益是10,这个数值代表着什么?
18. 找出一个运用滑轮的例子。
19. 定滑轮与第一类杠杆有什么相似之处?
20. 动滑轮与第二类杠杆有什么相似之处?
21. 怎样一眼看出一个滑轮组的理想机械效益?
22. 找出一个运用螺旋的例子。
23. 螺距是什么?
24. 怎样确定一个美制标准螺纹的螺距?
25. 螺旋是怎样产生巨大的机械效益的?
26. 指甲钳是怎样一种复合机械?
27. 怎样计算复合机械的理想机械效益?

补充作业

问题陈述: 某博物馆的馆长想要为博物馆内的简单机械和古代技术常设展区添加一些手工互动机器。

设计要求: 设计、建造和测试一个可以使棒球越过一系列障碍不停滚动的人工操作机器。这个机器必须包含轮轴、螺旋和斜面。棒球在机器中滚动一圈至少要花20秒时间,这个机器的尺寸限制为4英尺高、2英尺宽、2英尺长。

第4章

机械构造

GPS DELUXE

Menu | START LOCATION | DISTANCE | END LOCATION

头脑准备

在学习本章的概念时，请思考下面的问题：

1. 什么是机构？机构与简单机械有什么区别？
2. 连杆机构有哪些不同类型？它们分别有哪些应用？
3. 凸轮和从动轮有什么作用？哪些机械中包含凸轮和从动轮？
4. 在机械设备中，有哪些不同类型的轴承？
5. 什么是齿轮？两个齿轮啮合需要满足哪些条件？
6. 常用的齿轮类型有哪些？它们都有哪些应用？
7. 简单齿轮组和复式齿轮组有什么区别？
8. 怎么计算简单齿轮组和复式齿轮组的传动比、速率比、转矩比？
9. 链传动机构由哪些部分组成？
10. 在设计一个链传动机构时，工程师需要考虑哪些因素？

引 语

工程师设计物理产品来解决我们生活中的问题，满足人们的需求和愿望，使得生活变得更加便利。在他们创造的物体中，有一些是静态的（不可移动的），比如建筑物和桥梁。但更多的是会运动或者依赖于某种运动形式来完成工作的物品。在人类构建的社会中，每天都要与各种机构打交道，例如躺椅中的连杆机构、汽车的车轮轴承、卷笔器中的齿轮、自行车中的链轮和链条。通常来说，为了达到期望的结果，这些机械装置会被组合起来使用。为了找到解决问题的方法，工程师必须查阅技术数据库，在大脑中将不同的机械装置联系起来，创造出全新的、有创造性的想法。学习这些机械装置和它们的工作原理，不仅是工程设计教育的组成部分，而且是对前人创造性工作的一种探索。

当你按下一个按钮，从电脑中弹出光盘时，连接在光盘托盘上的机构，就会将一个电动机的旋转运动转换成托盘的线性运动。当你骑自行车时，一个机构将你腿部肌肉中的能量传递给了自行车后轮。简单机械是单一的机械装置，它独立运作来完成工作，**机构**则是指运动机械零件的装配组合，这些零件由一个刚性结构支撑着。本章内容并不是要完整论述所有现存种类的机械，而是重点介绍连杆机构、凸轮、轴承、齿轮和链传动机构。

1

机构（mechanism）：
是指运动机械零件的装配组合，由刚性结构支撑。

连杆机构

2

作为最简单的和用途最多的机构，连杆机构常应用于工业设备、工具，以及躺椅和汽车等商业产品中。**连杆机构**是指机械系统中某些刚性机械**部件**的**装配**集合，它们连接在一起传递力和控制运动。在机器中，连杆机构经常被用来将旋转运动转换成线性运动，反之亦然。

从复合机械的角度出发，你可以把一个连杆机构看成是一系列相互连接的杠杆。构成台灯的连杆机构，容许使用者将灯光调整到不同的方向（见图4-1）。连杆机构还能产生很大的夹紧力，而用于铰接夹和老虎钳这样的工具中。作用在躺椅扶手上的力被传递给连杆，从而能使椅子上的各个曲面按照预设路径移动到不同的位置。并非所有的连杆都是可以运动的。有一些连杆必须保持在一个固定的位置，作为其他可动部件的固定连接节点，例如计算机、打印机中固定的框架。

连杆机构（linkage）：
是指机械系统中某些刚性机械部件的装配集合，它们连接在一起传递力和控制运动。

图4-1 （a）台灯，（b）老虎钳，（c）躺椅，通过多种不同的方式利用连杆机构操纵力和运动。

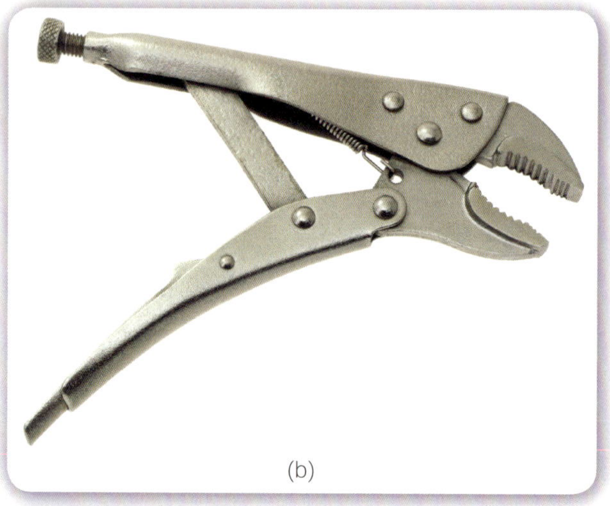

图4-2 用来代表连接件的符号。

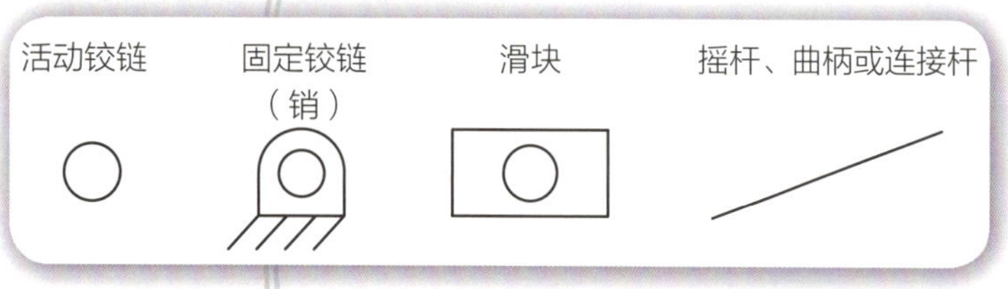

人体的骨骼系统是与机械连杆系统相对应的生物连杆系统，骨骼起到刚性连接构件的作用，它们连在一起控制运动和传递力。例如肩部的关节能够进行360°旋转。其他一些关节（例如肘部和膝盖）只能在特定的角度范围内转动。当同时使用身体的不同关节时，这些连接杆所做的转动相互协调，就能让你的手按照大脑传达给肌肉的指令做直线运动，伸出去抓取物品。

连杆系统由一些基本元件组成，例如摇杆、曲柄、连接杆和滑块，基本元件通过活动铰链连接起来。在机器壳体，或者像墙面或天花板这样的不可移动表面上，也可以装一些固定接点，用来连接基本元件。在画设计草图、分析问题和解释连杆系统中组件的连动时，工程师会利用特定的符号来代表这些基本元件（见图4-2）。

四杆机构 **四杆机构**是机械系统中最常用的连杆机构类型之一（见图4-3）。它由三根活动杆、两个固定铰链和两个活动铰链组成。

第四根杆是固定的，例如机器的刚性框架，以安装固定铰链。

图4-3 四杆机构范例。

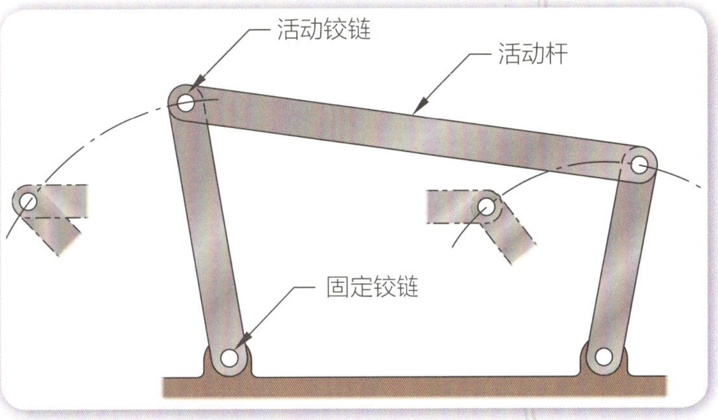

图4-4所示的铰接夹是一种四杆机构。接点*A*和*D*位于机器的刚性框架上，它们便是固定铰链。杆*AB*和杆*CD*是**摇杆**，因为它们都有一个固定铰链，而且只能在有限的角度范围内来回转动。杆*BC*是一个连接杆，它跟铰接夹手柄相连，能将外界施加的力传给系统。

图4-4 铰接夹用于固定设备，在进行加工操作的时候固定工件的位置。这种夹钳利用了四杆系统。

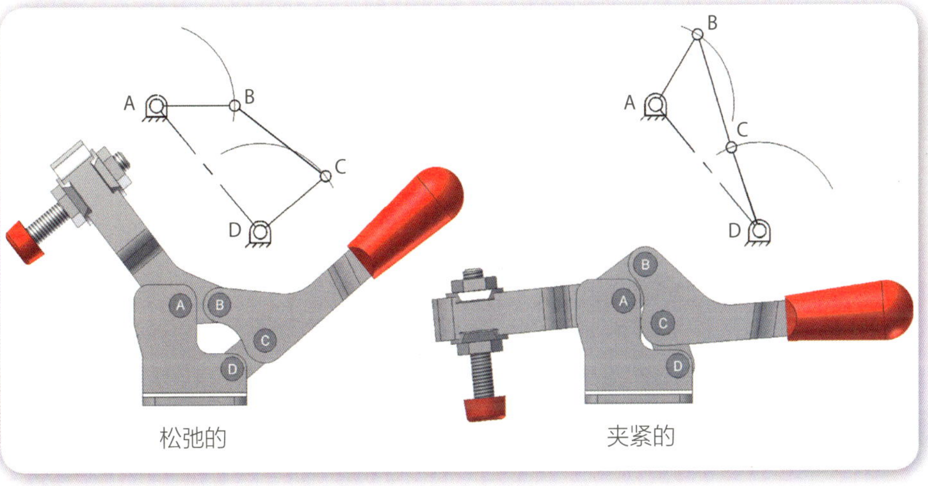

当铰接夹的手柄逆时针方向向上抬起时，夹钳顺时针方向运动，释放约束。当手柄顺时针方向旋转到它的极限时，夹钳逆时针方向旋转进行固定。注意当夹钳完全夹紧的时候，接点*B*、*C*、*D*将共线。实际上，接点*C*在活动铰链*B*和固定铰链*D*连接线的中心点的稍下方。在这种情况下，夹钳就被锁定了。这样就可以产生巨大的夹持力，以抵抗在进行机械加工时工件产生的向上的力。

平行连杆机构是四杆机构的一种，遵循**平行四边形**几何法则。图4-5所示注射动力式机器人的两个摇杆是等长的。基部接点间的距离和夹具平台上接点之间的水平距离是相等的。这个连杆机构的几何结构是一个平行四边形。当滑块移动的时候，就使得摇杆旋转。两根摇杆棒始终保持平行，夹具平台始终保持水平。

对平行连杆机构稍作改变就形成了交叉连杆机构。交叉连杆机构用于放大线性运动的设备上，例如液压交叉千斤顶。它们也被用在伸缩绘图器中，工程制图师利用这种仪器复制或者缩放图形（见图4-6）。

图4-5 注射动力式机械臂包含平行连杆机构，在它运动时，这使得夹具平台保持水平。

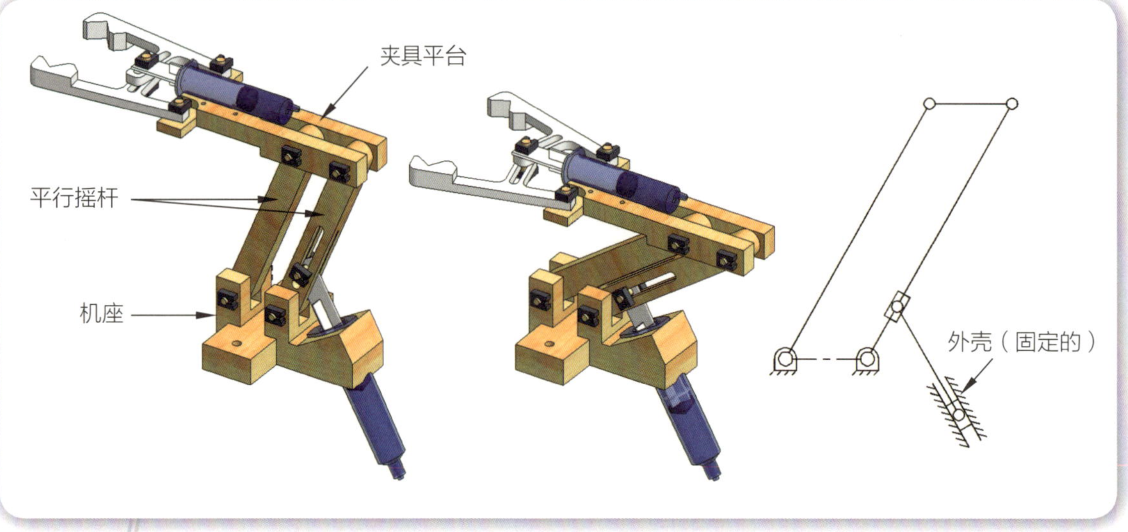

图4-6 交叉连杆机构运用于（a）工业用剪式千斤顶（SJ7127型越野剪式举升机）和（b）缩放仪。

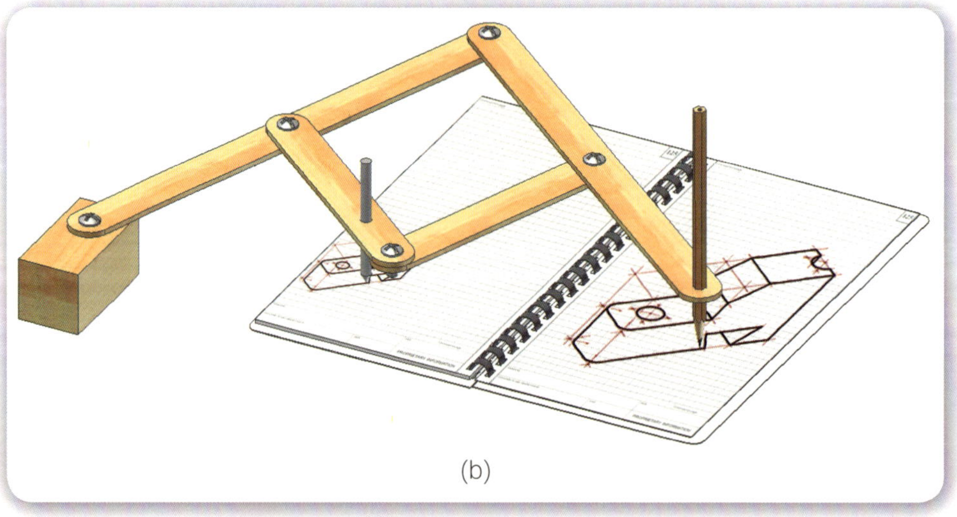

趣味阅读

瓦特与平行连杆机构

人们有时候会将瓦特误认为是蒸汽机的发明者。事实上，瓦特因为对蒸汽机做了大量改进，才使他的名字比蒸汽机的真正发明者——纽科门（Tomas Newcomen）——与蒸汽机的联系更加紧密。纽科门在1712年发明的蒸汽机经常被用于矿井抽水工作（见图4-7）。蒸汽机上最显著的特征大概就是作为第一类杠杆的大梁。这根梁像跷跷板一样绕着转轴中心上下摆动，将力从蒸汽机活塞传递给抽水泵或者其他装置。

当大梁反复地摇摆时，梁两端的运动轨迹形成弧形。这就产生了一个机械问题。怎样把力从在固定轴上做往复线性运动的活塞棒，传递给做弧形运动的梁的端点？一个直接的、刚性的连接是行不通的，因为刚性蒸汽活塞杆与固定的活塞汽缸轴保持平行，它的末端不能沿弧形轨迹运动。纽科门解决了这个问题，他给梁的两端各加了一个圆弧形的拱头，利用链条连接到活塞杆上。当梁摇摆的时候，链条将环绕在拱头上或者从拱头上松开，从而与活塞杆的轴线保持同一直线。可惜的是，链条只有在绷紧时才能传递力。当蒸汽快速冷却下来时，活塞底下形成真空，链条就会绷紧，从而产生拉力。然后，位于梁另一端的泵的重力又会使汽缸内的活塞重新向上运动，返回初始位置。

瓦特对蒸汽机进行了多方面改进，其中他最引以为豪的是，在1784年，他将平行连杆机构引入到梁和活塞杆之间。与纽科门设计的链条一样，瓦特的平行连杆机构把力传给

图4-7　纽科门蒸汽机示意图，它利用链条解决了将弧形运动转换成线性运动的难题。

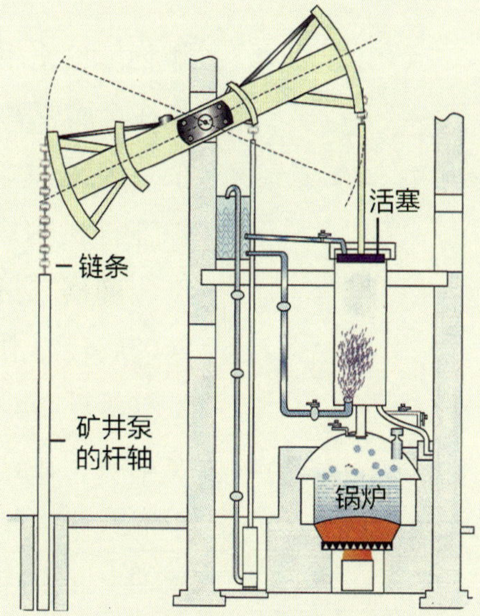

（接下页）

摆动的梁，同时还能保持活塞杆与气缸轴同一直线（见图4-8）。平行连杆机构和活塞杆机构通过刚性元件组合起来，无论是在拉伸状态还是在压缩状态下都能传递力。结合上他改进的双作用汽缸之后，这个连杆机构就能使蒸汽机活塞在上升和下降冲程中都产生能量。瓦特改良后的蒸汽机比纽科门设计的蒸汽机更加可靠、高效。蒸汽机取代了水车，推动了工业机械化的发展，消除了工厂必须选址在河边和小溪边的困扰。

图4-8 （a）瓦特蒸汽机。（b）瓦特蒸汽机用平行连杆机构取代了纽科门的铁链连接发动机的活塞和梁，从而使得活塞杆能与大梁进行刚性连接，无论向上还是向下冲程都能输送能量。

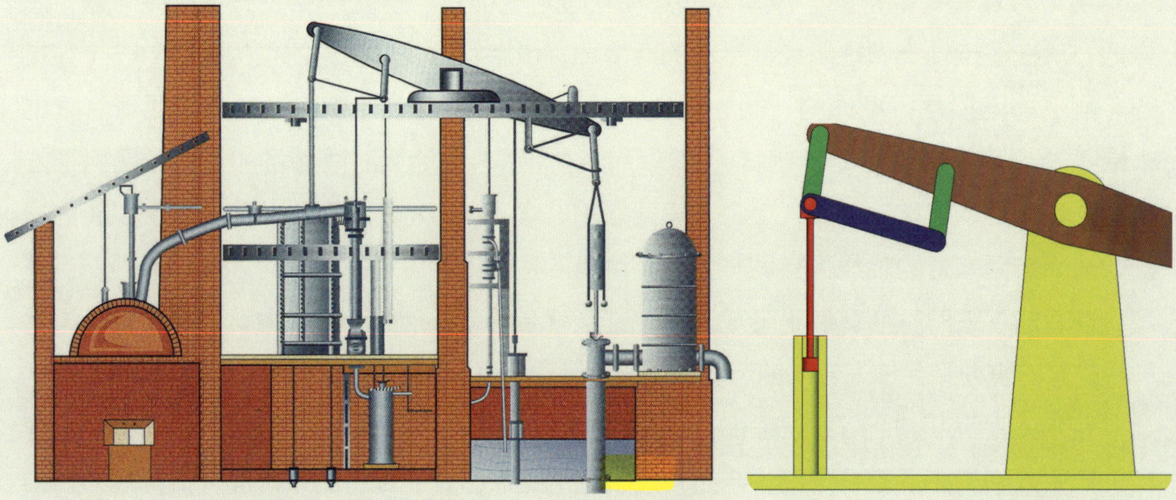

(a)　　(b)

雕刻师也使用伸缩绘图器将模板上的文字、数字或者装饰性的图案，刻在金属或者塑料表面。

曲柄滑块机构　曲柄滑块机构是另外一种类型的连杆机构。这种连杆机构用来将往复的线性运动转换成连续的旋转运动，反之亦然。**曲柄**是有一个固定枢轴接点的杆子。与摇杆不同，曲柄能进行360°旋转。滑块通常以活塞的形式在一个固定的空间，例如一个空心汽缸（见图4-9）里面来回往复运动。这种机械装置常见于活塞式内燃发动机，在这里滑块（活塞）的线性运动被转移给曲柄轴。它也应用于活塞式空气压缩机，此时曲柄连接到电动马达或者气动发动机的传动轴上。

3 凸轮和从动件

在计算机控制系统和电子机械设备例如伺服电动机广泛运用之前，在机器里精确计时和控制线性运动通常由凸轮和从动件来实现。

图4-9　曲柄滑块连杆机构用于将曲柄的连续旋转运动转换成滑块的往复直线运动，反之亦然。

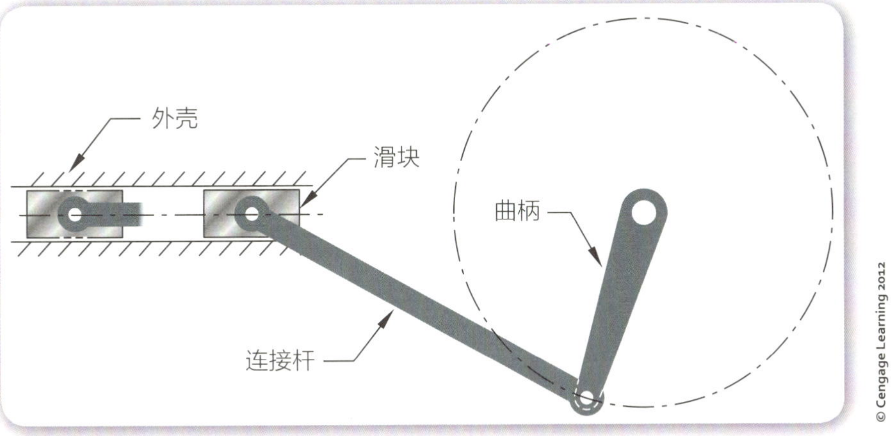

凸轮和从动件（cam and follower）：将连续的旋转运动转换成间歇的直线运动的机构。

凸轮和从动件是将连续的旋转运动转换成**间歇的**线性运动的机构。凸轮作为旋转部件，与从动件相连接。从动件可能是一根往复作直线运动的杆轴，也可能是一个摇摆的杠杆，一端沿着凸轮轮廓线运动。凸轮和从动件有多种类型，其中最简单、最常用的一种是平板凸轮（见图4-10）。平板凸轮是由一块平整的刚性板切割成一定形状制成，该形状称为凸轮轮廓。

如图4-10所示，平板凸轮除非已经装配了一个轴，否则会有一个孔用于安装凸轮轴。从动件是一个独立的机械装置，当平板凸轮绕着凸轮轴旋转时，从动件将随之上下移动。从动件的移动范围，就是凸轮轮廓上距离凸轮轴线最远和最近的两点的径向距离之差。径向距离最短的点位于一个叫做基圆的虚拟圆上。

凸轮轮廓的外形多种多样，主要取决于它的用途（见图4-11）。工程师首先画出凸轮位移曲线，展示从动件的运动规律（见图4-12）。曲线的形状反映凸轮旋转一周，从动件的运动过

图4-10　简单的平板凸轮用于将旋转运动转换成间歇的直线运动。从动件沿着平板凸轮的轮廓线上下运动。

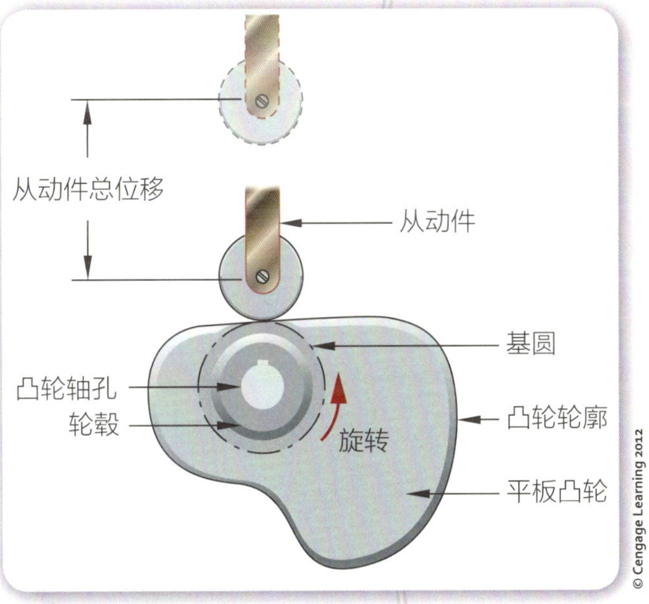

图4-11　凸轮轮廓可以是对称的或者是不规则的，取决于它的用途。对于简单的圆盘，凸轮轴会偏离圆盘的中心。

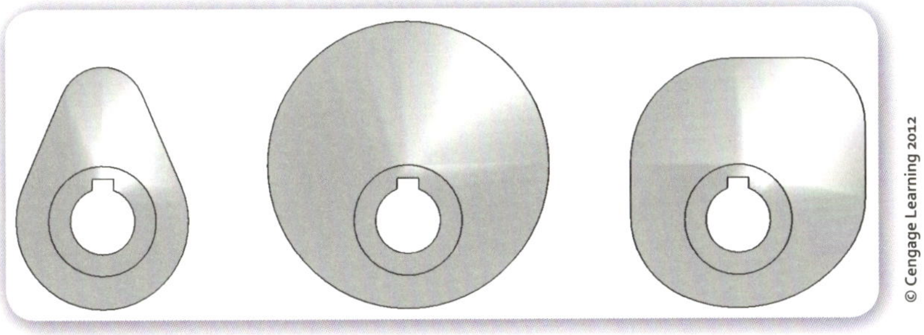

图4-12 为了便于理解平板凸轮的几何外形与它的位移曲线之间的关系，将平板凸轮等角度划分（a）。从基圆圆周到凸轮轮廓线上各点的径向距离与位移曲线（b）上的点一一对应。

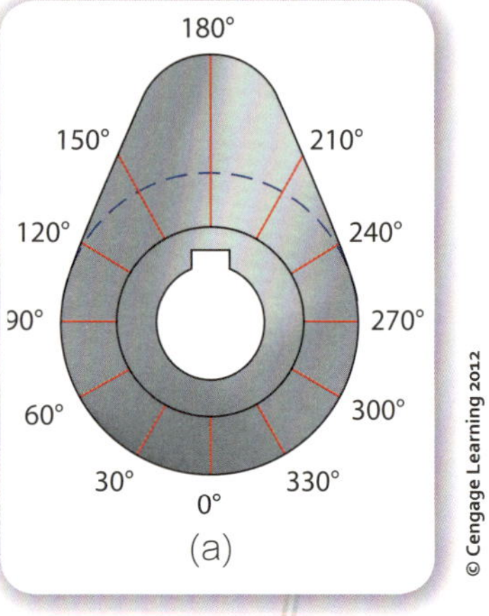

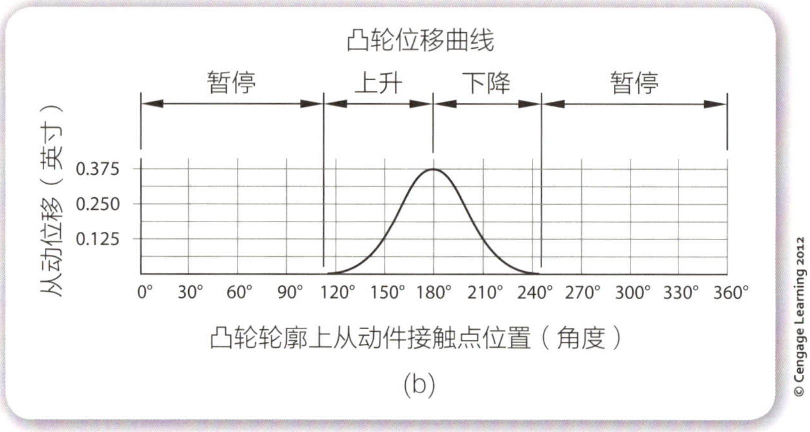

程。凸轮从动件的运动可能是周期性的匀速运动、匀加速度运动，固定不动，或者这些运动的任意组合。画好凸轮位移曲线之后，将这条曲线用极坐标表现就形成了真实的凸轮轮廓线。

人们最熟悉、用得最多的凸轮和从动件是活塞式内燃发动机中的凸轮和从动件。发动机里有一个或多个凸轮轴，上面排列着一系列平板凸轮。每一个凸轮控制一个汽缸阀的开关时间和线性运动。每个发动机汽缸至少有两个阀。一个阀打开让空气和燃料进入燃烧室，在燃烧结束之后，另一个阀打开释放出废气。在燃烧过程中，两个阀都必须关闭（见图4-13）。

图4-13 活塞式内燃发动机的内部结构图，两个凸轮轴用于协调汽缸进气阀和排气阀的开闭动作。

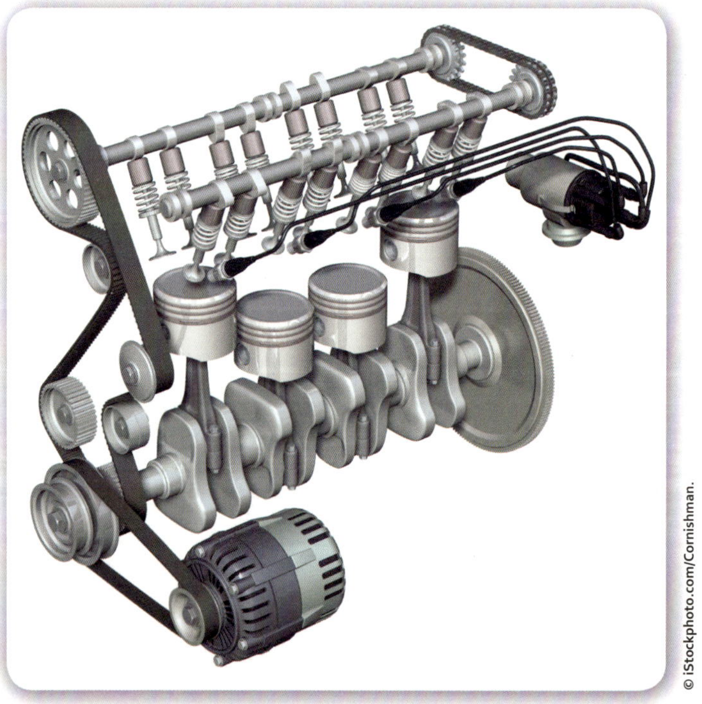

趣味阅读

音乐盒是凸轮和从动件的一种应用（见图4-14）。音乐盒里的圆筒上排列着一系列凸出物或大头针，起到了凸轮板的作用。大头针被精确地布置在圆筒的圆周上，以控制弹奏音符的时间。当一个大头针拨动金属梳的齿时，就会奏响一个音符，金属梳与从动件的作用相似。金属梳是将一块平整的金属切成像梳子一样的形状，它的齿长短不一，排列形成音阶。圆筒旋转一周，正好播放一首音乐。每一个音符响起的时间，都与圆筒相对于初始位置的旋转角度有关。

手动音乐盒通常利用减速齿轮传动链来调慢手摇曲柄的旋转速度（物体绕轴旋转的快慢）。这就意味着要使圆筒转动1周，操作者需要转动手动曲柄20周。

图4-14 音乐盒包含两个机械元件，它们叫做圆筒和梳，分别起到凸轮板和从动件的作用。这个音乐盒由一个手摇曲柄驱动，运用了减速齿轮传动链。

偏心轮式夹紧机构可用于制造夹具，使工件在机器运行过程中保持在适当的位置。例如，图4-15所示金色的偏心轮式夹具有两个偏头螺钉。螺钉头偏离螺钉轴。当螺钉转动时，螺钉头使六边形垫圈朝向工件移动，产生一个侧向夹紧力。

图4-15 凸轮也运用在夹紧机构中。

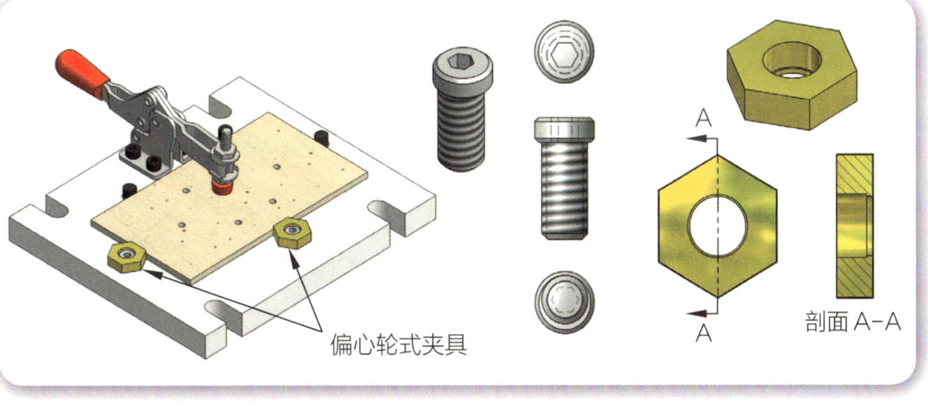

案例研究

木工具箱：设计木质机械驱动玩具

埃里克·威廉森（Eric Williamson）是一位设计师和手工艺者，家住英国威尔士中部的兰布林迈尔。自20世纪70年代以来，他一直在制造独特的木制玩具，并称其为机器人。这些玩具利用简单的机械装置，例如连杆机构和凸轮，将手摇曲柄的旋转运动传递给木质动物形象、机器,甚至人像玩偶,使它们做出一些栩栩如生的动作（见图4-16）。埃里克的灵感来自于他对人体解剖学和大自然创造优雅运动方式能力的崇敬，这些优雅的运动极难用机械进行复制。

Eric Williamson Automata Guru.

(a)

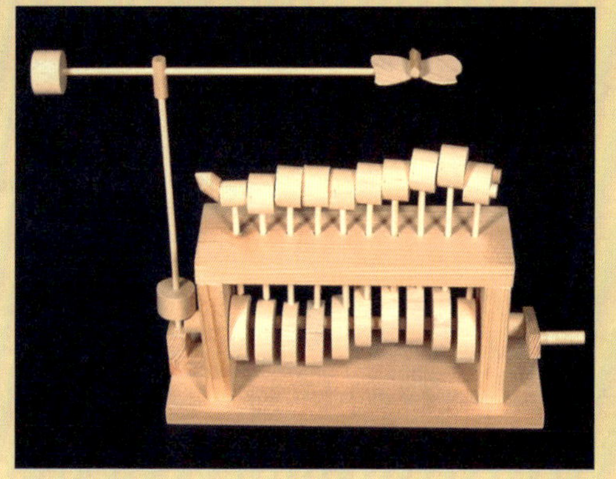

Timberkits US Caterpillar.

(b)

图4-16　（a）威廉森自20世纪70年代以来一直在设计和制造木玩具。（b）他的商业化的木玩具工具包（叫做Timberkits），将简单的机械装置运用在活灵活现的模型里，例如这个毛毛虫和蝴蝶。

在他妻子艾莉森（Alison）的帮助下，埃里克将他的机器人发展成为商业化的自行拼装式木制玩具，叫做Timberkits，销往全世界。尽管高科技玩具不断涌现，但埃里克的机器人20年来一直畅销。他认为很多针对儿童的现代玩具和活动没有给孩子的想象力留下空间。“人类的想象力是很强大的。孩子总是能从最简单、最平凡的物体中发现一些相当神奇、难以想象的东西，并且会热衷于将一片片的木头拼成一个鼓手、一只毛毛虫，或者是一条龙。”

埃里克“将想法转换为可行的现实”所用的设计方法非常独特，包括了反反复复地画图和建模。“我的方法可以概括为，一个艺术家认为他的想法一定能被制造出来，而且一定能够大卖！首先，我简单地‘涂涂画画’。然后我制作模型来检验想法是否可行。在此之后，我回到画图板（有数学工具的那种简单、老式的板），修改图稿。这个过程反复进行，直到我做好画‘技术图纸’的准备，这种图纸要详细说明每一个元件各个部位的尺寸。”

埃里克把他完成的模型展示给别人，让他们对他的想法“挑毛病”，反馈“真实世界”对它们的看法。他也和零售商合作，发现他们感兴趣的地方。然后把一个完成的样品送到中

案例研究

国制造商手中，利用传统方法或计算机辅助制造法进行批量生产。每一个工具包都配备有详细的拼装步骤说明，还有手工绘制的原尺寸斜视立体图。霸王龙是埃里克的Timberkits模型之一（见图4-17）。

图4-17　霸王龙的部件由一系列彼此联系的连杆机构和凸轮组成。

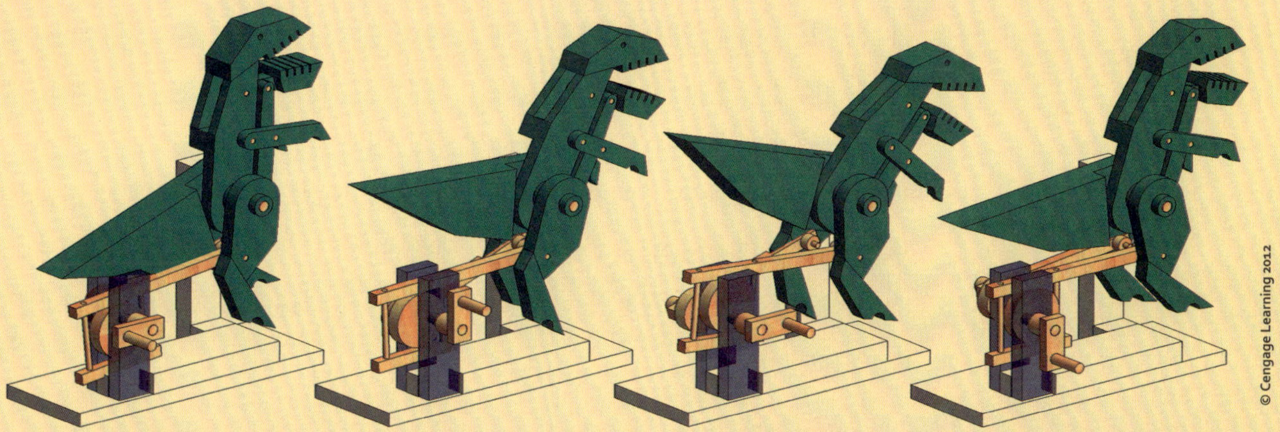

组装好的霸王龙由手动曲柄机构驱动，曲柄连接在平板凸轮上（见图4-18）。平板凸轮再通过连杆机构和活动铰链连接到玩具的左腿上。连杆机构将曲柄连续的圆周运动转换成摇摆运动，使得左腿前后摆动。右臂和下颌是一个四杆机构系统的一部分，控制着霸王龙嘴巴的张开和合拢。当右臂向上抬起时，嘴巴闭合。

埃里克和他的妻子希望能够激励孩子们用一切可利用的资源制造他们自己的机器人，无论他们年龄大还是小。“我们希望人们做出自己的模型，而且希望我们的模型能够打开这个局面。”

图4-18　（a）改良的滑块和曲柄使得玩具的左臂活灵活现。（b）霸王龙下颌的运动是由一个四杆机构控制的。

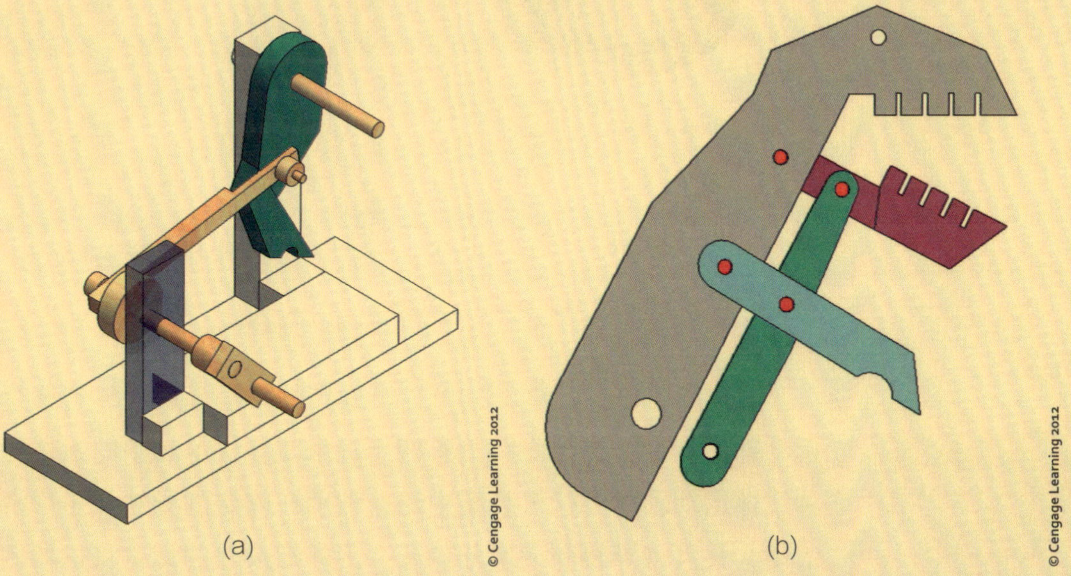

4 轴承

轴承（bearing）： 用于减小物体线性运动或转动时接触面间摩擦力的机械装置。

如果你观察一台机器的内部结构，你经常会发现，至少有一个部件围绕着一个静止的部件旋转或者滑动。汽车传输系统的外壳和滑板上的板子都连接着一些不停旋转的部件，它们为什么可以固定在一个位置而不跟着转？这要归功于一类叫做轴承的设备。**轴承**是用于减小物体线性运动或转动时接触面间摩擦力的机械装置。我们将会学习两类轴承——运用在线性运动中的轴承和运用在转动中的轴承。

线性运动轴承 线性运动轴承应用于，一个元件贴着另一个元件朝着某一方向滑动的情况。滑动轴承没有运动的部件，它的形状像圆柱形管子。它们由金属铜或者尼龙聚合物材料制成，这些材料一般摩擦力较小（见图4-19）。滑动轴承也叫套管、套筒、或轴颈轴承。当轴的外径和轴钻过的孔洞之间存在着微小的空隙时，需要将滑动轴承塞入空隙进行压配合。在塑料工业的注模工艺中，金属销被用来将两块或者多块板排列起来。这些销穿过的孔洞通常用滑动轴承进行压配合。

图4-19 （a）滑动轴承由小摩擦因数的材料制成，例如铜。（b）这半块金属拼合模具四角上的四个洞装有滑动轴承，这有助于与另外半块配套模具上的钉子对接。

(a)

© Cengage Learning 2012

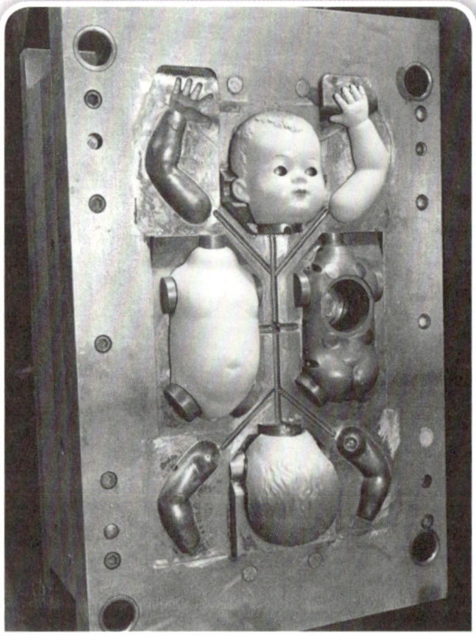
(b)

Courtesy of Kurt Sutton/Hulton Archive/Getty Images.

滚珠导轨包含一些能360°自由旋转的微小金属球，这些金属球在运动部件和静止部件之间只有两个接触点。图4-20中的滚珠导轨是一种线性运动轴承。这个装置中的球轴承在固定的导轨和矩形滑块之间滚动，并且将导轨和滑块分隔开。用标准尺寸的螺钉将机器固定在滑块上，机器就可以进行线性运动了。

图4-20 滚珠导轨包含一个滑块，这个滑块可在固定导轨上来回往复运动。

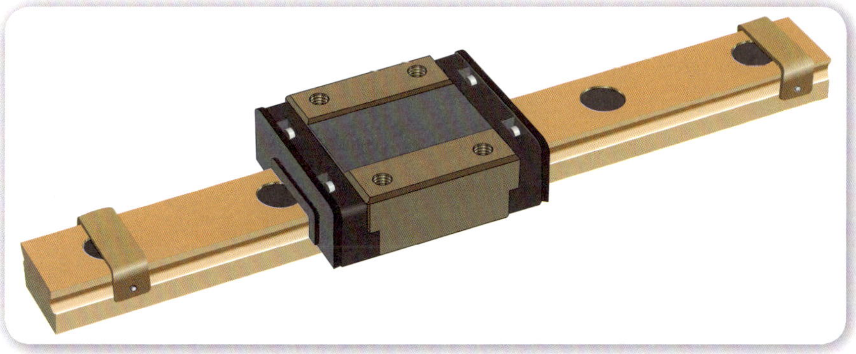

滚动轴承 滚动轴承是为了连接旋转的轴而设计的。径向载荷轴承和推力轴承是较常见的滚动轴承。需要注意的是，除非轴承的内部元件是密封的，否则就需要润滑，密封的轴承内部已经采用了永久润滑，而且用特殊的密封剂保护着。

当旋转轴必须由一个固定的结构支承时，径向载荷轴承就能发挥作用了。这一类轴承由几个独立运动的元件组成。大多数轴承的内环和外环被一连串金属钢珠或者滚子隔离开，能够让其中一个环绕着轴旋转的同时，另一个环保持静止状态（见图4-21）。

图4-21 （a）机械中的轴旋转时存在径向负载。（b）一个径向载荷轴承的内环和外环可以独立旋转，因为一系列金属钢珠或者滚子均匀地分布在内外环之间。由于旋转的元件之间接触面非常小，元件之间的摩擦力也很小。

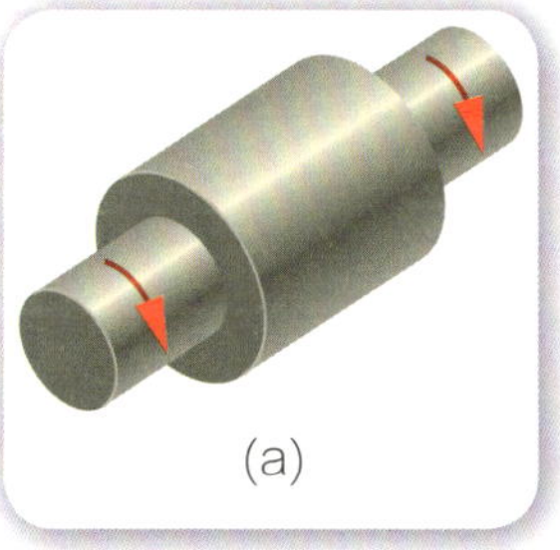

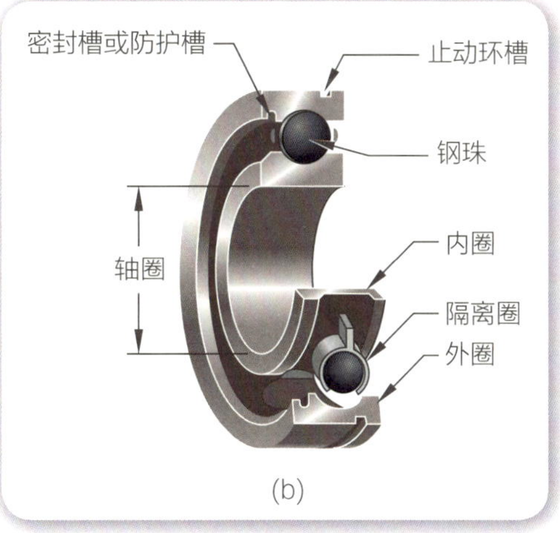

轴承的内外环之一可以自由旋转。当轴承紧紧地嵌套在轮轴上时，轴承的内环将跟随轮轴一起旋转，而外环由一个装置固定住，保持静止状态。传输系统中的齿轮轴就是以这种方式运用轴承的。当轴承紧紧嵌合到滑板轮里时，轴承外环将跟着轮子一起旋转，而内环则跟转向架轴一起保持静止状态（见图4-22）。

有一些轴不仅能产生径向力，还能产生轴向力。例如，竖向的旋转轴由于其自身的重力作用会产生端部推力。如图4-22 a 所示的这种特

图4-22 （a）轴承常常紧密嵌合到齿轮轴的端部，此时外环处于静止状态，内环跟着轴一起旋转。（b）紧紧嵌合到滑板轮里的轴承外环，将跟着轮子一起旋转，而内环则固定在轮轴上，保持静止状态。

图4-23 （a）如果一个旋转的轴存在推力，那么就必须用特殊类型的轴承，例如（b）锥形滚子轴承或者（c）推力轴承。

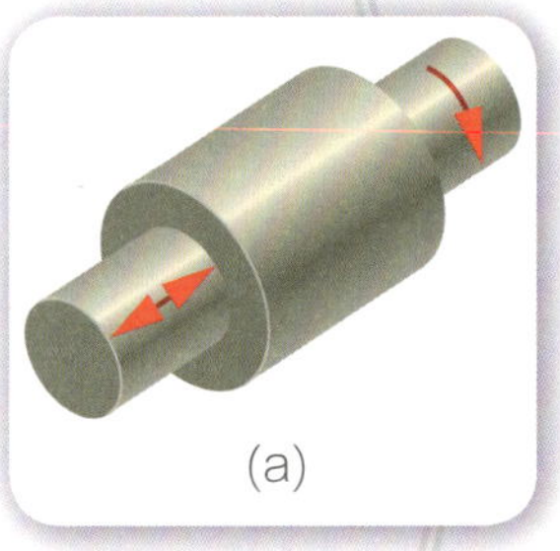

殊类型的齿轮，在旋转时也会产生端部推力。在这种情况下，就要利用锥形滚子轴承或者推力轴承（见图4-23）。推力轴承跟径向力轴承的运作方式几乎相同，只不过，推力轴承独立运动的环是被钢球或滚子分隔开的一上一下两块板。

齿轮

与其他物品相比，齿轮的形象更常被用于体现科学、技术、工程学和数学的结合。为什么这样一种物体能作为人类知识运用的象征如此受推崇，经久不衰？

齿轮可以用来精确控制旋转机械系统的旋转方向、旋转速度和转

图4-24 齿轮随处可见，如：（a）计算机里面用来弹出和收回DVD托盘的机械，（b）手动操作的开瓶器。

(a)

© iStockphoto.com/cscredon.

(b)

© iStockphoto.com/WendellandCarolyn.

矩。它们在许多常用产品的内部发挥作用。基本上你每天至少会接触到一个内部配有齿轮的设备（见图4-24）。例如，当你使用手动开瓶器来打开一听水果罐头时，当你开启或者关闭弹出式DVD光驱时，或者当你用机械卷笔器削铅笔时，你就在使用配备有齿轮的设备。

齿轮通过降低转速和增加转矩，以达到一个更加恰当、合用的水平，从而能够精确控制发动机输出的能量。汽车传动系统中的齿轮，能够降低高速运转发动机曲柄轴的速度，同时增加传动轴的转矩。汽车启动的时候，需要较大的转矩、较低的速度以移动笨重的车身。一旦汽车运动起来，传动系统中的齿轮必须"切换"，使得轮子能够更快地旋转。提高速度的同时，会导致转矩减小，这就是为什么汽车不能从第五档启动的原因。相反，传动系统中也会用齿轮来提高速度和减小转矩。其中一个运用的例子是风力涡轮发动机（见图4-25）。风力涡轮

图4-25 风力涡轮发动机机舱的剖面详图，展示了如何运用齿轮来提高发电机轴的速度。

© iStockphoto.com/cornishman.

趣味阅读

古老的齿轮技术：安提基特拉机械

根据考古记载，齿轮已经存在超过2100年了。1901年克里特岛附近的沉船残骸中发现的安提基齐拉机械，是古代齿轮技术最早的证据（见图4-26）。科学家推测它是公元前100年希腊工程师制造的，用来计算太阳、月亮和其他行星的位置。这个设备由超过30个铜齿轮组成，齿轮上的齿呈三角形。

图4-26 （a）安提基特拉机械是已知的最早的齿轮设备。经过仔细分析，科学家已经能够识别足够的信息，建立展示这个齿轮原来模样的模型（b）。

(a) Photo: Rien van de Weygaert, Groningen, the Netherlands. For more images, go to www.astro.rug.nl/weygaert/antikytheramechanism.html. (b) John Gleave.

(a)

(b)

机的转子产生巨大的转矩，远大于发电机轴旋转所需的转矩。因为在更高的转速下发电效率更高，所以风力涡轮机机舱内的齿轮系统通过减小来自转子轴的力矩来提高发电机轴的转速。

5

基本齿轮几何学 将齿轮视为是有齿的轮子，能够将旋转运动和转矩从一个轴传递到另一个轴。最常用的一种齿轮类型是外正齿轮（见图4-27）。

齿轮的齿是按照数学的渐伸线专门设计的。渐伸线跟某些蜗牛外壳的横截面形状相似（见图4-28）。非常值得注意的是，不是所有种类的齿轮都呈渐伸线，一些更加复杂的齿轮设计会使用其他类型的数学曲线，如准双曲面和旋轮线，这些知识不在本章讨论的范围之内。

齿轮（gear）： 有齿的轮子，用来将一个轴的旋转运动和转矩传递给其他轴。

当两个正齿轮相啮合时，齿之间相接触的点位于齿轮的渐伸线部分。运动和转矩就是经由这个接触点从一个转轴传递到另一个转轴的。在齿轮齿相互滚过时，接触点就会沿着一条假想的接触线运动大约2000年前，齿轮齿一般为三角形和一些简单的形状。但是，这些形状不能平滑、连续地传递速度和转矩。因此，齿轮驱动的机械设备会遭受严重的震动、噪音和磨损。在1767年，一位叫做欧拉（Leonhard Euler）的瑞士数学家、物理学家提出，用渐伸线作为齿轮轮廓线可以解决这些问题。为了生成渐伸线齿轮廓，欧拉提出了用渐伸线设计齿轮轮廓线的数学方法，他被认为是渐伸线型齿轮之父。

图4-27　齿轮是有齿的轮子，能够将旋转运动和转矩平滑、连续地从一个转轴传递到另一个转轴。注意，成对的外正齿轮旋转方向相反。

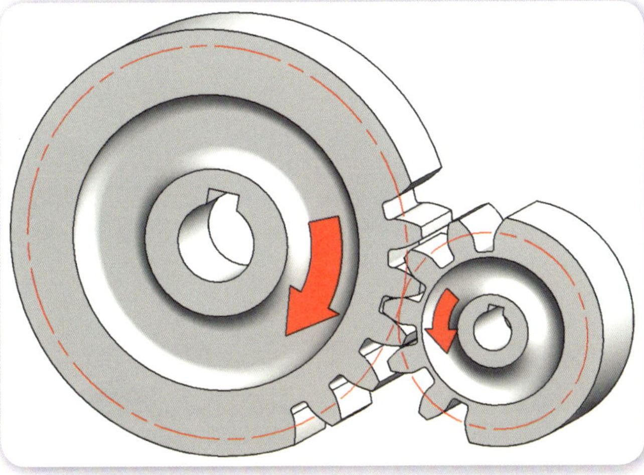

图4-28　（a）正齿轮包含一种叫做渐伸线的数学曲线。（b）这种曲线的形状跟蜗牛壳剖面所显示的形状非常相像。（c）齿轮齿工作部位是渐伸线形状。

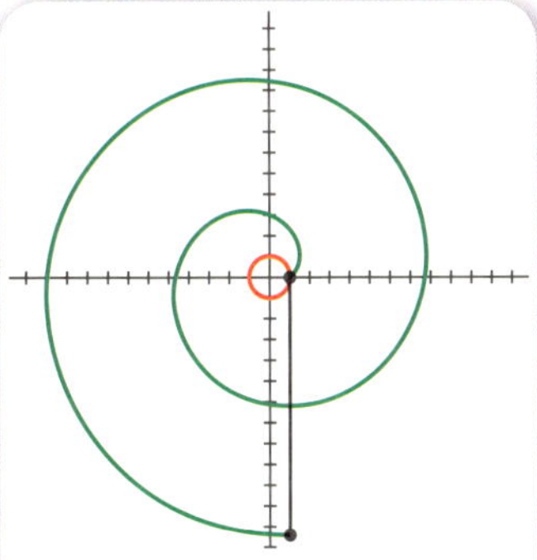

(a)

(b)

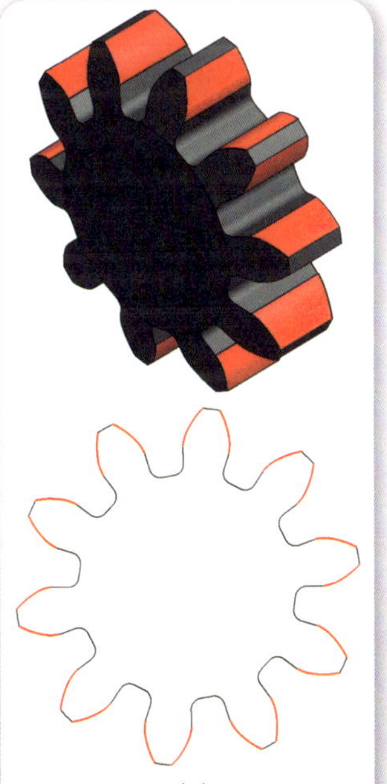

(c)

轮到你了

正齿轮跟其他齿轮啮合时，只有渐伸线部位与其他齿轮进行接触。一个简单的实验就能帮助你想象渐伸线是怎么产生的。你需要准备一条长绳和一大包爆米花，再找一位朋友帮助你。

▲ 第一步：找到一棵大树，树干呈较为匀称的圆形。把绳子的一端系在大树树干上。

▲ 第二步：将绳子绕树干一圈，返回到绳子打结的地方。现在你已经得到了一段与树干的周长等长的绳子。

▲ 第三步：尽可能地靠近树干，并且把绳子紧紧地绑在你的腰上。绕着树走，开始解除树干上缠绕的绳子，始终保证绳子接触树干，并且与树的圆形躯干正切。

▲ 第四步：当你绕着树走的时候，让你的朋友沿着你脚步踩过的路径洒下爆米花。

▲ 第五步：当绳子完全解除缠绕之后，后退几步观察爆米花勾勒出的曲线。这条曲线就是一条渐伸线。只有最开始的一小段渐伸线被运用在齿轮齿中。

图4-29　当两个正齿轮相啮合时，齿之间相接触的点（图中红点）将会沿着一条假想的线运动。线的倾角就是压力角。

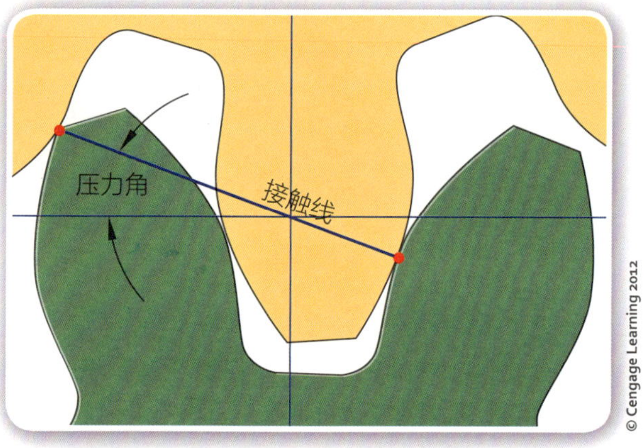

（见图4-29）。接触线的倾斜角度叫做压力角，它是决定齿轮齿形状的一个重要的参数。

压力角较小（如14.5°）的齿轮，齿的形状比较方（见图4-30）。压力角比较陡（如25°）的齿轮，将会有比较尖锐的三角形齿。只有压力角相同的齿轮才能啮合得恰到好处。

齿轮上还有一个用肉眼看不到的重要部分是**节圆**，它是一个假想的圆，上面均匀地排列着齿轮齿或者其他带齿设备的齿（见图4-31）。当我们在齿轮盘上为齿轮轴设置轴孔位置的时候，必须知道相啮合的齿轮的节圆直径。两个配对的外正齿轮的中心距，等于两个齿轮节圆半径之和。只有当两个配对齿轮的节圆相切时，齿轮才能够恰好啮合。

图4-30　齿轮齿的形状与压力角有关。

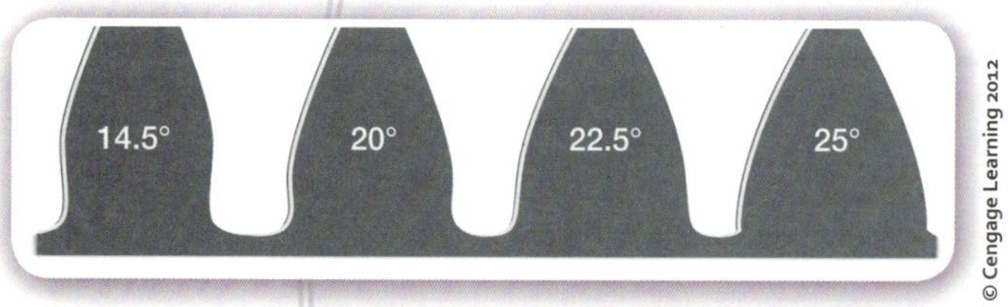

图4-31 为了让齿轮恰好啮合，两个配对的齿轮的节圆必须相切。然而，如果两个齿轮的径节值（齿的尺寸）不同，它们就不能啮合到一起。

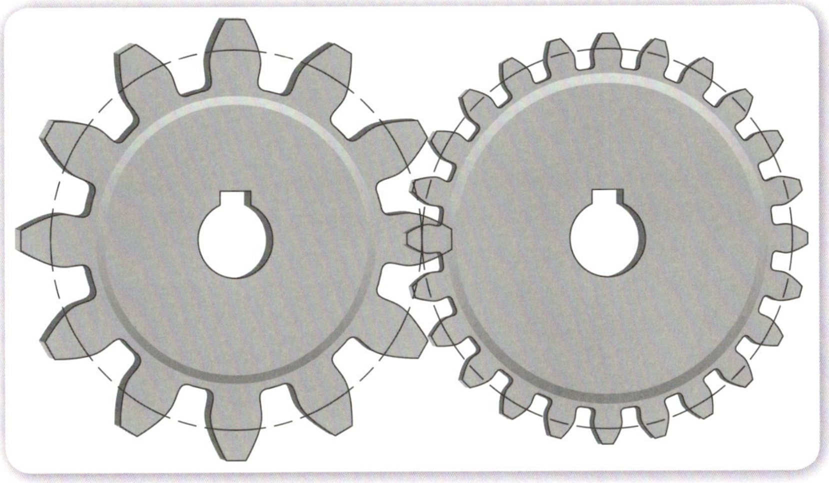

齿轮齿的大小叫做**径节**，相当于节圆上每一英寸弧长包含的齿的数量。径节值大的齿轮比径节值小的齿轮齿更小。只有齿的尺寸相同的齿轮才能啮合。在设计齿轮驱动机械的时候，压力角、节圆直径和径节是非常重要的参数，必须要考虑进去（见图表4-32）。

表4-1 正齿轮啮合的三条规则。

规则一	只有压力角相同的齿轮齿，才能恰好啮合。
规则二	只有当两个配对的齿轮的节圆相切时，齿轮才能恰好啮合。
规则三	只有径节值（齿的尺寸）相同的齿轮齿，才能恰好啮合。

齿轮种类 齿轮有很多种类型，大多数超过了本书介绍的范围。除了外正齿轮以外，你还将在教室用到，或者在常用的物品里面看到的其他种类的齿轮有：内正齿轮、斜齿轮、锥齿轮、蜗杆与蜗轮。齿轮可以根据齿轮轴的方向进行分类，例如平行轴齿轮、非平行相交轴齿轮和非平行非相交轴齿轮。齿轮不仅仅局限于旋转运动，它们也可以用来将旋转运动转换成线性运动（反之亦然）。齿条和小齿轮就是一个例子。

6

外正齿轮属于平行轴齿轮这一类别。外正齿轮是目前为止所有齿轮中，最简单、最常用和最易操作的齿轮。外正齿轮能够跟内正齿轮（也被叫做环形齿轮）共同使用。内正齿轮被用在输入动力轴必须直接跟输出轴共线的情况下。汽车中的自动传动系统，无线钻头中的齿轮减速系统，甚至常用的手动卷笔器都运用了外正齿轮。

内正齿轮只有与外正齿轮一起时才能发挥作用（见图4-32），它们必须满足齿轮啮合的三条规则。与两个相啮合的外正齿轮不同，配对的内、外正齿轮都向相同的方向旋转。

图4-32 (a)内正齿轮只能与外正齿轮相啮合，齿轮都向相同的方向旋转。(b)这种类型的齿轮常见于汽车的自动传动系统。

(a)

(b)

斜齿轮与外正齿轮相似，只不过它的齿是以螺旋的形式缠绕着齿轮毂（见图4-33a）。这一特征能够同时让更多的齿保持接触，使得齿轮有更大的承载力。跟正齿轮一样，相配对的斜齿轮轴必须平行。相比于正齿轮，斜齿轮能提供更流畅和安静的操作环境。因为斜齿轮替换起来比正齿轮更容易，所以就被用于传动系统中。斜齿轮的一个不利因素是轴向推力的形成。螺旋形齿上的滑动运动会导致侧向力，如果轴没有被固定在安全、适当的地方，斜齿轮就会互相向相反的方向滑离。因此斜齿轮必须配备推力轴承以防止这种趋势（见图4-22a，4-23，4-33b）。

图4-33 (a)斜齿轮比外正齿轮运行时更安静，能够承受更大的转矩。(b)配对的*螺旋*齿轮产生的端面推力，必须用某些特殊的推力轴承进行补偿。

(a)

(b)

蜗杆和蜗轮的轴既不平行也不相交。蜗杆的螺纹与跟它配对的齿轮（叫蜗轮）有相似的几何特征，以相互啮合。它也可以作为齿轮系统的输入端。蜗轮作为输出端，可能是标准正齿轮或者斜齿轮的形状（见图4-34）。蜗杆旋转一整圈只能让蜗轮转动一个齿的距离。因此，与一个40齿的蜗轮对接的蜗杆，必须旋转40圈，才能让蜗轮转动一圈。正是由于这个原因，蜗杆和蜗轮被用在需要大幅降低速度，并按照相应比例大幅提高转矩的机器中。蜗杆和蜗轮是会自锁的机械，也就是蜗轮不能带动蜗杆。

蜗杆和蜗轮经常被用于需要精确校准角度的设备中，例如机械工

图4-34　(a)蜗杆齿轮实际上是螺杆，它与跟它配对的蜗轮有相似的几何特征。(b)蜗杆轴和蜗轮轴既不平行也不相交。

图4-35　蜗杆和蜗轮运用在需要进行精确旋转运动的设备中，例如(a)机械师的旋转工作台和(b)升降电梯和建筑工地起重机的电动绞车系统中。

业中使用的旋转工作台（见图4-35）。它也被运用在电动绞车系统的设计中，产生巨大的牵引力。这样的系统能在升降电梯和建造巨型建筑物的起重机中看到。

直齿锥齿轮的轴不平行但相交。锥齿轮形状像圆锥，它们的齿与正齿轮的齿形状相同。与正齿轮不同的是，在靠近齿轮圆锥体尖端的地方，锥齿轮的齿逐渐变细。正齿轮是可互换的，而锥齿轮必须成对设计。这种齿轮很容易在钻头夹头和与它配对的夹头扳手中看到（见图4-36）。

直齿锥齿轮的一个较不常见但是极为重要的运用，是一种叫做差速器的设备（见图4-37）。差速器是汽车驱动系统的一部分。当车辆转弯的时候，在弯道内侧的车轮比弯道外侧的车轮旋转得更慢。如果蜗轮不是由发动机驱动的，而是能独立自由旋转，那就不存在问题。

图4-36 （a）钻头夹头和（b）夹头扳手，利用了配对的锥齿轮。

(a)

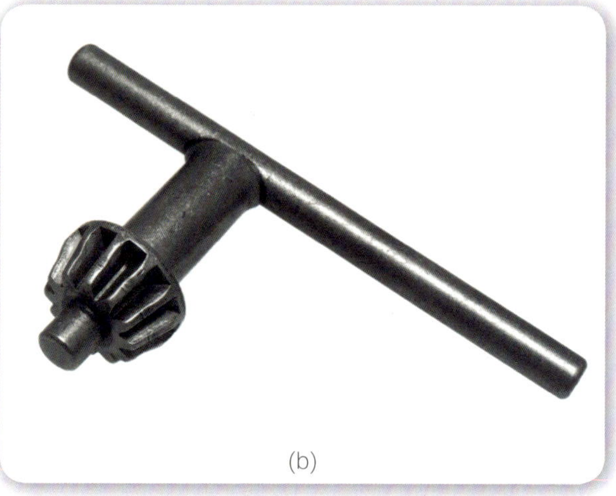

(b)

图4-37 汽车驱动系统内的差速器齿轮组，包含了直齿锥齿轮。图示的设备能够在汽车转弯的时候，让轮轴在不同转速下都能接收发动机提供的能量。

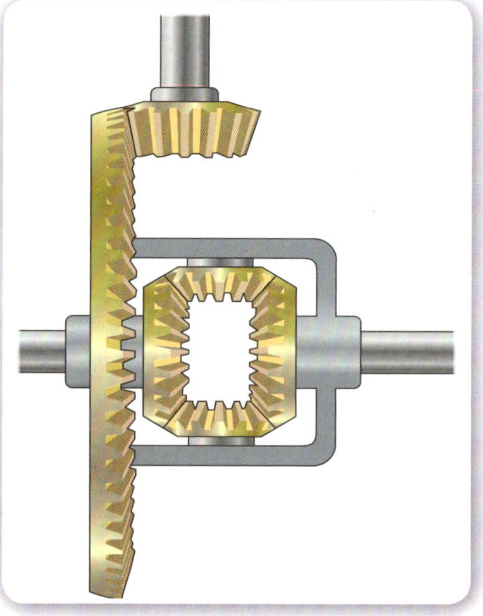

差速器是用来保持两个轮子都得到动力的同时，仍然可以按照不同的转速旋转。全轮驱动车有两个差速器，一个是在前轮轴，一个是在后轮轴。

齿条和小齿轮传动装置由一个正齿轮（叫做小齿轮）和刻有直齿的扁平棒（叫做齿条）组成，齿轮和齿条相互啮合。它被用来将旋转运动转换成线性运动，或将线性运动转换成旋转运动。齿条和小齿轮可运用于手动刀杆式压力机（见图4-38）。这个工具可以把滑轮推入轮轴上，或把销或轴承嵌入洞孔里面，嵌入时必须进行接口匹配。齿条和小齿轮也运用在汽车转向系统中，将方向盘的旋转运动转换成汽车转向机构的线性运动。

图4-38 （a）齿条和小齿轮可运用于（b）手动刀杆式压力机。

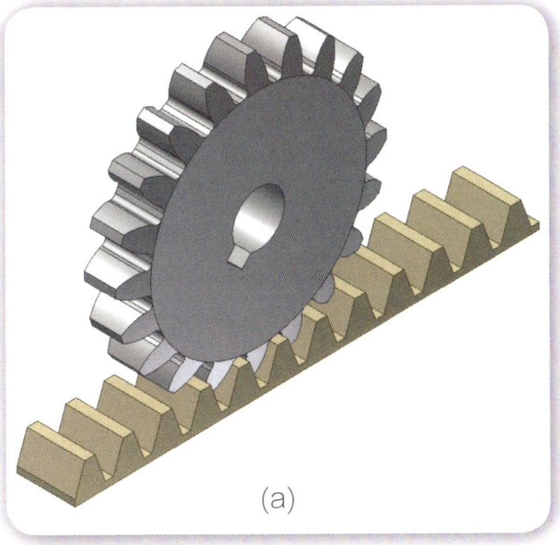

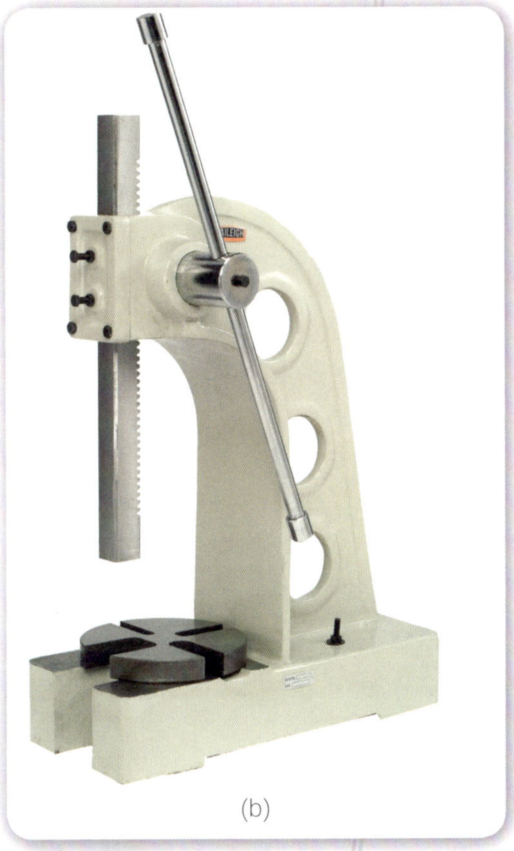

如果小齿轮轴的位置是固定的，那么当小齿轮旋转的时候，齿条将自由地来回运动。如果齿条被固定，那么小齿轮中心将沿着平行于齿条的线性轨迹运动（见图4-39）。不管哪个元件被固定，小齿轮每旋转一周，齿条或小齿轮中心运动的的距离，将等于小齿轮节圆的周长。

如果齿条和小齿轮一起工作，它们必须正确地配对。齿条齿的侧边倾斜角度要等于与之相配对的小齿轮的压力角。而且齿条的直线齿距（每英寸线性长度上包含的齿数）必须等于小齿轮的径节。

图4-39 如果齿条被固定，那么小齿轮中心将沿着平行于齿条的线性轨迹运动。

7

齿轮组（gear train）：

两个或多个相啮合的齿轮，在机械系统的输入、输出轴之间，用来增加或者减小旋转速度和转矩，改变或者保持旋转运动的方向。

简单齿轮组（simple gear train）：

两个或多个齿轮相啮合，每个轴只有一个齿轮。

复式齿轮组（compound gear train）：

齿轮组中，至少有一个中间齿轮轴上有两个齿轮，它们尺寸不同，但是以相同的速度旋转。

齿轮组

齿轮组这个术语是用来描述两个或多个相啮合的齿轮的。齿轮组被运用在机械系统的输入、输出轴之间，以增加或者减小旋转速度和转矩。它们也被用来改变轴的转动方向。下面我们将着重介绍两种齿轮组：简单齿轮组和复式齿轮组。

简单齿轮组有两个或多个齿轮相啮合，每根轴上只有一个齿轮。图4-40所示的简单齿轮组，标明了10齿的齿轮是输入端（也叫做主动齿轮）。它可能连接着电动机、手动曲柄、风力涡轮机或者其他能驱动旋转运动的动力。40齿的齿轮被标注为输出端（也叫做从动齿轮）。它可能连接着传送带、发电机或者其他利用旋转运动的设备。20齿的齿轮和30齿的齿轮作为中间齿轮。**中间齿轮**被用来弥补输入端和输出端之间的差距。它们也可能被用来保持或者改变输入齿轮与输出齿轮之间旋转运动的方向。

图4-40 简单齿轮组的每个轴上面只有一个齿轮。

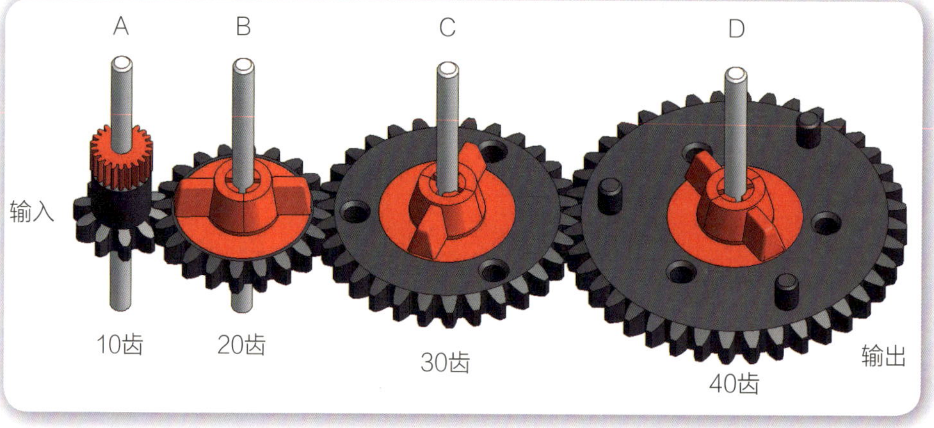

如果两个不同尺寸的齿轮被锁定到同一根中间齿轮轴上，如图4-41所示，那么这就是**复式齿轮组**。复式齿轮组有更大的能力来增加或者减小输入与输出轴之间的旋转速度和转矩，同时保持每个齿轮的尺寸大小合适。

图4-41 至少在一根中间齿轮轴上有两个或者两个以上尺寸不同、同步旋转的齿轮，便构成复式齿轮组。

图4-42 简单齿轮组的例子。

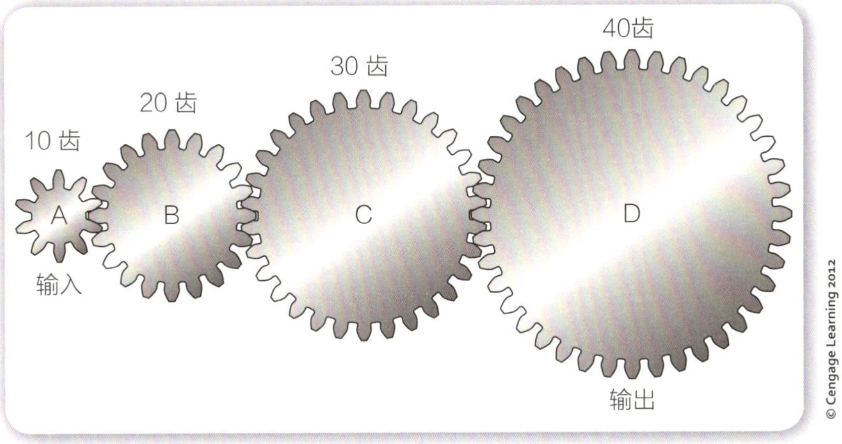

计算齿轮组的齿数比 齿轮组的机械效益是由**齿数比**确定的。它是齿轮组中输入齿轮和输出齿轮转数的比值。计算任何齿轮组的齿数比，首先需要计算每一个齿轮的齿数（n）。以图4-42所示的简单齿轮组为例，我们可以看到输入齿轮固定在轴A上，有10齿。输出齿轮固定在轴D上，有40齿。20齿的齿轮和30齿的齿轮分别固定在轴B和轴C上，作为输入、输出齿轮的中间齿轮。

8

齿数比（gear ratio）：

齿轮组中输入齿轮（主动齿轮）与输出齿轮（从动齿轮）转数的比值。

下一步就是识别齿轮组上配对的齿轮。十分重要的是，将每一组配对齿轮视为独立的简单齿轮组，此时一个齿轮作为输入齿轮，另一个齿轮作为输出齿轮。在图4-42所示的齿轮组中，齿轮A和B、B和C、C和D，组成了三组配对齿轮。

每一组配对齿轮的齿数比（GR）可以用以下公式计算。

$$GR=\frac{\text{输出齿轮的齿数}}{\text{输入齿轮的齿数}}=\frac{n_O}{n_I} \qquad (4\text{-}1)$$

在该简单齿轮组的第一组齿轮里面，齿轮A作为输入齿轮，齿轮B作为输出齿轮。因此，

$$GR_{AB}=\frac{n_B}{n_A}=\frac{20\text{齿}}{10\text{齿}}=\frac{2}{1}$$

对于其余几组齿轮，重复以上步骤。

$$GR_{BC}=\frac{n_C}{n_B}=\frac{30\text{齿}}{20\text{齿}}=\frac{3}{2}$$

$$GR_{CD}=\frac{n_D}{n_C}=\frac{40\text{齿}}{30\text{齿}}=\frac{4}{3}$$

然后，将齿轮组上每一对配对的齿轮组的齿数比相乘，就得到了整个齿轮组输入端与输出端齿轮的齿数比，计算公式如下：

$$GR = GR_{AB} \times GR_{BC} \times GR_{CD} \tag{4-2}$$

因此，

$$\begin{aligned} GR &= GR_{AB} \times GR_{BC} \times GR_{CD} \\ &= \frac{2}{1} \times \frac{3}{2} \times \frac{4}{3} \\ &= \frac{4}{1} = 4:1 \end{aligned}$$

最终结果是，简单齿轮组输入端与输出端的齿数比是4：1。这就意味着40齿的输出齿轮每旋转1周，10齿的输入齿轮就需要旋转4周。习惯上用1：n的形式表示转速增加的齿轮组的齿数比（此处n代表介于0与1之外的数），以n：1的形式代表转速减小的齿轮组的齿数比。因此，4：1的齿数比代表转速减小。

不管中间齿轮的数量和尺寸怎样变，简单齿轮组输入端与输出端的齿数比保持不变。证明如下：中间齿轮的齿数，在相乘的过程中被抵消了，只剩下10齿的输入齿轮和40齿的输出齿轮的齿数。因此，我们的第一个公式（4-1）可以用来计算简单齿轮组的齿数比。必须注意的是这个公式只能运用在简单齿轮组中。

$$\begin{aligned} GR_{AD} &= \frac{n_O}{n_I} \\ &= \frac{40\text{齿}}{10\text{齿}} \\ &= \frac{4}{1} = 4:1 \end{aligned}$$

趣味阅读

为了节约时间、避免混淆，工程师画齿轮组的示意图时，一般用点划线来代表相啮合的齿轮的节圆（见图4-43）。这样的图纸绘制简单，能作为交流复杂问题的有效工具。

图4-43 复式齿轮组的示意图，包含10齿、20齿、30齿和40齿的齿轮。

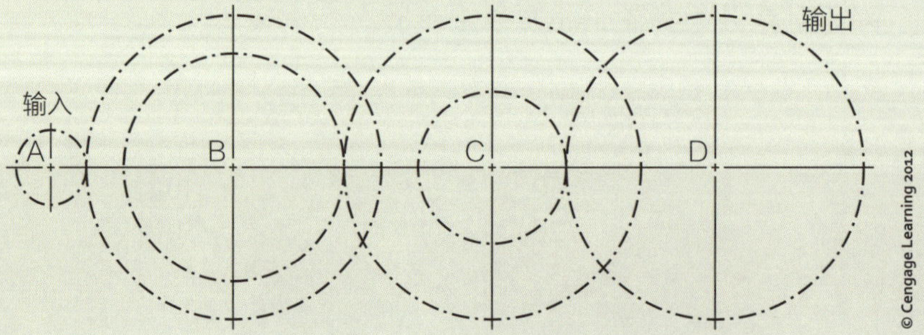

以图4-43为例，计算复式齿轮组的齿数比，计算步骤跟计算简单齿轮组齿数比的过程相同。

*步骤1：*识别每一个齿轮的齿数。

我们能看到输入齿轮固定在A轴上，有10个齿。输出齿轮固定在D轴上，有40个齿。B轴上固定了两个齿轮。按照齿轮组上配对齿轮的顺序，我们能看到大齿轮（B_1）有40个齿，小齿轮（B_2）有30个齿。由于两个齿轮都固定在相同的轴上，所以它们以相同的转速旋转。C轴的情况也相同，此处大齿轮（C_1）有40个齿，小齿轮（C_2）有20个齿。

*步骤2：*识别齿轮组上每一组配对的齿轮。

在齿轮组上，齿轮A和B_1、B_2和C_1、C_2和D，组成了三组配对的齿轮。每一组配对齿轮的齿数比由以下公式算出。

*步骤3：*计算齿轮组上每一组配对齿轮的齿数比。

$$GR_{AB_1}=\frac{n_{B_1}}{n_A}=\frac{40\text{齿}}{10\text{齿}}=\frac{4}{1}\qquad GR_{B_2C_1}=\frac{n_{C_1}}{n_{B_2}}=\frac{40\text{齿}}{30\text{齿}}=\frac{4}{3}\qquad GR_{C_2D}=\frac{n_D}{n_{C_2}}=\frac{40\text{齿}}{20\text{齿}}=\frac{2}{1}$$

*步骤4：*将齿轮组上每一组配对齿轮的齿数比相乘，得到输入端与输出端的齿数比。

$$\begin{aligned}GR&=GR_{AB_1}\times GR_{B_2C_1}\times GR_{C_2D}\\&=\frac{4}{1}\times\frac{4}{3}\times\frac{2}{1}\\&=\frac{32}{3}=\frac{10.67}{1}=10.67:1\end{aligned}$$

最后得出，复式齿轮组输入端与输出端的齿数比是10.67 : 1。这就意味着40齿的输出齿轮每旋转1周，10齿的输入齿轮就需要旋转10.67周。这个齿数比代表转速减小。

注意，这个复式齿轮组跟前面的简单齿轮组有相同的输入齿轮齿数和输出齿轮齿数。要记住，计算简单齿轮组齿数比的简化公式，对复式齿轮组不再适用，因为复式齿轮组的中间齿轮，直接影响了输出端与输入端的齿数比。

有人或许会提出疑问：“如果主动齿轮和从动齿轮的关系是最重要的，为什么还要设计复式齿轮组？为什么不去掉中间齿轮，只是用两个齿轮，让齿轮组更简单呢？”设计和使用复式齿轮组的原因之一见图4-44。

两个齿轮组输入轴和输出轴之间的距离相等，齿数比也相等。简单齿轮组两个配对齿轮之间径节的比值是10.67 : 1。因此，输出齿轮

图4-44 简单齿轮组和复式齿轮组对比的例子，它们有相等的输入轴、输出轴中心距和齿数比。

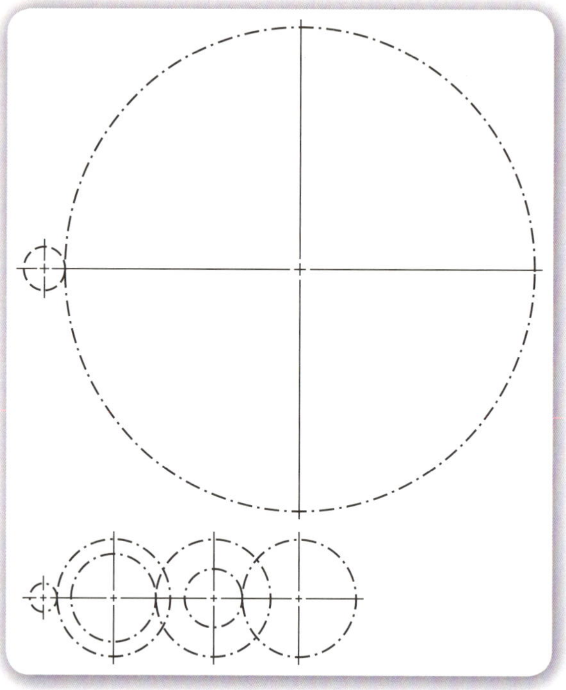

就非常大。齿轮组经常要用油脂或者润滑油润滑，因此必须把齿轮组装在包含润滑剂的密闭的齿轮箱里面。你可以看到，包装简单齿轮组的齿轮箱比包装复式齿轮组的齿轮箱大很多。

转速比和转矩比 使用齿轮组的一个主要优点是，设计者能够用它来操控转速。正如之前提到的，**转速**（ω）是衡量一个物体绕轴旋转的快慢程度的物理量。**转速比**（SR）是一个齿轮组输入齿轮转速与输出齿轮转速的比值。尽管齿轮组的转速比和齿数比的计算方式不同，但是它们的值是相等的。如果齿数比（GR）和输入轴的转速（ω_I）已知，那么输出轴的转速（ω_O）就能够用以下公式计算：

$$SR=\frac{\omega_I}{\omega_O}=\frac{GR}{1} \tag{4-3}$$

回到我们前面提到的复式齿轮组的例子（见图4-43），假设输入齿轮连接着一个电动机轴。如果电动机能带动负载旋转600转每分钟（r/min），那么输出轴的转速应该是多少？

$$SR=\frac{\omega_I}{\omega_O}=\frac{GR}{1}$$

$$10.67=\frac{600\text{ r/ min}}{\omega_O}$$

$$\omega_O=\frac{600\text{ r/ min}}{10.67}=56.23\text{ r/ min}$$

如果复式齿轮组的转速比是10.67：1，输入轴的转速是600r/min，那么输出轴的转速就是56.23r/min。

齿轮组的另外一个主要优点是，它能操控转矩。在第3章关于机械效益的内容中，你已经学到了转矩是旋转运动中与力等价的概念。现在我们已经进入了工程应用的阶段，旋转力的大小能够通过齿轮组这样的机械装置来控制，所以我们必须知道怎么计算转矩，以便预测它的影响。因此，我们在之前定义的基础上，将**转矩**看成当一个力作用在物体上时，使该物体绕轴转动的趋势的大小。

转矩的符号是小写的希腊字母 τ（发音是“tau”）。当施加的力沿轴的切线方向，也就是垂直于从旋转轴心延伸出来的假想的旋臂时，就产生了转矩（见图4-45）。

图4-45　转矩问题的例子。

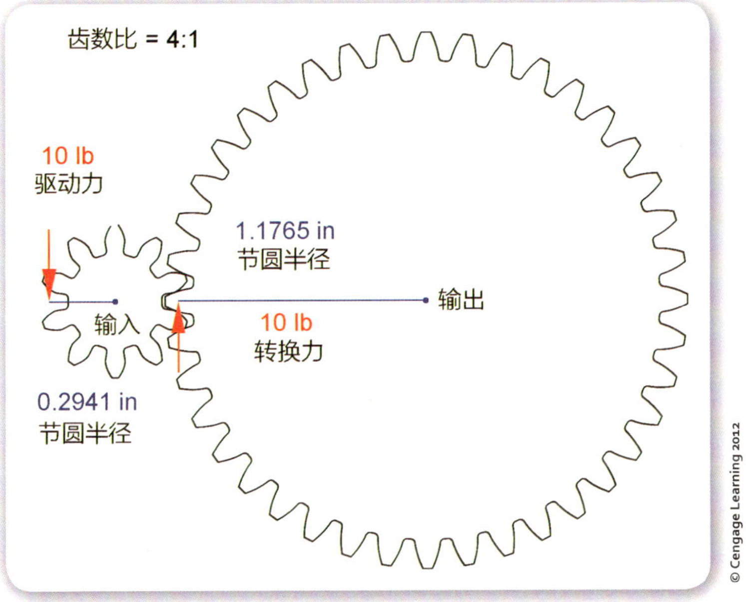

转矩值是旋臂长度（r）乘以切向力大小（$F_{\perp}$），如公式4-4所示。在美制单位中，转矩通常以盎司力·英寸（ozf·in）、磅力·英寸（lbf·in）和磅力·英尺（lbf·ft）为单位。国际单位制表示转矩的单位包括牛·米（N·m）、克力·厘米（gf·cm）和千克力·米（kgf·m）。

$$\tau = rF_{\perp} \tag{4-4}$$

当一个小的输入齿轮跟一个大的输出齿轮相啮合的时候，转矩会增大。因此，两个齿轮相啮合时，必须考虑两个转矩值：输入齿轮的转矩（τ_I）和输出齿轮的转矩（τ_O）。如果一个10磅的力垂直地施加到一个与40齿齿轮相啮合的10齿齿轮上（如图4-46），两个齿轮上会产生多大的转矩？为了解决这个问题，必须知道两个齿轮的节圆直径，以便利用它的半径值。按照规矩，齿轮制造商和销售商必须提供齿轮的节圆直径参数。在理想情况下，10磅的力将会无损耗地传递给40齿的输出齿轮。因此，我们可以用公式4-4计算输入转矩和输出转矩，尺寸信息在图4-45中给出了。

$\tau_I = r_1 F_{\perp}$　　$\tau_O = r_2 F_{\perp}$

$\tau_I = 0.2941 \text{ in} \times 10 \text{ lbf}$　　$\tau_O = 1.1765 \text{ in} \times 10 \text{ lbf}$

$\tau_I = 2.941 \text{ lbf·in}$　　$\tau_O = 11.765 \text{ lbf·in}$

输入齿轮与输出齿轮之间的转矩的比值与齿数比成反比。如果齿数比和其中一个齿轮的转矩已知，那么就能用**转矩比（*TR*）**来计算另一个齿轮的转矩（见式4-5）：

$$TR = \frac{\tau_I}{\tau_O} = \frac{1}{GR} \tag{4-5}$$

图4-45所示的简单齿轮组中，齿轮2每旋转1周，齿轮1要旋转4周。然而，齿轮1的转矩是齿轮2转矩的四分之一。因此，一个齿数比为4：1的齿轮组，转矩比将为1：4：

$$TR = \frac{\tau_I}{\tau_O}$$

$$TR = \frac{2.94 \text{ lbf·in}}{11.765 \text{ lbf·in}}$$

$$TR = \frac{1}{4} = 1:4$$

当转速减小时，齿轮组的转矩会增大。所以汽车传动装置必须在发动机曲轴和轮轴之间用一个大的齿轮减速，使得车辆从静止状态启动。当汽车加速时，由于惯性作用，齿轮组需要减小转矩、提高转速。但是，齿轮组不能同时兼备高速和大转矩。一个量的增加必须以另一个量的减小为代价，因为它们两个是成反比的。

如果输入轴的转矩是已知的，那么就能用转矩比来计算输出轴的转矩。我们再来看看图4-43所示的复式齿轮组，我们已经知道齿数比是10.67：1。如果输入齿轮联系着发动机的轴产生120盎司力·英寸的转矩，那么输出轴将产生多大的转矩呢？

$$TR = \frac{\tau_I}{\tau_O} = \frac{1}{GR}$$

$$\frac{120 \text{ ozf·in}}{\tau_O} = \frac{1}{10.67}$$

$$\tau_O = 120 \text{ ozf·in} \times 10.67$$

$$\tau_O = 1280.4 \text{ ozf·in}$$

如果复式齿轮组的转矩比是1：10.67，施加到输入轴上的转矩是120盎司力·英寸，那么输出轴上将产生1280.4盎司力·英寸的转矩。

链轮和链条传动

9

链轮和链条传动也是一种在机器的旋转轴之间转换、操控转速和转矩的方式。尽管动力传动链机构不如齿轮系统精确和紧凑，但是它

图4-46 （a）自行车的链轮和链条传动机构，是用来在踏板轴（输入）和后轮轴（输出）之间传递和操纵转速和转矩的。链轮和链条传动也用在（b）建筑设备的履带系统中，将旋转运动转变成线性运动。

(a)

(b)

们却有容易组装的优点。它们能跨越对于齿轮来说难以实现或者不可能达到的距离。链机构也能用来将旋转运动转换成线性运动。在军用坦克和大型建筑设备的传送带和履带系统的设计中，能够看到链机构的运用实例。动力传动链机构最常见的应用，是在普通自行车中（见图4-46）。

链轮 是带齿的轮子，与连续的链条紧密结合，将输入轴的转速和转矩传递到输出轴（见图4-47）。尽管它们与齿轮相似，但是链轮不能相互啮合。

图4-47 动力传动链系统的基本元件。

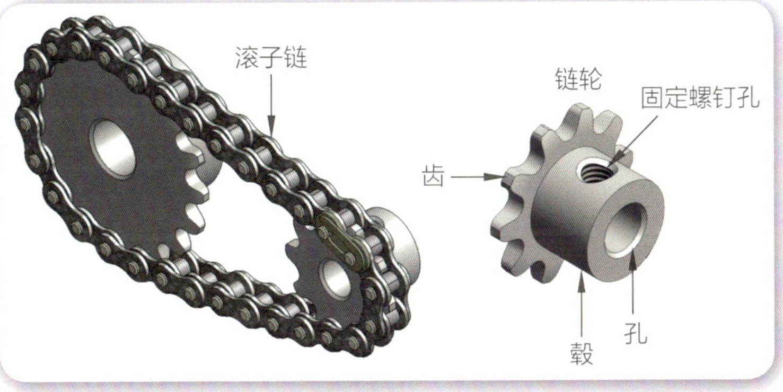

链 是由一系列长度一致的链节连接到一起形成的一条连续的带。在众多类型的链当中，最常见的是滚子链（见图4-48）。滚子链由两

图4-48　组成滚子链节的零件。

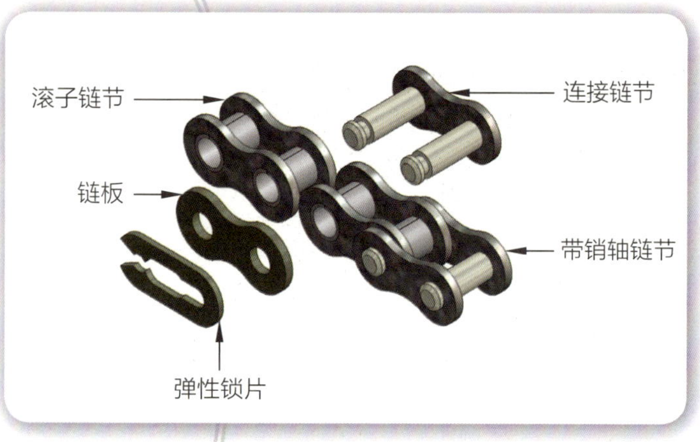

图4-49　链条节距是一个重要的距离参数，用来计算输入轴和输出轴的中心距，也用来计算链条的长度。

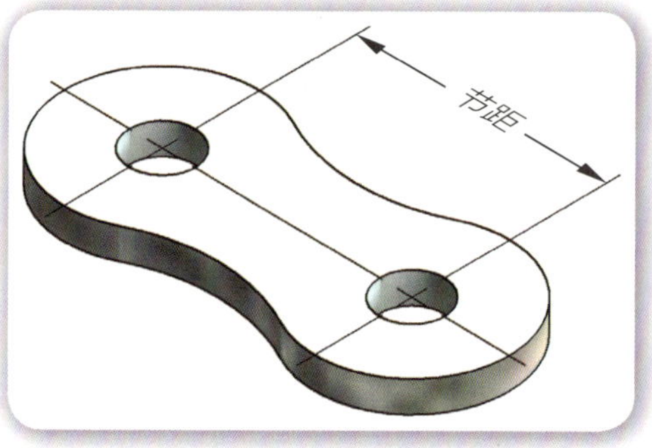

种元件重复连接组成：带销轴链节和滚子链节。滚子链节是链条上与链轮的齿相接触的部件。链条两端的滚子链节用连接链节接起来，形成一个闭合的环。连接链节是用链板和弹性锁片锁定的。

尽管相比于齿轮机构，链轮和链条传动系统有更多容错的空间，但是两个链轮中心的距离仍然是非常重要的。链轮的中心距与链条节距有关，**链条节距**就是一个链节上两个圆心之间的距离（见图4-49）。滚子链节有十几种标准节距，从0.250英寸到3.000英寸。节距值大的链，能够有更大的承载能力。例如，尺寸为25的链条（节距是0.250英寸）的工作负荷是140磅，而尺寸为240的链条（节距是3.000英寸）的工作负荷是22 250磅。

10

设计滚子链传动系统　在设计滚子链传动系统的时候，必须考虑几个因素。由链条连接的链轮，将会按相同的方向旋转。因为链条在负载作用下会伸长，最终需要通过减少链节或者增加链轮的中心距来把它重新拉紧。也可以利用可调节的空轮使松弛的链条重新绷紧。在工作过程中，链条的一边会轻微下垂。正是由于这个原因，链轮的最佳排列方式，是图4-50所示的水平排列。如果这个系统必须倾斜，那么不应该偏离超过45°。同时，较小的链轮必须至少有120°圆弧与链条接触。

图4-50　链传动系统两个链轮中，较小的一个链轮必须至少有120°圆弧与链条接触。

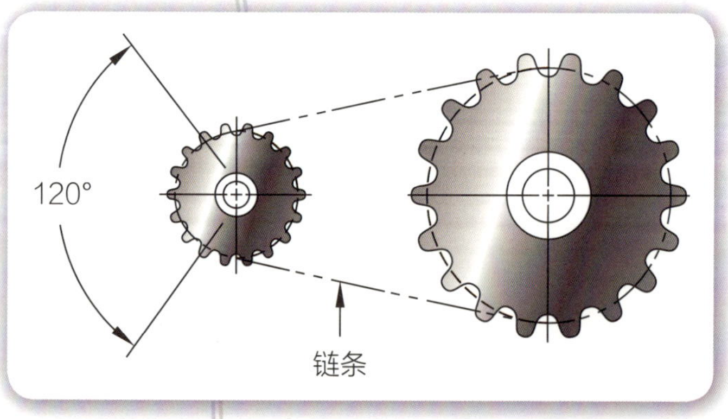

滚子链传动系统的设计也包括一些计算。为了说明这个过程，让我们假设你是第一科技挑战赛（FTC）机器人机械系统设计师团队中的一员，你被分配到的任务是，设计驱动机器人后轮的滚子链驱动系统。你的设计任务列在图4-51所示的设计概要中。

图4-51 机器人滚子链驱动系统的设计概要。

设计概要

委托人： 第一科技挑战赛团队

设计者： 肖恩·比赫勒尔，第一科技挑战赛机械系统分队

问题声明： 机器人必须使用一个标准的12V直流发动机，驱动固定在同一根驱动轴上的两个后轮。

设计要求： 设计和计算滚子链传动机构的尺寸，滚子链传动机构将会把标准12V直流发动机的能量，传递给机器人后轮驱动轴。

约束条件：

1. 你必须使用机器人工具箱中提供的#25滚子链节。
2. 机器人工具箱中的主动链轮是10齿的链轮（轮毂中轴孔直径为0.251英寸）。
3. 12V直流发动机有一个直径为0.236英寸的轴，最大转速是152转每分钟。
4. 主动链轮和从动链轮中心之间的距离不超过12英寸。
5. 后轮驱动轴的最大转速必须大约是85转每分钟。
6. 链条是手动润滑的。

交付成果：

- 计算链传动比
- 计算从动链轮的齿数
- 计算主动链轮和从动链轮之间最大和最小的距离
- 计算链条的长度，用链节数表示
- 计算滚子链的长度
- 画出草图，总结提出的解决方案；基于从动链轮的尺寸，给后轮轴的设计者提出建议

在几乎所有的工程设计过程中，调研是最早进行的步骤，这常常是贯穿整个设计过程，工程师一再重复的步骤。工程师不是所有的知识都知道，但是他们擅长于寻找问题的答案，经过长年累月的积累，形成一个巨大的知识体系。当工程师开始做设计任务时，他可能对问题和约束条件不完全了解。因此，工程师开始设计的第一步通常是，认识未知的知识。#25链节不能直接告诉我们链条元件的实际尺寸信息。在你的研究中，你也许需要查阅ANSI（美国国家标准学会）标准表格，这个表列出了各种尺寸的链节的节距值（见表4-2）。你可以从中查找机器人配件专用的#25链节，你能查到它的标准节距（p）是0.250英寸。

下面一步就是计算主动链轮和从动链轮之间的链传动比（CDR）。**链传动比**的概念类似于齿轮组的转速比；它是输入（主动）链轮转速和输出（从动）链轮转速之间的比值。可以利用下面的公式计算链传动比：

表4-2 滚子链齿距标准对照表

ANSI B29-1滚子链尺寸标准			
型号（#）	节距（英寸）	滚子直径（英寸）	工作负载（磅）
25	0.250	0.130	140
35	0.375	0.200	480
40	0.500	0.312	810
50	0.625	0.400	1430
60	0.750	0.469	1980
80	1.000	0.625	3300
100	1.250	0.750	5072

$$CDR=\frac{\omega_I}{\omega_O} \quad (4\text{-}6)$$

如果10齿的链轮直接连接到直流发动机轴上，那么输入轴的最大的转速（ω_I）是152转每分钟。你的设计概要已指出，输出轴的最大转速（ω_O）大概是85转每分钟。因此，

$$\begin{aligned}CDR&=\frac{\omega_I}{\omega_O}\\&=\frac{152\ \text{RPM}}{85\ \text{RPM}}\\&=\frac{1.79}{1}=1.79:1\end{aligned}$$

链传动比也反映了从动链轮齿数（n_O）和主动链轮齿数（n_I）之间的比值。因为输出轴必须比输入轴旋转得更慢，所以，从动链轮将会比10齿的主动链轮大。我们可以用下面的公式证明这个推测。

$$CDR=\frac{n_O}{n_I} \quad (4\text{-}7)$$

因此，

$$CDR=\frac{n_O}{n_I}$$

$$1.79=\frac{n_O}{10\text{齿}}$$

$$n_O=10\text{齿}\times1.79=17.9\text{齿}\approx18\text{齿}$$

市场销售的链轮的齿数总是偶数。含有分数个齿数的链轮也是不可能存在的。即使真的有这样的元件存在，它也不能用于链传动机构，因为链条的节距是固定的。因此，驱动链轮的齿数必须四舍五入到18。最终，机器人输出轴将不会准确地按照85转每分钟旋转，但是会接近这个值。这个偏差仍然在设计概要所列的约束条件范围内。通过互联网搜索滚子链轮的产品资源之后，你就会选择与链条节距匹配的18齿的链轮，并且为后轮轴的设计者标记出关键尺寸参数（见图

图4-52　链轮轮毂尺寸、轴孔直径以及链轮与轴对接的方式，是在设计滚子链传动系统时需要重点考虑的内容。

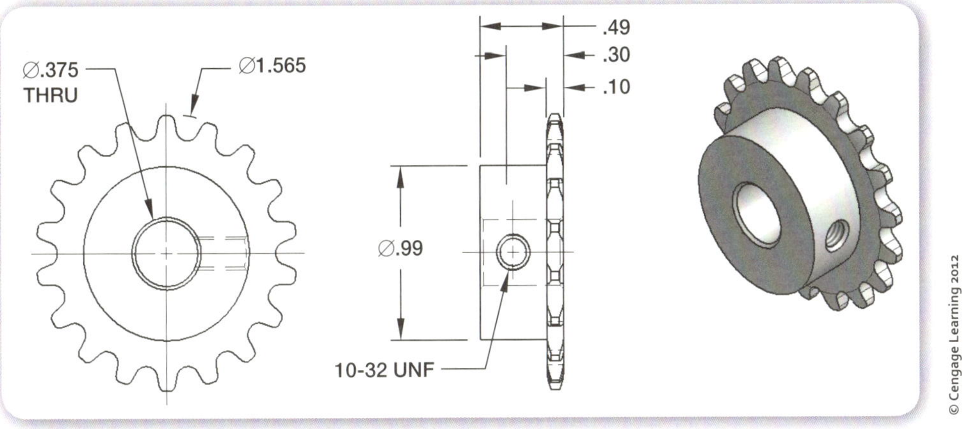

4-52）。

下一步需要确定输入轴和输出轴之间的中心距。制造商会建议理想的中心距，为链条节距（p）的30到50倍，最大不超过80倍。尽管规定了链轮之间的最大距离是12英寸，但是这并不是理想距离。为了计算理想的距离，应基于以上建议，计算出最大中心距和最小中心距。

最小中心距 = $30p = 30 \times 0.25\ \text{in} = 7.5\ \text{in}$

最大中心距 = $50p = 50 \times 0.25\ \text{in} = 12.5\ \text{in}$

根据计算结果，最小理想中心距是7.5英寸，最大理想中心距是12.5英寸，我们可以看到其中的一个值大于限定的12英寸。为了节约材料、尽量减小产品重量，链齿轮中心距定为8英寸（见图4-53）。

接下来，将选定的中心距换算成等价的中心之间的链节数（C）。换算方法是，用选定的链轮之间的中心距除以链节的节距（p）：

$$C = \frac{\text{链轮的中心距}}{p} \tag{4-8}$$

$$= \frac{8\ \text{in}}{0.25\ \text{in}}$$

$$= 32\text{链节}$$

图4-53　链轮中心之间的距离，应该是链条节距的30倍到50倍。

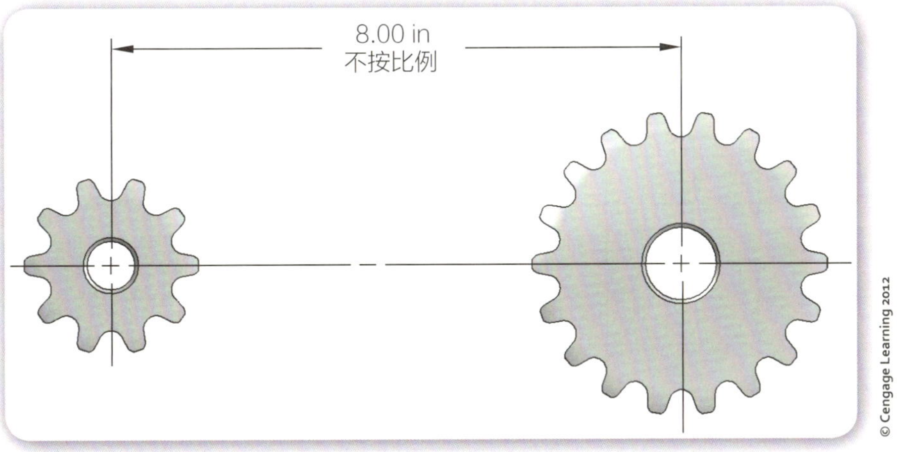

在我们计算滚子链的长度之前，我们必须先知道驱动链轮齿数（n_I）和从动链轮齿数（n_O）的总和（S），也要知道主动链轮和从动链轮齿数的差值（F）：

$$S = n_I + n_O \quad (4\text{-}9)$$

$$F = n_O - n_I \quad (4\text{-}10)$$

$$\begin{aligned} S &= n_I + n_O \\ &= 10\text{齿} + 18\text{齿} \\ &= 28\text{齿} \end{aligned}$$

$$\begin{aligned} F &= n_O - n_I \\ &= 18\text{齿} - 10\text{齿} \\ &= 8\text{齿} \end{aligned}$$

把这些数值代入公式4-11中，得到用链节数表示的链条长度：

$$\text{链节数} = 2C + S/2 + K/C \quad (4\text{-}11)$$

变量K是一个常数，从制造商产品表格（见表4-3）中可以查到。它与大链轮和小链轮之间的齿数差值（F）有关。从表格可以查到，差值为8齿，对应的K常数是1.62。

因此：

$$\begin{aligned} \text{链节数} &= 2C + S/2 + K/C \\ &= (2 \times 32) + 28/2 + 1.62/32 \\ &= 64 + 14 + 0.0506 \\ &= 78.056 \approx 80 \end{aligned}$$

链条的链节数必须上取整为一个偶数，因为链节数不可能是分数。取整到偶数可以避免使用偏置链节，偏置链节会给设计方案增加不必要的花费（见图4-54）。80个链节中必须有一个连接链节。

表4-3 制造商提供的链轮K常数表。

F	K	F	K	F	K
1	0.03	11	3.06	21	11.17
2	0.10	12	3.65	22	12.26
3	0.23	13	4.28	23	13.40
4	0.41	14	4.96	24	14.59
5	0.63	15	5.70	25	15.83
6	0.91	16	6.48	26	17.12
7	1.24	17	7.32	27	18.47
8	1.62	18	8.21	28	19.86
9	2.05	19	9.14	29	21.30
10	2.53	20	10.13	30	22.80

图4-54 由奇数个链节组成的滚子链，需要一个偏置链节搭配上一个连接链节来把链条两端连接起来。

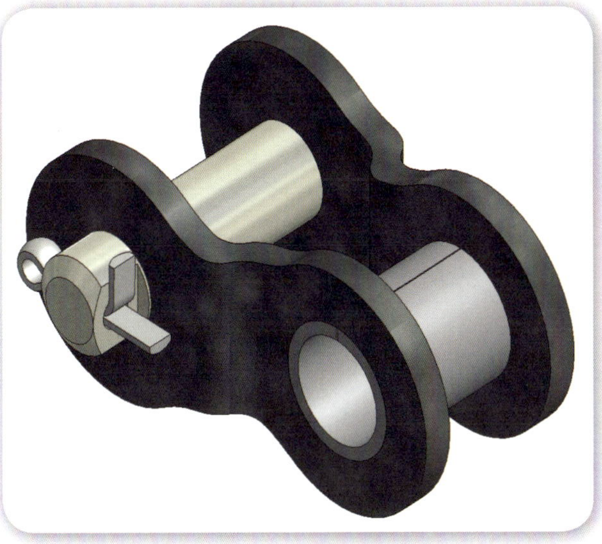

最后，要把链条的链节数转换成以英寸为单位的链条长度。为此，我们将链条的链节数乘以一个链节的节距值。得到：

$$
\begin{aligned}
\text{链条长度} &= \text{链条的链节数} \times \text{节距} \\
&= 80 \times 0.25\ \text{in} \\
&= 20\ \text{in}
\end{aligned}
$$

与其他的设计方法一样，用工程师笔记本随时记录你的想法和计算过程是一个很好的主意（见图4-55）。

图4-55 工程师笔记本记录的设计方案草图，包括为后轮轴设计者提供的信息。

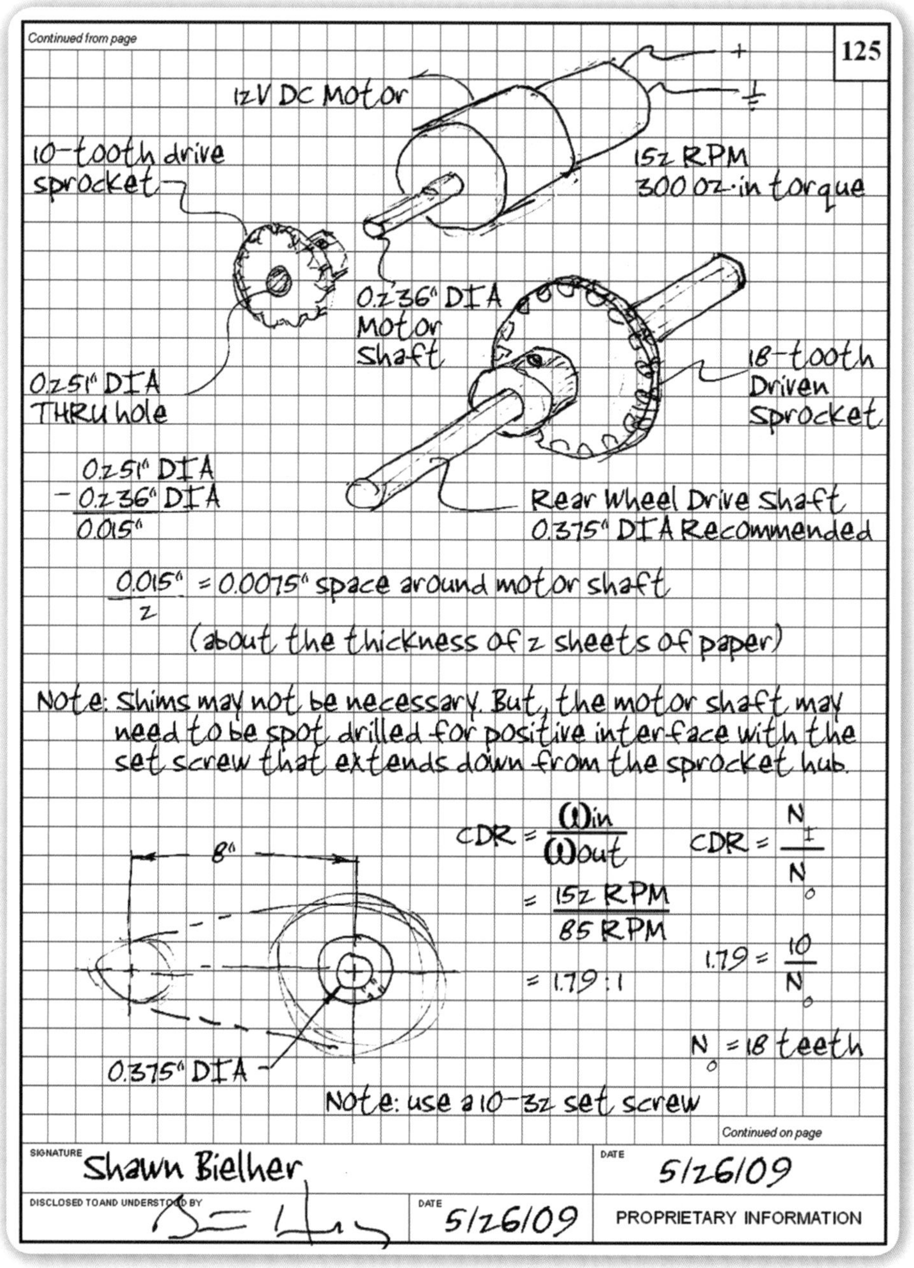

总 结

本章主要介绍了以下内容：

- 简单机械，就是独立执行工作任务的单一的机械设备；机构则由两个或者多个运动的机械部件组成，工作原理与简单机械工作原理相同。各种类型的连杆机构、凸轮和从动件、轴承、齿轮和链条传动机构都属于机构。
- 工业和商业产品中最常见的连杆机构的类型，包括四杆机构、平行连杆机构、交叉连杆机构和曲柄滑块连杆机构。
- 凸轮和从动件是能在活塞发动机和抽水泵内部看到的一种机构。它的作用是把旋转运动转换成间歇性的线性运动，例如发动机的凸轮轴控制进气阀和出气阀的打开和关闭。凸轮盘的外形多种多样，主要取决于它的用途。从动件可能是一根棒或者一根杠杆的一端，当凸轮盘旋转的时候，从动件会沿着凸轮轮廓运动。
- 轴承运用在机器、工具、滑轮组和轮毂中，可以减少两个物体相对运动时产生的摩擦力。大多数轴承可以归为两类：线性运动轴承和滚动轴承。最简单的轴承类型是套管。滚动轴承运用在旋转轴被固定的结构支承着的地方。有一些旋转轴还会产生端部推力，可以用锥形滚子轴承或者推力轴承来抵消。
- 齿轮是带齿的轮子，用来将一根轴的旋转运动和转矩传递到另一根轴。齿轮可以根据轴的方向进行分类。最普通的平行轴齿轮是外正齿轮、内正齿轮和斜齿轮。直齿锥齿轮是最常见的不平行、相交轴齿轮。蜗杆与蜗轮是常见的不平行、不相交轴齿轮系统。最后，齿条和小齿轮是齿轮的一种，自成一类，因为齿条没有旋转轴。这种类型的齿轮机械，作用是将线性运动转换成旋转运动，反之亦可。
- 两个或者两个以上的齿轮一起工作就形成了齿轮组。如果齿轮组的每一根轴只带动一个齿轮，那么它就是简单齿轮组。如果至少有一根中间齿轮轴上有两个不同尺寸的齿轮，这两个齿轮有相同的转速，那么它就是复式齿轮。要让正齿轮恰好啮合，必须满足三个条件：(1)它们齿的尺寸(径节)必须相同，(2)两个齿轮上的齿必须有相同的啮合角，(3)齿轮轴之间的距离必须适当，使得配对的齿轮的节圆相切。
- 齿轮组的齿数比是输入齿轮和输出齿轮转数的比值。可以利用每一个齿轮的齿数来计算简单齿轮组或者复式齿轮组的齿数比。首先，计算出齿轮组上每一组配对的齿轮的输出齿轮与输入齿轮的齿数比。然后，将这些独立的齿数比相乘，就得到整个齿轮组两端的齿数比。齿轮组的转速比是输入齿轮转速和输出齿轮转速之间的比值。它的值与齿数比相等，能够用来计算未知轴的转速。齿轮组的转矩比是输出齿

总 结

轮转矩与输入齿轮转矩的比值。它是齿数比的倒数，能够用来计算未知的转矩。

- 滚子链和链轮是最常见的链传动机构类型，它们被运用在工业和商业产品中。与齿轮一样，链传动机构被用在旋转轴之间，转换运动和操控转速。链传动系统虽然不如齿轮精确，但它们能够跨越齿轮无法达到的距离。滚子链是由两种长度相同的零件彼此相连组成的连续的链条，这两种零件分别叫做带销轴链节和滚子链节。滚子链节与链轮上的齿相接触。
- 设计链传动机构时需要考虑多个因素。与配对的齿轮不同，由链条联系的链轮会按相同的方向旋转。当链条的尺寸减小时，链条能承受的最大负载也会减小。链条的尺寸与链节上两个圆心之间的中心距离，即节距相关，其决定了主动链轮中心和从动链轮中心之间的最佳距离。主动链轮和从动链轮的转速比值叫做链传动比。

课后作业

1. 解释机构与简单机械有怎样的不同？
2. 列举出五种不同类型的机构，并且列举出每一种机构的一个应用实例。
3. 摇杆和曲柄之间有什么区别？
4. 四杆机构是由什么组成的？
5. 找出四杆机构的一个应用。
6. 解释交叉连杆机构的用途。
7. 什么设备需要运用曲柄滑块连杆系统？
8. 凸轮和从动件之间有什么区别？
9. 凸轮和从动件机构有什么用途？
10. 列举凸轮和从动件机构或者凸轮作用机制的三个应用实例。
11. 什么是凸轮位移曲线？
12. 轴承有什么作用？
13. 列举三种不同类型的轴承，举例说明它们被运用在哪些地方。
14. 径向载荷轴承是怎么工作的？
15. 列举三个包含齿轮的物件。
16. 齿轮是怎么分类的？
17. 什么是渐伸线，它跟齿轮有什关系？
18. 说出五种类型的齿轮，列举每种类型齿轮的一个应用实例。
19. 两个齿轮恰好啮合需要满足哪三个条件？
20. 简单齿轮组和复式齿轮组有哪些区别？
21. 为什么不是所有的齿轮组都是简单齿轮组？
22. 什么是齿数比？
23. 什么是中间齿轮，它会影响简单齿轮组和复式齿轮组的两端的齿数比吗？
24. 如果一个20齿的输入齿轮与一个40齿的输出齿轮相啮合，它们的齿数比是多少？
25. 什么是转速？
26. 齿轮组的齿数比和转速比有什么关系？
27. 什么是转矩，它是怎么计算的？
28. 齿轮组的齿数比和转矩比有什么关系？
29. 什么是链轮？
30. 为什么工程师会使用链传动机构代替齿轮系统？
31. 组成滚子链的两种元件是什么，它们是怎

课后作业

样连接形成一个连续的环的?

32. 链条节距是什么?

33. 链传动系统的主动链轮和从动链轮之间的理想距离是多少?

34. 链传动比是什么?

35. 在哪种情况下,滚子链中需要使用偏置链节?

补充作业

问题陈述: 在操纵敏感材料(例如低放射性核废料)的时候,存在一些危险情况,工作人员不能冒险去直接接触待处理物品。这样就需要专门的设备来实现远距离操作。

设计要求: 设计、搭建和测试一个运用连杆机构的液压式机械臂,在最短的时间内把一个乒乓球从工作环境下的指定位置移动到一个1.5英寸(普通尺寸)的PVC管中。这个乒乓球代表了敏感材料。工作环境代表了人们无法直接接触材料的危险环境。

图4-56 液压式机械臂的测试环境。除了特殊标注外,所有尺寸都是以英寸为单位。

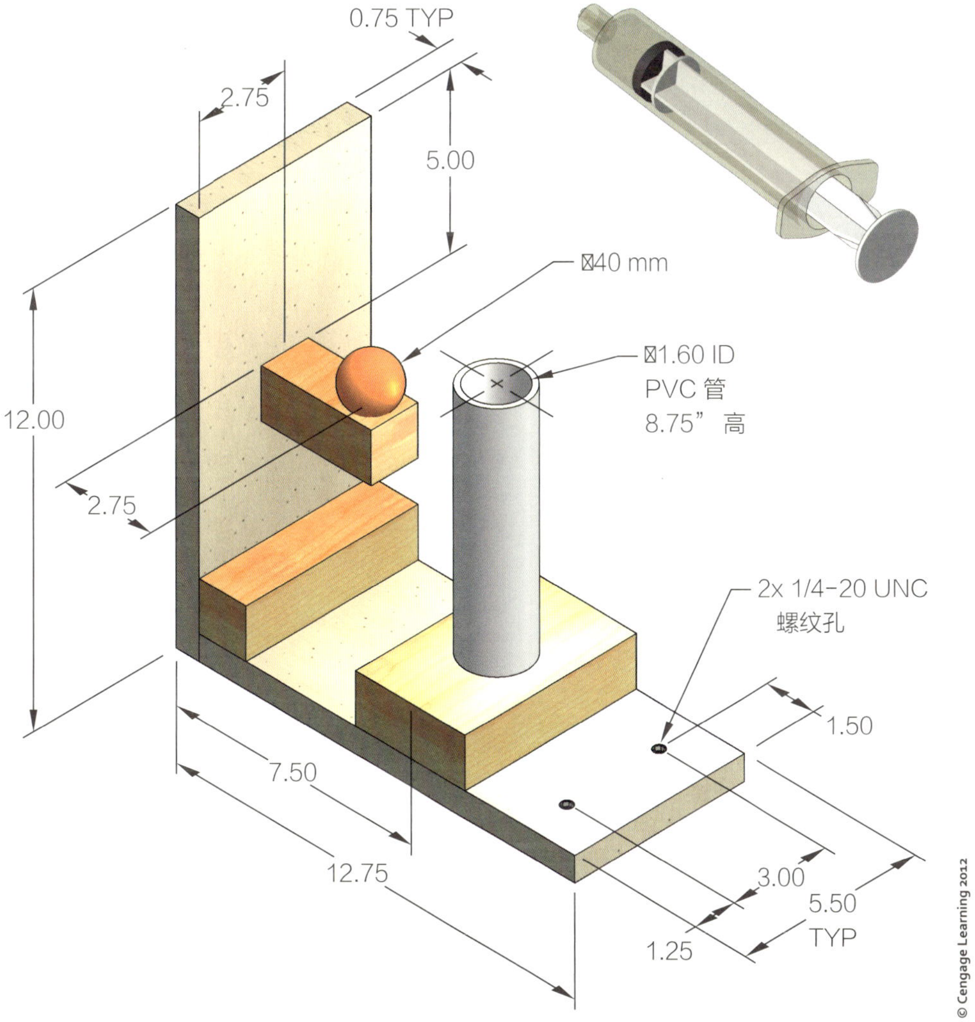

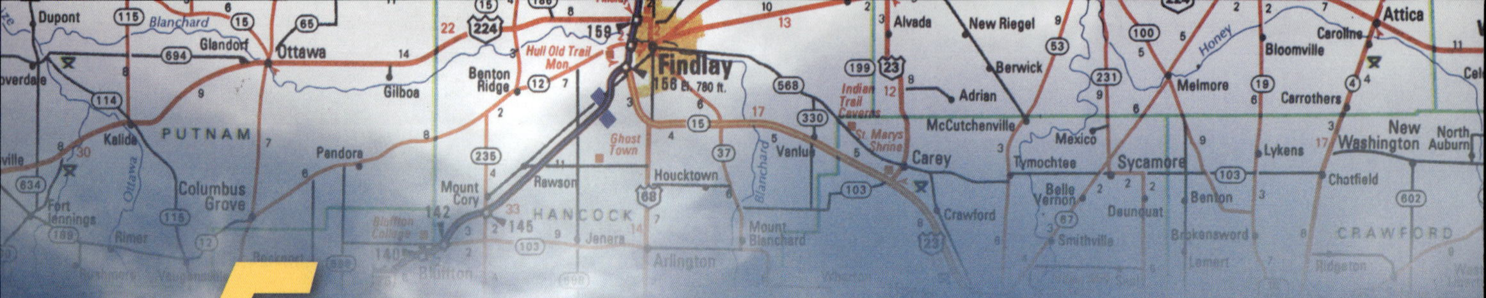

第5章

能　　量

GPS DELUXE

Menu

START LOCATION　DISTANCE　END LOCATION

头脑准备

在学习本章的概念时，请思考下面的问题：

1. 什么是能量？
2. 能量有哪些不同形式？
3. 传导、对流、辐射有什么差异？
4. 什么是热？
5. 温标有哪些不同类型？
6. 怎样把一种温标转换到另一种温标？
7. 能量的单位是什么？怎样计算能量？
8. 热力学的定律是什么？
9. 五种最常见的可再生能源是哪些？它们是怎么被利用的？
10. 四种不可再生能源是哪些？它们是怎么被利用的？

能量是使物质运动或变化的能力。几千年来，人类一直在利用、浪费、销售、保存能量，并且为获取能量而不懈努力。能量是所有事情发生的根源。理解什么是能量、它怎么影响你的日常生活，你就能用全新的方式看待世界。

在我们探索地球上的能量之前，我们必须首先看看大多数能量的来源：太阳。你可以把太阳当成一个巨大的核熔炉，源源不断地发射能量。它的能量以光速传播，穿过了9.3千万英里的太空，花费8.5分钟才到达地球大气层，照在你的身上。

太阳加热地球海洋湖泊里的水，使它们蒸发，形成云。然后，云移动到陆地上方，以雨和雪的形式释放它们的水分。地球上大的河流和冰川依靠太阳的能量流动。空气和水的温差，是风和洋流形成的原因。植物通过光合作用，吸收来自太阳的能量。光合作用能够让植物将水和二氧化碳，转化成糖（葡萄糖）。

动物吃利用太阳能生长的植物。植物给动物提供能量，使得它们能呼吸、成长、奔跑、跳跃和寻找食物。食肉动物吃掉食草动物，能量沿着食物链向上传递。来自太阳的原始能量，被植物和动物从一种形式转化为另一种形式（见图5-1）。

我们不知道关于能量的所有知识，但是我们现在知道的比一个世纪之前多得多了。我们能测量它，描述它的行为，甚至能用数学公式预测它的去向。科学家利用能量的知识进一步地探索能量，工程师利用能量的知识解决难题，创造新的技术，造福人类。

1

能量（energy）： 使物质运动或变化的能力。

(a)

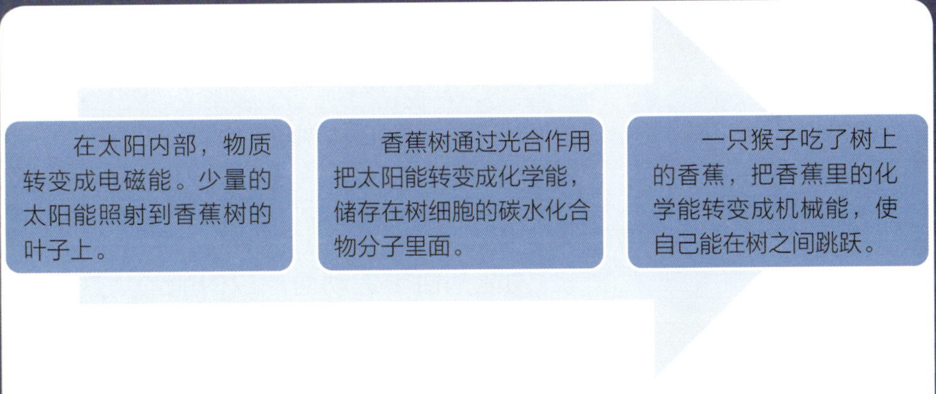

(b)

图5-1 猴子也需要从太阳那里获取能量。

能量的形式

能量以不同的形式存在，我们能把所有的能量形式归为两类：**势能**，也就是储存着的能量；**动能**，也就是由于运动而具有的能量。

势能（potential energy）：

储存在物体内的静态能量。

动能（kinetic energy）：

由于运动而具有的能量。

势能

储存在物体内的静态能量叫做势能。童谣“胖子汉普蒂”（Humpty Dumpty，见图5-2），就是一个与势能有关的有趣例子。当汉普蒂坐在墙上的时候，重力一直把他往地上拉，直到他掉下来。重力为他提供了势能，使他掉到地上，导致死亡。

图5-2　胖子汉普蒂有势能，最终导致他掉下来。

有四种类型的势能：

1. 化学势能
2. 机械势能
3. 核能
4. 重力势能

化学势能　**化学势能**是储存在分子化学键里的能量。该能量来自原子间的化学键，就像胶水一样，把分子粘到一起。食物、汽油、天然气、丙烷和生物燃料，都是应用化学势能的例子。

机械势能　**机械势能**是由于力的作用，储存在物体中的能量。弹弓是机械势能的一个很好的例子。拉紧的弹弓里储存了大量的能量，能够把物体发射一定的距离。不论是弹簧被压缩了，还是橡皮筋被拉长了，都储存有机械势能，并且准备发挥作用。

核能　**核能**是储存在原子核里的能量。巨大的能量把原子核里的核子聚集在一起。核电站从铀原子核裂变过程获得一小部分核能。当原子核裂变的时候，巨大的能量以热的形式释放。热是一种由于**温度**的差异而流动的能量。

温度（temperature）：

反映物质中分子平均动能的物理量。

重力势能　**重力势能**是由于物体位于重力场中而产生的能量。过山车利用了重力。当你乘坐过山车到达第一个顶峰时，你获得了重力势能。当你到达顶峰的时候，你就获得了足够的能量，能够顺利通过环形轨道和惊心动魄的斜坡，到达终点。

动能

动能是由于运动而产生的能量。这种能量能在运动的物体、波、电子、分子和物质中观察到。动能有5种：

1. 电能
2. 辐射能
3. 热能

4. 机械动能

5. 声能

电能 **电能**是与微小带电粒子（即电子）的流动相关的一种能量。通常我们把这种能量称为电。电为我们日常的照明、烹饪、加热、娱乐等活动提供能量。更多有关电的知识，参阅第6章。

辐射能 **辐射能**是以波的形式传播的电磁能。辐射能的例子有光、无线电波、微波和X射线等。太阳通过核聚变产生大量的电磁能。这种能量在到达地球之前，在太空中以波的形式行走了9.3千万英里。

热能 **热能**是物质或者物体内部的一种能量，由原子和分子的振动和移动而产生。你可以把这些原子和分子看作是碰碰车。如果这些车以蜗牛的速度运动，那么它们几乎不会产生碰撞或振动。然而，如果这些车以赛车的速度行驶，那么它们产生的碰撞和振动将会十分惊人。热能是由振动的强度决定的。宇宙中的任何物质都有热能，因为没有热能就意味着温度是绝对零度。

图5-3 “探索号”航天飞机在2010年4月5日发射升空，开启了为期15天飞抵国际空间站的任务。

Image credit: Scott Andrews, courtesy of NASA.

机械动能 **机械动能**是运动的物体或者物质所包含的能量。火车的运动、火箭的发射（图5-3）和棒球从空中飞过，都是机械动能的例子。风能也是一种机械动能。

声能 **声能**是以纵波的形式传播的能量，声波经过时，物质会膨胀和压缩。声能的例子包括超声波和可听见的声波。

能量为何重要

没有能量，任何事情都不会发生。人类已经利用能量工作了几千年。早期的文明利用火来烹饪、产生光和保暖。几个世纪的探险家和商人，利用风能来驱动船只进行环球旅行。在我们身边的丰富的能量，使得现代的便利生活成为可能。想一想，从你今天早上起床到现在，你用过哪些能量？你打开电灯了吗？乘公交车去学校了吗？使用手机或者用iPod听音乐了吗？你今天早上吃东西了吗？如果你吃了，你吃的食物为你的大脑活动提供了能量，为你上课提供了能量。回想一下，今天早上你还做了哪些需要能量的事情？

热

热（通常用字母Q表示）是从高温物质向低温物质流动，或者有流动趋势的能量。热是能量的一种形式，它的单位与功和机械能的单位相同。

热（heat）：
从高温物质向低温物质流动，或者有流动趋势的能量。

3 热传递

想要收集和储存有用的热量，就像试图用有漏洞的桶运送水一样。两者的结果相同，它们最终都会从容器中逃走。

假设你需要洗澡，但是热水已经用光了，你唯一的选择是在浴缸里面加冰凉的水。你身体的温度大约是98.6℉。假如水的温度是50℉。你或许已经猜测到，当你进入浴缸时，你就会感到非常冷。你知道为什么吗？答案就是热量流动。热总是从高温物体流向低温物体。因为你身体的温度高于水的温度，热量就从你的身体流向水。一段时间过后，水的温度会升高，你的体温会降低。

为什么你在夏天穿短裤，在冬天穿长裤？答案仍然是热量流动。如果外界非常冷，你的体温比空气的温度高，那么你体内产生的热量就会流动到空气中。为了防止热量流失，你可以穿长裤、夹克衫，戴帽子和手套。如果外界很温暖，你的体温与空气温度相近，你就会希望你的身体能更容易地传递一些热量到空气中。这个问题的解决方法就是，穿短裤和T恤，把你的皮肤更多地暴露在空气中。

如果你做了一杯热可可饮料，把它放在桌子上，为什么它会变冷？用更专业术语提问是，为什么它会变得较为不热？这个问题的答案也是热量流动。因为这些液体比厨房里的空气温度高，热量将会从热可可饮料流向空气。一杯热可可饮料的热量流到空气中，你不会察觉到空气的温度有任何改变，但是想象一下如果有1000杯热可可饮料放在桌子上，情况会怎样。

热传递有三种形式：传导、对流、辐射。

传导 当你把一口铸铁平底锅放在火焰上时，热量会逐渐向上移动到手柄，朝着较冷的手柄末端流动（图5-4）。从分子的级别上看，最初的时候，平底锅的分子的动能比手柄末端分子的动能要多。这些分子快速地振动，与它们旁边的分子碰撞。由于速度较快的分子或者原子会把它们的能量传递给速度较慢的分子或者原子，这样一直延续下去，平底锅的分子或原子的动能就会一路传递到手柄的末端。这个过程叫做热传导。当热（热能）在物质内部通过粒子与粒子的碰撞进行传递时，就发生了**热传导**。

所有的材料在一定程度上都能传导热，但是有一些材料传导热的性能较差，而有些则较好。例如玻璃和聚苯乙烯泡沫塑料的热传导性能较差；而钢铁和铝，是非常好的导热体。一般来说，良好的导电材料也是良好的导热体。铜和铝是良好的导热体和导电体。

对流 通过流体中热物质的运动来传递热，叫做**对流**。图5-5中的简化图展示了热空气从陆地上升，运动到较冷的海水上方开始冷

图5-4 当一个铸铁平底锅被放在火焰上时，热量逐渐向上运动到手柄，朝着较冷的末端流动。

热传导（thermal conduction）：
当热（热能）在物质内部通过粒子与粒子的碰撞进行传递时，就发生了热传导。

对流（convection）：
通过流体中热物质的运动来传递热。

图5-5 海风是由陆地和海洋温度不均匀引起的空气对流。

热辐射（thermal radiation）：利用电磁波从一个地方向另一个地方传递热（热能）。

却。晚上这个过程反过来，较热的海水让上方的空气变热，使得空气上升，然后朝着较冷的陆地运动，空气在陆地上方冷却下来。空气对流会不断持续，直到陆地和水的温度达到平衡。

辐射 你躲避不了辐射，而且它会对你产生影响。当你用微波炉加热饭菜时，在晴天外出玩耍时，照射X射线时，或者听收音机时，你就被辐射包围了（见图5-6）。辐射是指以电磁波的形式传递能量，通常称为**电磁辐射**。辐射能够在真空中传递能量，与传导和对流不同，传导和对流都需要用介质传递能量。**热辐射**是指利用电磁波从一个地方向另一个地方传递热（热能）。

4

图5-6 太阳在不断辐射，或者说在不断地释放出大量的能量。

摇晃、拍击、旋转：温度和动能有什么联系

让我们再次看一下碰碰车的例子。每一辆碰碰车代表物质中的一个原子或者一个分子。如果碰碰车不运动，就不做功，没有能量传

递。当碰碰车运动时，它们包含动能。如果它们互相相撞，一辆车的动能就传递给另一辆车。碰碰车运动得越快，做的功就越多，就有越多能量发生转移。

一杯水中大约有7.9×10^{24}个水分子（H_2O）。由于不可能跟踪测量每一个分子的动能，测量水的温度，实际上就是测量水分子的平均动能。当水的温度上升时，水分子就更加频繁地振动、旋转和互相碰撞，相互作用力更大。当水的温度下降时，水分子的平均动能就会减小。

温度

每个人对热和冷的判断都不尽相同。你可能认为当外面温度在60℉以下时就是冷，然而另一些人可能认为30℉以下才是冷的。假如气象学家仅仅告诉你，“今天会是冷天”或者“今天会是热天”，而不告诉你具体的温度，结果会怎样？“热”这个词，对于住在南加利福尼亚的人来说，意味着温度高于110℉，但是对于阿拉斯加的当地居民来说，可能意味着温度高于80℉。温度计和温标的运用，避免了使用热和冷这样的词描述温度带来的困惑。

图5-7　户外温度计运用了红色的液体，遇热会膨胀。这种液体在毛细管中升降，毛细管上标记了刻度，方便读取温度。

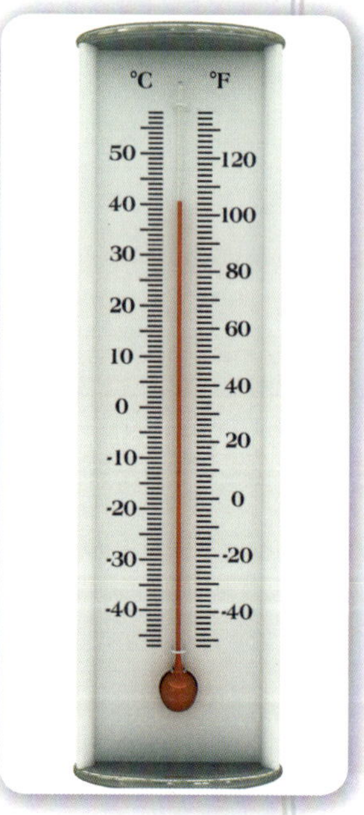

© iStockphoto.com/rzelich.

温度计　如今，有三种类型的温度计被用来测量温度：

1. 水银和酒精温度计
2. 数字温度计
3. 红外线温度计

每一种类型有其适用的条件。

水银和酒精温度计　在室温下，水银是以液体状态存在的金属。**水银温度计**——把水银封装在玻璃管中——利用了这种金属热胀冷缩的特点。温度计底端有一个充满水银的玻璃泡，连接着一根纤细的真空管。当温度上升时，水银膨胀，在玻璃管中向上移动，玻璃管上标记了刻度，方便人们读出温度。由于水银危害健康，最近几十年里，人们开始用无毒的液体代替水银，这种液体通常被染成红色。如图5-7所示的酒精温度计，现在一般被用来测量户外空气的温度。

数字温度计　如果你在发烧，你可以用**数字温度计**测量你的体温（见图5-8）。这些设备利用叫做热敏电阻的传感器来测量温度。当传感器变热时，它的电阻会减小。一个微处理器（一台微小的计算机）把电阻与温度关联，将温度显示在显示屏上。

图5-8　数字温度计。

© iStockphoto.com/Charles Brutlag.

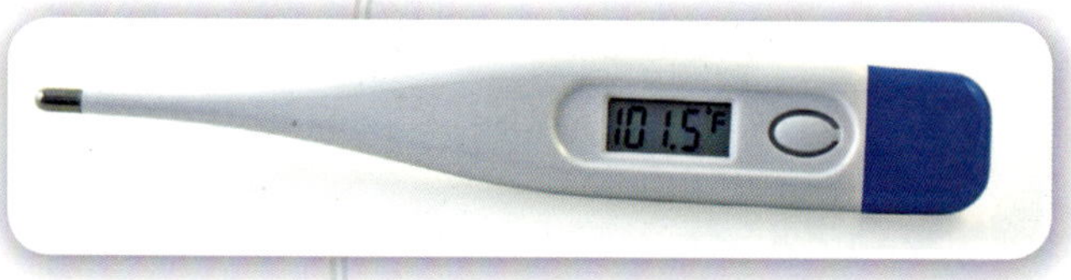

红外线温度计　**红外线温度计**一般用在高温环境下，例如熔炉和窑炉里面，其他的温度计在这种情况下无法使用。此时此刻，能量正在以电磁波的形式辐射。这些波通常被称为红

外辐射。当你躺在太阳下面时，热通过红外辐射传递到你的皮肤，你就会感觉到这种辐射。红外线温度计有一个镜头，能把红外辐射聚集到热电堆上，热电堆是一种能够探测红外辐射强度的电子设备。一个微处理器把测量到的红外辐射强度换算成温度值，显示在LED显示屏上面。红外摄像机也能探测到物体辐射的红外线，然后拍成图像（见图5-9）。红外线摄像机的应用包括：

- 防火（探测着火点）
- 搜索和救援（寻找失踪人员）
- 节能（监控家庭能源消耗）
- 执法（用作夜视）

图5-9 热成像摄像机。

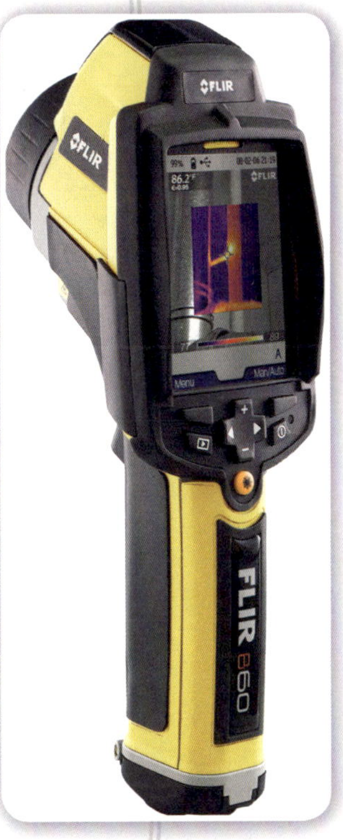

Photo courtesy of FLIR Systems, Inc.

温标 你的体温是多少？如果你住在美国，你的答案很可能是98.6华氏温度（98.6℉）。然而，如果你住在地球上其他地方，你的答案很可能会是37摄氏度（37℃）。这两个数描述了相同的温度，它们只是用了不同的温标。

华氏温标和摄氏温标 **华氏温标** 规定水的沸点等于212°，水的冰点等于32°；然而 **摄氏温标** 规定水的沸点等于100°，水的冰点等于0°（见图5-10）。

图5-10 摄氏温标与开氏温标的对比。

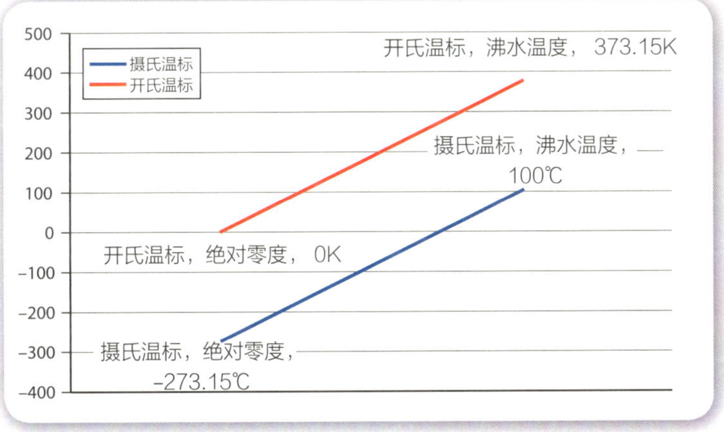

© Cengage Learning 2012

开氏温标 由苏格兰物理学家开尔文勋爵（Lord Kelvin）发明，**开氏温标** 广泛地被科学家和工程师运用。开氏温标的每一度叫做1开尔文（K）。按照国际标准，开氏温度从来不用度开尔文或者开尔文度表示。300开尔文温度应该写成300 K而不是300 °K。1开尔文的大小相当于1摄氏度。水的沸点跟冰点之间的差值是100℃或者100 K。科学已经证明了有绝对最低的温度，叫做 **绝对零度** 。这是开氏温标的最低点，定为零开（0 K）。在开氏温标上，水的冰点是273.15 K，所以若要把摄氏温度（T_C）转换成开氏温度（T_K），你必须在摄氏温度值上加273.15，如公式5-1所示。

表5-1 温度转换公式。

	从华氏温度（T_F）	从摄氏温度（T_C）	从开氏温度（T_K）
转换成华氏温度（T_F）		$T_F=\frac{9}{5}T_C+32$	$T_F=\frac{9}{5}T_K-459.67$
转换成摄氏温度（T_C）	$T_C=\frac{5}{9}(T_F-32)$		$T_C=T_K-273.15$
转换成开氏温度（T_K）	$T_K=\frac{5}{9}(T_F-32)+237.15$	$T_K=T_C+237.15$	

$$T_K=T_C+273.15 \quad (5\text{-}1)$$

6

温标转换 将一个温标转换成另一个温标是很常见的。例如，如果你去加拿大旅游，那里常用摄氏温标衡量温度，你可以用表5-1所示的简单公式很方便地把温度换算成华氏温标。

$$T_F=\frac{9}{5}T_C+32$$

例题

问题： 如果教室里面的温度是68℉，那么这个温度用摄氏度和开尔文表示是多少？

a. 计算用摄氏度表示的温度，用公式5-2：

$$T_C=\frac{5}{9}(T_F-32) \quad (5\text{-}2)$$

用68℉代替T_F，我们可以算出T_C

$$T_C==\frac{5}{9}(68℉-32)$$

$$=20℃$$

b. 利用公式5-3把温度从摄氏度转换成开尔文：

$$T_K=T_C+273.15 \quad (5\text{-}3)$$

$$=20℃+273.15$$

$$=293.15\ \text{K}$$

发现温度的改变 温度的改变量表明一个系统获得或者损失了多少热量。当一个系统的温度升高时，温度发生了正变化。如果一个系统温度降低，温度就发生了负变化。

7

能量的单位

英制热量单位

在美国，能量的产生和消耗通常用英制热量单位 **Btu** 来衡量。1 Btu的能量，能够让1磅的水升高1℉。因此，要消耗10 Btu能量，才能让10磅水升高1℉，或者让1磅水升高10℉。另一种出现在美国天然气业

例题

问题： 一个披萨配送员从烤箱中取出一份176℃的披萨。当他开车送到顾客家里时，这份披萨冷却到了136℃。披萨温度的改变量（ΔT）是多少摄氏度？

我们可以用公式5-4计算温度的改变量：

$$\Delta T = T_F - T_I \qquad (5\text{-}4)$$

此处T_F = 最终温度，T_I = 初始温度

$\Delta T = 136℃ - 176℃$

$\Delta T = -40℃$

务账单里，常用来表示能量的单位是热姆（therm）。100 000 Btu等于1热姆。

计算改变温度所需的热 为了计算改变一个物体的温度需要多少热（能量），你必须知道：

- 物体的质量
- 温度的改变量
- 物体的比热容

比热容（c）是对物质吸收热量的能力的度量。常见液体和固体的比热容见图5-11。

比热容（specific heat capacity）： 衡量物质吸收热量的能力的物理量。

如公式5-5所示，热量（Q）的大小等于物质的质量（m）乘以物

图5-11 常见液体和固体的比热容。

From Serway, *Physics for Scientists and Engineers*, 8e. 2010 Brooks/Cole, a part of Cengage Learning, Inc. Reproduced with permission. www.cengage.com/permissions.

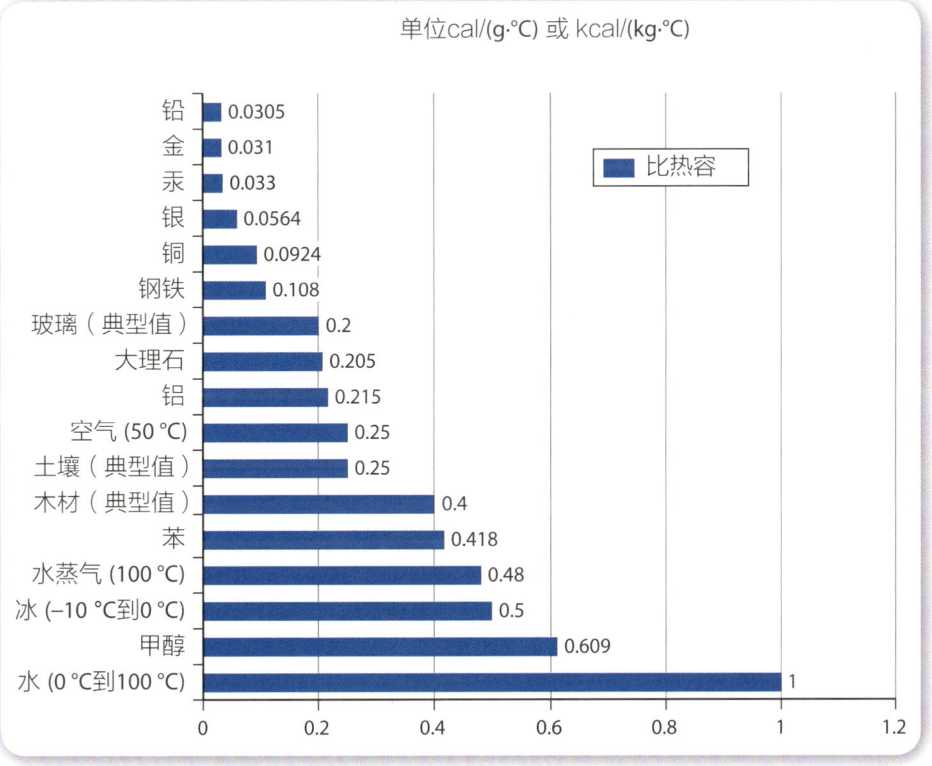

质的比热容（c），再乘以物质温度的改变量（ΔT）：

$$Q = mc\Delta T \tag{5-5}$$

常见的比热容单位，在国标单位制中是J/（kg·℃）、J/（kg·K）和kcal/（kg·℃），在美制单位中是Btu/（lb·℉）。例如，水的比热容是1 kcal/（kg·℃）、4190 J/（kg·℃）或1 Btu/（lb·℉）。

焦

焦（joule，符号为J）： 功和能量的国际标准单位。

功和热的国际标准单位是**焦**（J），为纪念英国物理学家焦耳（James Prescott Joule）而命名。19世纪40年代，焦耳在研究热的本质时，发现对系统加热或者做功都能增加系统的温度。1焦机械功等于1牛顿的力作用1米的距离所做的功。

卡

卡（calorie，符号为cal）： 使1克水的温度升高1℃所需要的热量。

另一个衡量热的常用单位是**卡**（cal），1卡等于4.19焦。1卡相当于使1克水的温度提高1℃所需要的热量。根据公式5-5，你会发现，如果质量为1克（0.001千克）的水乘以水的比热容［1.00 J/（kg·℃）］，再乘以温度改变量（1℃），可以得出1克水的温度升高1℃所需要的热量是：

$$\begin{aligned} Q &= mc\Delta T \\ &= (0.001\ \text{kg}) \times [4186\ \text{J/(kg·℃)}] \times (1℃) \\ &= 4.19\ \text{J} = 1\ \text{cal} \end{aligned}$$

趣味阅读

食物的能量常用卡路里表示。食物卡路里（有别于克卡）是食物中所含能量的度量，这种能量可以被人体吸收。食物卡路里等于1千卡（kcal）或者1000卡（cal）。美国联邦政府要求食物制造商在他们的产品标签上写明食物中所含的卡路里，便于消费者控制能量的摄入。

白炽灯和荧光灯的对比

美国人为了应对巨额能源消费，对家庭设施做了一些改进，以减少能量消耗。其中一个减少能量消耗的简单又经济的方法是，用高能效的紧凑型荧光灯（CFL）替代耗能的白炽灯。图5-12比较了白炽灯和紧凑型荧光灯的能耗。当你买灯泡的时候，你真正关心的是它会产生多少光。发光强度是用光通量（单位：流明）来衡量的。光通量越大，灯泡产生的光越多。

问题： 克波特高中的游泳池里有大约198 000加仑的水，利用天然气加热设备，使水温常年保持在80°F的温度。如果把游泳池的水抽干，然后在池子里重新灌满50°F的水，需要消耗多少能量才能把水再次加热到80°F，这些能量需要花费多少钱？

第一步：我们知道Btu单位是让1磅的水温度升高1°F所需要的热量，利用公式5-6，我们必须首先找到游泳池里水的质量。1加仑水的质量是8.35磅。

$$游泳池里水的质量 = 加仑体积 \times 每加仑水的质量 \quad (5\text{-}6)$$
$$= 198\ 000\ \text{gallon} \times 8.35\ \text{lb/gallon}$$
$$= 1\ 653\ 300\ \text{lb}$$

第二步：然后，我们利用公式5-5计算加热游泳池所需要的能量。注意1热姆等于100 000 Btu：

$$加热游泳池的能量（\text{Btu}）= mc\Delta T$$
$$= 1\ 653\ 300\ \text{lb} \times 1\ \text{Btu/lb} \cdot {}^\circ\text{F} \times (80\ {}^\circ\text{F} - 50\ {}^\circ\text{F})$$
$$= 49\ 599\ 000\ \text{Btu}\ 或\ 495.99热姆$$

第三步：天然气是以热姆为单位购买的。假设天然气价格是每热姆0.74892美元，用公式5-7计算加热游泳池花费的金额。

$$加热水的理想花费 = 天然气消耗量 \times 天然气价格 \quad (5\text{-}7)$$
$$= 495.99热姆 \times 0.74892美元/热姆$$
$$= 371.46\ 美元$$

注意： 热水器不能把储存在天然气里的化学能全部转化成热能。因此，加热游泳池的实际开销会多于371.46美元。新型的热水器比老式热水器效率更高，意味着它们能把更多的天然气的化学能转化成热能。

图5-12 白炽灯和紧凑型荧光灯功率对比。

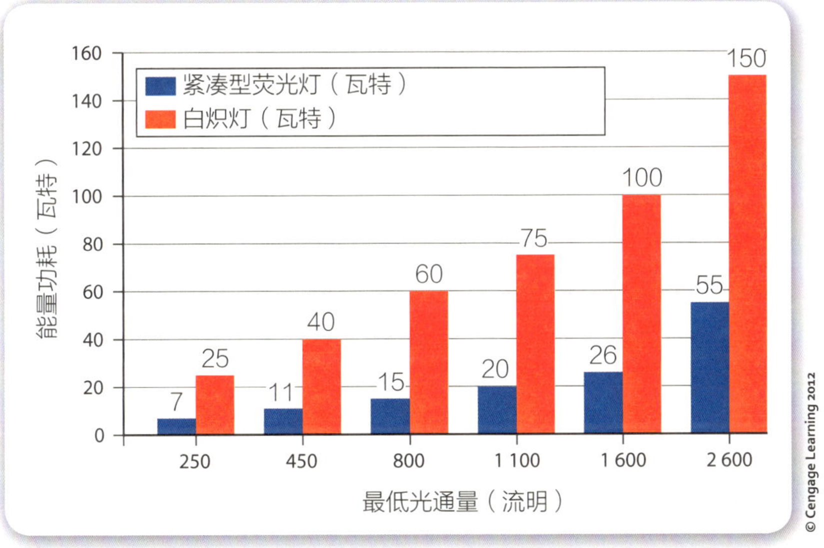

例如，如果你去商店，发现如图5-13所示的100瓦白炽灯，你会看到它的光通量是1600流明。作为对比，一个光通量同样为1600流明的紧凑型荧光灯，耗电功率仅为26瓦。

功率（power，记作P）：

单位时间里转换或者传递的能量的大小。

瓦（watt，符号为W）：

功率的国际标准单位。

功率（P）是单位时间内转化或者传递的能量（Q）的大小，如公式5-8所示。**瓦（W）**是功率的国际标准单位，用于衡量能量转换的快慢。1瓦等于1焦/秒（见公式5-9）。

$$P = Q/t \tag{5-8}$$

$$1瓦 = 1焦/秒 \tag{5-9}$$

图5-13　紧凑型荧光灯的寿命是传统灯泡的10倍，而且消耗的能量更少。

现实生活中的例子

在美国度量体系中，1瓦等于3.414 Btu/hr。需要点亮一个灯泡1小时消耗多少Btu的能量，你必须将灯泡的额定功率乘以3.414 Btu/hr，并乘以灯泡点亮的时间（以小时为单位）。

在前面的例子中，你了解到把一个75瓦的白炽灯换成一个20瓦的紧凑型荧光灯，每小时能节省187.77 Btu的能量。在灯泡的生命周期（10 000小时）里，可以节省1 877 700 Btu能量。节省的能量等于燃烧185磅煤产生的热量。想一想，一个紧凑型荧光灯在生命周期里节约的煤量，相当于一个普通成年人的体重。

例题

问题： 根据图5-12可知，一个75瓦的白炽灯和一个20瓦的紧凑型荧光灯，都释放1100流明的光。请问75瓦的白炽灯与20瓦的紧凑型荧光灯相比，多释放了多少热能（单位用Btu）？

a. 计算75瓦的白炽灯1小时释放的热能。

$$75\ \text{W} \times \frac{3.414\ \text{Btu/hr}}{1\ \text{W}} \times 1\ \text{hr} = 256.05\ \text{Btu}$$

b. 计算20瓦的紧凑型荧光灯1小时释放的热能。

$$20\ \text{W} \times \frac{3.414\ \text{Btu/hr}}{1\ \text{W}} \times 1\ \text{hr} = 68.28\ \text{Btu}$$

c. 计算75瓦的白炽灯1小时多释放的热能。

$$256.05\ \text{Btu} - 68.28\ \text{Btu} = 187.77\ \text{Btu}$$

例题

问题： 把一个75瓦的白炽灯换成一个20瓦的紧凑型荧光灯，每小时能节省187.77 Btu的能量。如果一个紧凑型荧光灯预期寿命是10 000小时，计算它能节省多少磅煤。燃烧煤产生的热量大约是10 084.5 Btu/时。

第一步： 计算紧凑型荧光灯在生命周期里节约的能量：

$$87.77\ \text{Btu/hr} \times 10\ 000\ \text{hr} = 1\ 877\ 000\ \text{Btu}$$

第二步： 把节省的能量从Btu转换成煤量：

$$\text{节省的能量} = \frac{1\ 877\ 000\ \text{Btu}}{10\ 084.5\ \text{Btu/lb}}$$

$$= 186.2\text{磅煤}$$

例题

问题1： 如果冷水以52℉(11.1℃)的恒定温度进入你的房子，一个普通浴缸能够盛大约50加仑(189.3升)水，计算把浴缸里水的温度提高到100°F(37.8℃)需要多少能量(单位焦)？记住，水的比热容是1 Btu/(lb·℉)[4186 J/(kg·℃)]，1加仑水的质量是8.35磅(3.79千克)。

$Q = mc\Delta T$

$= (50\ \text{gal} \times 3.79\ \text{kg/gal}) \times 4186\ \text{J/kg·℃} \times (37.8\ ℃ - 11.1℃)$

$= 2.12 \times 10^7\ \text{J}$

问题2： 1立方英尺的天然气包含1.071×10^6焦能量。加热189.3升的水将消耗19.79立方英尺天然气。如果天然气的价格是0.74892美元/热姆，加热这个浴缸里的水理论上要花多少钱？

第一步： 利用公式5-5，计算加热浴缸里的水需要的能量，单位用热姆：

加热浴缸里的水需要的能量（Btu）$= mc\Delta T$

$= (50\ \text{gal} \times 8.35\ \text{lb/gal}) \times 1\ \text{Btu/lb·℉} \times (100℉ - 52℉)$

$= 20040$ Btu或0.2004 热姆

第二步： 利用公式5-7，加热浴缸里的水的费用：

加热浴缸里的水的理论费用 = 热量×单价

= 0.2004 热姆 × 0.74892 美元/热姆

= 0.15美元

热力学的基本定律

热力学 是物理学的一个分支，以能量和机械功的自然规律为基础。热力学这门科学的历史，与蒸汽机的发明和发展有着密切的联系。热力学的英文单词thermodynamics由两部分组成，thermo表示热量，dynamic代表运动。然而热力学包含的内容，远远超过了热传递的知识。

8

热力学（thermodynamics）： 物理学的一个分支，以能量和机械功的自然规律为基础。

图5-14 热平衡。

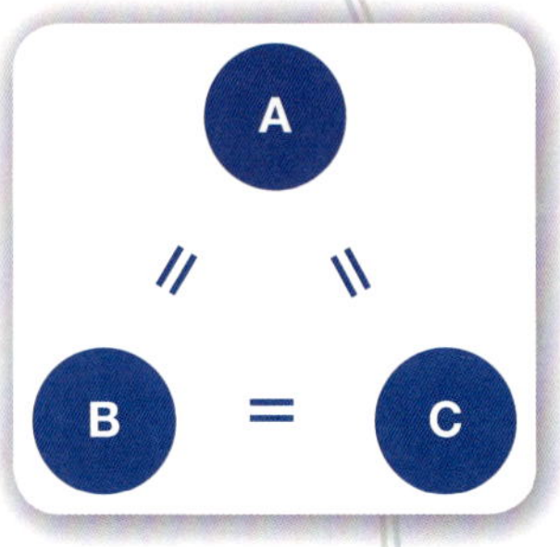

热力学第零定律：热平衡

当两个相互接触的热力学系统之间没有热量流动时，系统就处在热平衡状态。热力学第零定律指出，如果两个热力学系统（*A*和*B*）都与第三个热力学系统（*C*）处于热平衡，则它们彼此也必定处于热平衡（见图5-14）。这条定律看起来显而易见，但是它的目的是为了证明，利用温度测量的方法来验证两个不直接接触的系统之间处于热平衡状态是有效的。

热力学第一定律：能量守恒

能量守恒（conservation of energy）：
规定能量不会自行产生，也不会毁灭的科学定律。

我们花了很多时间讨论能量流动和转换。热力学第一定律——**能量守恒定律**——指出，能量的总量不变。能量不会自行产生，也不会毁灭。这就意味着进入一个系统的能量，必然等于这个系统输出的能量（图5-15）。能量能流动和转换形式，但是能量的总量永远不变。既然如此，为什么我们还需要节约能源？这个问题的答案在热力学第二定律里面。

图5-15 能量不会自行产生，也不会毁灭。

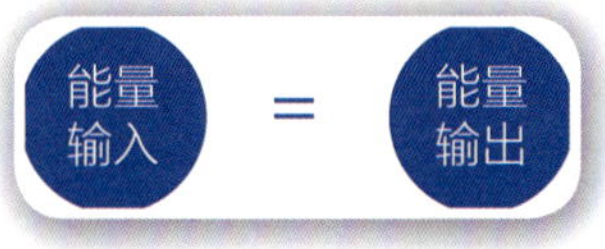

热力学第二定律：能量的有效性

熵（entropy）：
衡量一个系统中不可用能量的物理量。

热力学第二定律解释了为什么能量不能被反复利用。它规定，当能量转换形式时，它的"用处"就降低了。**熵**是衡量一个系统中不可用能量的物理量。热力学第二定律也可表述成，任何系统的效率必然总是小于100%。

例如，1加仑的航空燃料，包含大约130 000 Btu的能量。图5-17所示的喷气式飞机，它的发动机能利用燃料中高浓缩的能量来推进

趣味阅读

让我们看看一根能量棒里面包含的化学能（图5-16a）是怎么转换成你身体的动能（图5-16b）的。能量棒里面包含碳水化合物，碳水化合物是运动员最重要的能量来源。不管你做哪种运动，碳水化合物都能给你提供肌肉运动所需的能量。你吃了碳水化合物之后，你的身体就会把它们分解成单糖（葡萄糖、果糖和半乳糖），这些糖会被吸收进入你的血液。你肌肉里面的细胞把这些糖里面的化学能转换成机械能（运动）和热能（热）。如果你不是马上需要葡萄糖，它就以糖元的形式储存在你的肌肉和肝脏里面。一旦这些地方储存满了，剩下多余的糖元就以脂肪的形式储存在你体内。

（接下页）

趣味阅读（接上页）

图5-16 （1）能量棒里面包含糖类，（b）运动员利用能量棒产生他们进行机械运动所需的能量。

(a)

© iStockphoto.com/caziopeia

(b)

© iStockphoto.com/Pete Saloutos.

飞机。有些能量直接转换成废热，耗散到大气中。即使是用来推进飞机的能量，当飞机与空气分子摩擦，加热四周的空气时，也将转换成热。最终，所有的能量都转换成了“低等级”的能量，以热的形式存在。能量没有消失，它转换成较难利用的形式。飞机产生的热量最终从地球辐射到外太空去了。

热力学第三定律：热流动

热力学第三定律指出，不可能达到绝对零度。可能接近绝对零度，但是无论通过什么方式，都不可能真正达到绝对零度。如果能达到绝对零度，热力学第二定律就会出现漏洞，一个系统就有可能达到100%的效率，但是热力学第三定律否定了这种可能性。

热力学基础

一个**热力学系统**是与周围环境隔绝的一些物质或一个空间区域。例如，保温杯中的咖啡（见图5-18）是一个热力学系统。保温杯以外的东西是环境。保温杯是热力学系统和环境之间的边界。

热力学系统可以是开放的或封闭的。一个**开放的热力学系统**允许质量和能量自由地通过边界。你的肺就是一个开放热力学系统。进入你肺部的空气被你的身体加热，最终被

图5-17 一架美国空军F-15E攻击鹰式战斗轰炸机，阿尔蒙（Aaron Allmon）上士摄。

© Cengage Learning 2012

图5-18 保温杯是一个典型的热力学系统的例子。

排出。一个**封闭的热力学系统**不允许质量通过边界从系统进入外界环境（反之亦然），但是它允许能量通过做功和热传递的形式穿越边界。灯泡是封闭热力学系统的一个例子。电能、光和热通过边界，但是质量包含在灯泡中不能穿过边界。

9 可再生能源

可再生能源是在短期内能够补充的能源。如图5-19所示，五种最常见的可再生能源是生物质能、水能、地热能、风能和太阳能。

可再生能源（renewable energy source）：
在短期内能够补充的能源。

生物质能

活着的植物材料，是所有生物质能或生物能的来源。它们已经被利用了很长时间，跟人类通过烧木材来取暖和烹饪的历史一样悠久。尽管如今木材是最主要的生物质能源，但是其他植物和从植物提取的材料也能被利用。生物质燃料的来源包括：

- 活的植物材料
- 专用的能源作物
- 快速生长的植物
- 森林、磨坊和农业废料
- 有机的生活垃圾
- 有机的工业废料

生物质发电 **生物质发电**或者叫**生物发电**利用储存在生物质内的化学能发电。生物发电站运用的技术包括直接燃烧、共烧、气化、高温分解、填埋产气和厌氧消化。

直接燃烧 大多数生物发电站利用直接燃烧系统，通过燃烧生物质产生蒸汽，让涡轮机的叶片旋转。涡轮机连接着发电机产生电能。

为了提升系统的整体能量效率，一些直接燃烧系统利用来自发电机的蒸汽，助力于生产制造过程或者为建筑物供暖。

图5-19 美国能源产量，以燃料来源分类。

From Energy Information Administration, Annual Energy Review 2008, www.eia.goe.gov, accessed May 26, 2010.

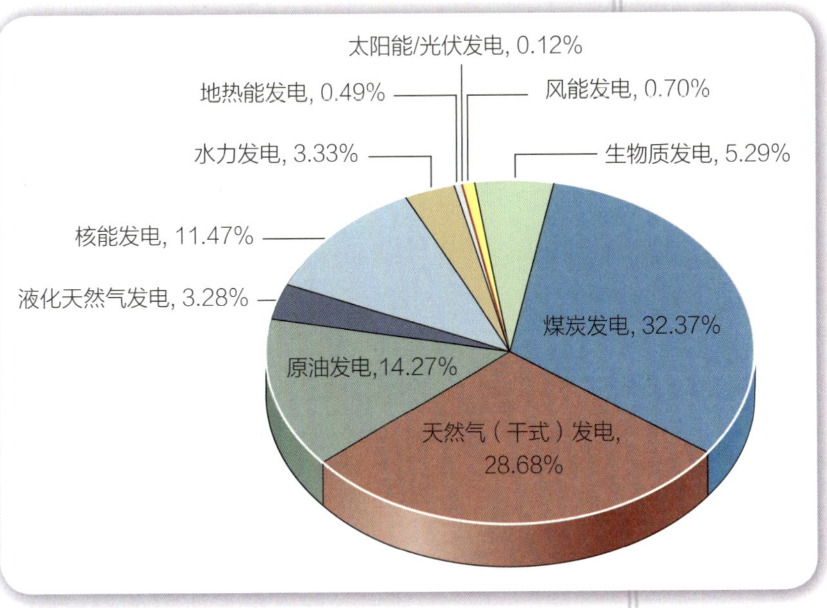

共烧 共烧是指在发电厂里将生物质与化石燃料混合。燃煤发电厂能用共烧系统显著地减少排放物。

气化 气化系统把生物质暴露在高温缺氧的恒温箱里，使生物质转变成合成气，一种氢气和一氧化碳的混合气体。合成气能在传统的锅炉里燃烧，通过化学反应转换成其他燃料或产品，或者代替天然气在燃气涡轮发电机中发电。

高温分解 高温分解是一个热化学过程，跟气化相似。在高温分解过程中，氧气必须完全被清除，生物质暴露在高温下。这样将会使生物质热解成液体，而不会使它气化。正如合成气一样，热解油能够用来发电，或者作为化学原料来制作塑料、黏合剂和其他生物产品。

填埋产气 填埋场看起来似乎不像能量来源，但是生物质的自然腐烂会产生沼气，能够被收集起来并用来发电。在填埋场中可以钻气井，把沼气从腐烂的有机物质中释放出来。每一根气井的管子把沼气输送到中央处理设施，在沼气燃烧之前对其进行过滤和清洁。这个过程不仅能发电，而且减少了释放到大气中的甲烷（一种有害的温室气体）。

厌氧消化 厌氧消化能够从生物质中产生甲烷。在无氧的封闭容器里，利用自然生长的微生物分解生物质。分解过程产生的甲烷可用于发电。这个过程能够把让人苦恼的垃圾，例如污水处理厂的废物，转变成有用的堆肥。

乙醇 人们一直热切地关注着国家对进口石油的依赖、全球变暖、海上钻井、烟雾等问题，以及巨大的石油消耗量所付出的环境和政治代价。假使对于所有这些问题已经有了解决办法，而且能为每日驾驶的汽车提供燃料，社会将会怎么样？通过利用丰富的可再生能源，我们能生产替代燃料，装满储气罐，而不是继续使用化石燃料。这些替代燃料不会给大气增加温室气体。

乙醇是一种替代燃料，用可再生、可持续的原料生产，已经被证明是实用的、高效的和经济的。乙醇是通过发酵，然后提取单糖制成

乙醇（ethanol）： 是一种替代燃料，用可再生、可持续的原料生产。

趣味阅读

利用乙醇作为汽车燃料的想法在汽车发明之时便已出现。福特最初设计的T型汽车是用汽油和乙醇的混合物来驱动的，这种混合物被称为未来燃料。1921年，高辛烷值含铅汽油的发明者米基利，驾驶了一辆由汽油和乙醇的混合物提供动力的汽车参加了美国汽车工程师学会会议。从那以后，众多政治和经济的因素制约了乙醇燃料的普及应用。

的。原料为玉米、甘蔗，或者纤维素原料，例如农业废物、纸浆和柳枝稷。

有两种方法能将生物质转化成乙醇：糖-平台方法和热化学反应方法。此外，一些把不同方法结合起来的混合方法也在发展中。

糖-平台方法 所有的糖-平台方法都使用活的微生物，例如酵母菌，把单糖转化成乙醇。像所有的微生物一样，它们有最喜欢的“食物”和最喜欢的环境，从而得以保持健康。成百上千年来，人们利用酵母菌把单糖转化成乙醇，酿造啤酒、葡萄酒和烈酒。

科学家一直在寻找并且试图制造新的微生物，这些微生物能把生物质成分，包括纤维素（组成植物细胞壁的纤维物质）、半纤维素（存在于木材中）和木质素（也存在于木材中），分解成能够发酵成乙醇的单糖。尽管这些“设计者”——酶——已经被制造出来，能把纤维素和半纤维素分解成单糖，但是要分解木质素就困难得多了。大多数糖-平台过程都燃烧木质素为乙醇合成过程供能。

热化学方法 热化学方法是一种新的方法。它利用酶来分解木质纤维的纤维素，这样就有更多的植物能够用于制作纤维素乙醇。这些过程把生物质的所有非矿物组分转换成合成气。合成气通过催化剂催化转变成乙醇或者其他醇。除了产生乙醇和其他醇以外，合成气也被用来生产人造石油产品、化肥、塑料和其他许多产品。正如前面所述，它也能用作生物燃料来发电。

水能

水力发电站利用了一种自然产生、连续不断的过程——水循环。来自太阳的能量，使地球上的河流、湖泊和海洋中的水蒸发。当水蒸气遇到大气中较冷的空气时，就凝结形成一群小水滴，我们把它们叫做云。这些水分会以云或者雪的形式回到地球上，重新补充湖泊和河流里的水。剩下的工作便由重力来完成，它让水从高处落到低处，最终流到海洋中。流动的水力量非常强大。

水力发电站的运作需要有落差的水。没有比天然的瀑布更适合进行水力发电的了，例如尼亚加拉大瀑布，这里建造了第一个水力发电站。如果没有天然瀑布，也可以利用人造大坝。

通常建立坝的地方，河岸可以围成一个人造湖或者水库。美国大约有80 000个坝，但是目前只有不超过3%的坝被用来发电。其他的坝仅仅被用来防洪或者灌溉。

坝后面的水涨高，水的压力就会增大，水坝能够控制水的流量。人们专门设计了溢洪闸，用于限制流出水库的水量。下大雨的时候，打开溢洪闸能防止水从坝的顶部溢出。

几个世纪之前，人们利用流动的水的能量，研磨谷物或者驱动锯木机。如今，流动的水的能量被用来发电。水力发电站利用水让涡轮机旋转，带动发电机发电。

一个普通的水力发电站有三个主要的部分（见图5-20）：

1. 发电室，里面的涡轮机带动发电机旋转来发电；
2. 坝，控制水的流动；
3. 蓄水池，储存水。

图5-20　水力发电站。

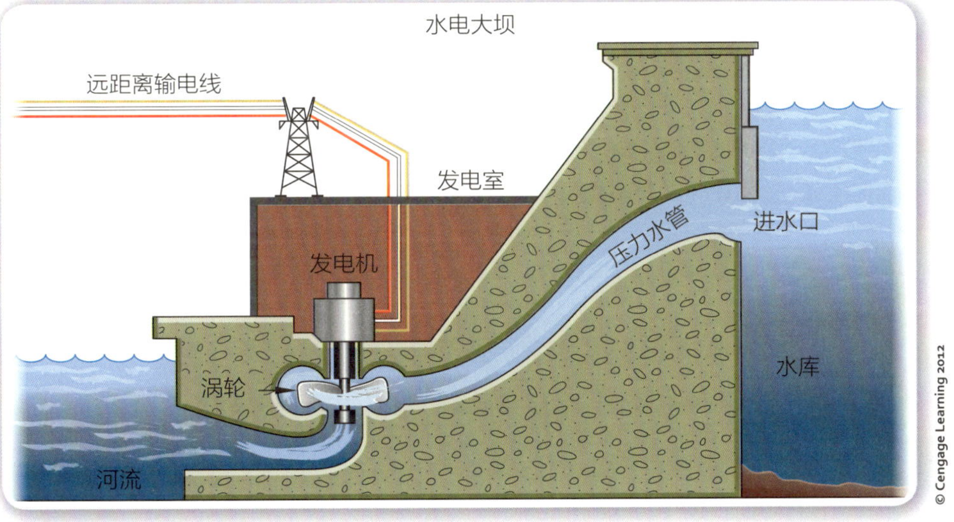

发电时，打开坝门，让水从水库流出，通过一个叫做**压力水管**的巨大管道往下流。一台涡轮机安装在压力水管的端部，快速运动的水使得涡轮机的叶片旋转。涡轮机连接着发电机。电能通过电缆输送很长的距离，到达各个电力公司，电力公司再把电能销售，传输给用户。

压力水管（penstock）：
一个管道或者有闸的人工水道，控制坝后面的水的流动。

地热能

地热能利用来自地球内部的热量。地热的英文geothermal是希腊单词geo和therme的组合，geo指地球，therme指热量。人们利用地热能为建筑物供暖、产生电能，还产生用途广泛的热水。

图5-21 地球内部的剖面视图。

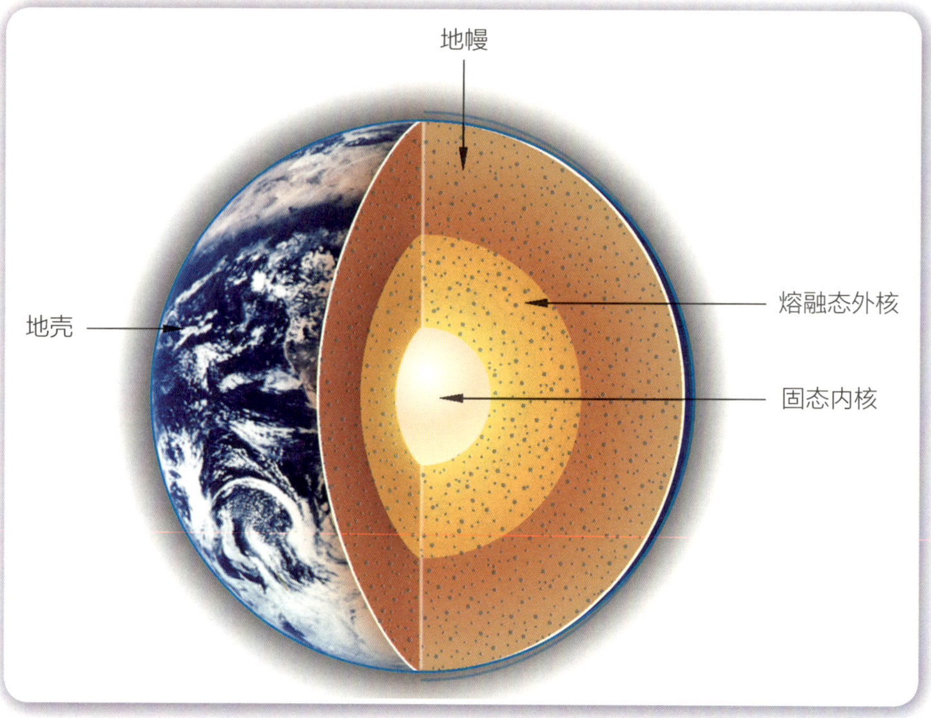

科学家估计地球的核心大约距离地表4000英里，由固态的铁组成。内核被熔融态铁组成的外核包围着（见图5-21）。据估计，地核的温度在5000℉到11 000℉之间。外核的外面被熔融的岩石（岩浆）包围，这一层叫做地幔，大约有1800英里厚。这个厚度相当于从芝加哥到拉斯维加斯的距离。地球最外面的一层叫做地壳。这个绝热的壳层破裂成几个碎片，叫做板块，板块一直不停地运动。板块构造理论描述了大陆的移动导致板块碰撞，使得滚烫的岩浆上升突破地壳的过程。当岩浆喷出地面，就形成了火山爆发。在有地下水的地方，岩浆能加热地下水，让它循环流动到地面，创造出壮丽的景观，例如温泉、泥温泉和如图5-22所示的间歇喷泉。

图5-22 冰岛的史托克间歇喷泉每20分钟喷发一次。

高温地热能 当地热储层（由岩浆和源源不断的水组成）接近地表时，我们能够通过钻井获取它们。一些最深的井打入到地壳内部超过2英里。这些储层通过钻勘探井发现。如果发现了一个储层，人们就会钻一个大的生产井，让热水和蒸汽释放到地面。热水和蒸汽被用来给生产井附近的发电站发电。有四种不同类型的地热发电站：闪蒸蒸汽、干蒸汽、双循环和混合发电。

闪蒸蒸汽发电站 闪蒸蒸汽发电站泵水到地热储层中，水在这里被过度加热，然后泵回到地面来工作。当水到达地面时，此处压力急剧减小，水迅速沸腾成水蒸气。蒸汽用来使涡轮机旋转，然后带动发电机旋转发电。与煤、石油和核电站不同，闪蒸蒸汽发电站不产生污染。

干蒸汽发电站 干蒸汽发电站利用从储层中逸出的蒸汽驱动涡轮机，然后带动发电机旋转发电。加利福尼亚州北部的盖沙斯，是一个干蒸汽发电站，从1960年起一直在生产电能。它是世界上最大的干蒸汽田，为超过180万的人口提供电能。

双循环发电站 双循环发电站利用热的但是没有沸腾的水发电。来自地热水的热量通过一个**热交换器**，把热量传递给另外一种液体来发电。来自地热储层的水被泵送出来，通过热交换器，然后送回到储层中再次加热和再次利用。热交换器另一边的是工作液体（通常是碳氢化合物或氨水混合物），能够在比水的沸点低的温度沸腾。来自沸腾液体的蒸汽，驱动连接着发电机的涡轮机，产生电能。由于两个系统相互分离，双循环发电站具有无污染的优点。

热交换器（heat exchanger）： 能高效率地把热量从一种物质传递给另一种物质的设备。

混合发电站 有一些发电站将闪蒸系统和双循环系统结合起来，同时利用蒸汽和热水。这些发电站就是混合发电站。夏威夷和冰岛都用混合发电站，为千万家庭提供电能。

地热供暖和制冷 如果你深入到地下大约25英尺，你将会发现那里的温度常保持不变。如果你住在温带地区，地下温度大约常年保持在52℉。这个稳定的地下温度在夏天通常比空气温度低，在冬天比空气温度高。这种温度差使得地热供暖和制冷成为可能。

地热供暖和制冷系统，通过埋在地下的长管抽水来工作。水被地壳冷却（或者加热，取决于季节），回流到建筑物内。然后水进入热交换器，在冬天的时候把热传递给建筑物，在夏天的时候把建筑物的热量带走。然后水又被送回到埋藏在地下的管道中，准备下一次重复这个过程。地热供暖和制冷系统能使供暖和制冷的开销减少50%到70%，大量减少供暖对化石燃料的依赖。

风能

风是一种丰富的、大量未开发的可持续能源。由于地球热量不均匀，风是热空气团向冷空气团流动的产物。例如，陆地上的空气加热速度比海洋上的空气快。由于热量总是从热的物体流向冷的物体，所以海岸线便是建立风力涡轮机的理想位置。习习的海风便说明了一切。

如图5-23所示的风力涡轮机工作起来像电扇，但是功能相反。电扇的作用是产生风，而

图5-23 风力涡轮机的构造。

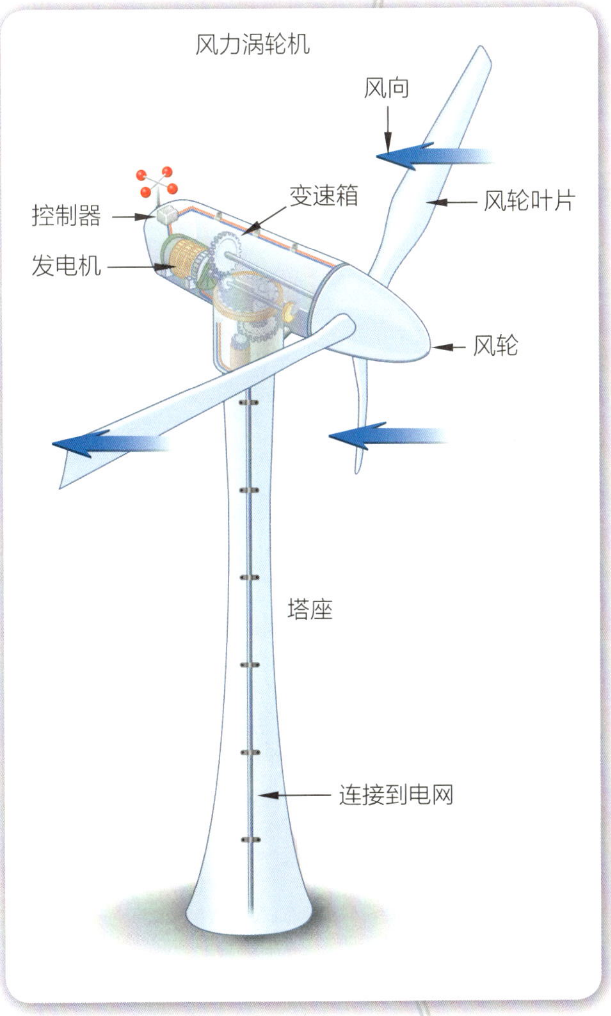

风力涡轮机是利用风来发电。它运作的方式与水力发电机差不多。但是不是用水，而是用风推动发电机的叶片，使得它们旋转。叶片连接着变速箱，提升发电机轴每分钟的旋转次数（r/min）。发电机产生电能，电能则被供应到电网，给住宅居民和商业消费者使用。

太阳能

太阳在不断地辐射出大量的能量。这种辐射能通常被叫做太阳能。太阳发射的总能量中，只有很小的一部分（大约十亿分之一）到达地球。纵使只是九牛一毛，但是太阳能是人类巨大的能量来源。

在夏天，如果把一辆小汽车放在太阳下暴晒，小汽车里的温度会迅速升高，比外面的温度还要高。这是因为太阳辐射的能量通过汽车的窗户，被座位、车身和地板吸收。玻璃能让太阳的辐射通过它进入车内，但是它只能让少量的热量通过传导释放出去。这就是太阳能集热器的工作原理。温室就是一个太阳能集热器的例子。一些房子利用太阳能采暖。这样做能够节约超过50%的家庭供暖开销。

有三种类型的太阳能空间加热系统：被动式、主动式以及被动和主动相结合的混合系统。

趣味阅读

2009年，美国能源部的太阳能十项全能竞赛项目，集结了20支来自世界各地的大学团队参与竞赛，设计、建造并且运营一座最吸引人、能量效率最高的太阳能房子。位于德国达姆施塔特的达姆施塔特工业大学设计的作品最终获胜（见图5-24）。

图5-24 华盛顿哥伦比亚特区的太阳能十项全能竞赛。

Jim Tetro, U.S. Department of Energy Solar Decathlon.

被动式太阳能供暖 利用被动式太阳能供暖的建筑物，将建筑结构作为太阳能收集器。就像一个温室利用太阳的能量常年供热一样，建筑师通过改变窗户的尺寸、位置以及改变建筑物自身的形状，使得设计出的建筑物能最大程度地吸收太阳能。例如，窗户一般都朝南，因为在北美，太阳从南面照射过来。

主动式太阳能供暖 主动式太阳能供暖系统利用机械设备，例如吹风机和水泵，和一个外部能源，使系统保持恒定的温度。大多数主动式太阳能系统利用定制的太阳能收集器，它们看起来像玻璃包围着的黑盒子。盒子里的黑金属板把太阳的辐射能转换成有用的热能。工作流体例如空气或水，被泵送通过太阳能收集器，然后被加热。工作流体通过普通的强制通风系统给建筑物加热。这些太阳能收集器通常位于屋顶南面的高处，这样树和其他建筑物就不会遮挡它们。这种系统还能够用来供应热水，平均每年为房主节省上百美元。

光伏电池 光伏电池被用在一些主动式太阳能供暖系统中发电。光伏电池用半导体材料制成。当太阳光照射光伏电池时，它的能量被半导体吸收。这些能量在电池中产生电压，使得自由电子在回路中运动，为家庭中的电扇、热泵和其他设备提供电能。

太阳能发电站 跟太阳能电池相似，太阳能发电站利用太阳能发电。由于到达地球上的太阳辐射太分散了，为了使太阳能发电站可行，太阳光必须被聚集起来，以产生发电所需的高温。目前有三种太阳能发电站：太阳能抛物面槽式系统，太阳能抛物面碟和发动机系统，太阳能发电塔。它们利用反射镜或者其他反射表面，把太阳光的强度放大到正常强度的5000倍。

太阳能抛物面槽 太阳能抛物面槽利用方圆几英里的反射槽，把太阳光聚集到位于抛物面焦点的管子里（见图5-25）。

图5-25 反射面把太阳能集中到集热管上，在管道中的工作流体（例如油）被加热至过热，然后泵送给热交换器产生蒸汽。蒸汽使涡轮机旋转，带动发电机发电。

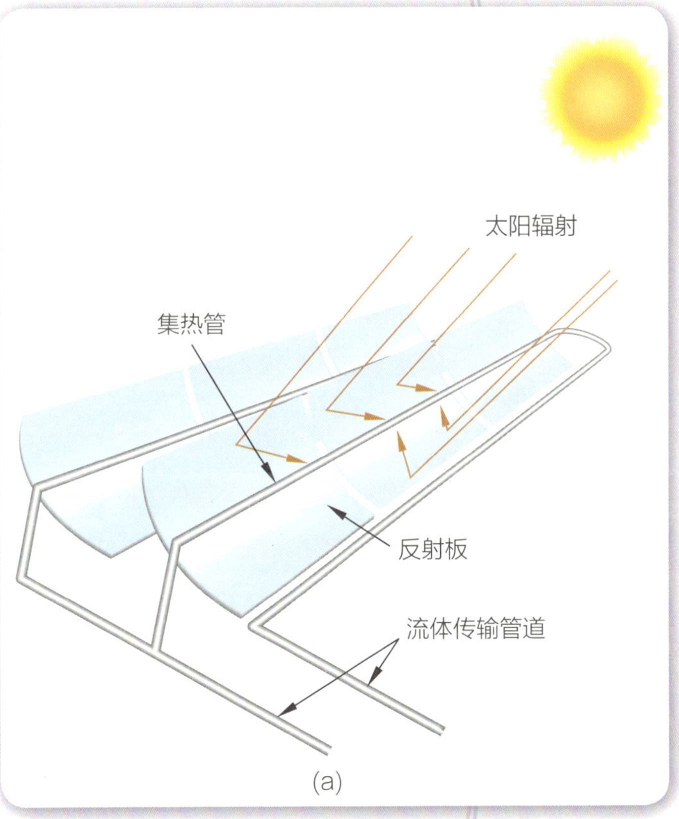

(b)

图5-26 太阳能发电塔。

Image courtesy of BrightSource Energy.

一种工作流体（例如油），在管道中循环，收集热量并把它传递给热交换器。热交换器加热水产生蒸汽，驱动连接着发电机的涡轮机来发电。美国最大的太阳能抛物面槽发电站，坐落在加利福尼亚州的莫哈韦沙漠。

太阳能抛物面碟和发动机系统 太阳能抛物面碟和发动机系统利用碟状的镜子把太阳的辐射能聚集到一个小的区域，在这个区域里布置了一个接收器。接收器把太阳能传递给一个热力发动机，一般是一个斯特林循环发动机，用来把热能转换成电能。太阳能碟在所有的太阳能技术中效率最高（30%），这已经被广泛证实了。

太阳能发电塔 太阳能发电塔利用成百上千个大的太阳跟踪镜（定日镜），把太阳的能量集中到塔顶部的接收器上（见图5-26）。一种工作流体被接收器加热产生蒸汽。蒸汽被用在传统的涡轮发电机中发电。

10

不可再生能源

不可再生能源 是指那些在人类的生命周期中不能被补充的能源。例如石油、天然气、煤和核能。

不可再生能源（nonrenewable energy source）：

在人类的生命周期中不能被补充的能源。

石油

石油是一种 **化石燃料** 。化石燃料的命名十分恰当，因为它们是由千百万年前死亡的众多微小植物和动物的遗体残骸转变而成的。这些植物被埋藏在几千英尺深的沉积物和土壤转变成的岩石底下。

上层岩石的质量使得这些有机混合物承受着巨大的压力和高温，导致混合物发生化学变化，从由氢原子和碳原子组成的化合物转变成碳氢化合物。最终的产物是一种浸在石油里的岩石，很像一块海绵。需要注意的是，不是所有埋藏在地底下的有机材料都能转变成石油，要发生这样的转变必须有特定的地理环境。

化石燃料（fossil fuel）：

化石燃料是由几百万年前死亡的众多微小植物和动物的遗体残骸转变而成的。

精炼原油 原油是直接从地下开采得到的油。这种浓稠的、黑色的原油必须经过提炼才能成为有用的产品，例如汽油、柴油和沥青。

原油的第一步是进入炼油厂加工。一些炼油厂就在油井附近，但是通常情况下，必须用船、管道、驳船、卡车或火车把原油运输到炼油厂。

炼油厂利用一种叫做分馏的过程，将原油净化和分离，成为汽油和许多其他有用的产品。每一个炼油厂都操作三个基本的步骤：分离、转换和处理。图5-27展示了最初的分离过程。在分馏塔里，液体和蒸汽根据它们的质量和沸点，被分离成几部分。密度最低的部分，包括汽油和液化石油气（LPG），被蒸发上升到塔的顶部，它们在那里沉降下来，重新凝结为液态。中等密度部分停留在分馏塔的中部，例如煤油和柴油。密度最大的部分，叫做粗柴油，沸点最高，留在塔的底部。转换过程利用热和化学物质，分解比较重的分子，生产更多汽油等石油燃料。处理是精炼过程的最后一步，技术人员细心地把挑选的组分混合起来，形成各种各样的燃料和副产品。

图5-27　分油柱示意图。

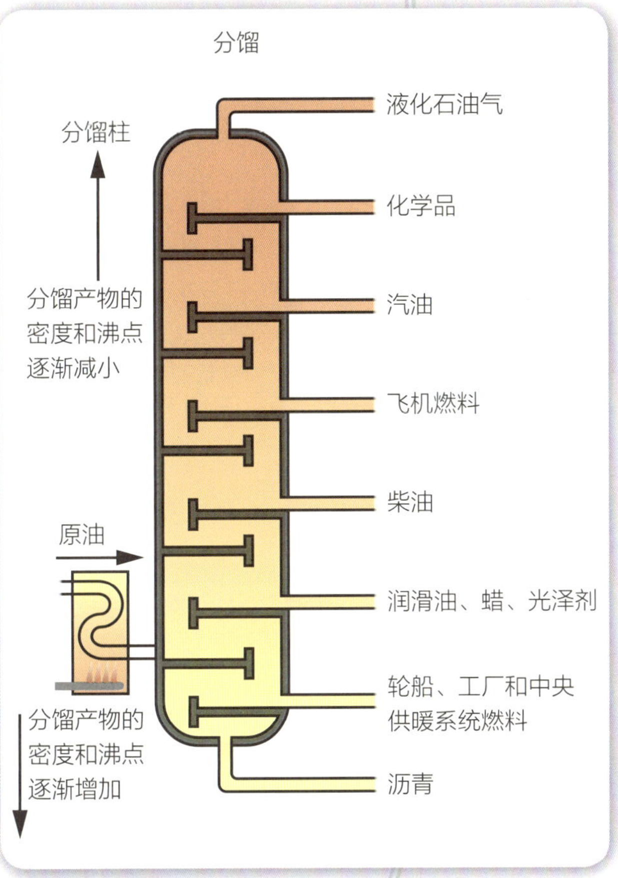

天然气

天然气通常被认为是不可再生燃料。然而，天然气的主要成分甲烷能够用可再生资源生产。甲烷无色无味，更重要的是，它燃烧时能释放大量热能。天然气和石油一样，被认为是由千百万年前死亡的微小海洋植物和动物的遗体残骸，在极度的高温高压的条件下形成的。天然气形成以后，会通过周围岩石的微小气孔向上逸出。有一些气体渗出地表，分散到大气中。不可渗透性的岩石、页岩或者黏土能够囚禁大量的天然气，形成巨大的地下储气层。通过向岩石层钻孔，能够将这些储气层中的天然气抽取出来。

天然气主要是由可燃性**碳氢化合物**气体组成的。尽管甲烷是天然气的主要组分，但天然气也包含乙烷、丙烷、丁烷和二氧化碳等气体（见图5-28）。这些化学物质会在精炼的过程中被分离，单独销售，专供一些设备（例如天然气烤箱）利用。

碳氢化合物（hydrocarbon）： 只包含碳和氢两种元素的有机化合物。

图5-28　天然气的成分。

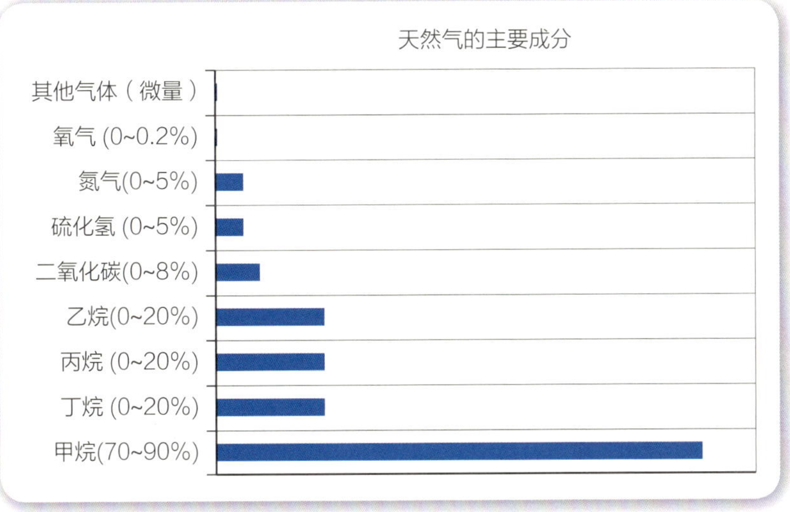

天然气的消耗者 天然气提供了美国每年能量消耗量的29%。最大的天然气消耗者是工厂，它们通常把天然气作为热源来制造产品。天然气被用来生产化肥、药物、胶卷、墨水、胶水、颜料、塑料、清洁剂和杀虫剂。

住宅和商业楼是天然气的第二大消耗者。很多家庭和商业楼利用天然气驱动热水器、炉灶、烤箱和干衣机。天然气是理想的家用燃料，因为它是清洁能源。

天然气也能够用来发电。天然气是美国电能的第三大供应者，仅次于煤和铀。

汽车公司现在正在销售由压缩天然气驱动的汽车（见图5-29）。汽油和柴油驱动的汽车，能够被改装成用天然气驱动。

图5-29 本田思域GX由压缩天然气驱动。

煤

煤的起源 煤来源于生活在千百万年前后石炭纪的植物和其他有机物质。在那个时期，低洼的海滨沼泽和三角洲覆盖了如今美国东部和中西部的大部分地区，为煤的形成创造了理想的条件。当这些植物死亡以后，它们倒在沼泽中开始腐烂。这个过程持续了超过3千万年，形成了很多层部分腐烂的有机物质。上层的重力挤压下层，形成泥炭。泥炭处于上层物质造成的高温高压环境之下，其中的氢气和氧气被挤出，留下了含碳量丰富的沉积物，就是现在我们称为煤的物质。

煤的种类 如图5-30所示，根据碳含量和能量产出率，北美的煤被分为四类：无烟煤、烟煤、次烟煤和褐煤。

煤的开采 美国大多数煤的开采利用的是地下开采技术或者地表开采技术。随着科技的进步，采煤的程序在过去30到35年内已经发生了翻天覆地的变化。

地下煤炭开采 地下煤炭开采也叫做深开采，用于开采地表以下几百英尺的煤。为了开采这些地下的煤炭，矿工乘坐升降电梯深入到矿井中，在那里他们利用不停运作的采矿机器挖煤。这些机器有带齿

图5-30 北美煤的种类。

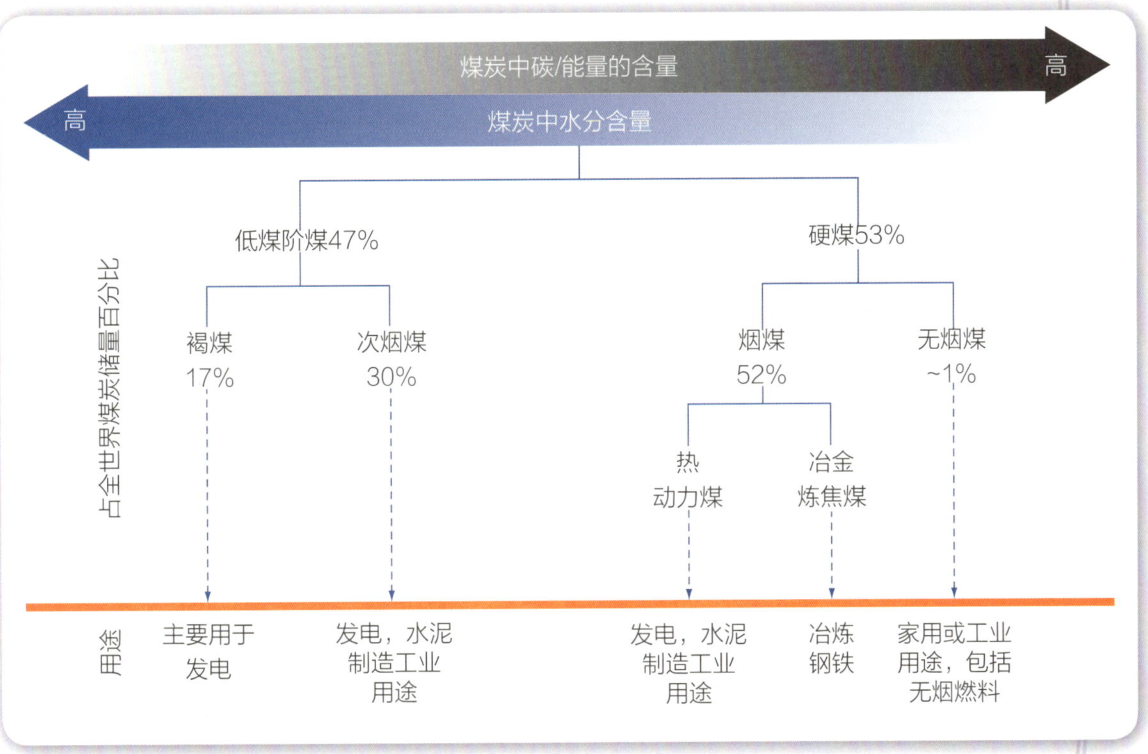

图5-31 地表采矿机器。

的巨大旋转滚筒，刺入到煤壁中粉碎煤矿。然后将煤装载在传送带上运送出矿井。

地表煤炭开采 地表煤炭开采比地下煤炭开采成本较低，在美国，大多数的煤都是地表开采得到的。这种方法通常适用于煤炭位于地面以下200英尺以内的情况。地表开采技术利用大型机器移除表层土和岩石层，把巨大的煤床暴露出来（见图5-31和图5-32）。当煤被挖走，开采结束的时候，泥土和岩石被回填到矿井中，表层土重新铺在上面，这片区域被重新种上植物。这片土地能用于耕种、野生动物保护、休闲旅游和工业生产。

图5-32　在露天的矿井中，自动装卸卡车载满了煤。

© iStockphoto.com/Rob Belknap.

煤的利用

发电　美国开采或进口的煤，大约92%被用于发电。燃煤发电厂利用烧煤产生的热量，使水沸腾并产生蒸汽，蒸汽迅速膨胀，推动如图5-33所示的巨大涡轮机叶片，使得叶片旋转，就像你吹动纸风车旋转一样。涡轮机的转动会带动与它连接的发电机发电。在美国，燃煤发电厂生产的电能超过电能总产量的50%。

图5-33　一台在修理中的蒸汽涡轮机。当它全力运转时，蒸汽会推动叶片，使得涡轮机旋转，就像你吹气使得纸风车旋转一样。

© iStockphoto.com/Alexandru Romaniciuc.

工业用途 尽管大多数煤被用来发电，煤也有工业用途（见图5-34）。煤含有大量的甲醇和乙烯，同时也含有其他成分，能用来制造化肥、塑料、焦油、合成纤维和药物。造纸工业和混凝土工业也需要燃烧大量的煤。

图5-34 美国煤炭用途扇形图（单位：吨）。

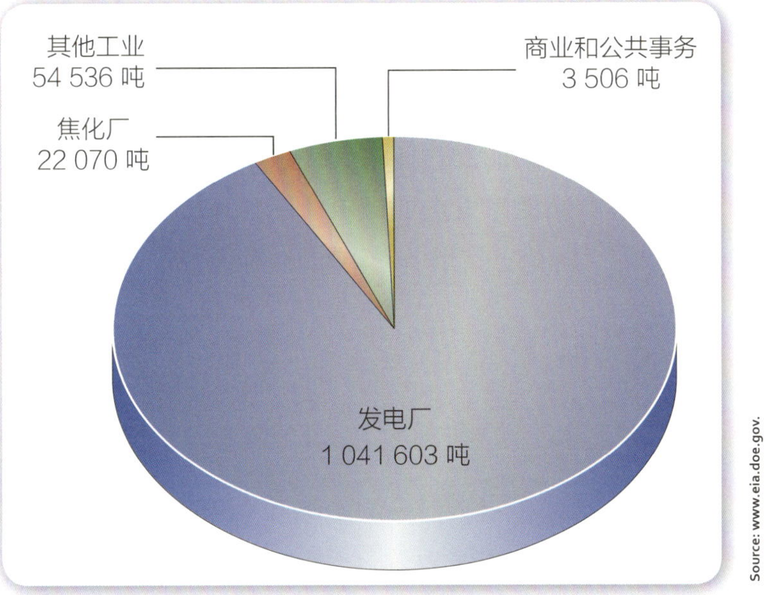

钢铁生产 焦炭是煤的一种形式，用来生产钢铁。把煤在无氧锅炉中加热到超过2000℉，就能制得焦炭。焦炭从锅炉中取出来后，要迅速冷却，然后运送到钢铁厂。燃烧焦炭产生的极高温度能够融化铁。焦炭中的碳元素与纯铁结合形成钢铁。

出口 在2008年，有超过8150万吨煤从美国出口到其他国家（见图5-35）。美国的煤大多出口到加拿大、巴西、荷兰和英国。

图5-35 2008年美国煤炭总出口量（单位：吨）。

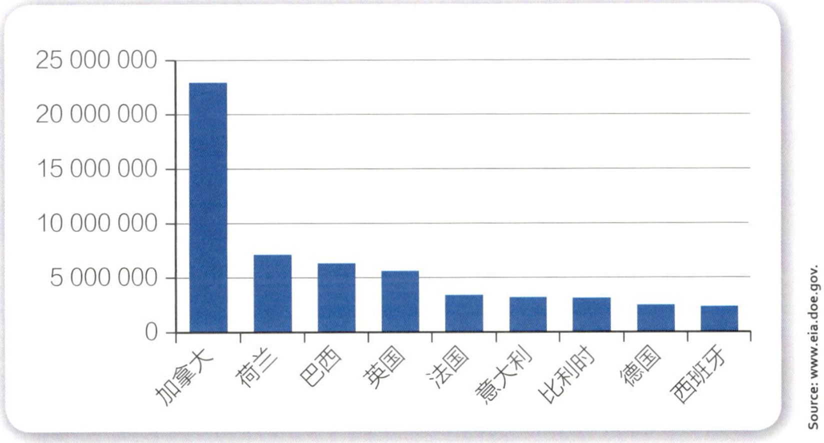

核裂变（nuclear fission）：

重原子核分裂成较轻的原子核，并释放能量的核反应。

核聚变（nuclear fussion）：

较轻的原子核聚合到一起，并释放能量的核反应。

核能

核能发电站挖掘物质最小的组成单元——原子——所包含的无比巨大的能量。**核裂变**是把重原子（例如铀235的原子核）分裂成较小的原子核。这个过程产生巨大的热能，被用来产生蒸汽。目前所有的核电厂都是用这种方式发电。**核聚变**是把较小的原子核聚合到一起，也会释放大量的热。太阳通过核聚变产生能量。科学家和工程师正在致力于掌控核聚变的能量，用它们来发电。

铀燃料循环 尺寸和一个橡皮擦一样大的铀燃料块所包含的能量几乎跟一吨煤所包含的能量一样多。与其他燃料一样，铀是一种必须经过加工才能进行高效率发电的燃料。图5-36所示的铀燃料循环，展示了开采、精炼、转化、富集、利用和储存的过程。

图5-36 铀的提炼过程。

开采和碾磨

铀矿既可以在地下矿井开采，也能在地表矿井开采。把铀矿石压碎并与一种酸混合在一起，这种酸会溶解铀，但是不会溶解压碎的岩石。一种叫做原地开采的新工艺，将溶解铀的酸输送到铀矿中提取铀。再将酸排净，留下一种叫黄饼的黄色粉末。

转化和富集

黄饼被转化成一种叫做六氟化铀（UF6）的气体。这种气体可以被富集，生成铀235，这是在商业核电站中最常用的铀的类型。

燃料制造

富集的铀被运送到加工设备上，加工成小的圆柱状的铀块，准备用于核反应堆。

核反应堆

将铀块紧密地堆放在一根长不锈钢燃料棒上。一束燃料棒叫做燃料组件。每一个铀块能产生相当于150桶石油的能量。

储存核废料

尽管核能是一种相对清洁的能源，但储存使用过的铀对于环境安全是一项巨大的挑战。大多数使用过的燃料被储存在核电站地下。内华达州的尤卡山即将成为美国国家放射性废料储藏地。

回收利用（后处理）

当燃料棒被替换掉时，其中的铀并未全部被利用。大概还有三分之一的铀仍可供利用，但是它们与放射性废料混合在一起。利用叫做后处理的技术，能把未使用过的铀从废料中分离出来。

核电站内部 美国有两种类型的核电站：压水反应堆（PER）和沸水反应堆（BWR）。美国超过70%的反应堆是压水反应堆。图5-37是压水反应堆示意图。

图5-37 压水反应堆。

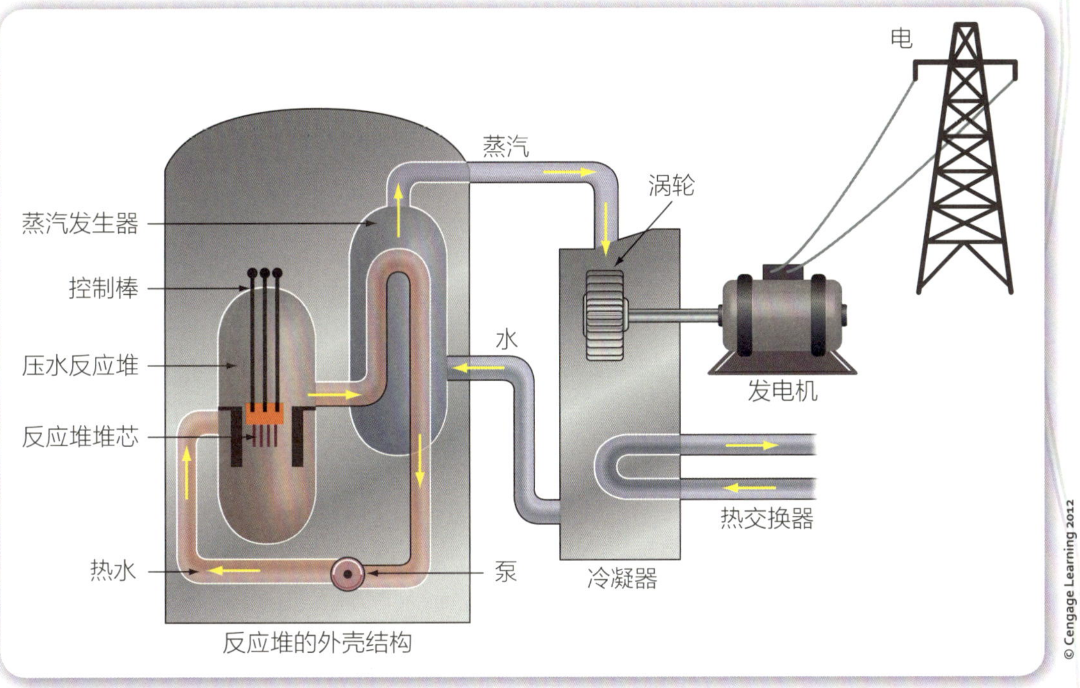

压水反应堆是怎样工作的

1. 在反应堆外壳结构的内部，当水流过反应堆时，将水保持在高压状态以防止沸腾（见图5-37）。

2. 燃料棒上的核裂变链式反应使得水过热，温度达到大约600°F（315.5℃）。

3. 过热的水被泵送进入热交换器，此处来自冷凝器的较冷的水变成蒸汽。蒸汽驱动传统的涡轮机和发电机发电。反应堆一级回路里的高压水不会与二级回路里产生蒸汽的水相接触。

4. 蒸汽通过涡轮机叶片之后，冷凝器把蒸汽重新转换成水。冷凝器回路要么使用冷却塔，要么使用大量的水来调节回路的温度。

能源效率和节能

提高能源效率，是指在完成同一种功能情况下，利用技术减少能量消耗。节约能源就是指使用较少能量。我们每天都需要使用能量。我们每一个人都可以通过减少能源消耗而改变现状。减少能源消耗将对我们生活的质量和环境有益。

美国每分钟大约使用1890亿Btu的能量。这些能量大约占全世界能源产量的20%。中国是第二大能源消耗者，消耗世界能源总产量的15%。美国能源部把能源利用分为三类：居民和商业利用、交通利用、工业利用。你可以通过自己的选择和行为，为减少这三类能源消耗做贡献。

轮到你了

美国的家庭，平均每年水、电、煤气账单共几百美元。不幸的是，他们购买的能源大多都浪费掉了。幸好，你可以采取很多行动来节约家庭的能源和开支。这里有一些你力所能及的：

▲ 制作一份家庭能耗清单，找出家里面能耗最多的地方。一份家庭能耗清单能显示出哪里需要改进，给减少能源开支提供最有效的建议。

▲ 当购买电子产品和家用电器时，请检查能源之星认证标志（见图5-38）。能源之星是美国环境保护局（EPA）和美国能源部合作的一个项目，通过提高能源效率和节约能源，帮助每一个人节约开支和保护环境。

图5-38　能源之星认证标志。

▲ 把旧的白炽灯换成新的紧凑型荧光灯。很多紧凑型荧光灯消耗的能源是白炽灯的四分之一，而且使用的寿命是白炽灯的10倍。紧凑型荧光灯价格较高，但是使用很短的时间，这份开支就会在节约能源方面得到回报。

▲ 当你不使用电子产品时，它们也会消耗能量。当你不使用电脑、电视机、手机充电器等的时候，请拔掉电源，这样会减少你使用的能量。

▲ 你正准备购买第一辆车吗？可以考虑购买一辆节能的混合动力汽车或者清洁柴油汽车。这些节能汽车每年能为车主节省约1500美元的燃油开支。这就意味着你可以使用更少的能量出行。

▲ 如果你拥有一辆汽车，确保它的胎压正常。胎压正常的轮胎不仅能为你节约燃料开支，而且能使用更长久。

工程师档案

盖尔（Gatrielle Guerre）在大学是一名排球运动员，现在活跃在石油行业，她喜欢让自己一直拥有选择的机会。幸好，工程师这一工作符合她对于生活多样性的要求。“我拥有机械工程的学位，”这位堪萨斯州立大学的毕业生说，“但是工程学的优点在于你可以学习某一专业，然后从事一个完全不同的职业。总会有需要工程师的地方。”她目前在赖德斯科特公司工作，这是一家在得克萨斯州休斯顿的咨询公司。

盖尔：赖德斯科特公司石油工程师

工作内容

在赖德斯科特公司，盖尔为她的客户做储备分析和审计。“一家公司来我们这里咨询，因为他们需要满足美国证券交易委员会的要求，或者他们正在尽力做一份年度报告或一份内部审计表，”她说，“你在做的决定将对世界产生影响。一个人能产生的影响是巨大的。”

刚离开大学的时候，盖尔在埃克森美孚工作。“我做过的最有趣的工作是跟蒸汽打交道。我负责的油田有非常稠的油，我们向地底注入蒸汽以降低它的黏度，这有助于油更容易流动到地面上。”

职业启蒙

盖尔相信，她大学的教授给她指引了正确的人生方向。“以前我不知道我以后想做什么，”她说，“我总是打排球，但是我需要得到一个学位，让我在求职的道路上不会受阻碍。我的老师为迁就我的排球课程表特别帮忙。如果我有问题，他们总会帮助我。”

有时候，他们让盖尔回到兴趣点上。“在我的力学课上，有一次我的老师把我叫到讲台前，让我用排球展示运动学原理，”她说，“这非常有趣。”

教育经历

由于受益于良好教育，盖尔渴望与别人分享她的知识。她活跃于几个志愿者组织，喜欢通过课堂演示向年轻学生介绍工程学知识。

“我们可以用纸张搭建一座桥梁，或者展示不同的物理学原理。”她说。

一个专门针对石油工业和天然气工业的演示，甚至用到了花生酱杯。“这个方法能帮助学生理解钻井设计和增产工艺。”盖尔说。

压裂技术已经使用了几十年，用来把更多的石油和天然气开采出来。为了演示压裂，盖尔说：“你在一根吸管的中间刺一个洞，把吸管的一端粘到花生酱杯子上。然后把所有的东西放在一个透明的塑料杯子中，杯子里面事先倒进一些果冻。确保果冻盖住了这根吸管的洞，让吸管的另一端伸出杯口一点。然后你用注射器向吸管开口端注射牛奶（或者其他有颜色的液体，但是颜色与果冻不同）。牛奶无处可去，只能进入果冻里面，这就形成了压裂。”

给学生的建议

盖尔一直相信利用直观的教学工具（例如果冻-花生酱杯子演示实验）是有益的，最能让学生领会拥有工程师学位的人所能拥有的能力。“这样的人能在任何地方工作，做任何事情，从事任何行业。”

总 结

本章主要介绍了以下内容：

- 能量的定义是使物质运动或变化的能力。
- 尽管能量有不同的形式，我们能把它们归为两类：势能，也就是储存着的能量；动能，也就是由于运动而具有的能量。
- 热（通常用字母Q表示）是从高温物质向低温物质流动，或有流动趋势的能量。热是能量的一种形式，热的单位与功和机械能的单位相同。
- 热的传递有三种形式：传导、对流、辐射。
  - 热传导，是指热（热能）在物质内部通过粒子与粒子之间的碰撞进行传递。
  - 对流，是指通过流体中热物质的运动来传递热。
  - 热辐射，是指热（热能）通过电磁波从一个地方向另一个地方传递。
- 温度是用来衡量物质分子平均动能的物理量。
- 在美国，能量的产量和消耗量一般用Btu和热姆进行度量；100 000 Btu等于1热姆。
- 热量的国际标准单位是焦。1焦等于1牛顿的力作用1米的距离所做的功。
- 另一个衡量热能的常用单位是卡。1卡等于使1克水温度提高1 ℃所需要的热量。
- 功率是单位时间里转换或者传递的能量。功率的国际标准单位是瓦特。
- 热力学是物理学的一个分支，以能量和机械功的基本自然法则为基础。
- 能量守恒的科学定律指出，能量既不会凭空产生，也不会凭空消失。
- 可再生能源是在短时间内能被补充的能源。
- 不可再生能源是在我们的生命周期内不能被补充的能源。

课后作业

1. 当你把一本书拿在手上，举过头顶，它有势能还是动能？
2. 声波跟电磁波有什么不同？
3. 解释太阳能收集器是怎样工作的。
4. 光伏电池是怎样发电的？
5. 风的动能怎么转换成电能？
6. 什么是势能？
7. 什么是动能？
8. 一棵生长的植物把光能转换成什么形式的能量？
9. 当你打开电视机时，电能被转换成什么形式的能量？
10. 你的身体利用食物中的化学能，产生了什么形式的能量？
11. 美国利用的可持续能源多，还是不可持续能源多？
12. 列举三种化石燃料。
13. 被动式太阳能供暖跟主动式太阳能供暖有什么区别？
14. 解释水力发电站是怎么工作的。
15. 天然气是怎样被利用的？
16. 丙烷来自哪里？
17. 描述汽油是怎样从原油中提取出来的。
18. 什么能源是由地球上的温度不均匀造成的？
19. 目前使用的最清洁的化石燃料是什么？
20. 核聚变跟核裂变有什么区别？

补充作业

问题陈述： 假设你刚刚被雇佣为“绿能方案”的一名工程师，这是一家专门设计和建造小型替代能源的公司。你的第一个任务是在曼哈顿街摩天大楼的屋顶，搭建一个利用太阳能或者风能（或者两者兼用）来发电的系统，供建筑物内部使用。

设计要求： 花一些时间对这个问题进行头脑风暴，研究一下哪些问题已经有了答案。选择最佳的设计，用可循环的材料制作一个模型。在课堂上展示你的设计。

第6章 电气系统

头脑准备

在学习本章的概念时，请思考下面的问题：

1. 组成原子的亚原子粒子是什么，它们与电有什么联系？
2. 电荷定律是怎样影响电流的？
3. 电源有哪几种，它们是怎样产生电压的？
4. 电压、电流和电阻有什么不同？
5. 数字万用表能测量哪些电性质，怎么测量？
6. 导体和电阻的主要功能是什么？
7. 如何用色标标称通孔式定值电阻器的标称电阻值和公差范围？
8. 欧姆定律揭示了导体的电压、电流和电阻之间怎样的关系？
9. 串联电路有什么特点？
10. 并联电路跟串联电路有什么区别？

引 语

假如没有iPod、图形计算器或者手机，没有现代电子产品带来的便利，这个世界将会怎样？如果你回到1947年，你会用收音机听晚间新闻。那时候，黑白电视机刚刚进入美国家庭（见图6-1）。打电话并不是将手伸进口袋那么简单。那个时候，大多数的电话线是合用线：几个家庭连接着同一根电话线。你必须等你的邻居打完电话，然后你才能打电话。如果你想听音乐，你要么打开收音机，要么把一张唱片放进唱片机播放。

图6-1　1947年，在一些家庭中可以看到这样的电视机。

那个时候的收音机、电视机、电话、唱片机和其他电子设备，都依赖于一种叫做真空管的电子元件，真空管是在密封的真空玻璃容器中，用于放大、转换和控制电荷运动的电子器件（见图6-2）。1945年，第一台电子计算机出现了，名为ENIAC（电子数字积分计算机），它占据了宾夕法尼亚大学的一整间房子。它用真空管来控制电信号。使用真空管的缺点是它们易碎、寿命短、耗能大、体积大。

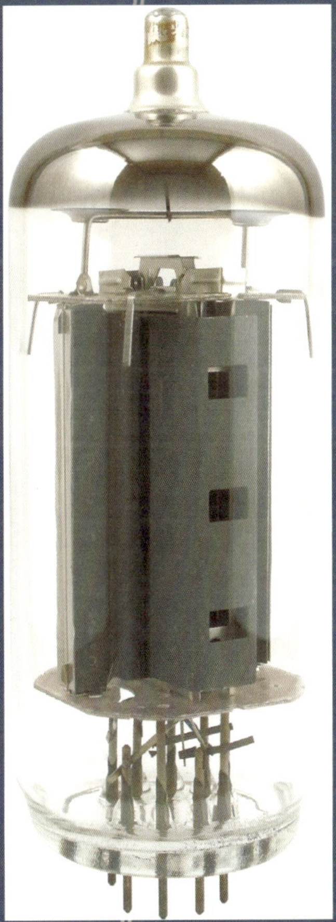

图6-2　真空管。

尽管20世纪40年代的人们惊讶于真空管的能力，20世纪最显著的进步却是在美国新泽西州的贝尔实验室出现的。1947年12月底，三位科学家——肖克利（William Shockley）、布拉顿（Walter Brattain）、巴丁（John Bardeen）——发明了晶体管，晶体管在大多数应用中代替了真空管。数年之后，晶体管变得越来越小。现代计算机芯片把上百万个晶体管集成在比指甲盖还小的面积上（见图6-3）。它们是如此微小，以至于如果把2000个晶体管首尾相接连在一起，它们的长度仅仅相当于一根头发的直径。

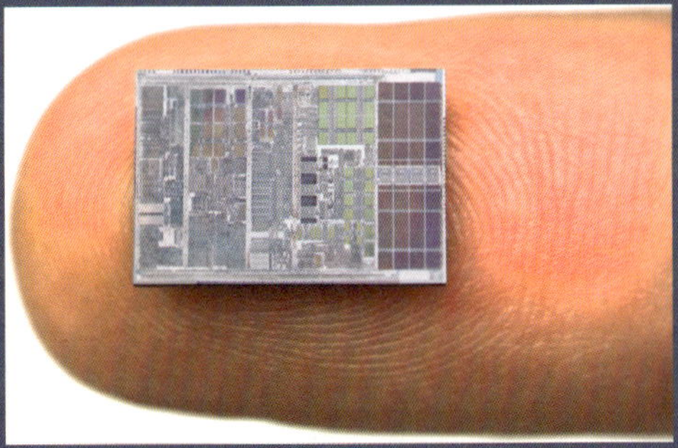

图6-3　一名技术员拿着一个由上百万个晶体管组成的微芯片。

我们生活在信息时代。哪里都可以看到计算机。计算机和现代电子设备，已经彻底改变了我们生活、交流和工作的方式。所有这些科技奇迹的核心是电路，电路中有成千上万的元件一起工作，实现某种特定的功能。

趣味阅读

琥珀

Electricity（电）、electrons（电子）、electronic（电子器件）等等以electr开头的词语，都起源于一个希腊词语elecktor，意思是“耀眼的太阳”。在希腊语中，elektron的意思是琥珀。

图6-4　这些琥珀已经存在了上百万年。

琥珀是一种漂亮的青铜色的类似于石头的物质，在阳光下闪耀着橙色和黄色的光芒（见图6-4）。琥珀实际上是石化的树汁。古希腊人发现了一些有关琥珀的奇怪的事情。例如，当用毛皮摩擦它的时候，它会吸引羽毛、头发和其他较轻的物体。他们不知道为什么会产生这样的现象，其实，希腊人已经无意中发现了第一个静电的例子。英文electricity（电）的起源可以追溯到拉丁语中的electricus，意思是“通过摩擦琥珀产生”。

原子

所有的物质，无论是固体、液体还是气体，都是由原子组成的（见图6-5）。**原子**是物质中保持元素性质的最小的不可分单元，是元素最基本的组成单位。原子一般跟其他原子结合形成**分子**，例如H_2O（水）。

原子的中心是**原子核**，由叫做质子和中子的亚原子粒子组成。**质子**带有正电荷，**中子**不带电荷。绕着原子核旋转的是更小的带负电

原子（atom）：
物质中保持元素性质的最小的不可分单元，是元素最基本的组成单位。

图6-5　碳原子结构图。

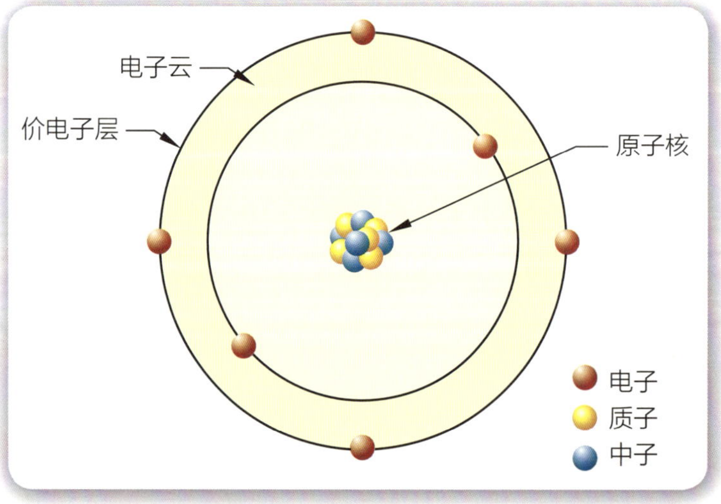

的亚原子粒子，叫做**电子**。电子跟质子和中子不同，原子之间的电子能进行共享，形成化学键。电子也能从一个原子直接跳到另一个原子，产生电流。原子几乎是空的。如果把一个原子的原子核当成一个网球，那么电子绕它运动所占据的空间就相当于一座帝国大厦。

电子（electron）： 极小的带负电的亚原子粒子，绕着原子核旋转。

趣味阅读

1879年，来自纽约市和其他地方的人们，聚集到美国新泽西州的门洛帕克，见证一件以前从未发生过的事情。爱迪生和他的雇员，邀请公众到他的工厂，见证大约100只白炽灯照亮地面的情景。

在爱迪生的门洛帕克表演之前，许多有关电的知识已经被发现了。例如，意大利科学家伏打发明了电池。英国科学家法拉第发明了利用磁场产生电能的发电机。

尽管爱迪生被认为是白炽灯的发明者，电气照明的想法在此之前便已出现。世界各地的发明家和科学家一直在忙于开发各种形式的电气照明设备。只不过，在爱迪生取得突破的时候，还没有实用的家用电气照明设备。路灯一般由气体和碳弧系统驱动，通过在两个碳极之间发送电流，产生极为明亮的光线。

白炽灯照明，是让电流流过细金属丝，然后发光，细金属丝叫做灯丝。灯丝被密封在真空的灯泡里面。爱迪生和他的雇员花了几个月的时间寻找最佳的灯丝。第一种被测试的材料是铂，但是这种金属生产的金属丝很快就会过热，然后熔断。在试过几百种其他材料之后，

图6-6　今天我们认为照明是理所当然的。（a）公园由于夜晚活动被节能的荧光灯和LED灯点亮。（b）一个跟爱迪生发明的灯泡相似的白炽灯泡。

(a)

(b)

(接下页)

趣味阅读 (接上页)

当爱迪生的团队让电流通过碳灯丝，看到了惊人的结果，这些碳灯丝是缝纫线燃烧后制成的。碳化的缝纫线产生的光可以持续13.5小时。这就是在门洛帕克的公开演示中所用的灯丝。工作人员后来又发现，竹灯丝能延长灯泡的寿命。

爱迪生发明灯泡时，很多家庭和公司还没有通上电。要使他的发明能运用到日常生活中，消费者必须能够很容易得到电。于是，他花了几年的时间开发了一个系统，利用中心电站发电，再用像迷宫一般的电线将电输送到家庭和公司。不久之后，电能和白炽灯泡便在全世界普遍应用起来。

元素

元素（element）： 仅由一种原子组成的物质，不能用化学方法分解成更简单的形式。

原子序数（atomic number）： 存在于原子核中的质子的数目。

由一种原子组成的物质就是一种 **元素** 。现在，科学家知道了118种元素。其中有94种元素是地球上天然存在的，剩下的24种是人工创造的。

元素周期表按照元素的质量和元素中亚原子粒子的数目排列。每个元素化学符号对应一个数字，就是元素的 **原子序数** 。这个数字会告诉你，该元素的一个原子中有多少质子。每种元素有独一无二的原子序数。因此，没有两种元素的质子数相同。由两种或多种元素组成的物质叫做 **化合物** 。

离子

一般情况下，原子的电子数和质子数相等。由于质子带有正电荷，电子带有负电荷，正负电荷相互抵消，导致原子为电中性。

当一个原子丢失电子或者从其他原子得到电子，它就成为了 **离子** 。得到电子的原子叫阴离子。阴离子是带负电荷的离子，因为它核外的电子数比原子核中的质子数多。另一方面，失去电子的原子成为带正电的离子，叫阳离子，因为它的电子数比质子数少。

2 静电与电荷定律

电荷定律（law of charges）： 异性的电荷相互吸引，同性电荷相互排斥。

电荷定律 指出，异性的电荷相互吸引，同性电荷相互排斥。因此，正电荷被负电荷吸引。在原子中，电子被原子核中的质子吸引。是什么阻止电子撞向质子呢？答案是离心力。由于电子绕原子核高速旋转，它们被拉开远离质子，就像地球被拉开远离太阳一样。

为了认识电荷定律，我们来做一组小实验。把两个泡沫塑料球悬挂在天花板上，如果两个球都没有电荷（既不带正电荷也不带负电荷），那么什么都不会发生，如图6-7（a）。

图6-7 用泡沫塑料球演示电荷定律。

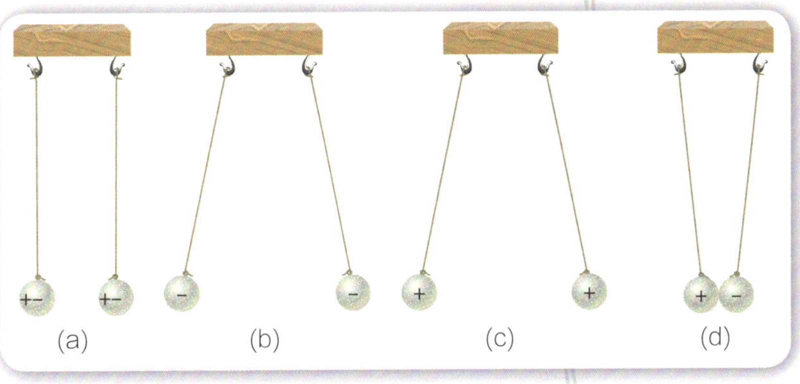

在下一个实验中，将一根坚硬的橡胶棒用毛皮摩擦几下，使它带负电。当橡胶棒接触两个球时，橡胶棒从软毛上获得的多余的电荷，被传递到泡沫塑料球上。由于两个球现在都带负电，它们会相互排斥，如图6-7（b）所示。

当两个球都带有正电时，实验结果也一样。由于同性电荷相互排斥，泡沫塑料球再次被分离开[见图6-7（c）]。

最后，让其中一个球带正电荷，另外一个球带负电荷。由于异性电荷相互吸引，两个泡沫塑料球会粘到一起，如图6-7（d）所示。

为什么气球与头发摩擦后，能够粘到墙上或者天花板上？

答：两种不同材料之间发生摩擦，导致负电荷从头发传递到气球上。当气球接触墙或者天花板时，气球上的大量负电荷，会排斥墙上一定区域内原子中的电子，导致它们向墙壁的内部移动。这就使得墙的局部区域有过量的正电荷。带负电的气球跟带正电的墙相互吸引，使得气球“粘”在了墙上。

电流

电流是带电荷粒子（例如自由电子、空穴和离子）的运动。电子流是自由电子沿着传导路径，从一个原子运动到另一个原子而产生的。由于电子带负电荷，它们被负极区排斥，被正极区吸引。

电流（current）：带电粒子（例如自由电子、空穴和离子）的运动形成电流。

电曾经被认为是导体中的正电荷从正极流向负极，这便是人们常说的电流方向。这个理论的形成，远早于我们对原子和原子中的亚原子粒子的认识。事实上，许多有关电的理论，包括有极性的电子元件符号的发展，都是基于传统电流的概念。如果把电流方向看成带正电的空穴沿着传导路径，从一个原子流向另一个原子，那么这一说法仍然是有效的。当一个电子从一个原子跳到另一个原子时，它就留下了一个带正电的空穴。这个带正电的空穴吸引其他带负电的电子。实质

图6-8 每个电池都有正极和负极。

上，这两种电荷载体交换了位置，电子朝一个方向运动（从负极到正极），带正电的空穴向相反的方向运动（从正极到负极）。

极性

极性（polarity）： 带正电或者带负电的一种状态。

极性 是带正电或者带负电的一种状态。表示电极的最常用的方法是，以负号（-）代表负极，正号（+）代表正极。极性是一个相对的概念，回路中某点的电性究竟是正的还是负的，是相对于同一回路中另一个参考点而言的。

图6-8所示，9伏电池的两极被贴上了正号和负号的标志。带负号的电极叫做负极，它比正极所带的负电荷更多。相反地，带正号的电极叫做正极，它比负极所带的正电荷多。

电子轨道

导体（conductor）： 电子能轻易地流过的材料。

能够让电子容易地流过的材料叫 **导体** 。银、铜、金和铝都是良好的导体。那么，是什么使得这些材料有更好的导电性能呢？答案在原子的原子结构里面。电子以原子核为中心，形成轨道，叫做壳层。每一个电子壳层包含特定数目的电子。一个壳层能够拥有的最大电子数能用公式$2n^2$计算，n代表壳层数。在任何电子中，第一壳层拥有不超过2个电子（$2\times1^2=2$）。第二壳层能最多拥有8个电子（$2\times2^2=8$），以此类推。图6-9说明了这个概念。

图6-9 每个轨道上的最大电子数。

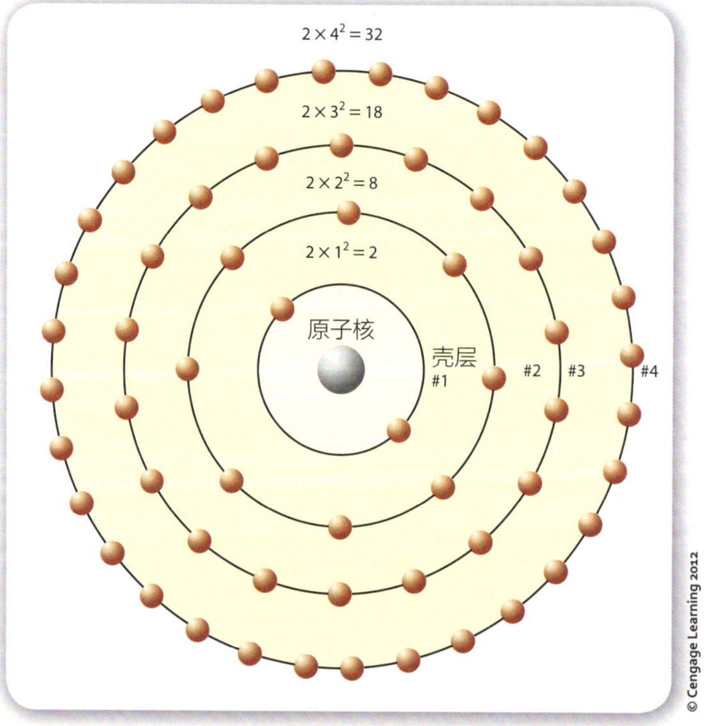

价电子层　良好导体的材料仅有一个或两个电子占据最外层电子层，又叫**价电子层**。因此，在这一层中的电子叫做价电子。这种材料的原子很容易丢掉价电子，把它们给相邻的原子。

价电子层（valence shell）：

原子的最外层电子层。

电压的来源

3

如果电子流是自由电子沿着传导路径，从一个原子运动到另一个原子的结果，那么是什么导致电子运动的呢？这个问题的答案是电压。电压可以被认为是一种电的压力。电流回路中有几种不同电压的来源，包括电池、发电机、光伏电池、热电偶和压电器件。

电池

iPod和手机这类轻便的电子设备，大多是由电化学器件提供电能，这种电化学器件叫做伏打电池，一般叫做电池。**电池**通过把化学能转换成电能产生电压。电池中两个分开的金属电极浸在一种叫做电解液的化学溶液中，发生化学反应（见图6-10）。这个化学反应让其中一个电极比另一个电极释放更多电子，使得一个电极比另一个电极带更多负电。

电池（battery）：
电池是一种通过化学反应产生电的器件。电池中两个分开的金属电极，浸在一种叫做电解液的化学溶液中，发生化学反应并且产生电。

图6-10　电池的剖面视图。

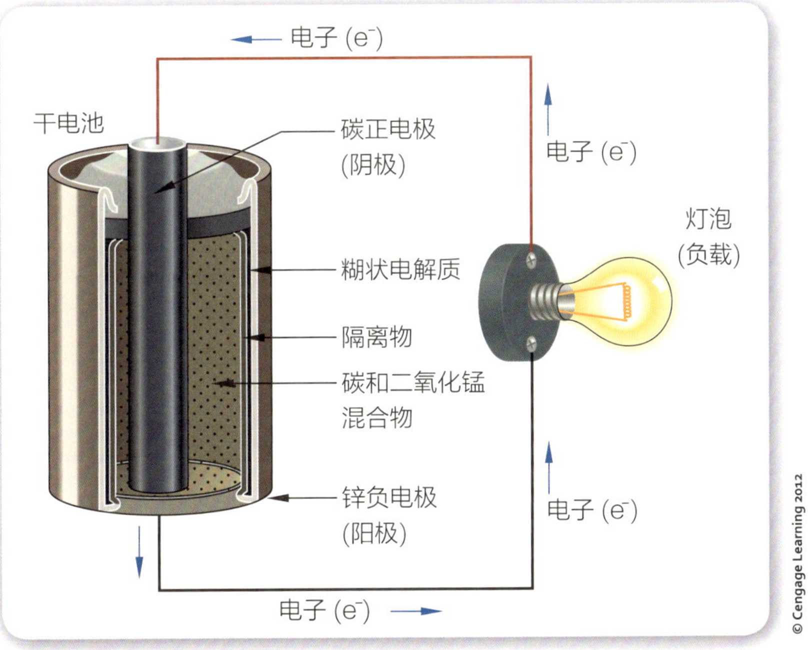

两个电极分别连接着电路的两端，形成一个闭合电路。由于带负电的电极（**阳极**）与带正电的电极（**阴极**）隔离开了，电子从负电极流动到正电极的唯一方式是，通过外部闭合电路流过去。当超期使用之后，电池两个电极之间的电位差减为零。这时电池就“寿终正寝”了。

图6-11　这是一个简化的法拉第电磁学实验。一根磁棒插入到一卷铜线圈中。当磁体运动时，磁场激发线圈中的电子运动，产生电流。用电流计检测电流的产生。

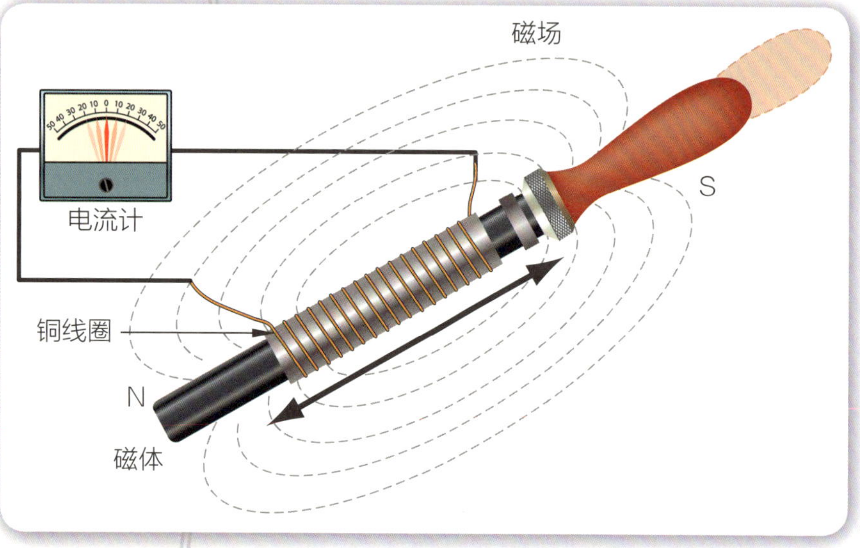

© Cengage Learning 2012

图6-12　位于哥伦比亚河的麦克纳利大坝里面的涡轮发电机。

Image copyright Matt Niebuhr, 2010. Used under license from Shutterstock.com.

发电机（generator）：

将机械能转换成电能的设备。

电磁感应（electromagnetic induction）：

导体通过磁场时，在导体中产生电压的现象。

发电机

发电机是将机械能转换成电能的设备。在19世纪30年代，英国著名科学家法拉第发现，当电线通过一个永磁体的磁场时，电线中会产生瞬时电压。他的发现在今天被称作**电磁感应**。

法拉第也被公认是第一台电气发电机的发明者。法拉第的简单发电机是现代发电机的鼻祖，它能够利用电和磁的关系，把机械能转换成电能。当电流通过导体时，它在导体周围产生磁场。反之亦然：当导体通过磁场时，导体中会产生瞬时电压。如果把它连接到回路上，电压会驱使电子流动。如今，几乎所有电能都是基于这个原理产生的。

在图6-11中，一根磁棒插入一卷电线。当磁棒运动时，电线中会产生电流，回路中的电流计用于检查电流的产生。回路中产生的电流的方向跟磁体运动的方向有关。

反复来回移动磁体会产生交流电。现代发电站利用包含在煤、石油、铀、风等能源中的能量，驱动发电机产生电流。像图6-12所示的发电机，通过旋转处于磁场中的一大卷导线，把输入转动轴的机械能转换成电能。

T

用一卷电线和一个强磁体，制作你自己的发电机。在线圈的两端连接一个万用表，用来测量电压。当磁体通过线圈时，你会看到电压升高。

光伏电池（photo-voltaic cell）：

能够吸收光子产生电压的半导体器件。

光伏（PV）电池

半导体材料，例如硅和锗，可用于制造通过吸收光子的能量产生电压的**光伏电池**。当连接到回路时，光伏电池产生的电压，会导致自由电子在回路中运动，为用电器（例如电灯）提供能量（见图6-13）。这项技术经常跟可充电电池结合使用，电池用于储存电能，当光线不足时，这种电子器件也能继续工作。

图6-13 当光伏电池吸收光子时，会释放电子。这些电子在回路中产生电流。

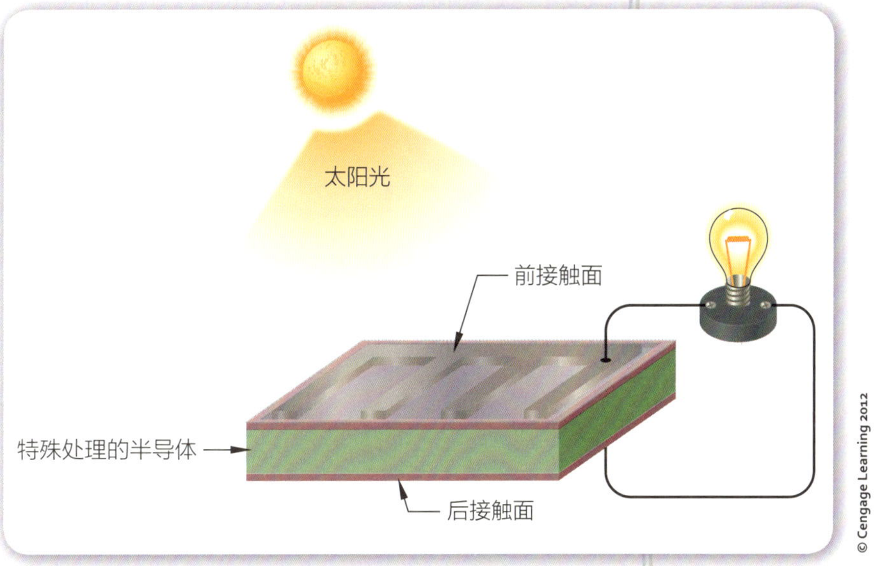

热电偶

热电偶是由绑到一起的两个不同的金属组成的器件。在加热情况下，器件中会产生一个小的电压（见图6-14）。产生电压的大小跟温度成正比。热电偶经常被用在电子温度控制系统中，作为温度传感器。

热电偶（thermo couple）：

由两个不同的金属组成的器件。在加热情况下，器件中会产生一个小的电压。

压电器件

有一些材料在受到机械压力，例如挤压、拉伸、弯曲和扭转时会产生电压。石英晶体就是一种这样的材料。这种现象被叫做**压电效应**。

压电效应（piezoe-lectric effect）：

当材料受到机械压力时会产生电压的现象。

图6-14 把一节短铜线和一节短铁线的端部缠绕在一起，就制成了一个简单的热电偶。把热电偶缠绕的一端放在蜡烛的火焰上，会产生一个小的电压。把缠绕的一端放在冰块中，也能产生一个小的电压。

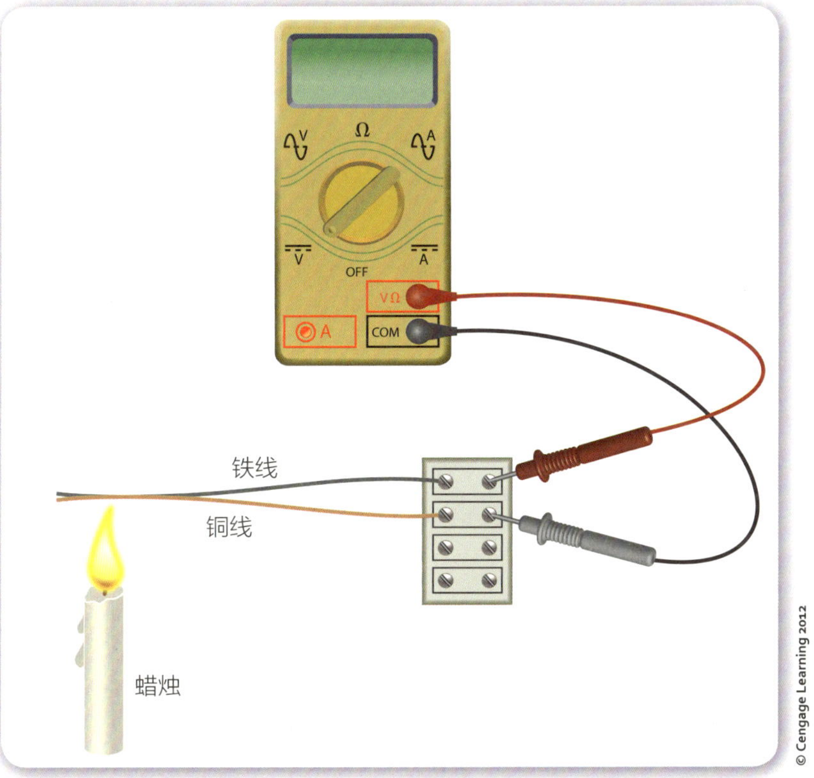

图6-15 通常在瓦斯烤炉中有一个压电点火器。当按下红色按钮时，便触发压电器件，产生一股快速通过的电流，使烤炉中的点火器产生火花。这个火花会点燃烤炉中的瓦斯。

产生的电压大小跟施加的压力大小成正比。如图6-15所示，压电器件被用在瓦斯烤炉的点火器中。汽车的安全气囊也用到压电器件。当传感器受到撞击时，就产生瞬时电压，产生的电流信号输送给汽车的计算机，从而触发展开气囊。

摩擦起电

两个物体相互摩擦，导致正负电荷分离、转移，就产生了静电。静电起电机，例如范德格拉夫起电机，能够产生高压静电。波士顿科学博物馆里有世界上最大的范德格拉夫起电机（见图6-16）。

图6-16 波士顿科学博物馆里有世界上最大的范德格拉夫起电机。这种起电机最初是由范德格拉夫（Robert J. Van de Graaff）教授在麻省理工学院原子研究所发明的，这台巨大的机器现在被用来向参观者解释闪电、电荷和风暴安全知识。

4 常用电学单位

在国际单位制和英制系统中，都使用标准的电学单位。表6-1列举了一些电学参量的定义、单位和常用的缩写符号。接下来的部分将详细介绍电流、电压、电阻、电导率、功率和电荷。

表6-1　常用电学参量。

参量	定义	单位	单位符号
电流（I）	电荷流动的快慢	安培	A
电压（U）	电场的压力	伏特	V
电阻（R）	对电流的阻力	欧姆	Ω
电导率（G）	电荷流动的难易程度	西门子	S
功率（P）	做功的快慢	瓦特	W
电荷（Q）	电子的富余或缺乏	库仑	C

电流

我们前面已经学习到，电荷定律表明同性电荷相互排斥，异性电荷相互吸引。如果我们把一个负电荷放在导体的一端，把一个正电荷放在另一端，电子会从负电荷的一边流向正电荷（见图6-17）。这种电子流动会持续进行，直到导体的两端电荷相等。

图6-17　电子从带负电的一端流向带正电的一端。

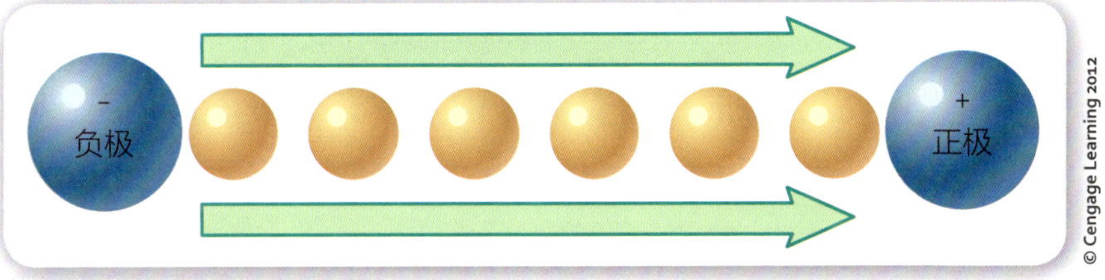

电的流动与水在管道中的流动相似。水流过管道的多少，能够通过计算水在一段时间内流过水管任一截面的体积得到。图6-18中，一个3加仑的水桶以每分钟3加仑的速度往一个大的容器里装水。

电流强度（I），是1秒钟内通过导体任一截面的电子数。电流的单位是安培，以安德烈-马里·安培命名，他是一位法国数学家、物理学家，在电磁作用方面的研究成就卓著。1安培（安）等于1库仑/秒。库仑是电荷的基本单位，1库仑大约等于6.24×10^{18}个电子电量。这个数字有多大呢？如果把每个电子当成1便士大小，把这些便士像地毯一样铺开，那么这些便士就会覆盖四倍的地球面积还要多。

正如水能在水管中向前或向后流动一样，电子流也能朝各个方向流动。电流的方向取决于电源的极性。仅向一个方向运动的电流叫做直流电（DC），电池是一种直流电源。能改变方向的电流叫交流电（AC）。你家里墙壁上的电源插座供应的电，就是交流电（AC）。在美国，交流电频率是60赫兹。

图6-18　电流可以与水流相类比。在这个例子中，每1分钟内，有3加仑的水流入桶里，水流速度为每分钟3加仑。

电压

电压（voltage，记作U）：

两点之间的电势差，以伏特为单位。

你可曾想过是什么让水流出你家里的水龙头？你家里面水管里的水受到一定的压力，这种压力由处在高处的水塔产生，或者由水处理站和中继泵水站的泵产生。在有水塔的情形下，水被抽得越高，水的压力就会越大。

正如你已经学过的，电子被电压力指挥着，从一个原子运动到另一个原子，这种压力叫做电压或电势差。**电压**（U）是两点电位的差异。测量电压的单位是伏特（V），以意大利科学家伏打命名，他发明了直流电池。1伏特是移动1安培电流通过1欧姆的电阻所需的电势差。

电阻

电阻（resistance，记作R）：

对电荷流动的阻力，以欧姆为单位。

水流通过管道，管道会造成巨大的阻力。这种对水流运动的阻力来自于水和管道内壁的摩擦。摩擦力越大，阻力越大。

电荷在流动的时候也会遇到阻力。**电阻**（R）是对电荷流动的阻力，用欧姆（Ω）为单位。正如我们前面提到的，有一些材料导电性能较好。像铜和铝这样的材料是良好的导体，几乎不对电流产生阻力。聚合物、陶瓷和木材是绝缘体，它们对电流产生很大的阻力。这就是为什么电线要被聚合物保护层包裹着。

电导率

电导率（conductance，记作G）：

衡量电流通过材料的难易程度，以西门子为单位。

电导率（G）用于衡量电通过材料的难易程度。它跟电阻相反。电导率的单位是西门子（S），以科学家西门子（Ernst von Siemens）的名字命名。如公式6-1所示，电导率的值是电阻（R）的倒数：

$$G=\frac{1}{R} \tag{6-1}$$

功率

功率（power，记作P）：

电能传递或转换的速率，以瓦特为单位。

功率这一词已经在第3章和第5章中提到过，在第3章中跟机械系统有关，在第5章中跟能量有关。这里，我们再一次接触到功率，它跟电气系统有关。**功率**（P）是电能传递或转换的速率。正如你已经学到过的，功率的公制单位是瓦特。在直流电路中，功率是电压（U）和电流（I）的乘积（见公式6-2）。

$$功率=电压\times电流 \tag{6-2}$$

$$P=U\times I$$

图6-19　数字万用表。

Courtesy of Fluke Corporation.

图6-20　万用表表笔。

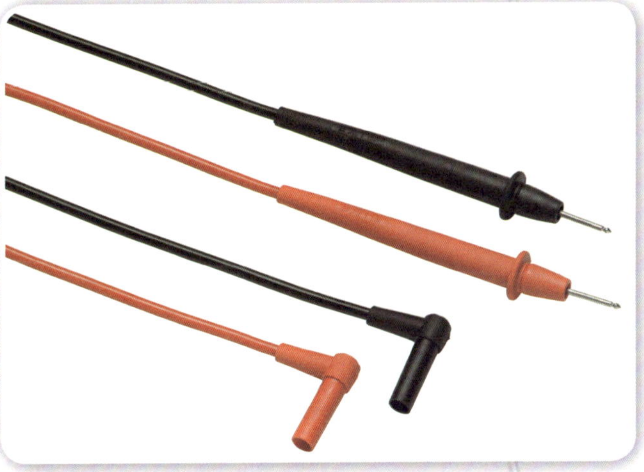

Courtesy of Fluke Corporation.

电荷

电荷（Q）的基本单位是 **库仑** ，用大写字母C表示。库仑以法国物理学家库仑（Charles Coulomb）的名字命名。正如你前面学过的，1库仑电荷等于6.24×10^{18}个电子电量。

数字万用表

万用表 是一种测量工具，包含测量电流的电流表、测量电压的电压表、测量电阻的欧姆表。有些万用表还可以测量更多的物理参数，例如电容和频率。一个数字万用表（DMM）由一个接口盒（图6-19）和表笔（图6-20）组成。接口盒上有一个数字显示器，显示测量结果；一个旋钮，用于转换测量模式；还有一个接口，用于连接表笔。图6-20所示的表笔上包裹着塑料外壳，使用时，手握塑料外壳，把表笔的金属尖端接触需要测量的元件。黑色表笔作为负极探头，总是连接到万用表的公共插孔。表6-2是数字万用表的通用符号。

表6-2　万用表的通用功能和符号。

$\tilde{V}$	测量交流电压（伏特）
$\overline{\overline{V}}$	测量直流电压（伏特）
m$\overline{\overline{V}}$	测量直流电压（毫伏）
Ω	测量电阻（欧姆）
·))) ⊣▶⊢	进行二极管/蜂鸣导通测试
⎓~ mA	测量交流/直流电流（毫安）
⎓ ~A	测量交流/直流电流（安培）

© Cengage Learning 2012

5

安全提醒

- 测量时一定要选择合适的量程。
- 每次使用万用表之前，一定要阅读装置上的安全信息。
- 如果表笔看上去有破损，一定不要使用这个万用表。
- 通电情况下不要测量电阻。
- 确保所有的探头接口正确，旋钮指向正确的测量档位。
- 在测量电流的时候，不要把测试导线直接连通电源。
- 使用表笔的时候，把手指放在手指保护套后面。
- 不要测量超过量程的电压或电流。

图6-21 万用表表笔插孔。

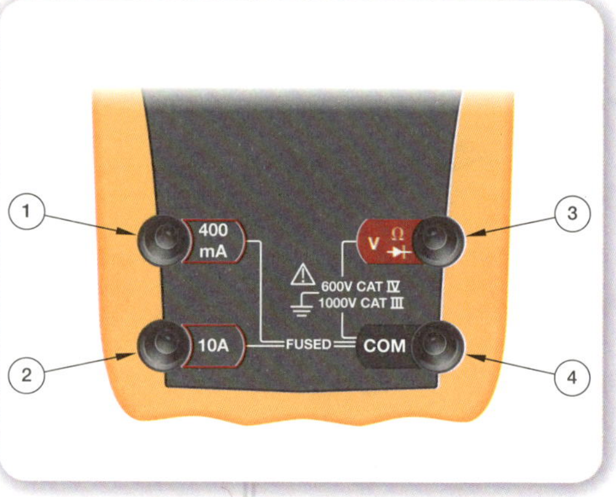

使用数字万用表

许多数字万用表有如图6-21所示的端口。当使用万用表的时候，请按照以下步骤仔细观察。

*步骤1：*断开需要测量的回路的电源。

*步骤2：*把黑色表笔插入插孔4（见图6-21）。

*步骤3：*如果要测量电压、电阻，或者检查电路的通断，就把红色表笔插入插孔3。

如果要测量小于400 mA的电流，就把红色表笔插入插孔1。

如果要测量小于10 A的电流，把红色表笔插入插孔2。

测量电压、电阻和电流

安全提醒

为了防止可能发生的电击或人身伤害，除非你已经受到过指导者的正确训练，否则不要使用万用表。

测量电压

*步骤1：*在用万用表测量电压前，必须知道电压是交流还是直流。如果要测量电池的电压，必须使用直流挡。如果你要测量家里的电源插座，你就必须使用交流挡。

*步骤2：*当测量回路中一个电子元件两端的电压时，把万用表与电子元件并联连接。图6-22所示为测量一个灯泡两端的电压的情形。

图6-22 用万用表测量灯泡电压的简单电路。

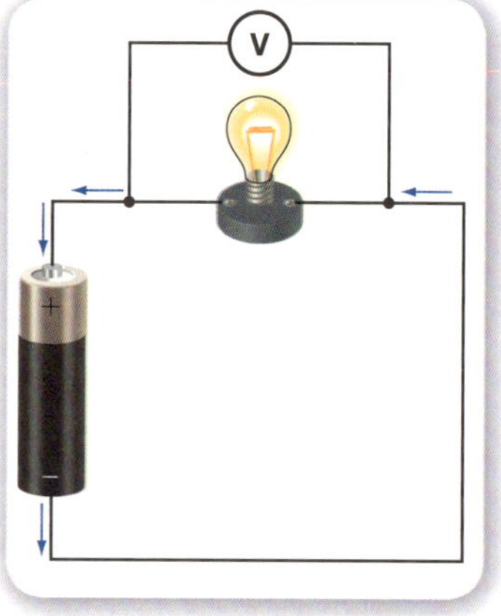

安全提醒

跟操作其他电子器件一样，使用万用表时，一定要遵守操作手册上的安全警示。

测量电阻

*步骤1：*必须在电源断开的情况下测量电阻。

*步骤2：*把要测量的电阻从电路上分开，在万用表上选择适当的电阻量程。

*步骤3：*用表笔接触电阻的两端，从数字显示屏上读取测量结果。

图6-23 把万用表串联在回路中测量电流。

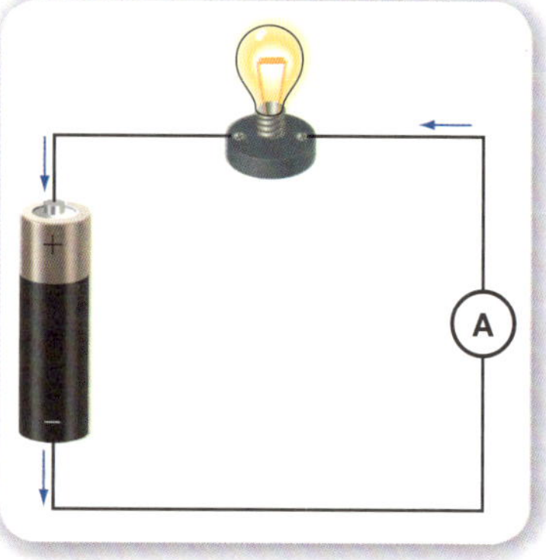

安全提醒

在测量回路中的电流时，如果把电极接反，一些数字万用表会永久性损坏。

测量电流

*步骤1：*测量电流之前，断开回路中的电源。

*步骤2：*将万用表与回路或元件串联。图6-23展示了如何将万用表连接到回路中测量电流。确保将红色表笔插入万用表适当的插孔中。

*步骤3：*选择万用表的最大电流量程。

*步骤4：*将回路通电。

公制词头

在处理非常大或非常小的数量时，使用公制（国际单位制）词头非常有用。表6-3列出了在进行电学测量时常用的公制词头。注意词头“纳”是“皮”的1000倍，“兆”是“千”的1000倍。表6-3所示的词头是在工程计数法中使用的。与科学计数法相似；不过，工程计数法中10的幂指数总是3的倍数。

表6-3 通用电学单位词头。

词头	符号	数字	幂指数	单位
皮	p	0.000 000 000 001	1.0×10^{-12}	皮安（pA）
纳	n	0.000 000 001	1.0×10^{-9}	纳安（nA） 纳秒（ns）
微	μ	0.000 001	1.0×10^{-6}	微安（μA） 微伏（μV）
毫	m	0.001	1.0×10^{-3}	毫安（mA） 毫伏（mV）
千	k	1000	1.0×10^{3}	千欧（kΩ） 千伏（kV）
兆	M	1 000 000	1.0×10^{6}	兆欧（MΩ）

如果你发现一个元件的电阻是0.000 008 2 Ω，人们习惯上会利用前缀简化这个长数字。把小数点向右移三位，就得到0.008 2 mΩ（毫欧）。如果将小数点再向右移三位，你会得到8.2 μΩ（微欧）。用工程计数法表达这样的数量会更加简单。由于1 μΩ是1 Ω的一百万分之一，它可以表达成8.2×10^{-6} Ω。

常用电学元件

电阻器

在电路中最常见的电学元件之一是电阻器。顾名思义，电阻器是对电流起阻碍作用的简单电子元件。它们通过限制回路中的电流，来满足回路中的一个或多个电子器件的工作条件。当把它们联合起来使用时，电阻器能分配电压，对此将会在后面详细讨论。

电阻器的颜色代码 前面已经学过，电阻的单位是欧姆。美国电子工业联合会（EIA）建立了一个颜色代码系统，来标注通孔式定值

图6-24 4条色环电阻器的颜色代码。

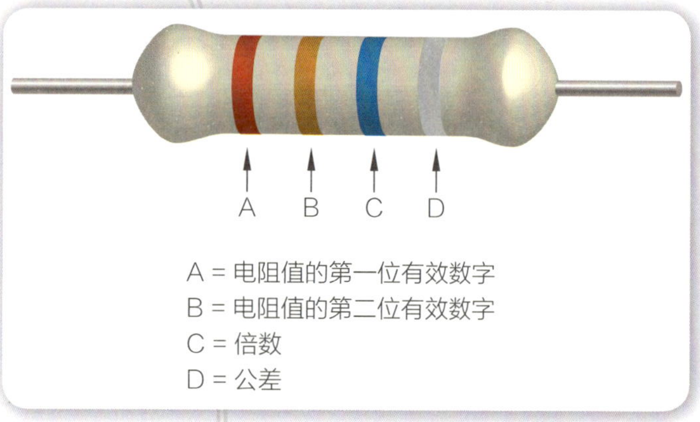

电阻器的电阻值。这样就不需要在电阻器上印上实际的欧姆值了。一些贴片电阻器有电阻值标在上面，但是大多数碳质电阻器和线绕电阻器使用EIA的颜色代码。颜色代码由缠绕在圆柱形电阻器上的3条、4条或5条色环组成。

4色环颜色代码前两条色环代表电阻值的有效数字，第三条色环代表倍数，最后一条色环代表电阻值的公差（见图6-24）。公差是实际电阻值与标称值的偏差范围百分比。仅有三条色环的电阻器没有公差色环；它的公差默认值是±20%。5色环的电阻器的前三条色环也代表电阻器的阻值，但是第四条色环作为倍数。第五条色环是公差色环（见图6-25）。

电阻器上色环的位置是很关键的。第一条色环总是位于最靠近电阻器端部的地方。在图6-24中，红色色环最靠近电阻器的端部，因此它是电阻器的第一条色环。

图6-25 5条色环电阻器的颜色代码。

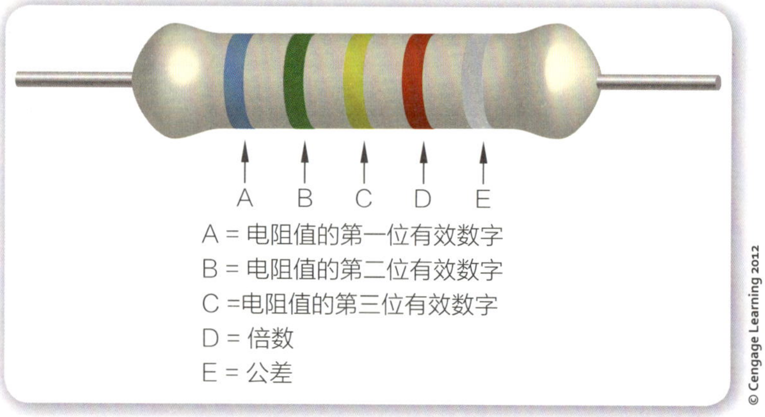

公差色环 四色环电阻器的第四条色环和五色环电阻器的第五条色环，是公差色环。金色和银色一般被用在公差色环。金色表明公差是±5%，银色表明公差是±10%。标称电阻值为100 Ω和公差色环为金色的电阻器，只要实际阻值最大不超过105 Ω最小不低于95 Ω，都是合格产品。标称电阻值为100 Ω和公差色环为银色的电阻器，如果实际阻值最大不超过110 Ω最小不低于90 Ω，也都是合格产品。如果没有公差色环，电阻器就默认为有±20%的公差，这就意味着标称100 Ω的电阻器实际阻值可以高达120 Ω或低至80 Ω。

金色和银色作为倍数 对于电阻值小于10 Ω的电阻器，在第三条色环会运用一个特殊的颜色作为倍数（见表6-4）。当第三条色环为金

表6-4 电阻器颜色代码表。

颜色	第一和第二条色环，有效数字	第三条色环，倍数	第四条色环，公差	特殊的精密电阻公差（第五条色环）
黑色	0	1	—	—
棕色	1	10	—	± 1%
红色	2	100	—	± 2%
橙色	3	1 000	—	—
黄色	4	10 000	—	—
绿色	5	100 000	—	± 0.5%
蓝色	6	1 000 000	—	± 0.25%
紫色	7	10 000 000	—	± 0.1%
灰色	8	100 000 000	—	—
白色	9	1 000 000 000	—	—
金色	—	0.1	± 5%	—
银色	—	0.01	± 10%	—
无色环	—	—	± 20%	—

例题

问题1： 利用表6-4计算图6-26（a）所示电阻器的电阻值和公差。

图6-26

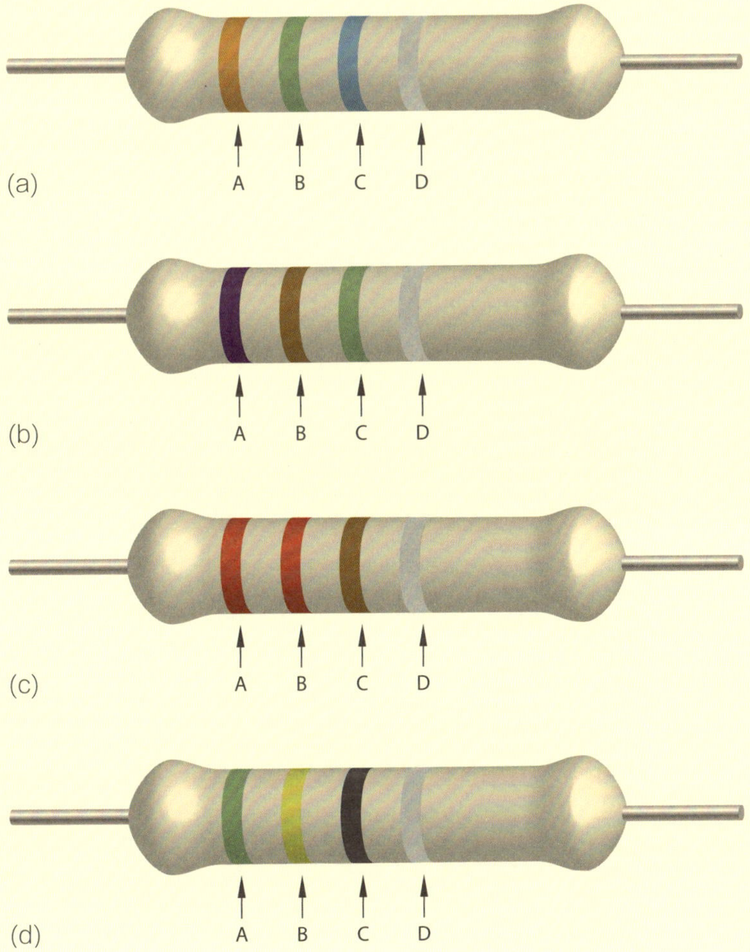

（接下页）

例题（接上页）

1. 根据表6-4确定第一条色环和第二条色环的值。将这两个值结合起来，然后乘以第三条色环的值：

表6-A:

第一条色环（数值）	第二条色环（数值）	第三条色环（倍数）	电阻值	第四条色环（公差）
橙色	绿色	蓝色		
3	5	1 000 000	35 000 000 Ω（或35 MΩ）	

35 × 1 000 000 = 35 000 000 Ω（或35 MΩ）

2. 第四色环的颜色是银色。参照表6-4，我们会得到公差是±10%。

表6-B:

第一条色环（数值）	第二条色环（数值）	第三条色环（倍数）	电阻值	第四条色环（公差）
橙色	绿色	蓝色		银色
3	5	1 000 000	35 000 000Ω（或35 MΩ）	±10%

问题2： 利用表6-4计算图6-26（b）所示电阻器的电阻值和公差。

1. 根据表6-4确定第一条色环和第二条色环的值。将这两个值结合起来，然后乘以第三条色环的值：

表6-C:

第一条色环（数值）	第二条色环（数值）	第三条色环（倍数）	电阻值	第四条色环（公差）
紫色	棕色	绿色		
7	1	100 000	7 100 000 Ω（或7.1 MΩ）	

71 × 100 000 = 7 100 000 Ω（或7.1 MΩ）

2. 第四条色环的颜色是银色。参照表6-4，我们会得到公差是±10%。

表6-D:

第一条色环（数值）	第二条色环（数值）	第三条色环（倍数）	电阻值	第四条色环（公差）
紫色	棕色	绿色		银色
7	1	100 000	7 100 000 Ω（或7.1 MΩ）	±10%

色时，前两位有效数字就要乘以0.1。例如，如果前两条色环对应27，第三条色环是金色，电阻值就是2.7欧姆。如果第三条色环为银色，前两位有效数字就要乘以0.01。例如，如果前两条色环对应78，第三条色环是银色，电阻值就是0.78欧姆。

轮到你了

利用表6-4计算图6-26（c）和（d）所示电阻器的电阻值和公差。

图6-27所示的10种颜色的电阻器代码，被用在电阻值大于10欧姆的电阻器。每一个颜色被分配了从0到9之间的一个数字。电阻器的颜色代码可以通过以下句子记住。

图6-27　电阻器的颜色代码次序。

Big Boys Race Our Young Girls But Violet Generally Wins.
（大男孩追我们年轻的女孩，但是沃莱通常会赢）

提取每一个单词的首字母，你就能重新写出电阻器的颜色代码“Black, Brown, Red, Orange, Yellow, Green, Blue, Violet, Gray, White”（黑色，棕色，红色，橙色，黄色，绿色，蓝色，紫色，灰色，白色）。

用于阻断、控制、导通、开关、存储、放大和减小电流的元件种类非常多。表6-5中列出的元件经常被用在电路中。

电路

基本电路

电路 是电荷在电源以及一个或多个电子元件之间流动的闭合通道。一些元件用于控制电流，而另一些元件被用来将电能转换成其他形式的能量，以执行某项特定的任务。电源产生电势差导致电子流动。电线或者金属轨道为电的流通提供通道。负载装置，例如蜂鸣器或电灯被用来将电能转换成其他形式的能量。图6-28展示了一个简单的电路，电池提供电压，电子通过电线从负极流到灯泡。灯泡将部分电能转换成光能。然后，电通过另一根电线从灯泡流向电池的正极。

电路（electrical circuit）： 电荷在电源与一个或多个电子元件之间流动的闭合通道。

当电流能在电路中流通时，电路就是闭合的。在加电压的情况下，**闭合电路** 为电流提供了通道。如果电路有中断，电流无法通过，就叫做 **开路** 。有时候电路是故意断开的。例如开关这样的控制设备，会被接入到电源和负载装置之间，控制电流的通断。大多数电路都包含一些开关，使得电路方便地断开或闭合。有时候电路不是故意断开的，例如电线断了。

表6-5 常用的电子元件和它们的图形符号。

元件类型	图形表示	图形符号
导线（连通的）		
导线（非连通的）		
单电池		
电池组		
单刀单掷开关（SPST）		
单刀双掷开关（SPDT）		
双刀单掷开关（DPST）		
双刀双掷开关（DPDT）		
旋转型开关		
按钮型开关（NOPB）（常开）		NOPB
按钮型开关（NCPB）（常闭）		NCPB

(a)

元件类型	图形表示	图形符号
定值电阻器		
可变电阻器		
电压计		
电流计 毫安计 微安计		
欧姆表		
保险丝		或
断路器		
定值电感器		空芯 铁芯
可变电感器		
定值电容器		
可变电容器		

(b)

8

欧姆定律

欧姆定律以德国物理学家欧姆的名字命名，**欧姆定律**指出了直流电路中，电压（U）、电流（I）和电阻（R）（见表6-6）之间的数学关系。欧姆定律指出，通过导体的直流电流与导体的电压成正比，与导体的电阻成反比（见公式6-3）。

欧姆定律（Ohm's law）：

通过导体的直流电流与导体两端的电压成正比，与导体的电阻成反比。

图6-28 一个简单电路。

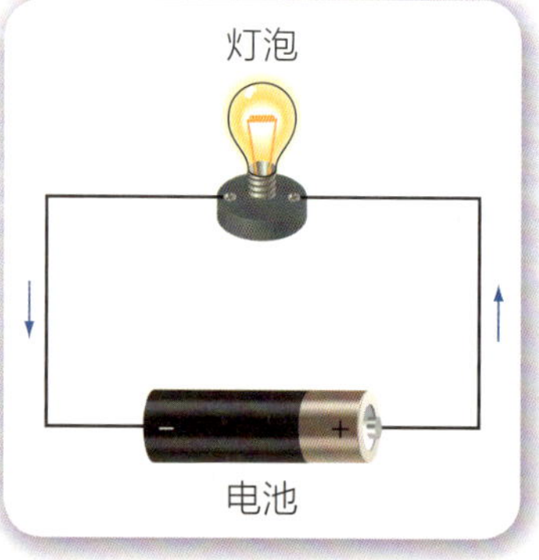

表6-6

电压	符号：U 单位：伏特 单位缩写：V
电流	符号：I 单位：安培 单位缩写：A
电阻	符号：R 单位：欧姆 单位缩写：Ω

假设电阻保持不变，电压和电流将呈正比例关系。这就意味着一个数量增加，另一个数量也会增加。如果已知一个电阻的阻值和电阻两端的电压大小，便可求出流过电阻的电流大小。

$$电流（I）=\frac{电压（U）}{电阻（R）} \qquad (6\text{-}3)$$

图6-29展示了欧姆定律圆，帮助你记忆欧姆定律的3个量之间的数学关系式。利用这个圆，只需要把你要求的变量盖住，剩下的就是你要用的公式了。例如，如果你要求解电压，盖上U，就剩下了I和R。由于它们两个相邻，你就把它们相乘得到公式$U = IR$。如果你要求解电流，公式就是$I=\frac{U}{R}$；如果你要求解电阻，公式就是$R=\frac{U}{I}$。

图6-29 欧姆定律圆。

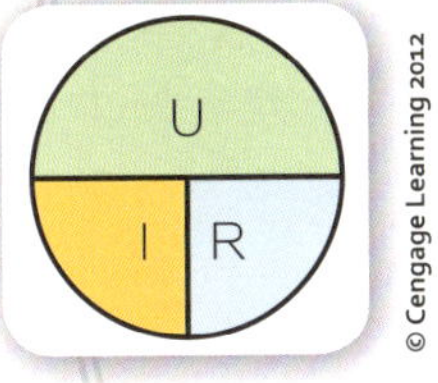

例题

问题： 利用欧姆定律求解电流、电压、电阻。

a. 对于给定的电压和电阻，求电流（见图6-30）：

$$I=\frac{U}{R}$$
$$=\frac{12\text{ V}}{150\ \Omega}$$
$$=0.08\text{ A}或80\text{ mA}$$

图6-30

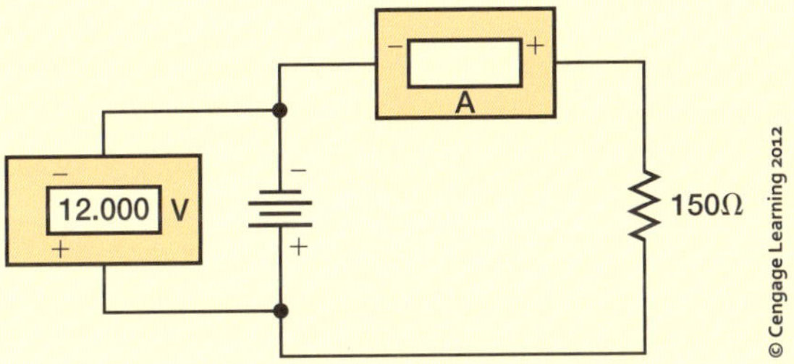

b. 对于给定的电流和电阻，求电压（见图6-31）：

$$U=I\times R$$
$$=4\text{ A}\times 6\ \Omega$$
$$=24\text{ V}$$

图6-31

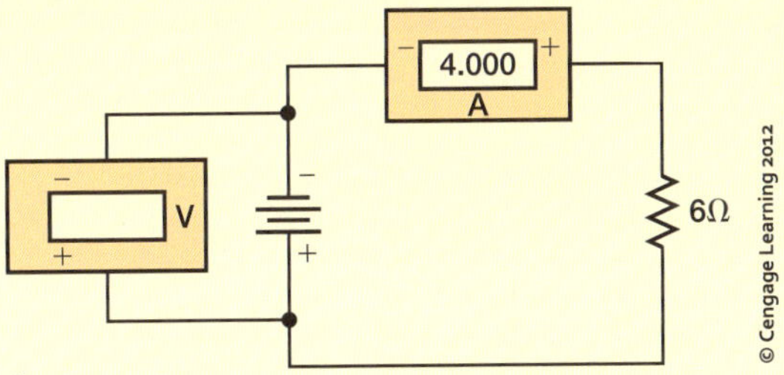

c. 对于给定的电压和电流，求电阻（见图6-32）：

$$R=\frac{U}{I}$$
$$=\frac{15\text{ V}}{5\text{ A}}$$
$$=3\ \Omega$$

图6-32

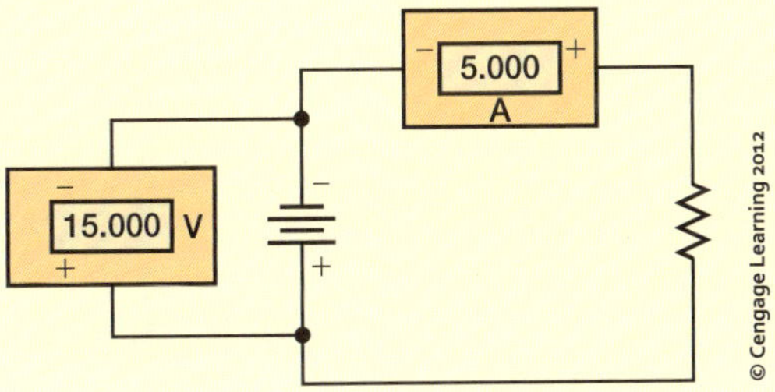

9 串联电路

在**串联电路**中，电流只有一条通道流过两个或多个电子元件。如果回路中任何地方断开，整条回路就是开路，没有电流通过。在图6-33中，串联电路由1个蓄电池和4个灯泡组成。灯泡之间串联连接。如果一个灯泡烧坏了，所有的灯泡都会熄灭，因为形成了开路，阻断了电流的流通。

串联电路（series circuit）： 电流只有一条通道流过两个或多个电子元件的电路。

图6-33 一个串联电路。

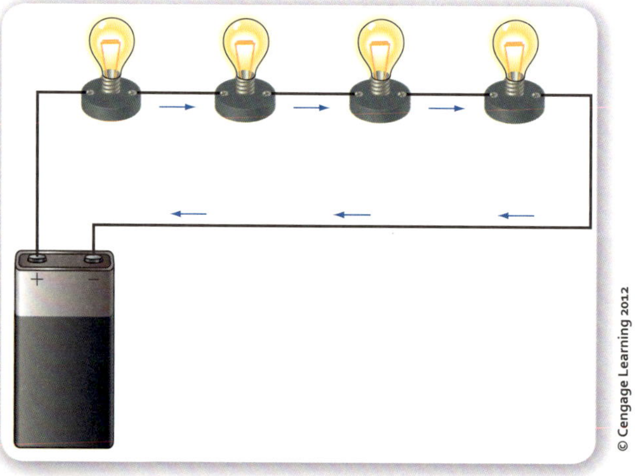

串联电路的电阻 由于串联电路中只有一条通道供电流通过，所以电流必须通过所有的电阻器。串联电路中每增加一个电阻器，就多增加了对电流的阻碍。串联电路的总电阻等于回路中所有电阻之和（见公式6-4）。

$$R_T = R_1 + R_2 \cdots R_n \tag{6-4}$$

例题

问题： 在图6-34中，4个相同的50 Ω电阻与15 V的蓄电池串联，求解总电阻：

$$R_T = R_1 + R_2 + R_3 + R_4$$
$$= 50\ \Omega + 50\ \Omega + 50\ \Omega + 50\ \Omega$$
$$= 200\ \Omega$$

图6-34

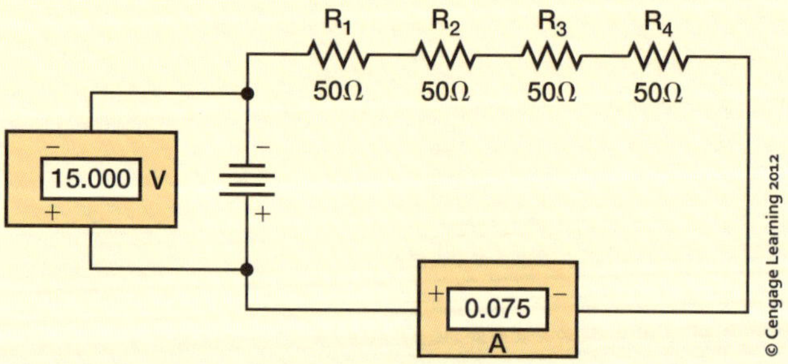

串联电路中的电流 无论你在哪里测量电流大小，串联电路中电流处处相等。正如你在图6-35中看到的，尽管3个电流表的位置不

同，它们测得的电流都是0.150 A。电压一定的情况下，电流跟电阻成反比。如果图6-35所示的回路中总电阻减小，电流就会增加。如果电压增加并且电阻保持不变，电流也会增加。这是由于在电阻一定的情况下，电压和电流之间成正比。

图6-35　在串联回路中，尽管3个电流表的位置不同，它们测得的数值是相同的。

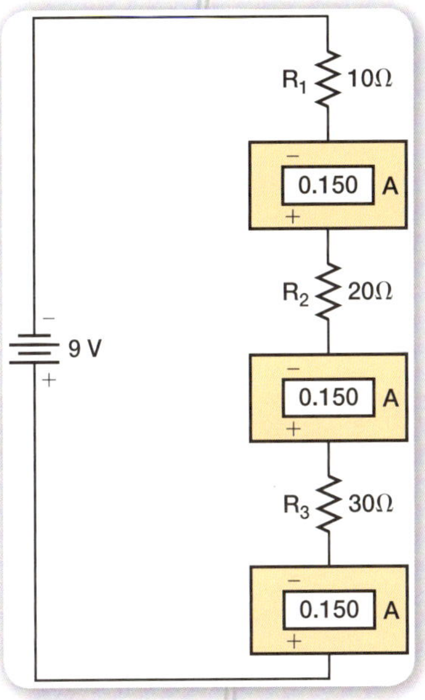

串联电路中的电压　串联电路中的电压不是处处相等的。图6-36中连接着5个电压表。连接在电源两端的电压表用于测量总电压（U_T）。其余4个电压表连接在电阻两端。可以看到，这4个电压表的读数各不相同。最大的电阻（60 Ω）两端的电压最大（−12 V）。

图6-36

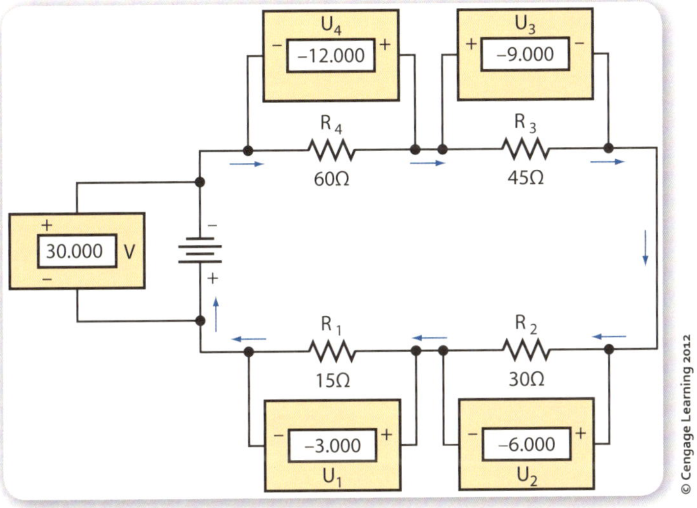

在一个串联电路中，最大的电阻器两端电位下降最大，最小的电阻器两端电位下降最小。这是由于每一个电阻器上的电压，等于电流（I）乘以电阻（R）。这就是电压降的概念。例如R_1上的电压降是−5 V，R_4上的电压降也是−5 V。**基尔霍夫电压定律**指出，在一个单环路上，所有耗电元件的电压降与电源施加的电压之和必须等于零。在图6-36中，电阻的电压降是负值，因为它们指的是电阻器两端的电位差。由于电压降是负的，而电源电压是正的，它们会相互抵消：

$$\begin{aligned} & U_A + U_1 + U_2 + U_3 + U_4 \\ &= 30\text{ V} + (-3\text{ V}) + (-6\text{ V}) + (-9\text{ V}) + (-12\text{ V}) \\ &= 30\text{ V} - 30\text{ V} \\ &= 0 \end{aligned}$$

电压分配定则　由于串联电路中通过每个元件的电流相等，元件上的电压占回路总电压的百分比，跟这个电阻器占总电阻的百分比相等。串联电路中，每个电阻器上的电压正比于它的电阻值除以回路总电阻（见公式6-5）。电压分配定则能够用来计算回路中每个电阻器上

的电压。如果你知道了电源的电压、单个电阻的电阻值和总电阻值，你就掌握了足够的信息来求解每一个电阻两端的电压降。

$$U_X = \frac{R_X}{R_T} \times U_T \qquad (6\text{-}5)$$

U_X = 通过某个电阻器的电压降

U_T = 回路的电源电压

R_X = 某个电阻器的电阻值

R_T = 回路的总电阻

例题

问题： 利用图6-36所示的回路，计算R_4上的电压降。

$$U_4 = \frac{R_4}{R_T} \times U_T$$

$$= \frac{60\ \Omega}{150\ \Omega} \times 30\ \text{V}$$

$$= 12\ \text{V}$$

趣味阅读

你可能听说过马力这个词（见图6-37）。不论你要买一辆新车、一台割草机还是一个搅拌机，每一个机器都有一个马力标定。马力这个词是苏格兰发明家瓦特（1736—1819）提出的。你可能会对他的姓氏有印象，因为它被印在电灯泡上用于标注电灯泡的功率，但是瓦特最大的成就是改进了蒸汽机。

蒸汽机发明之后，人们需要将蒸汽机的工作能力与牲畜的劳动能力相比较。当瓦特观察马驹将煤炭从地下矿井提升起来时，他估算了一下，一头平均水平的马驹，能在一分钟内将220磅重物提升100英尺。利用公式$W = F \cdot d$，他得出结论，每头马能产生22 000英尺·磅/分的功率。由于马驹比驮马更小，瓦特估计一头驮马能多产生50%的功率，使得总功率为33 000英尺·磅/分。因此，马力相当于550英尺·磅/秒。

图6-37

串联电路的功率 电能（Q）是利用电流做功的能力。正如你在第5章中学到的，焦（J）是能量的基本单位。它是以英国物理学家焦耳（1818—1889）的名字命名的。在电气系统中，1焦等于在电势差为1伏特的两点之间，移动1库仑电荷所需要的能量。瓦·时和千瓦·时也是常被用来衡量电能的单位。

正如之前说明过的，功率是电能传递或转换的速率。瓦（W）是功率在电气系统中的单位。1瓦等于在1秒钟内转换1焦的能量（见公式6-6）。

瓦（watt，符号W）： 在电气系统中常用的功率单位。

$$功率（W）=\frac{能量（J）}{时间（s）} \tag{6-6}$$

例题

问题： 如果在50秒内消耗了4000焦的能量，功率是多少？

$$P=\frac{Q}{t}$$
$$=\frac{4000\ J}{50\ s}$$
$$=80\ W$$

图6-38所示的欧姆定律和功率公式轮，用图形方式表现了直流电路中电压、电流、电阻和功率的关系。

图6-38 欧姆定律和功率公式轮。

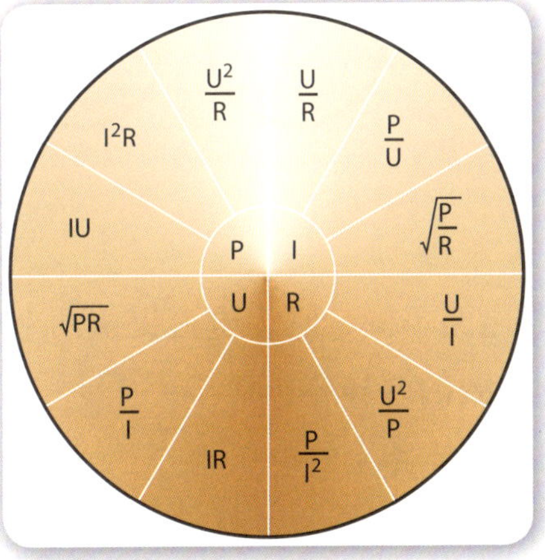

计算消耗的总能量 电力公司通过计算一段时间内你家里用电器消耗的电能来收费。例如，如果你让一个75瓦的灯泡亮一个小时，电力公司会收取75瓦·时（W·h）的能量费用（见公式6-7）。由于普通的家庭每天消耗上千瓦能量，电力公司按照千瓦·时（kW·h）计算收费。

$$能量（W·h）=功率（W）×时间（h） \tag{6-7}$$

例题

问题1： 如果你打开5个2.5瓦的灯泡，持续工作4小时，总共消耗的电能是多少瓦·时？

Q（能量）$= P$（功率）$\times T$（时间）

$= (5 \times 2.5\ \text{W}) \times 4\ \text{h}$

$= 50\ \text{W·h}\ (0.05\ \text{kW·h})$

问题2： 如果两个由9 V电源供电的白炽灯，电流为0.025 A（25 mA），计算消耗功率为多少（取瓦为单位）。

P（功率）$= U$（电压）$\times I$（电流）

$= 9\ \text{V} \times 0.025\ \text{A}$

$= 0.23\ \text{W}$

了解怎么读电表，是调查你家里消耗了多少千瓦·时电能所必备的技能。站在电表前面，从左边的刻度盘开始记录指针的位置。如果指针在两个数字之间，就取较小的数字。当指针在9和0之间，就把0当做10；因此9是较小的那个数。如果指针接近于或者直接指向一个数字，查看右边的刻度盘。如果右边刻度盘上的指针在9和0之间，那么就记下临近的最小数值；否则，就记下指针所指的值。例如，图6-39所示的第二个刻度盘指针指向4；然而由于第三个刻度盘指针在9和0之间，所以它仍然是3。

图6-39　这个电表的正确读数是13 905。

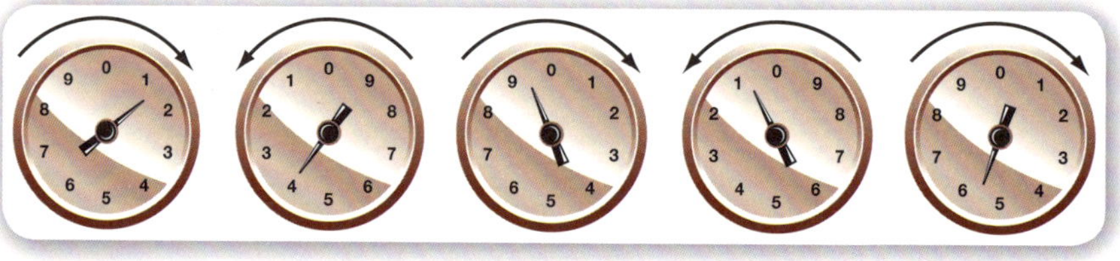

并联电路

并联电路跟串联电路不同，它为电流提供两个或多个通道。串联电路和并联电路之间主要的差异还包括：

- 并联电路的每一条支路上的电压相等。
- 如果并联电路每条支路上的电阻值不同，那么每条支路上的电流也不同。
- 并联电路的总电阻总是小于任何一条支路上的电阻。

并联电路的电压　并联电路上所有支路的电压相等。图6-40中，测量电源的电压以及每个元件上的电压，得到的电压值都相等。

基尔霍夫电流定律（并联电路的电流）　**基尔霍夫电流定律**指出，进入任一节点的总电流必须等于流出这一节点的总电流。这

并联电路（parallel circuit）：
为电流提供两个或多个通道。

是能量守恒的一种阐释，说明了能量既不会凭空产生，也不会凭空消失。电流总是寻找电阻最小的通道走。在并联电路中，电阻最小的电阻器会有最大的电流通过。

图6-41展示了一个3个电阻器互相并联的电路。把R_1、R_2和R_3看做有水流通过的三条不同尺寸的管道。每条管道对水流产生不同的阻碍。最粗的管道R_1阻力最小，能够通过的水量最大。较细的管道R_2和R_3阻力较大，对水流的限制比R_1要大。

图6-41

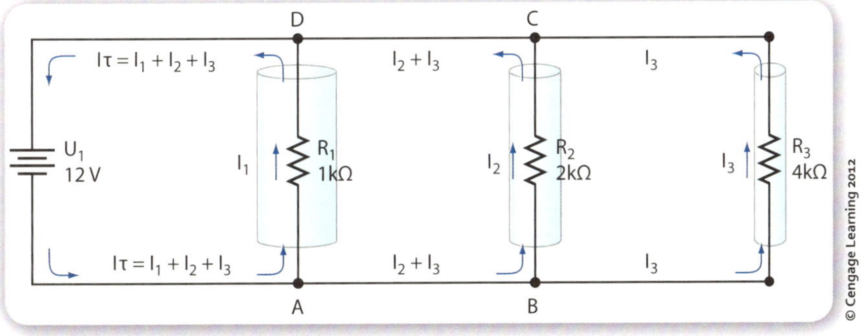

图6-40 并联电路每条支路上的电压相等。

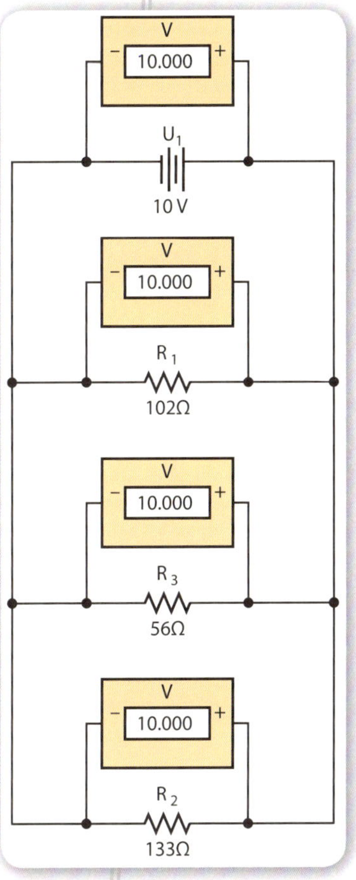

记住，基尔霍夫电流定律说明，进入任一节点的总电流必须等于流出这一节点的总电流。因此，流出蓄电池的总电流，必须等于流回蓄电池的总电流。电流分流到三条并联支路上。流入每一条支路的电流与该支路上的电阻值成反比。

当电流离开电源的负极时，它通过导线流向A点。在A点，一部分电流会通过R_1流向D点。剩下的电流会流向B点，此处电流又发生分流。B点的一部分电流会通过R_2流向C点，剩下的就通过R_3流向C点。电流在C点汇合，然后又在D点汇合，再流向电源正极。

利用欧姆定律，能够容易地确定流过每条支路的电流。记住，并联电路的每一条分支上的电压相等。由于每一条支路上的电压U_1、U_2、U_3等于电源的电压U，而且每条支路上的电阻已知，所以唯一未知的就是电流。

例题

问题： 计算如图6-41所示并联电路中每条支路上的电流。记住1 kΩ = 1000 Ω。

a. 计算通过支路1的电流：

$$I_1=\frac{U_1}{R_1}$$

$$=\frac{12\ \text{V}}{1000\ \Omega}$$

$$=0.012\ \text{A}（12\ \text{mA}）$$

（接下页）

例题（接上页）

b. 计算通过支路2的电流：

$$I_2 = \frac{U_2}{R_2}$$

$$= \frac{12\ \text{V}}{2000\ \Omega}$$

$$= 0.006\ \text{A}（6\text{mA}）$$

c. 计算通过支路3的电流：

$$I_3 = \frac{U_3}{R_3}$$

$$= \frac{12\ \text{V}}{4000\ \Omega}$$

$$= 0.003\ \text{A}（3\ \text{mA}）$$

d. 将所有支路的电流求和，计算总电流：

$$I_T = I_1 + I_2 + I_3$$

$$= 0.012\ \text{A} + 0.006\ \text{A} + 0.003\ \text{A}$$

$$= 0.021\ \text{A}（21\ \text{mA}）$$

并联电路的电阻 并联电路的总电阻称为等效电阻。如果你能用一个电阻代替图6-41中所示的三个电阻，并产生相同的总电流，那么该电阻就是这三个电阻的等效电阻。计算等效电阻有3种方法：欧姆定律法、相同电阻器法和倒数法。电阻器的数量和它们的阻值决定了使用哪种方法。

欧姆定律法 当你知道总电流（I_T）和并联电路的电源电压（U_T）时，就可以用欧姆定律法。利用前面例子中的总电流和电源电压，就能轻松地求出图6-41所示回路的总电阻。

例题

问题： 运用欧姆定律法，计算图6-41所示回路的总电阻。

$$R_T = \frac{U_T}{I_T}$$

$$= \frac{12\ \text{V}}{0.021\ \text{A}}$$

$$= 571.43\ \Omega$$

相同电阻器法 当并联电路的所有电阻器有相同的电阻值时，就能用相同电阻器法计算等效电阻。图6-42所示的并联电路有3个相同的电阻器并联连接。将每个电阻器的阻值（R）除以电路中电阻器的数目（n）就得到等效电阻值（见公式6-8）。每个电阻器的阻值是600欧

姆，回路中有3个电阻器。

$$R_T = \frac{R}{n} \tag{6-8}$$

图6-42 运用相同电阻器法计算并联电路中的有效电阻。

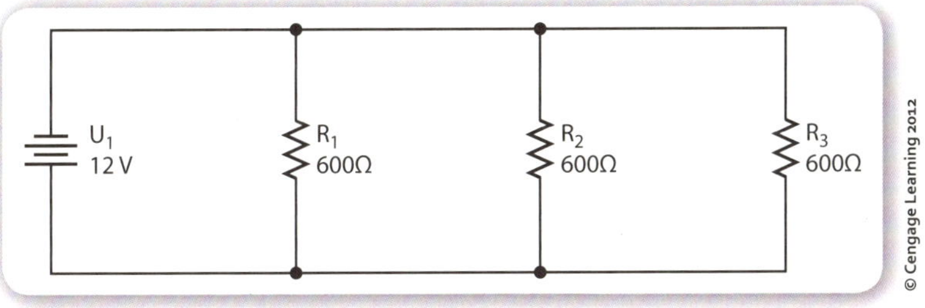

例题

问题： 利用相同电阻器法，计算图6-42所示回路的等效电阻。

$$R_T = \frac{R}{n}$$

$$= \frac{600\ \Omega}{3}$$

$$= 200\ \Omega$$

倒数法 如果你不知道总电压或者总电流，而且各个电阻器阻值不相同，那么你可以利用倒数法计算等效电阻（见公式6-9）。任何并联电路的总电阻总是小于它的最小电阻。例如，图6-43中，回路的总电阻一定会小于450 Ω，因为这是所有支路的最小电阻。

$$R_T = \frac{1}{\left(\frac{1}{R_1}\right)+\left(\frac{1}{R_2}\right)+\left(\frac{1}{R_3}\right)+\ldots+\left(\frac{1}{R_n}\right)} \tag{6-9}$$

图6-43 运用倒数法计算并联电路的总电阻。

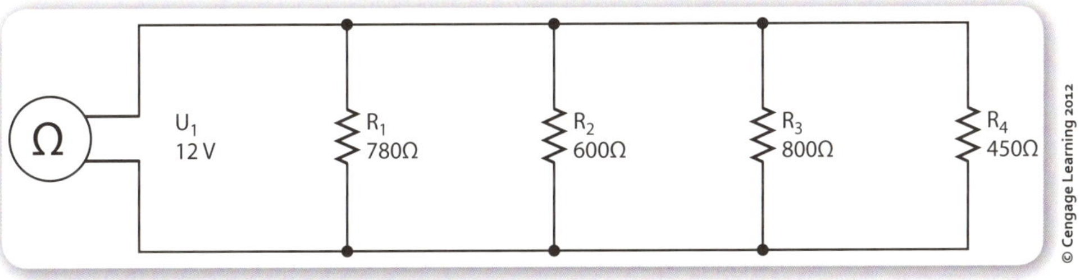

串并联电路

串并联电路包含串联连接的元件和并联连接的元件。大多数电子设备将串联电路和并联电路结合使用。从计算器到游戏机，这些设备都装备着串并联电路。这些电路是为了同时利用串联电路和并联电路

例题

问题： 运用倒数法，计算图6-43所示并联电路的总电阻。

$$R_T=\frac{1}{\left(\frac{1}{R_1}\right)+\left(\frac{1}{R_2}\right)+\left(\frac{1}{R_3}\right)+\left(\frac{1}{R_4}\right)}$$

$$R_T=\frac{1}{\left(\frac{1}{750\ \Omega}\right)+\left(\frac{1}{600\ \Omega}\right)+\left(\frac{1}{800\ \Omega}\right)+\left(\frac{1}{450\ \Omega}\right)}$$

$$=154.5\ \Omega$$

的优点。串并联电路一般叫做组合电路。有了之前学习的串联电路和并联电路的知识作为基础，串并联电路就很容易理解了。

串并联电路的电阻 图6-44展示了一个由4个电阻器构成的串并联电路。以下步骤会有助于你分析串并联电路：

步骤1： 在每条电路中画箭头，表示电流在该电路中流动的方向（见图6-44）。

步骤2： 在整个串并联电路中，找到每一个子电路并圈出来。例如，图6-44所示的电路由1段串联子电路（*A*）和1段并联子电路（*B*）组成。

步骤3： 求解串联子电路和并联子电路的等效电阻。图6-45展示了由图6-44所示的串并联电路的等效电阻构成的回路。子电路*A*中的电阻器（R_3和R_4）串联连接可以相加。子电路*A*的总电阻R_A等于R_3+R_4。

$$R_A=R_3+R_4$$
$$=450\ \Omega+200\ \Omega$$
$$=650\ \Omega$$

步骤4： 子电路*B*的两个电阻器并联连接。利用倒数法计算等效电阻，公式是：

图6-44 有4个电阻器的串并联电路。

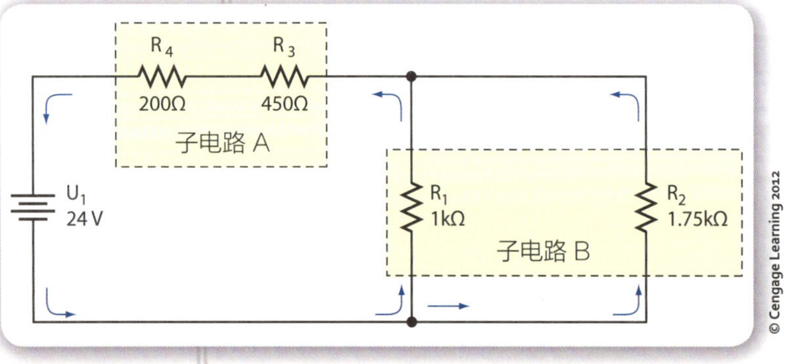

图6-45 图6-44所示的串并联电路的等效电阻电路图。

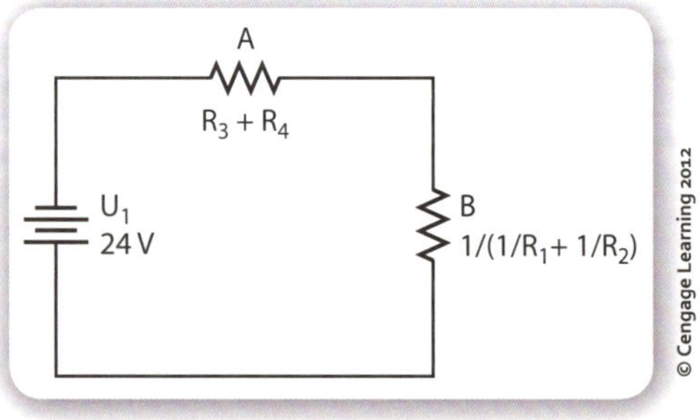

$$R_B = \frac{1}{\left(\frac{1}{R_1}\right)+\left(\frac{1}{R_2}\right)}$$

$$= \frac{1}{\left(\frac{1}{1000\ \Omega}\right)+\left(\frac{1}{1750\ \Omega}\right)}$$

$$= 636.36\ \Omega$$

步骤5: 求解总电阻。现在，电路已经被简化为一个串联电路，可以将两个等效电阻相加求和。

$$R_T = R_A + R_B$$

$$= 650\ \Omega + 636.36\ \Omega$$

$$= 1286.36\ \Omega$$

串并联电路中的电流和电压 欧姆定律是计算串并联电路中电流的最简单的方法。为了求得整个电路的总电流，我们必须计算总电阻。以下步骤能够用来计算串并联电路的电流。

步骤1: 利用等效电阻简化图6-46所示的串并联电路。得到一个简化的电路如图6-47所示。

步骤2: 分别求解每一个子电路的等效电阻。在图6-46中，子电路中串联电阻器的电阻相加（见图6-47）。

图6-46 一个串并联电路的电流。

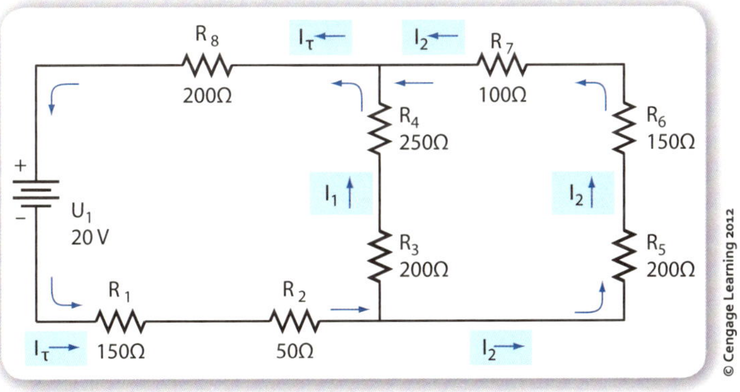

图6-47 图6-46所示回路的简化电路图。

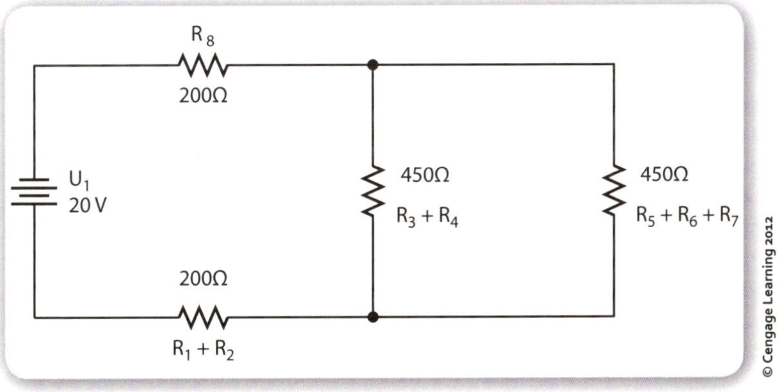

$$R_1 + R_2 = 200\ \Omega$$

$$R_3 + R_4 = 450\ \Omega$$

$$R_5 + R_6 + R_7 = 450\ \Omega$$

步骤3: 由于并联子电路的两条分路的电阻值相等，其等效电阻就等于每条分路上电阻值的一半。并联子电路的总电阻是225Ω：

$$\begin{aligned} R_T &= \frac{1}{\left(\frac{1}{R_3+R_4}\right)+\left(\frac{1}{R_5+R_6+R_7}\right)} \\ &= \frac{1}{\left(\frac{1}{450\ \Omega}\right)+\left(\frac{1}{450\ \Omega}\right)} \\ &= 225\ \Omega \end{aligned}$$

步骤4: 图6-48所示的电路，是图6-47所示已经简化的电路的进一步的简化版本。由于已经知道了等效电阻，这个电路被简化为一个串联电路，总电阻可通过将每个电阻相加求得。于是，这个串并联电路的总电阻是625 Ω：

$$R_T = 200\ \Omega + 225\ \Omega + 200\ \Omega = 625\ \Omega$$

图6-48 图6-47所示电路的等效电阻值。

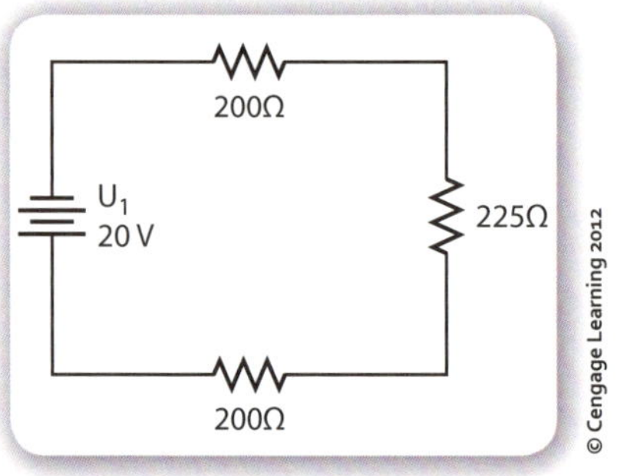

步骤5: 利用欧姆定律可以求解总电流：

$$\begin{aligned} I &= \frac{U}{R} \\ &= \frac{20\ \text{V}}{625\ \Omega} \\ &= 0.032\ \text{A（32 mA）} \end{aligned}$$

步骤6: 通过每个元件的电压降应该在求解电流之前计算。当元件串联连接时，电压降可以相加。如果元件并联连接，电压降相等。在图6-49中，通过每一个电阻器的电压降能用公式6-10计算

$$U_X = \frac{R_X}{R_T} \times U_T \qquad (6\text{-}10)$$

步骤7: 计算完每个电阻的电压降之后，可以利用欧姆定律计算电流。表6-7列出了回路中每个元件的电压降和电流。

图6-49

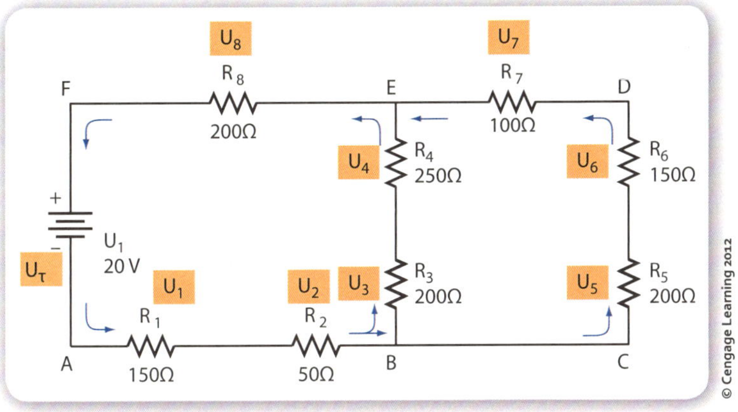

例题

问题： 计算图6-49中通过电阻器R_8的电压降：

$$U_8 = \frac{R_8}{R_T} \times U_T$$

$$= \frac{200\ \Omega}{625\ \Omega} \times 20\ \text{V}$$

$$= 6.4\ \text{V}$$

表6-7　回路中每个元件的电压降和电流。

电阻器	电阻	电压降	电流
R_1	150 Ω	4.8 V	32 mA
R_2	50 Ω	1.6 V	32 mA
$\boldsymbol{R_1+R_2}$	**200 Ω**	**6.4 V**	**32 mA**
R_3	200 Ω	3.2 V	16 mA
R_4	250 Ω	4 V	16 mA
$\boldsymbol{R_3+R_4}$	**450 Ω**	**7.2 V**	**16 mA**
R_5	200 Ω	3.2 V	16 mA
R_6	150 Ω	2.4 V	16 mA
R_7	100 Ω	1.6 V	16 mA
$\boldsymbol{R_5+R_6+R_7}$	**450 Ω**	**7.2 V**	**16 mA**
R_8	200 Ω	6.4 V	32 mA

总　结

本章主要介绍了以下内容：

- 带负电的亚原子粒子叫电子，电子绕着原子核在一系列的壳层上运动。对于导电材料，最外层的电子能直接从一个原子跳跃到另一个原子，形成电流。
- 离子是得到或失去电子的单个原子或分子，带正电或带负电。
- 电荷定律指出，异性电荷相互吸引，同性电荷相互排斥。
- 电压（U）是导致电子在导体中流动的电荷压力，也就是两点之间的电势差。电压的来源包括蓄电池、发电机、热电偶和压电器件。
- 电流是电荷（例如自由电子、空穴和离子）的运动产生的。电子流是自由电子沿着传导路径从一个原子运动到另一个原子。
- 电流（I）是1秒钟内通过导体横截面的电荷量。
- 电阻（R）是电流的阻抗。
- 通孔式定值电阻的标称电阻值和公差是用颜色代码系统表示的。
- 极性是带正电或带负电的一种状态。正号（+）表明带正电，负号（-）表明带负电。
- 美国电子工业联合会（EIA）建立了颜色代码系统，用来标记电阻器的电阻值。
- 电路的组成包括电源、让电流通过的闭合路径，以及一个或多个电子元件，电子元件通过将电能转换成其他形式的能量来执行任务。
- 欧姆定律指出通过导体的电流与导体两端的电压成正比，与导体的电阻成反比。
- 串联电路中，通过两个或多个电子元件的电流只有一个通道。串联电路中的电流处处相等。
- 基尔霍夫电压定律指出，在每一个环路上，各元件的电压降与外施电压之和必须等于零。
- 在一个电路中，功率（P）用于衡量电能传递或转换的速率。瓦（W）是电气系统中功率的单位。功率的大小反映了能量转换的快慢。1瓦等于1秒钟内转换1焦的能量。
- 并联电路中每一个元件直接连接到电源上。并联电路中各条支路上的电压是相等的。
- 基尔霍夫电流定律指出，进入每一节点的电流必须等于流出这一节点的电流。
- 串并联电路中包含一些串联的元件和一些并联的元件。

课后作业

1. 画出原子的结构，标明组成原子的粒子。
2. 如果两个物体都带正电，它们会相互吸引还是相互排斥？解释原因。
3. 是什么使得一种材料比另一种材料的导电性能更好？
4. 用你自己的语言解释极性。
5. 画出一个电池的示意图，并标明极性，用你自己的语言来解释它的工作原理。
6. 阳极跟阴极有什么区别？
7. 暴露在太阳下会产生电压的器件是什么？
8. 多少千欧等于1兆欧？
9. 换算以下单位：
   a. 0.015欧姆换算成毫欧
   b. 20 000伏换算成千伏
   c. 35兆安换算成安
   d. 0.75兆欧换算成千欧
   e. 17 500 000欧姆换算成兆欧
10. 写出以下颜色代码表示的电阻值和公差。（提示：第一个颜色代表第一条色带的颜色，第二个颜色代表第二条色带的颜色，以此类推。）
    a. 黄色，紫色，黄色，银色
    b. 红色，红色，绿色，银色
    c. 橙色，橙色，黑色，金色
    d. 白色，棕色，棕色，金色
    e. 棕色，红色，金色，金色
11. 如果一个精密电阻器有5条色环，对它的公差应该怎么算？
12. 在一个串联电路中，如果电压升高，电阻保持不变，电流怎样变化？
13. 在一个串联电路中，如果电阻减小，电压保持不变，电流怎样变化？
14. 画出一个电源、一个电流表和一个电阻器的电路示意图。
15. 解释串联电路和并联电路之间的相似之处和差别。
16. 解释怎样求解总电阻：
    a. 串联电路。
    b. 并联电路。
17. 什么定律规定“一个闭合回路的电压降之和必须等于施加的电压”？
18. 设计一个并联电路草图，它包含以下元件：
    a. 一个电源
    b. 两个相互并联的电阻器
    c. 一个测量总电压的电压表
    d. 一个测量总电流的电流表
19. 设计一个串并联电路草图，它包含以下元件：
    a. 一个电源
    b. 两个相互串联的电阻器
    c. 两个相互并联的电阻器
    d. 一个测量总电压的电压表
    e. 一个测量总电流的电流表

补充作业

1. 设计一个防窃报警电路，当卧室的门打开之后会响起蜂鸣声。
2. 设计一个能控制两个9伏的电动机的电路。每个电动机可以被单独控制。
3. 设计一个发电机，将自行车的一部分机械能转换成电能。

第7章

流体压力传动系统

头脑准备

在学习本章的概念时，请思考下面的问题：

1. 流体压力传动与其他动力传动方式的区别是什么？
2. 液压传动系统与气压传动系统的区别是什么？两者的优势分别是什么？
3. 液压传动系统和气压传动系统的共同点是什么？
4. 流体静力学和流体动力学之间有何区别？
5. 静液压系统会如何增压？
6. 流量和流速有何区别？
7. 什么是伯努利定律，该定律有什么应用？
8. 大气压、表压和绝对压力之间的区别是什么？
9. 为何华氏温标和摄氏温标都不适用于计算位于封闭系统中的气体的物理特性？
10. 玻意耳定律、查理定律和盖-吕萨克定律都与封闭气体的温度、体积及压强相关，那么三者有什么区别？

引　语

从第一次工业革命开始，机器就在现代化的、人造的世界中担负了重任。机器使我们拥有了开采大量原材料、收割粮食、修路造房、利用材料造出无数消费品以及远距离运输人和货物的能力。所有的这些机器都有一个共通点：它们必须通过传递动力来完成它们各自的任务。最基本的动力传递方式有三种，分别为机械系统、电气系统和流体压力传动系统。图7-1为这几种系统组件的示例。

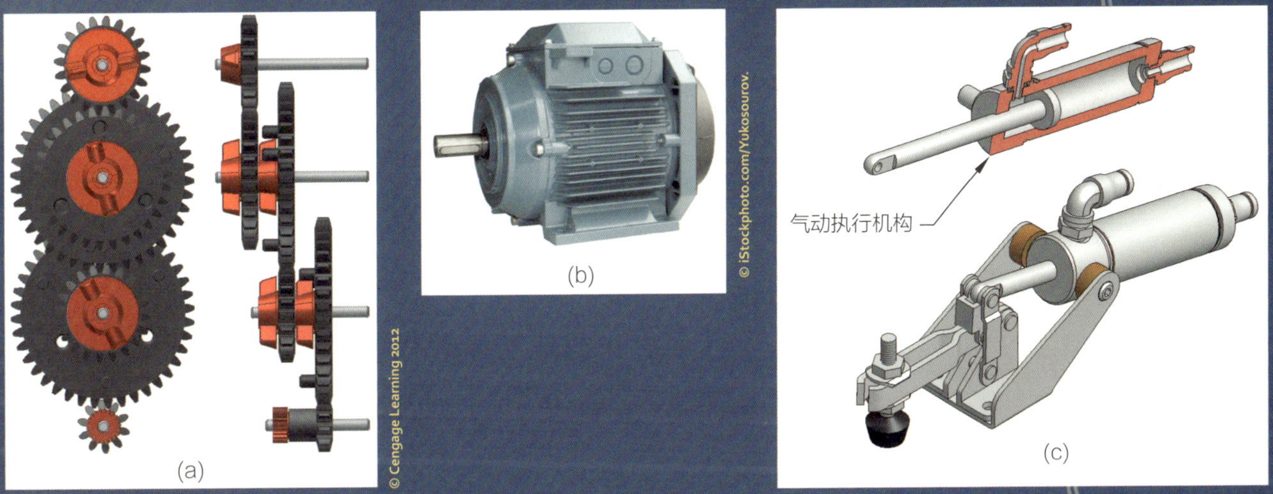

图7-1　机械系统、电气系统及流体压力传动系统是工业应用中最常见的三种动力传动方式。三个系统组件的示例分别为（a）齿轮，（b）电动机，以及（c）气动执行机构。

流体压力传动指利用受压封闭流体的流动将压力从一处传递到另一处。流体可以是气体或液体；两者在压强和随容器变换形状方面有着相似的特征。因此，流体压力传动系统分为两类：气压传动系统和液压传动系统，分别对应于气态和液态工作物质。

注意，许多机器会同时使用这三类动力传动系统。例如，汽车会利用机械组件（如齿轮）将发动机的转矩和速度传递到轮轴。启动装置为机电组件，通过转动汽车发动机的曲轴来启动内燃机。流体压力传动组件用于动力转向系统和动力制动系统，能够使司机轻松控制超过自身体重20倍重量的汽车的运动。

现代生活中，几乎每个人都会接触到液压装置，尽管人们可能并未意识到。**水力学**是研究受压液体静止或运动状态下力学规律及其应用的自然科学技术。从20世纪40年代起，该技术被用于几乎所有汽车的动力转向系统和动力制动系统。在过去的50年里，低底盘汽车的车主会为

流体压力传动（fluid power）：

利用受压封闭流体的流动将力从一处传递到另一处。

水力学（hydraulics）：

研究受压液体静止或运动状态下的力学规律及其应用的自然科学技术。

≫ 引　语

汽车定制高度可调的液压悬挂装置（见图7-2）。这种装置可使汽车乘坐起来更加舒适。然而，液压装置最常用在重型建筑设备上。若需要移动重物，那么设备的液压装置就是完成任务的关键技术。

(a)

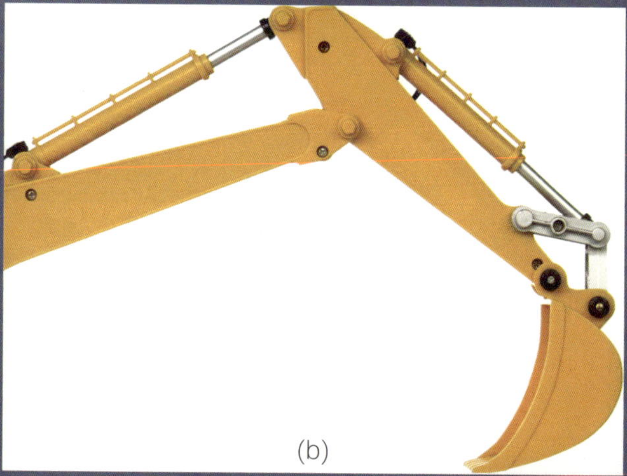

(b)

图7-2　（a）由于定制了高度可调的液压悬挂装置，这种低底盘汽车可做出普通汽车难以做到的动作。（b）在低底盘汽车里使用的液压组件也同样用于重型建筑设备。

气动技术指研究受压气体力学规律的自然科学技术。当文明伊始，用于探险和贸易的船首次出现，人类就开始利用气压传动技术。现如今，我们可以看到很多工作中使用的气动技术，如建筑装修工的射钉枪、牙医的钻孔机、技工的气动扳手及汽车后备箱门的气动活塞（见图7-3）。大多数消费者没意识到气动装置已遍及全自动制造设备的各个工作单元，将需要组装、检查和打包的物品进行移动及抓夹。

> **气动技术（pneumatics）：**
> 研究受压气体力学规律的自然科学技术。

图7-3　建筑装修工用气动射钉枪来组装壁式框架，铺地板以及安装住宅屋顶的木瓦板。

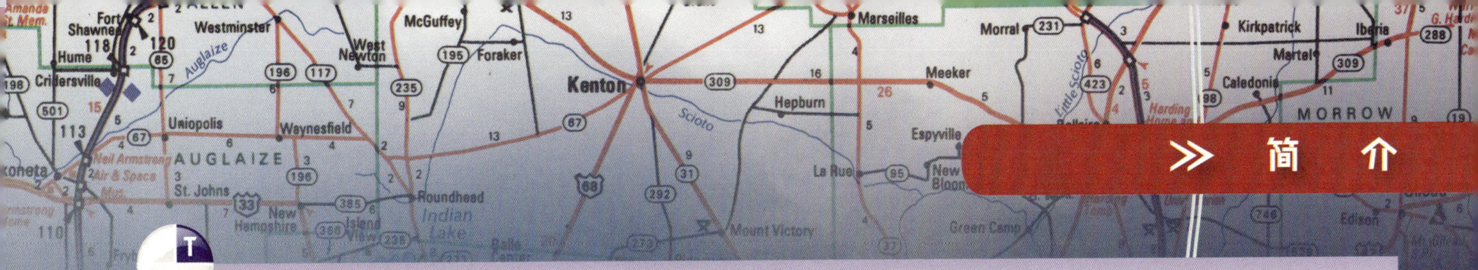

≫ 简 介

大多数的大型工业中都用到了流体压力传动技术，包括医药、农业、运输、娱乐、制造及建造业。

类似于机械系统，流体压力传动系统能够帮助使用者极大地增加输入力。它们也能够沿着复杂路线传递动力，而这对于齿轮、链条和滑轮等机械组件来说是不可实现的。尽管电线也可以沿着复杂的路径来为发动机提供电力，但液压泵的**功率密度**（单位体积的功率）约为电动机的功率密度的10倍。这意味着当产生等量的动力输出时，电动机的大小约为液压泵的10倍。

流体压力传动的基本原理

封闭的流体压力传动系统指在该系统中，流体被限制在一个容器或一连串相连的容器中。所有封闭流体传动系统都包含一些基本概念，包括面积、力和压强。

你可能在数学课上学过，**面积（*A*）**指二维空间封闭图形的尺寸。大多的气压和液压线性执行器为圆柱体。计算圆柱体积的第一步为计算圆柱的横截面面积（见式7-1）。圆的面积可用圆的直径或者半径计算。

$$A_{圆}=\frac{\pi d^2}{4}=\pi r^2 \tag{7-1}$$

我们在第3章和第4章中学到，力（F）指作用在物体上的推力或拉力，它会引起物体的移动、改变运动状态或者令物体发生某种形变。当讨论流体传动系统时，通常要使用到压强这个术语，千万不要将压强与力的概念混为一谈。**压强（*p*）**表示压力作用的效果，当力分布于一定面积并垂直作用于物体表面时，就会产生压强。比如，当你站在平地上，你的体重会分散作用在你的脚底，其产生的压力垂直于地面。尽管改变体重不容易，但你可以通过改变鞋子大小来控制作用在地面上的压强。例如，高跟鞋会使人的体重集中到一块小的区域，尤其当脚后跟踩在地上时，会产生很大的压强。假如换成滑雪鞋，会使体重分布在较大面积上，从而对地面产生小得多的压强（见图7-4）。

压强（pressure，记作*p*）：
表示压力作用的效果的物理量，当力分布于一定面积并且垂直作用于物体表面时，就会产生压强。

图7-4 为什么(a)穿高跟鞋踩地产生的压强大于(b)穿滑雪鞋产生的压强?

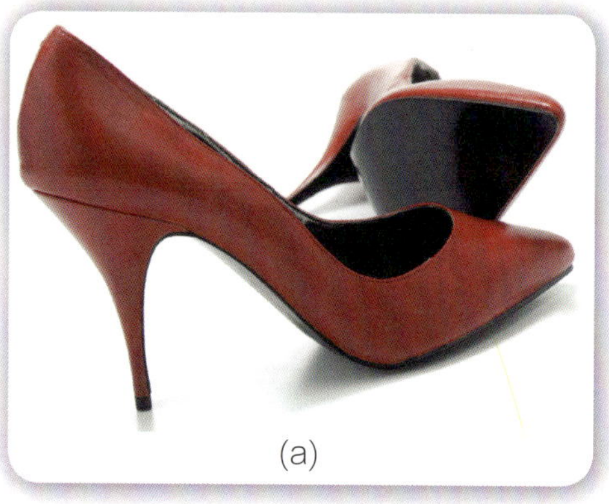

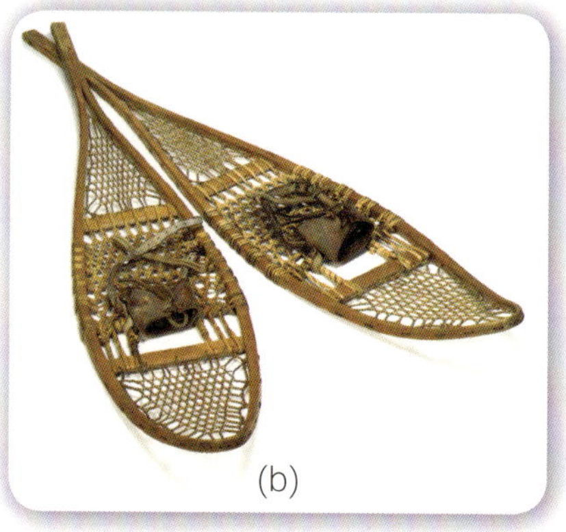

如式7-2所示，压强的数学定义为单位面积受到的压力。压强的美制单位为磅/英寸^2（lb/in^2）或psi，公制单位为帕斯卡或帕（Pa），等于牛顿/米^2（N/m^2）。1帕斯卡是非常小的压强单位。实际上，1磅/英寸^{2}等于6895 Pa。压强也经常用千帕（kPa）或兆帕（MPa）表示。

$$p=\frac{F}{A} \tag{7-2}$$

液压传动系统可产生巨大的压强。商用飞机的标准操作液压为3000 psi，相当于把一辆中型汽车的重量施加到1平方英寸的平面上。2000年开发出的空客A380（见图7-5）将此标准提高到5000 psi。

液压传动系统与气压传动系统的对比

工程师进行工程设计时采纳液压系统还是气压系统，需要考虑多方面因素，最常见的决定因素是基于气体的可压缩性和液体的相对不可压缩的性质。液压流体在受压情况下可被压缩，但程度非常小。比如，油基液压流体每受到1000磅/英寸^{2}的压强，其体积会减小0.4%。由于液体较难被压缩，液压传动系统更适用于需要精确定位的物体。液压系统也能产生巨大的动力，能承受特别重的负载。基于这些原因，大多数大型施工机械都使用液压传动系统。由于液动执行机构的输出运动比气动执行机构的输出运动更加平稳流畅，因此液压传动系统也会用于需要流畅运动的情况。工业和娱乐型机器人也会利用液压传动系统的这些特性。

2

图7-5 巨型商用飞机空客A380需要液压增加到5000 psi来移动其控制表面，该飞机可乘坐约850人。

若需要将一个相对较轻的物体快速短距离地移动，那么气压传动系统可能是最合适的。由于大多数气压传动系统使用的是我们所呼吸的空气，它们相较于液压系统的主要优势为：有取之不尽的气体供应。另外，压缩气体不会回到存储罐，一旦在气动回路中运行完毕，就会被排至大气中，而不会回到存储罐。同时，气动系统的操作压强比液压系统的低得多（通常约为90 psi）。

两种系统都有各自的缺陷，设计时应该充分考虑。液压传动系统会产生极高的压强，导致液体变热，失去黏性。若不考虑液体温度，系统会产生泄漏。一般而言，液压系统的维护费用高于气动系统。泄漏的液体也会产生安全隐患。许多液压油为石油基，不适合在必须保持干净的环境中使用。若暴露在明火中或极热的表面，石油基液压油也会燃烧。设计飞机的工程师必须解决好这些问题。

气动系统也有其缺点。气体的可压缩性导致气压装置不适用于需要精确平稳运动的情况。同时，压缩气体排入大气时会产生很大的噪声。即使有大型的储气罐，空气压缩机也要利用大量的能量来产生并维持恒定压强的压缩空气，这会产生巨大的运维成本。气压组件的内部必须润滑以免发生咬死。这就需要在气动回路中使用润滑装置。气动系统在压缩过程中会产生水，这些水必须定期排除，以免系统中的金属组件发生腐蚀。

流体压力传动历史上的里程碑

尽管与流体压力传动科学技术相关的重要发明和发现在6000年前已出现（见表7-1），流体压力传动工程还是一个相对较新的学科。例如在19世纪初，液压传动机器在工业界还是个新概念。家里常用的流体压力传动技术仅应用于简单的装置，如手动的水泵及用于生火的鼓风机。20世纪20年代初，石油基液压流体和液压汽车制动器的发展改变了这种局面。

流体压力传动最基本的科学定律之一是由17世纪的法国数学家帕斯卡（Blaise Pascal）发现的。1647年，帕斯卡公布了著名的**帕斯卡定律**。这条定律描述了受压状态下封闭流体的特性。它指出，施加于封闭流体的压强会均匀传递并垂直作用于流体容器的内表面（见图7-6）。帕斯卡的发现成为了流体静力学的基础，用于计算封闭流体传动系统的压力和压强。它也是液压传动装置放大输入力的基本工作原理。

帕斯卡定律（Pascal's law）： 施加于封闭流体的压强会均匀传递，并垂直作用于流体容器的内表面。

在帕斯卡定律提出130多年后，运用该定律的实用技术才出现。1795年，著名锁匠布拉默（Joseph Bramah）利用帕斯卡定律发明

表7-1 与流体压力传动相关的发明和科学发现。

时间	发明或科学发现
公元前200年	据说亚美尼亚人发明了水平水车
公元前2世纪	阿基米德发现浮力定律
公元1世纪	亚历山大里亚的希罗（Hero of Alexandria）发明了汽转球，汽转球被认为是人类历史上的第一台蒸汽机
公元5—9世纪	波斯出现了第一架风车（垂直轴），用于抽水
1647年	法国数学家帕斯卡发现施加于封闭流体上的压强可均匀传递并垂直作用于流体容器的内表面
1650年	德国物理学家、工程师冯·居里克（Otto von Guericke）发明了第一台空气泵用于抽真空
1662年	玻意耳发现恒温气体的压强减小时，气体体积会增加
1712年	纽科门发明了第一台实用蒸汽机，最终代替了作为工业设备主要动力来源的水车
1738年	伯努利（Daniel Bernoulli）发现流体流速增大则静压强减小
1795年	布拉默（Joseph Bramah）发明了液压机，代替了在工业上应用最多的螺旋压力机
1799年	梅德赫斯特（George Medhurst）发明了第一台电动空气压缩机，用于采矿作业
1918年	洛克希德（Malcolm Lockheed）发明了汽车的液压制动系统

图7-6 （a）帕斯卡是最先发现流体静力学基本定律的科学家之一。（b）帕斯卡定律指出，施加于封闭流体上的压强会均匀传递并垂直作用于流体容器的内表面。

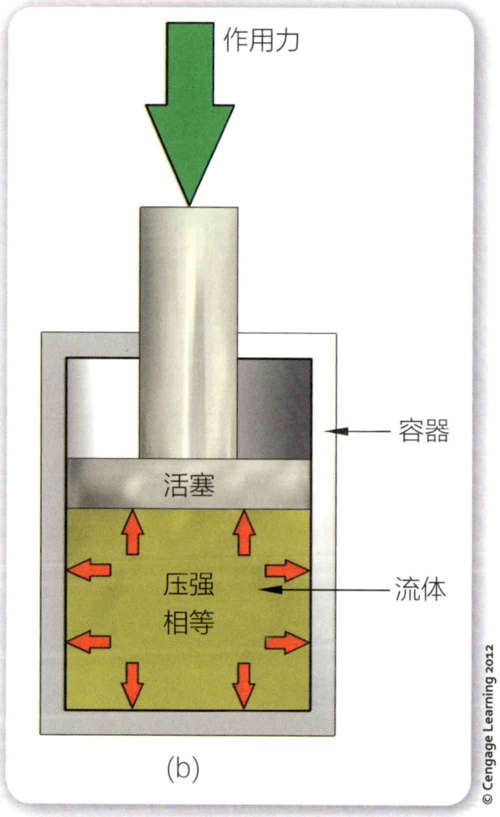

了液压机（见图7-7）。现如今液压机仍用于金属零件，如汽车外壳钢板的定型，以及用来完成机械零件之间，例如齿轮和齿轮轴之间的过盈装配。如果你曾经使用过液压千斤顶来托起汽车进行车胎更换，那么你就能体会到布拉默液压机的重要性。这种装置让使用者能够运用

图7-7　约瑟夫·布拉默的液压机复制品，大约制作于1801年。

Science and Society Picture Library/Contributor/SSPL/Getty Images.

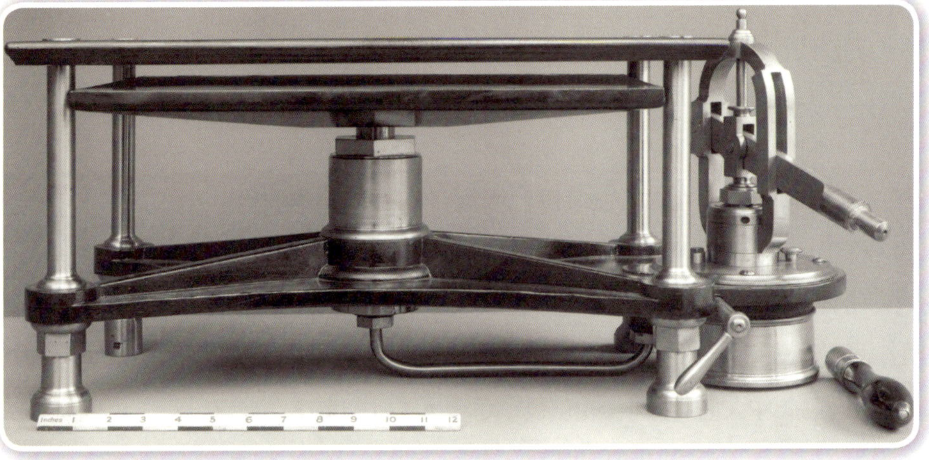

超越个人肌肉力量的输出力。布拉默液压机所涉及的流体静力学和数学知识将会在本章中继续介绍。

帕斯卡定律体现了一个规律：材料和制造工艺的进步才能使科学理论在工业上广泛应用。然而，科学研究的目的不是促进技术的进步。科学的发展是由人们想要了解自然界是如何运作的愿望推动的。

常见的流体压力传动系统组件和图形符号

历史告诉我们，工程设计不是突然出现的。工程设计从“艺术”转变成科学要经历一段很长的时间。当这种转变发生时，该领域的工程师会意识到他们需要规范交流方式，使技术信息可以共享并进一步拓展。对于每一个工程学科，专业的工程组织如国家流体动力协会（NFPA）有义务发展和维持与气压传动和液压传动设计和展示相关的标准。所谓 **标准** ，就是由权威专家认定或约定俗成的参照物，作为比较和查证的依据。

标准（standard）： 由权威专家认定或约定俗成的参照物，作为比较和查证的依据。

想象下如果需要精确画出流体传动系统回路中的每一个元件和它们之间的连接方式，你需要花多少时间才能把你的想法表达清楚。即使对一个最简单的设计来说这都是一个令人却步的任务。经过多年的努力，工程师为液压和气压传动系统每一种不同的流体传动元件都设计出了简单易画的、由二维图形表示的 **图形符号** 。将这些符号仔细排列并用不同类型的线条连接在一起，就组成了流体压力传动系统原理图。工程师用这些简图来解释流体压力传动系统中的各组件如何连接在一起。注意，文中出现的图形符号不局限于文中显示的方向。它们

图形符号（schematic symbol）： 一种用于表示电力系统、机械系统或流体压力传动系统元件的简化图形。

可以朝向任何方向，不过最好是朝90°旋转的方向。

3

尽管气压传动系统和液压传动系统有所差别，这两种系统至少包含以下元件中的一种：

- 用于压缩流体的装置
- 流体流动的通道
- 控制流体压强、流速和方向的装置
- 作为应用点的装置（执行任务的地方）

流体压力传动系统还可能包含一些显示压强或流速的计量仪器。操作者监控这些仪器，以确保系统正常运行。

工程师有大量的气压和液压传动元件可选择。所有这些元件对应的图形符号及无数种形成回路的连接方式本文暂不逐一介绍。本章重点介绍液压和气压回路中最常见的元件。

图7-8 （a）气压软管配件容易装卸，但不耐压。（b）黄铜液压管配件可承受较大的压强。

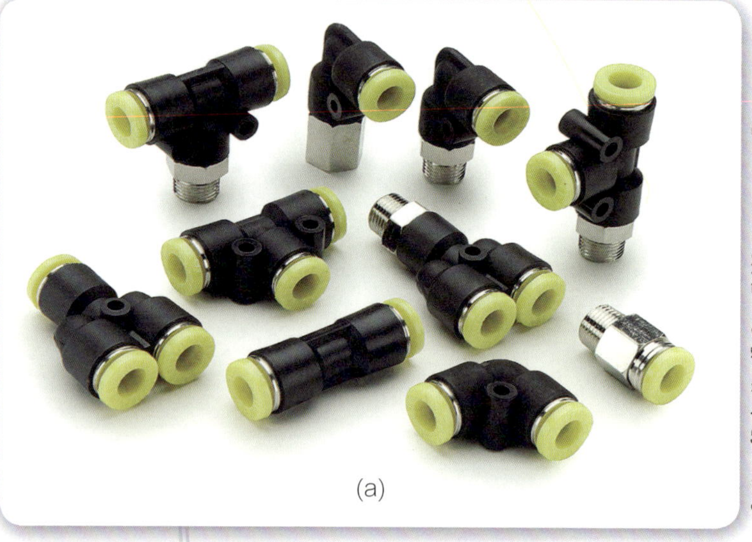
(a)
Courtesy of Parker Hannifin Corp., Fluid System Connectors Div.

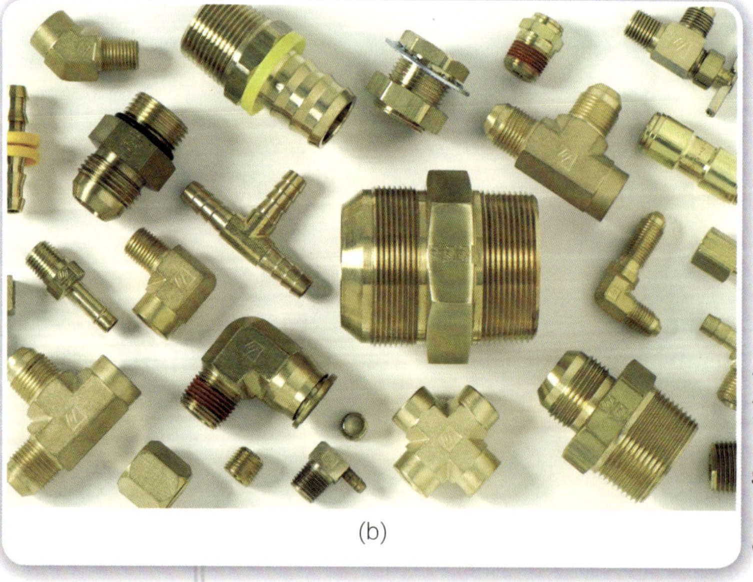
(b)
Courtesy of Brennan Industries, Inc.

许多液压和气压元件有相同的功能和图形符号。这类元件包括传输管道、过滤器、执行机构及方向控制阀。这些元件主要的区别在于它们之间的连接方式和适用的流体压强。举例来说，气压传动系统经常使用塑料管子和快速拆卸的配件，这些配件在相对低压下较适合使用。液压元件由于常受到几千psi的高压，所以需要使用更加牢固的连接方式。液压软管用更结实的材料制成，有时候甚至会使用压制的金属管。在液压管道末端会使用带螺纹的黄铜配件，以承受极高的压强（见图7-8）。

气压和液压软管管路用同样的符号表示，这些符号还可说明其用途（见图7-9）。**工作管路** 代表流体从执行机构或其他在流体压力传动系统中工作的装置输送或输出。**操纵管路** 代表为了控制 **阀门** 而进行的流体压力传输，例如气压传动系统中的气体先导式方向控制阀或者液压传动系统中的减压阀。双实线用来表示组件中的一些机械连接，如连接电动机和液压齿轮泵的轴。

图7-9 流体传动系统示意图中的单实线表示工作管路。虚线表示操控管路，该部位用流体压力来驱动控制阀。双实线代表两个元件间的机械连接，如转轴。

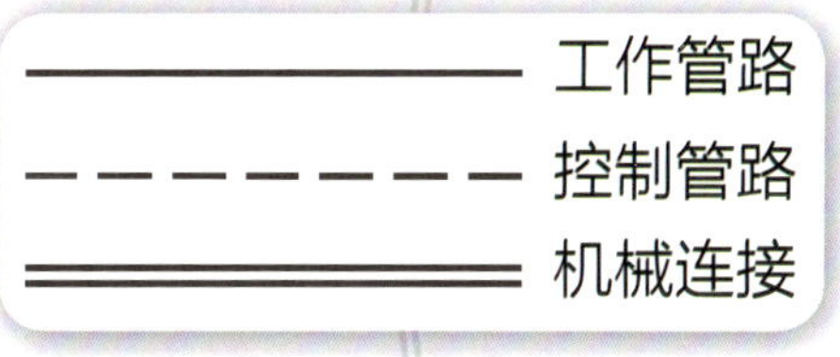

示意图中的线路经常会交叉，但这并不意味着实际的管线也连接在一起（见图7-10）。用一个直径约为5倍于图形管线宽度的点来表示两条或更多实际管线间的物理连接。这种方法可以用于表示 **三通接头** 等装置。

图7-10 (a) 分辨示意图中交叉的线是否表示流体压力传动系统中实际管路间的连通很重要。(b) 相交线表示三通接头和其他类似装置。

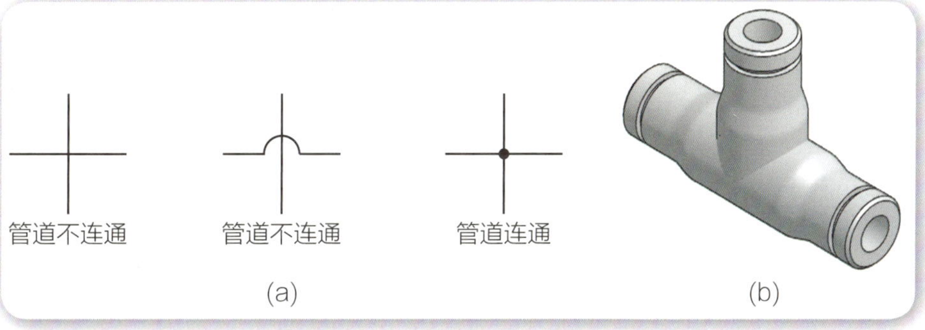

气压和液压传动系统都会使用特殊的 **过滤器** 去除流体传动回路中会危害运动元件内部运作的特殊物质（见图7-11）。由于运动元件的正常磨损，尘土和小块金属等污染源会进入流体中。过滤器包含多孔材料，能够使流体通过但能留住（或吸附）仅为人类头发直径1/15大小的细小颗粒。

图7-11 (a) 压缩空气过滤器或 (b) 液压油过滤器是流体进入流体压力传动回路第一个接触到的组件。(c) 过滤器的图形符号是一个带有虚线的菱形，虚线方向与流体流动方向垂直。

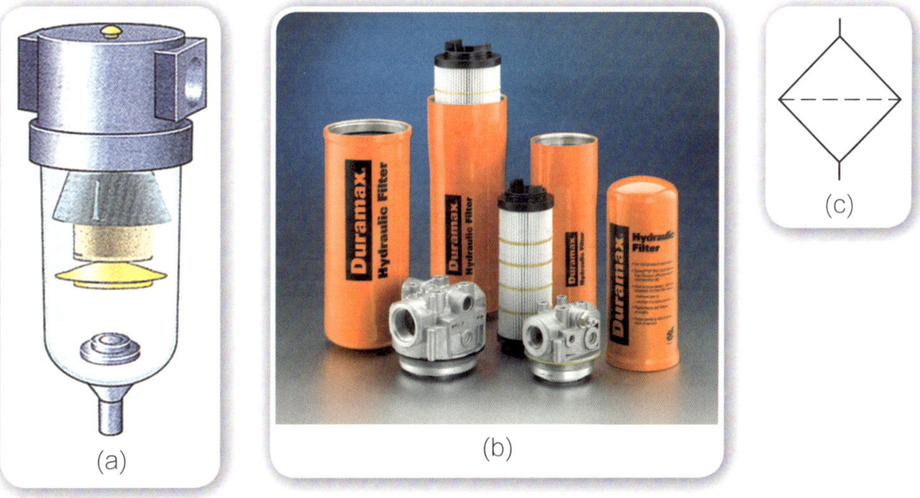

图7-12　(a) 大多数单作用油缸在压力撤除时，会用弹簧把活塞杆自动收回。(b) 单作用油缸的图形符号中有一条易于辨认的锯齿线，代表里面的弹簧。

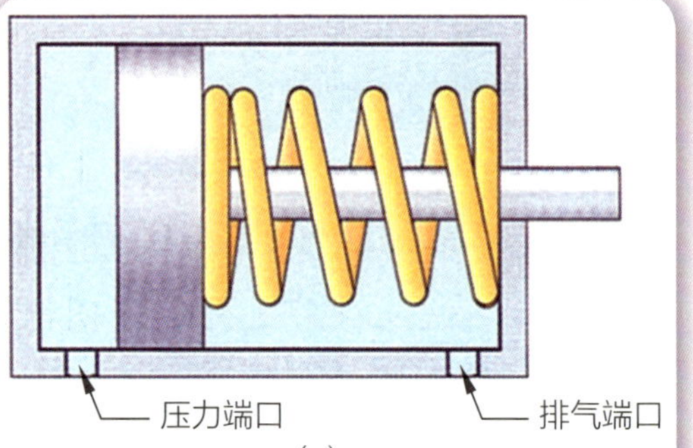

(a)

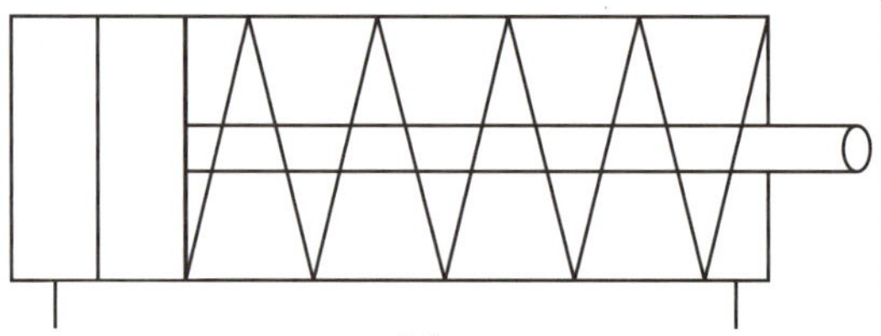
(b)

执行机构（actuator）：流体压力传动系统中，将流体压力转为机械运动以移动负载的设备。

流体压力传动系统用**执行机构**将流体压力转为机械运动以移动负载。单作用和双作用式油缸（或气缸）是液压传动和气压传动系统中最常见的线性运动执行机构（见图7-12）。**单作用油缸**控制活塞在一个方向运动。气缸之内装有弹簧，一旦压力解除，弹簧可将**活塞**拉回未执行的位置。单作用油缸与流体压力传动管路间只需在压力端口上进行一次连接。排气端口使空气在活塞运动时进入或排出。这就避免了在气缸装弹簧的一侧产生不必要的真空或积累过多的气压。

双作用油缸是重型施工设备中最常见的线性运动执行机构，因为它可在两个方向控制活塞（见图7-13）。与单作用油缸不同，双作用油缸需要在活塞的两侧连接流体压力传动管路。当受压流体在一个方向上推动活塞时，活塞另一侧的流体就会被排出。若是液压系统，流体就会流入蓄液池中，若是气压系统，流体会被排入大气中。

图7-13　(a) 双作用油缸在两个方向进行控制。(b) 双作用油缸的图形符号类似于单作用油缸，但没有弹簧。

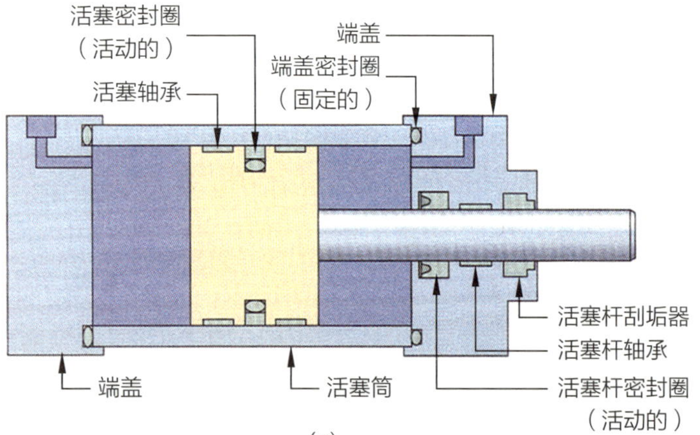

(a)

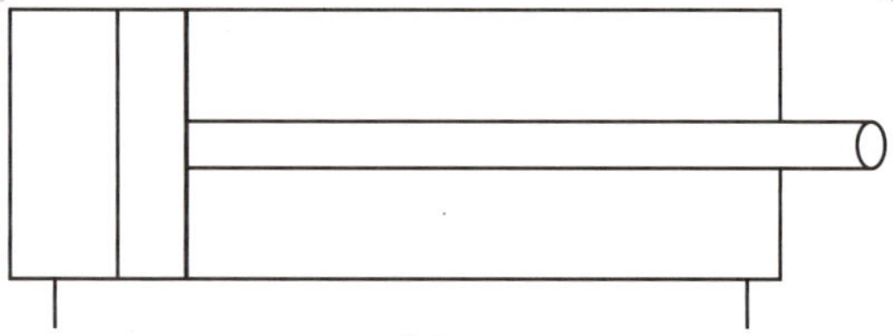
(b)

所有的流体压力传动系统都包含一种或多种控制阀。两种最简单的控制阀为截流阀和止回阀（见图7-14）。**截流阀**用来完全或部分地打开或关闭流体压力传动系统。当阀门打开时，流体可从任意方向流过截流阀，流动方向取决于压力源的位置。**止回阀**为单向阀，只允许流体单方向流动。这种类型的阀经常和其他类型的阀共用。

图7-14　气压传动和液压传动系统中两种常见的控制阀为（a）截流阀和（b）止回阀。

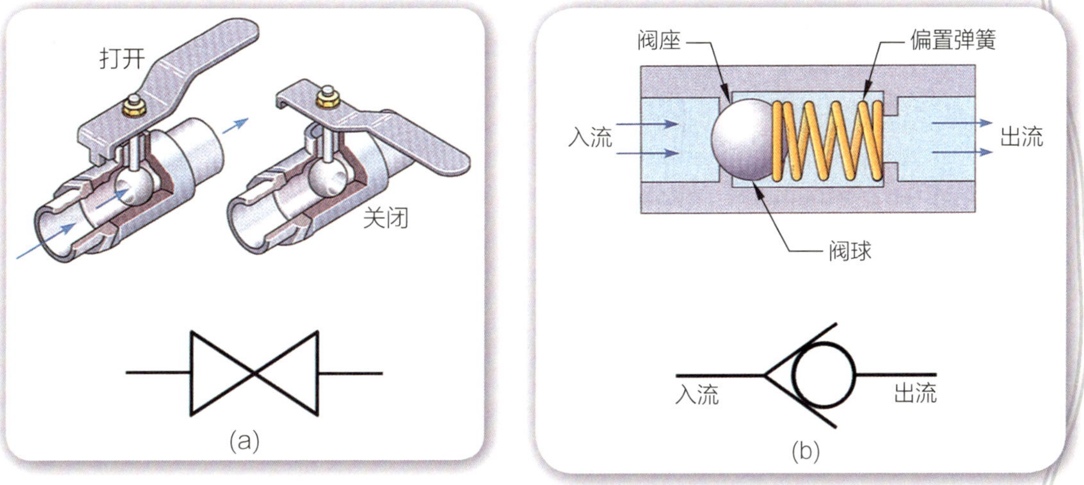

梭阀综合了三通连接器和止回阀的功能。它有两个入流孔和一个出流孔。阀内有可动的障碍物，当一个阀门受到较高压力时，障碍物会移动堵住另一个入流孔（见图7-15）。梭阀的工作原理跟止回阀一样。当两个独立运转的方向控制阀必须共同控制一个执行机构时，通常就要用到梭阀。这意味着两个控制阀都可用于移动执行机构。这与两个电路开关同时控制同一盏灯的概念类似。

图7-15　当执行机构必须受两个独立运转的方向控制阀控制时，经常会用到梭阀。

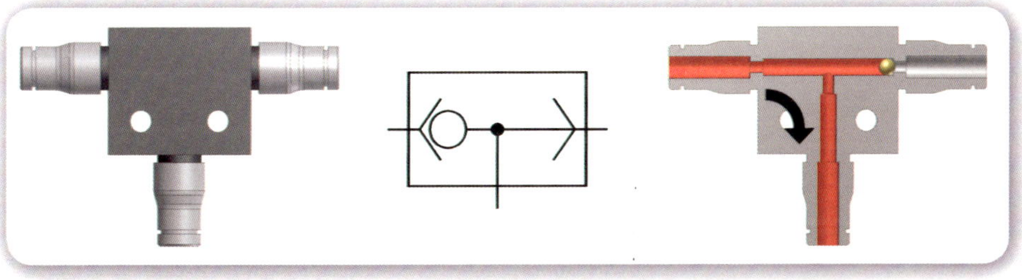

图7-16 （a）流量控制阀用于控制在一个方向上运动的流体流量。（b）用可调螺钉控制通过的流体总量。（c）表示通道限流的图形符号，其中箭头表示通道大小可变。该符号还显示止回阀可让流体自由地在相反方向上通过。

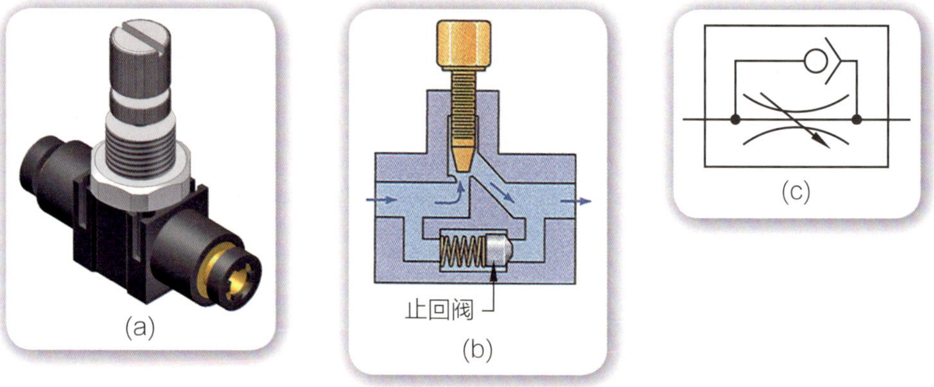

当流体在气压回路和液压回路中单方向流动时，用 **流量控制阀** 来控制流体流量（见图7-16）。当流体从相反方向通过阀时，则不会受限制。这种阀可有效控制活塞进出气缸的速度。因为流量控制阀只控制一个方向上的流体流动，因此单个流量控制阀只能在一个方向上控制气缸活塞运动的速度。两个互相背对的流量控制阀可控制活塞的伸长和收缩的速度。

液压传动系统组件

图7-17所示的液压传动反铲标出了许多液压传动系统中常见的组件。这些组件包括蓄液池、过滤器、液压泵、卸压阀、方向控制阀和执行机构。

液压传动系统中的 **蓄液池** 用于储存液压油和保护液压油免受外界污染（见图7-18）。与气压传动系统不同的是，液压传动回路中所用的液体会回到蓄液池进行再利用。液压油在回路中流动时会受到摩擦力，导致油温升高。蓄液池通过混合回流液和池里剩余的液压油来进行热交换。与气动系统中的空气压缩舱不同的是，蓄液池中的液体不可压缩。

液压 **泵** 是一种在液压回路中产生静液压，并将其传输到执行机构的机械装置。**定量泵** 提供固定的压强，由于其构造简单，所以最便宜。常见的定量泵有齿轮泵（见图7-19）。**变量泵** 可增大或减小其产生的压力。这种能力使其价格高于定量泵。叶片泵和轴向活塞泵经常用于调整压力。液压泵的图形符号并不能区分齿轮泵、叶片泵和轴向柱塞泵。然而，图形符号可显示泵产生的压力是固定的还是可变的。所有的液压泵都由几种 **原动机** 提供能量，比如电动机或内燃机。泵的符号通常会伴随其原动机的符号。

图7-17 （a）反铲中简单的液压回路为线性执行机构供能。（b）用图形符号绘制的反铲结构示意图，图中展示了不同液压元件间如何连接。注意过滤器、三通连接器和双作用油缸的符号。

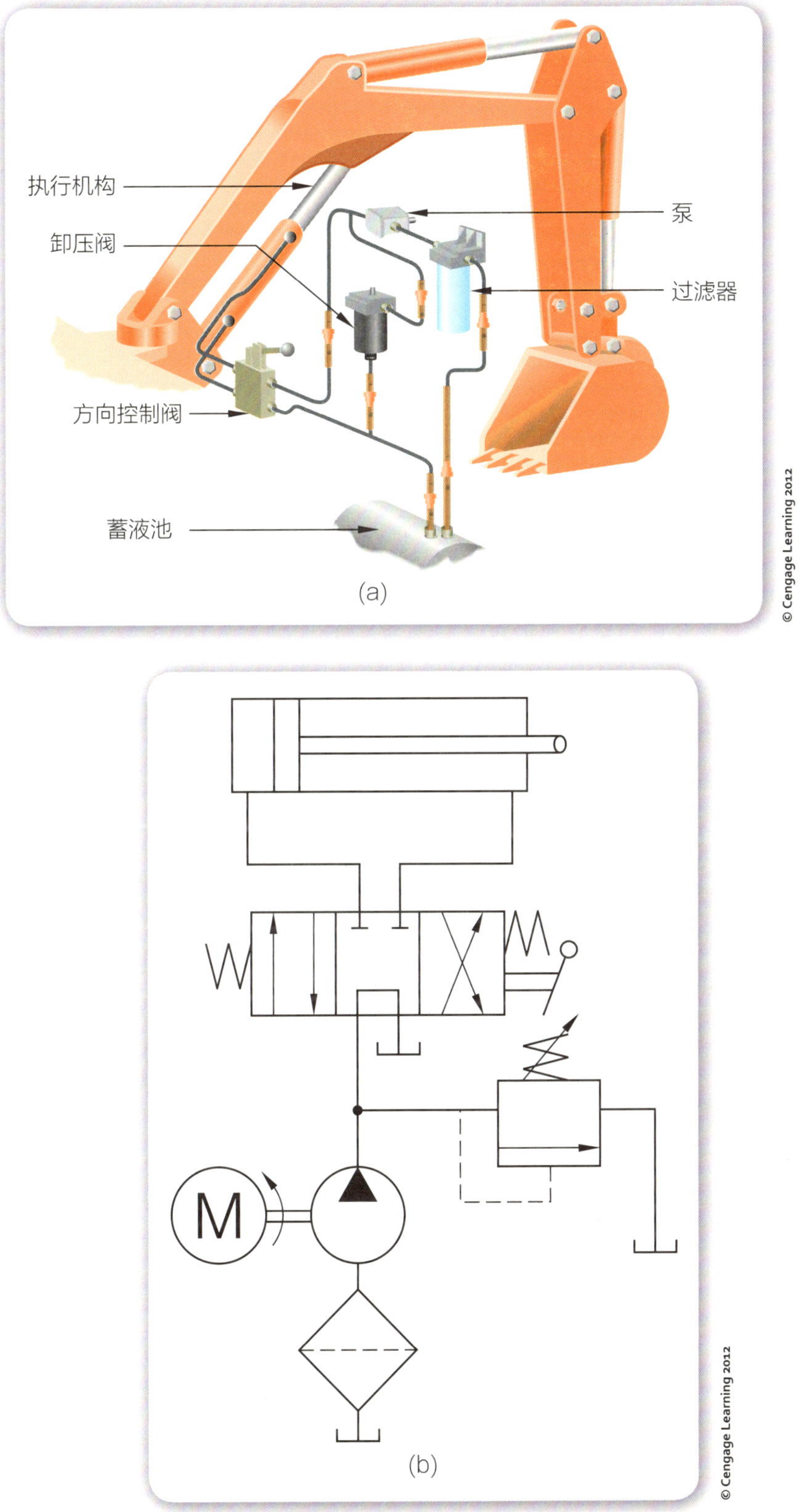

溢流阀是一种即使在最简单的液压回路中也需要装配的安全机械装置，因为它可以保护泵和其他元件免受超压引起的损害。当执行机构遇到巨大阻力时会产生超压。溢流阀内部的弹簧推着阀球，使阀在

图7-18 （a）液压液蓄液池为液压液流出和回流的地方。（b）它的图形符号像连着管线的平底锅。

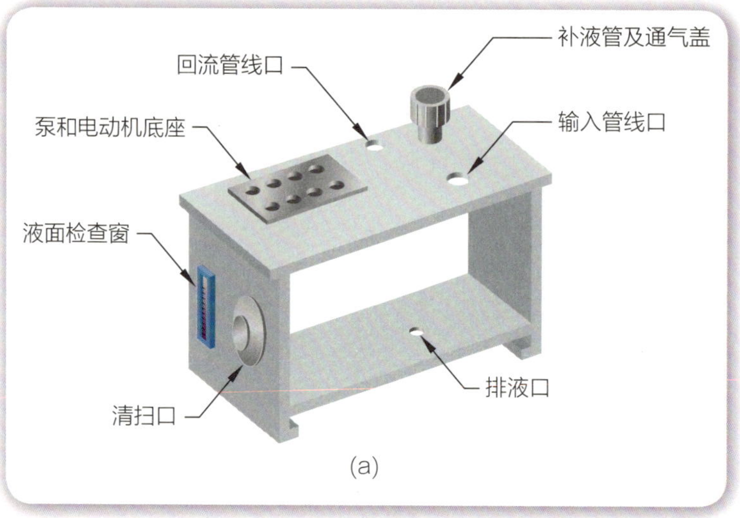

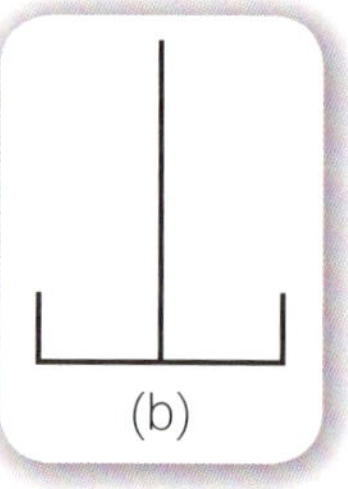

图7-19 （a）齿轮泵是液压传动系统中定量泵的常见类型。定量泵的符号是一个圆圈和一个向外指的箭头。（b）泵必须用原动机（比如电动机）来供能。注意电动机和泵之间的机械连接的符号。

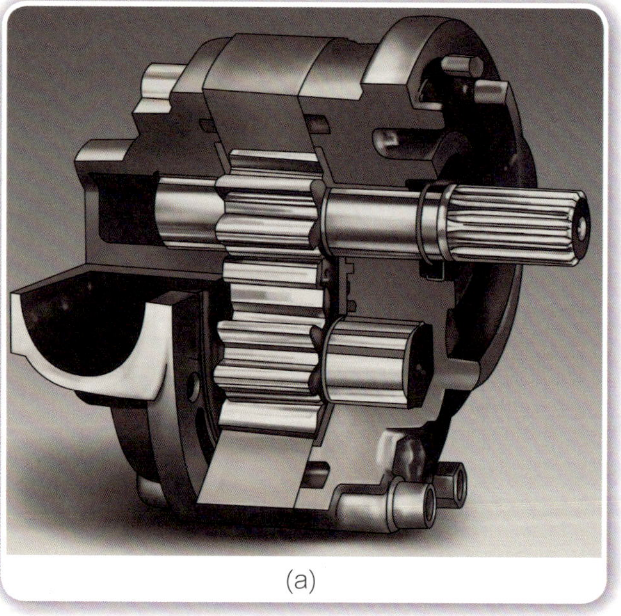

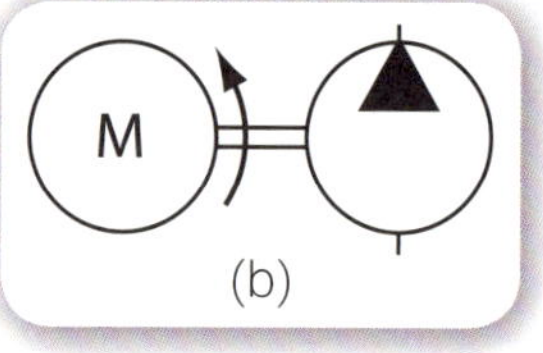

常压下保持闭合（见图7-20）。溢流阀的图形符号中的虚线表示控制管路，它使回路中的液体推挤阀球。若遇到超压，阀球会压缩弹簧，使液体转移到蓄液池。当液压回到安全水平，阀就再次关闭。最大回路压力可通过调节溢流阀的指旋螺钉和防松螺母设定。

图7-20　（a）闭合的液压传动系统必须配备溢流阀来保护泵免受超压危害。（b）溢流阀的图形符号和蓄液池的符号相连。

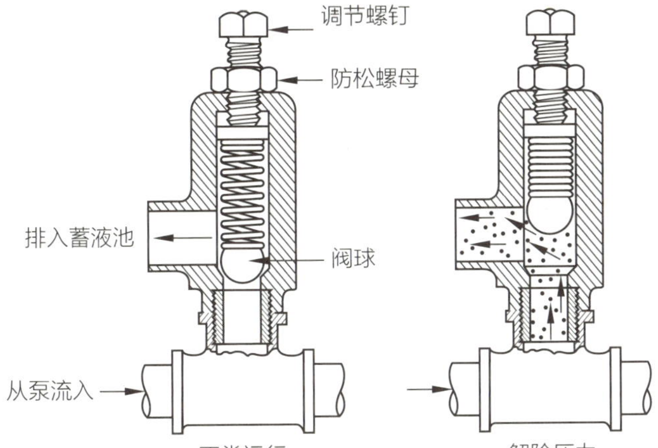

(a)

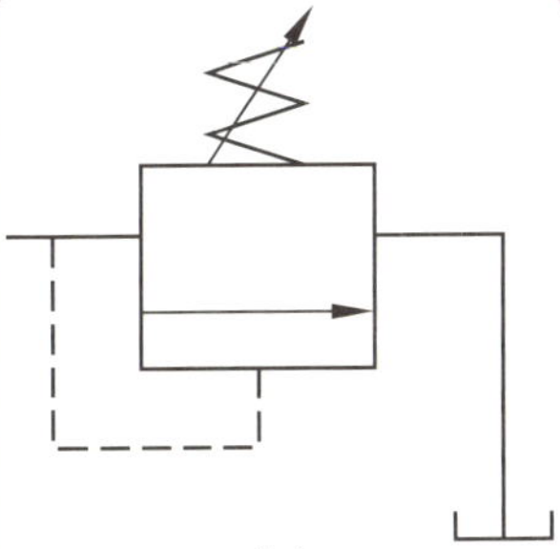

(b)

图7-21　（a）手动操作的方向控制阀会配备摇臂或按钮。（b）在施工设备中，多个方向控制阀依次排列使专业操作者能在一个位置控制机器的复杂运动。

(a)

(b)

方向控制阀（DCV）是一种极其重要的元件，可作为液压传动系统和操作者之间的控制接口。操作者可能是人、计算机或是系统中的其他元件。方向控制阀用来控制液体在回路中通过的路径（见图7-21）。

方向控制阀的图形符号为两个或多个方框。每个方框标示了阀在运行时所在的位置，同时也用符号显示了液体如何或者是否能从一个孔流到另一个孔。通常规定，示意图中的液体管路默认连接到中间状态或非执行状态的方向控制阀孔上。图7-22为三位四通方向控制阀，可用于控制双向线性执行机构或旋转式执行机构。四通的方向控制阀

图7-22 三位四通方向控制阀剖面图中的红色区域代表高压液体。蓝色区域代表从执行机构回流出来的排出液。（a）当控制杆空闲时，由摇杆操纵的四通方向控制阀中的弹簧将阀芯置于中心位置，锁定执行机构，并引导液体回流到蓄液池中。（b）这是一种汇接中心条件，以方向控制阀图形符号里中间的方框作为标志。弹簧标志出现在阀的两侧，表明该阀芯利用弹簧进行中心对齐。

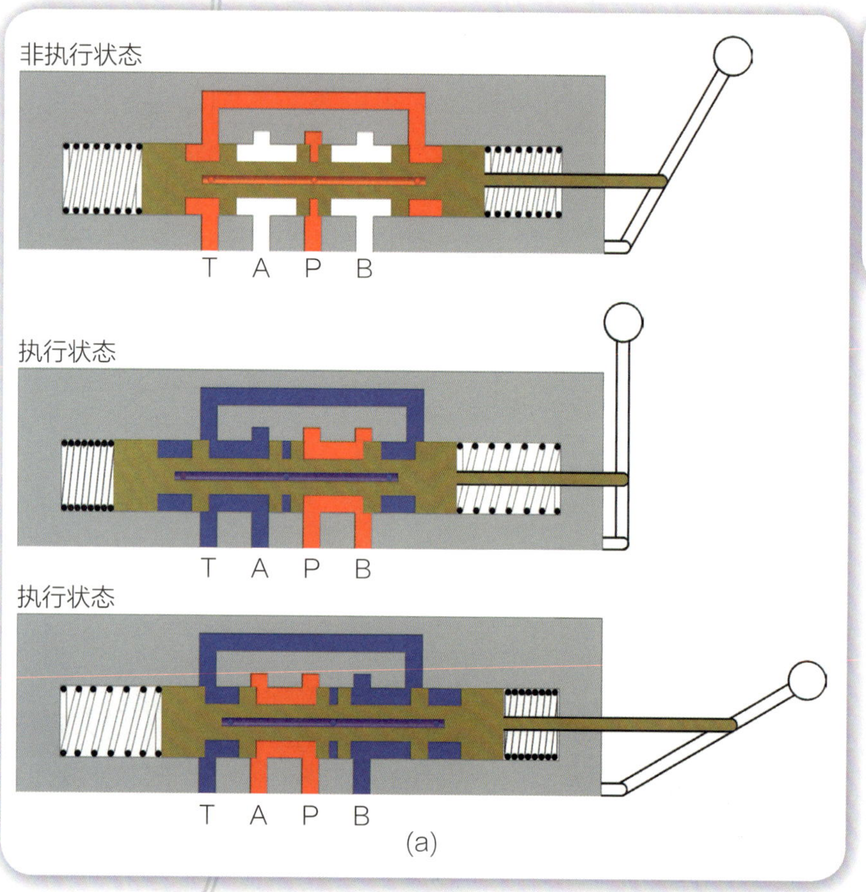

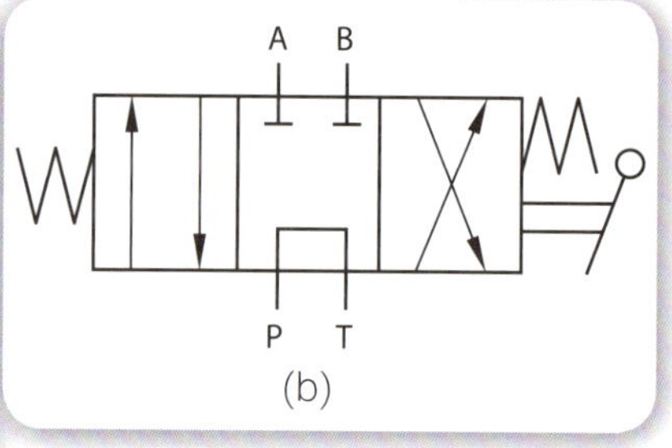

有四个孔——P、T、A和B，作为液体通道。孔P和提供压力的液压管路相连。该管路直接或间接与泵相连。孔T连接到回流管路，用于把液体送回蓄液池。孔A和孔B为工作孔，连接双向执行机构的进流口。

四通方向控制阀中的阀芯受手动摇杆的控制。当阀芯位于中间位置时，压力孔和蓄液池孔之间形成直接连接。同时也阻止液体流入或流出工作孔。这导致连接在方向控制阀上的执行机构锁定在其当前位置上。当摇杆移动到一个方向的端部，阀芯在压力孔和工作孔A之间形成直接连接。从执行机构里回流的液体会从工作孔B流到蓄液池孔。当阀芯位于另外一端时，从压力孔流出的高压液体会流向工作孔B，回流液会从工作孔A流到蓄液池孔。

四通阀设计了许多中心条件来限定当方向控制阀处于未执行状态时，高压液体的流动路径。图7-22的三位四通方向控制阀，利用汇接中心条件将高压液体直接排到蓄液池，此时执行机构必须保持空闲并且锁定在原来位置。

图7-23 （a）图中的生产工作单元使用常见的气压传动元件，如单作用或双作用气缸固定工件。（b）气动回路的示意图表明，系统还使用了其他元件，如流量控制阀和方向控制阀。

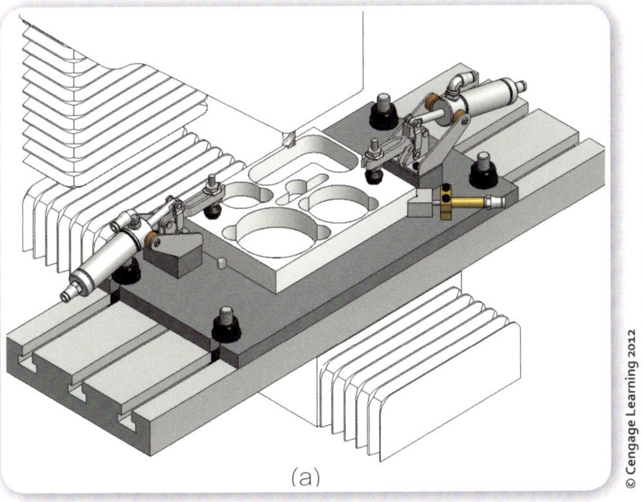

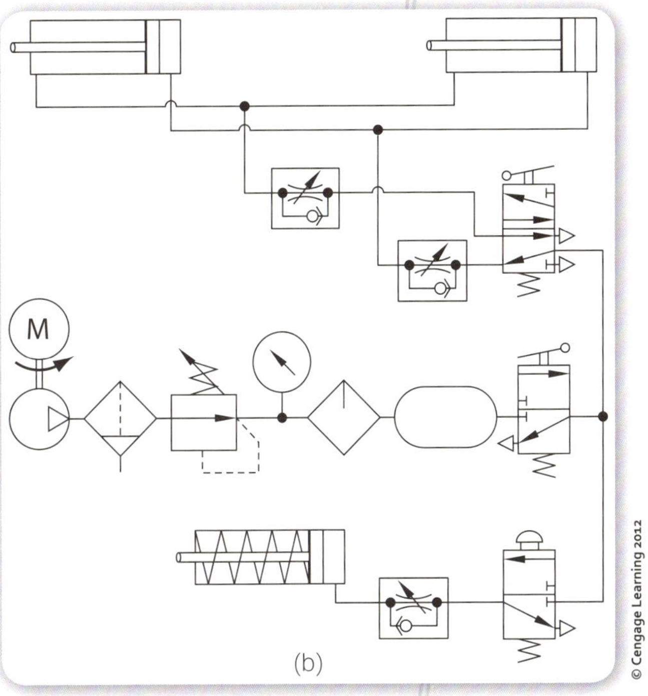

气压传动系统元件

图7-23中工件固定系统及其示意图显示了整个气压传动系统有许多元件。许多元件如过滤器、流量控制阀和线性执行机构在液压传动系统中也可见，且之前已提及。气压传动系统专用的元件通常包括用来在压缩气体工作前调节和容纳该气体的元件。

气动系统中的气体在投入使用前必须通过一系列的调节装置（见图7-24）。该流程始于气体进入压缩机时。压缩后的气体进行过滤，去除颗粒物和水蒸气形式的水分。紧接着通过调节气压的装置，使气压保持在安全操作水平上。然后通过润滑器给压缩气体加油，并将气体存储在压力容器中按需使用。

图7-24 标准的商用气体压缩机单元包含许多元件，可用对应的图形符号来表示。（a）电动机与（b）空气压缩机相连，空气压缩机将压缩气体送到（c）过滤器。过滤器的符号表示其配备了手动排液装置。过滤器连接（d）调压器，然后依次连接（e）测压表和（f）润滑器。压缩空气随后存储在（g）储气罐中备用。

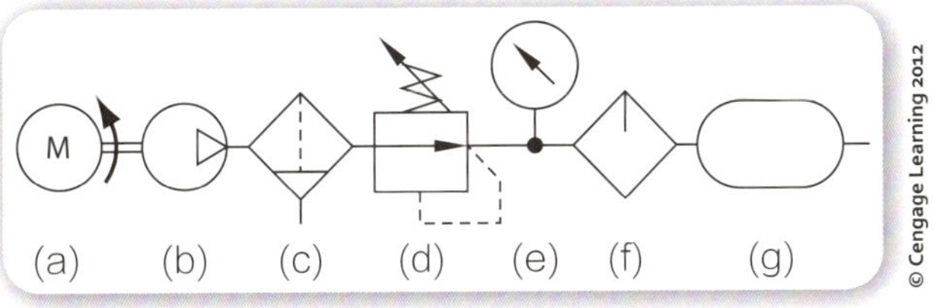

图7-25 （a）双级活塞压缩机的工作方式类似于内燃机，但无燃烧过程。空气被吸到第一级进行压缩，然后传到第二级进行进一步压缩。曲轴由原动机供能。注意（b）气体压缩机的图形符号和定量泵的类似，但箭头是空心的。

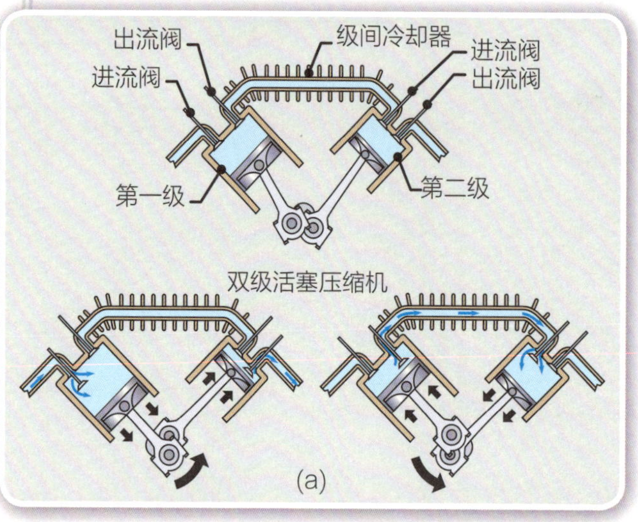

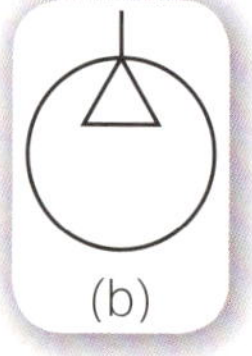

气压传动系统的气压由**空气压缩机**产生。与液压泵类似，空气压缩机不能自己供能，必须与原动机相连。大多数压缩机用电动机或内燃机来产生压缩气体的动力。空气压缩机的常见类型包括活塞式压缩机（图7-25）、旋叶式压缩机、回旋式螺杆压缩机和离心式压缩机。

图7-26 （a）气压调节器用于调节气压至所需水平。许多调节器内置气压计供使用者进行精确调节。（b）气压调节器的图形符号显示其内部设有空气导向器来控制气压，同时还包含气压计的符号。

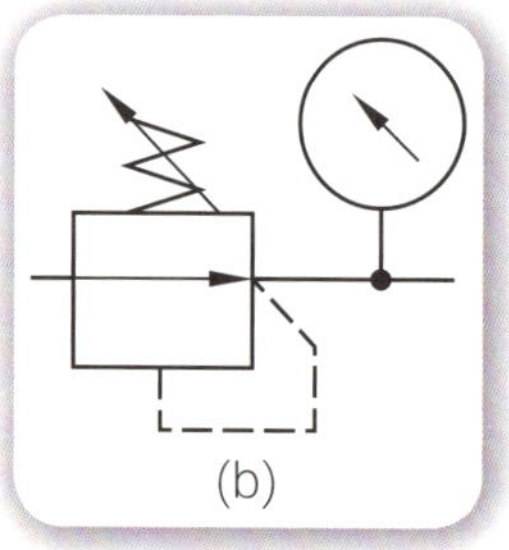

气压调节器用于手动调节及控制气动系统中压缩空气源头的气压。这种装置中经常有内置气压计，使使用者可监视气压并在需要时进行精确调节（图7-26）。五金店里的气动工具的标准操作气压约为90磅/英寸²（表压）。

含有活动部件的气动组件必须进行润滑以进行持续平滑作业。因为液压流体可作为润滑剂，因此液动系统不需要润滑。**润滑器**通常连接着过滤器和气压调节器。利用压缩气体的气压将吸入的油滴变为细雾，与气体混合，并一起通过回路（见图7-27）。

储气罐用于保存即将进入气动回路工作的气体（见图7-28）。

图7-27　(a)气动回路中，一旦压缩气体过滤完毕，润滑器会将少量的油加到压缩气体中。(b)润滑器的图形符号与过滤器的类似。

(a) From Johnson, *Introduction to Fluid Power*, © 2002 Delmar Learning, a part of Cengage Learning, Inc. Reproduced with permission. www.cengage.com/permissions. (b) © Cengage Learning 2012

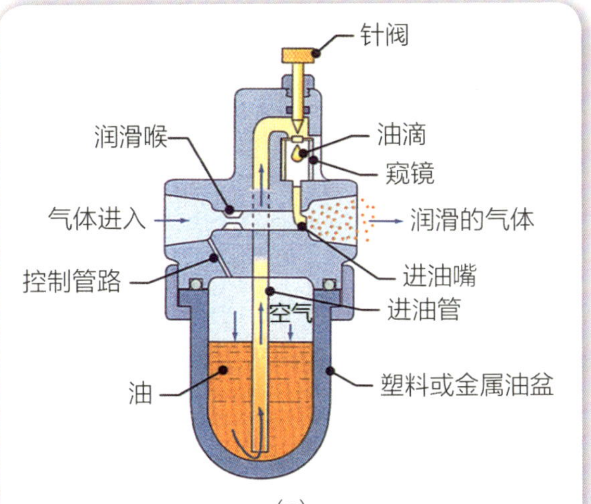

(a)

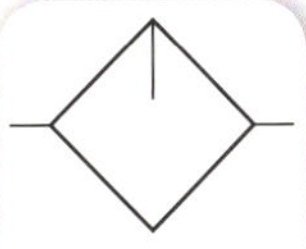
(b)

图7-28　气体压缩单元的原动机和两级活塞压缩机固定在一个叫做(a)储气罐的大型压力容器的顶部。(b)储气罐的图形符号类似于简单的胶囊。

(a) Image copyright Bork, 2010. Used under license from Shutterstock.com. (b) © Cengage Learning 2012

(a)

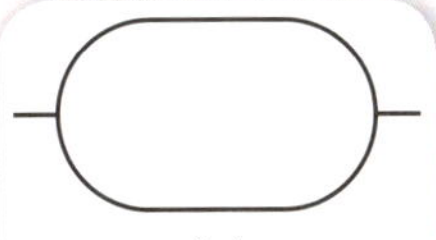
(b)

储气罐由焊接钢制成，并可以根据系统对压缩气体的需求量做得很大。

并非所有的气动回路图都会显示前文所描述的调节装置。一些工程师认为这些装置已存在于先前的气动系统。在这种情况下，工程师会用一个简单的图形符号来代表调节后的压缩气体，并在符号旁标注需要的气压（见图7-29）。

图7-29　（a）该气动回路的示意图没有明确显示气动系统中的气体压缩器或任何气压调节装置。（b）取而代之的是，用一个简单的供气符号与方向控制阀的符号相连。注意，所需的气压已标注。

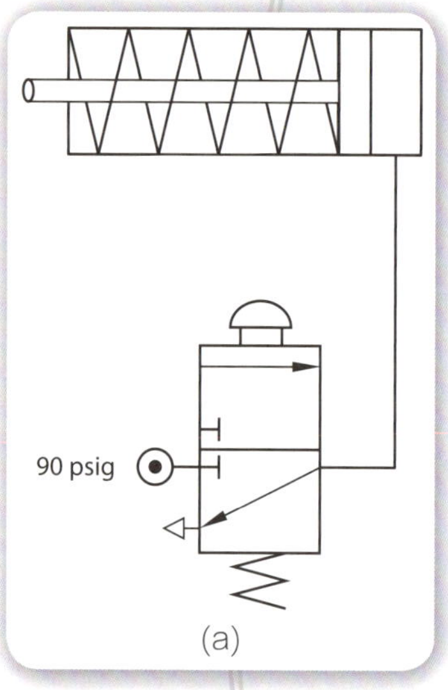

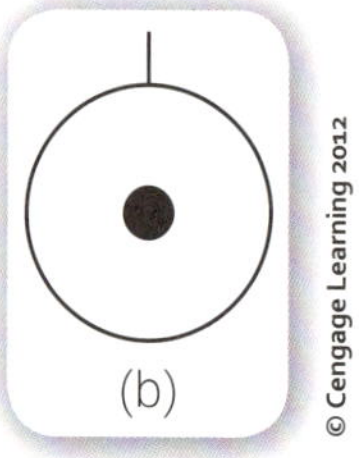

气动系统中的方向控制阀与液压系统中的方向控制阀的区别在于处理排放物的方式。气动系统中的方向控制阀可自由地将废气排到大气中。但液压系统不行，“废”液必须回收到存储器中。

一种最简单的气动方向控制阀为二位三通阀（有时也称3/2阀），像是通断开关。图7-30为三种类型的3/2阀，用三种常见的机械方法来控制气流的方向。每种方法都含有弹簧使阀回到其中间状态。

图7-30　操控机械的方向控制阀通常由（a）按钮，（b）滚轴或（c）摇杆进行控制。每种方式都含有弹簧使阀回到其中间状态。

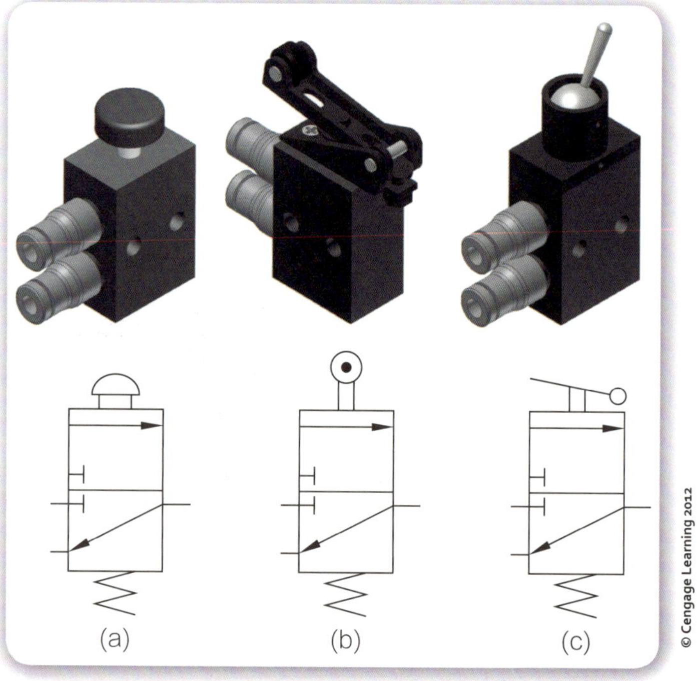

气动系统经常使用二位五通阀（有时称为5/2阀）来控制双作用气缸（见图7-31）。5/2阀的进气孔一直连接着气缸的其中一孔，使5/2阀

图7-31　摇杆操控的二位五通阀，其图形符号和气流运动示意图。图形符号包括供气符号。三角符号表明废气可通过该孔排到大气中。

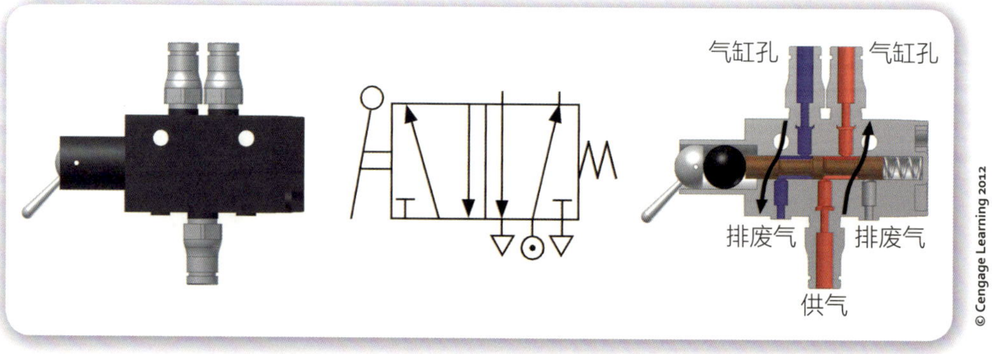

无法停止提供气体。为解决该问题，通常将3/2阀与5/2阀串联，使操作者可以关闭压缩气体。

并非所有的方向控制阀都由手动操控。事实上，大多使用流体传动回路的自动化制造系统都是通过计算机和可编程逻辑控制器来操控（参考第8章控制系统）。这就使电磁操控方向控制阀成为可能。**螺线管**是一种机电驱动装置，利用电磁学原理控制方向控制阀中的阀芯。当电流流过螺线管，线圈会产生磁场。该磁场使柱塞运动，进而推动方向控制阀中的阀芯滑动。图7-32中的三孔阀就由螺线管控制。

图7-32 （a）该二位三通方向控制阀由螺线管驱动。（b）方向控制阀符号上端的矩形中的斜直线表示单绕的螺线管。（c）线圈柱塞连接着方向控制阀中的阀芯。当线圈通电时，柱塞会移动并改变通过方向控制阀的流体的运动方向。

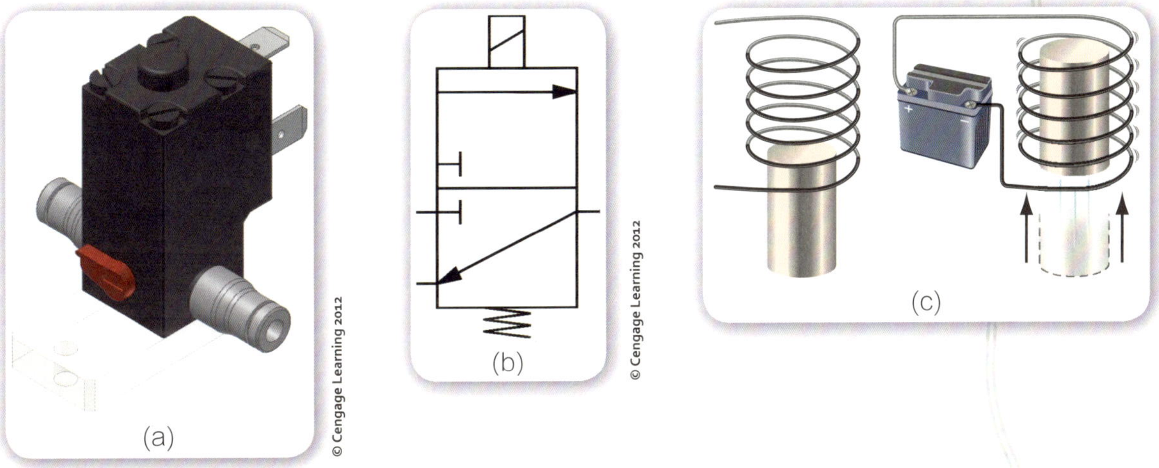

一些方向控制阀为先导阀，意味着阀中的阀芯在正气压或负气压作用下移动，而不是在摇杆或按钮的机械作用下运动。图7-33为由气体控制的二位五通阀。当一台双作用气缸必须由另一台双作用气缸所产生的废气压力驱动时，我们常常会使用这种控制阀。

图7-33 （a）由气体操控的二位五通阀及其（b）图形符号。

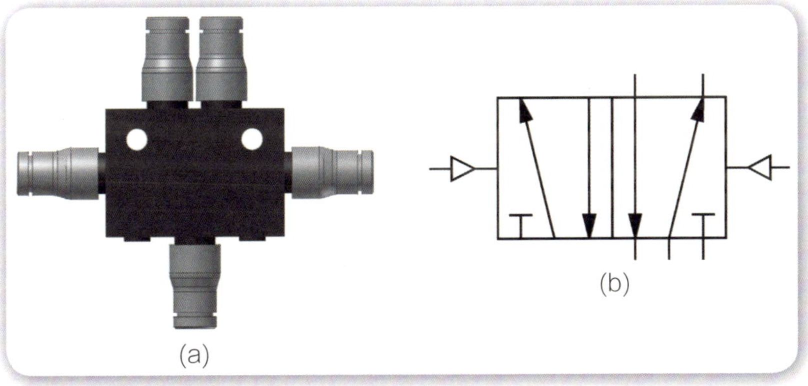

流体压力传动的基本科学概念

流体力学（fluid mechanics）： 研究处于静止或运动状态的气体和液体的性质和基本规律。

许多工程师的正规教育中，有很大一部分是学习应用物理学的一个分支，它被称为力学。**力学** 研究力及其对物体的作用效果。机械工程、制造工程、土木工程及航空航天工程的研究领域包含力学的一个重要分支——流体力学。**流体力学** 研究处于静止或运动状态的气体和液体的性质和基本规律。

流体静力学基础

流体静力学（hydrostatics）： 研究处于静态平衡的流体的性质和基本规律。

那些使用液压传动技术的最让人印象深刻的应用都基于流体静力学的基本原理。**流体静力学** 研究的是处于静态平衡的液体的性质特征。例如图7-34中用于大型工程设备的静态液压系统，通过液体传递能量，并将其转化为输出力。为驱动铲斗、锹头等大型设备供能的大型线性执行机构就是根据帕斯卡定律运作的。静态液压传动系统利用液压将力放大，使我们能够移动极重的荷载，从而改变世界的面貌。

帕斯卡定律： 正如本章前面所述，压强（p）为力（F）分散、垂直作用在平面（A）上的作用效果。帕斯卡定律指出，封闭容器中的静止流体的某一部分发生的压强变化，将大小不变地向各个方向传递。帕斯卡的发现奠定了流体静力学的基石，起到了重要的作用。为了直观描述帕斯卡定律，观察图7-35中两个由软管相连的液压缸。根据帕斯卡定律可知，液压缸A的输入压强（p_I）等于液压缸B的输出压强（p_O）。

图7-34　与施工设备铲斗相连的液压缸的运作基于流体静力学原理。

图7-35　两个连通的液压缸代表封闭的液压系统，帕斯卡定律告诉我们液压缸A中液体的压强（p_I）必定等于液压缸B中液体的压强（P_O）。

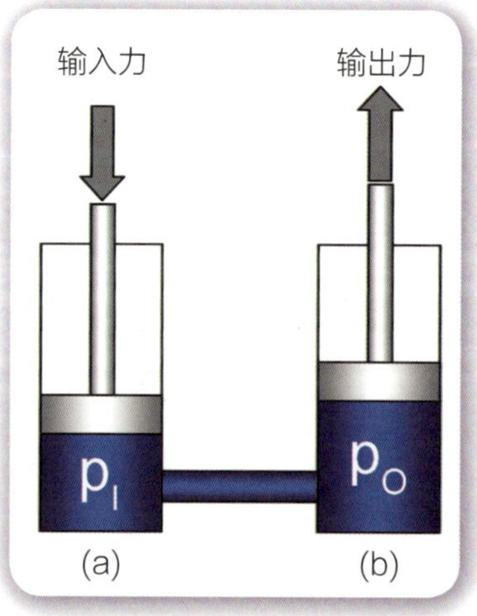

式7-3根据帕斯卡定律描述了一个流体静力学模型的输入压强和输出压强之间的数学关系。

$$p_I = p_O \qquad (7\text{-}3)$$

输入液压缸A中的输入压强（p_I）等于输入力（F_I）除以液压缸活塞头与液体的接触面积（A_I）。输出液压缸B中也存在着同样的关系式，其液体压强（p_O）等于输出力（F_O）除以液压缸活塞头与液体的接触面积（A_O）。知道了这些，我们可将输入、输出力及其作用面积代入，用另一种形式描述帕斯卡定律：

$$\frac{F_I}{A_I} = \frac{F_O}{A_O} \qquad (7\text{-}4)$$

图7-36为两个由软管连接的几何尺寸相同的液压缸。两个活塞头的面积都是3平方英寸。若将600磅的力作用于液压缸C的活塞杆的顶端，那么系统中产生的液压多大？液压缸D产生的输出力多大？

为了找到答案，我们先计算在输入液压缸中，输入力（F_I）在与液体接触的活塞头面积（A_I）上所产生的压强（p_I）。

$$p_I = \frac{F_I}{A_I} = \frac{600\ \text{lb}}{3\ \text{in}^2} = 200\ \text{lb/in}^2 \text{ 或} 200\ \text{psi}$$

根据帕斯卡定律，液压缸C中产生的200 psi的液压大小不变地传到了液压缸D。液压缸D的横截面面积与液压缸C相同。用代入法计算式7-4中的变量，可计算出未知输出力的大小：

$$\frac{F_I}{A_I} = \frac{F_O}{A_O} \Rightarrow F_O = A_O\left(\frac{F_I}{A_I}\right)$$

$$F_O = 3\ \text{in}^2\left(\frac{600\ \text{lb}}{3\ \text{in}^2}\right) = 600\ \text{lb}$$

力的液压放大 前例中，输入和输出液压缸的几何尺寸相同，因此输入力和输出力也相同。当两个连通的液压缸的几何尺寸不同时，就会产生不同于输入力的输出力。可用图7-37中的静态液压系统证明。100磅的力作用于液压缸E的活塞杆上，活塞与液体接触面积为2平方英寸，系统产生的液压输出力多大？横截面积为4平方英寸的液压缸F产生的液压输出力多大？

第一步仍然是计算在输入液压缸中，输入力（F_I）在与液体接触的活塞头面积（A_I）上所产生的压强（p_I）：

图7-36 由两个相同几何尺寸的液压缸组成的封闭液压系统。

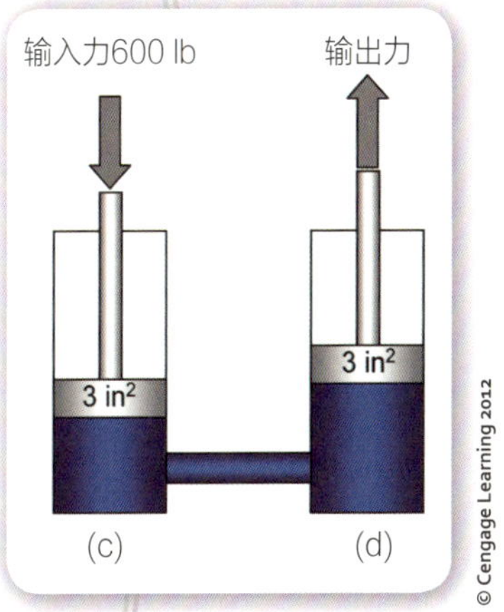

图7-37 改变静态液压系统中输入和输出液压缸的直径可改变输出力的大小。

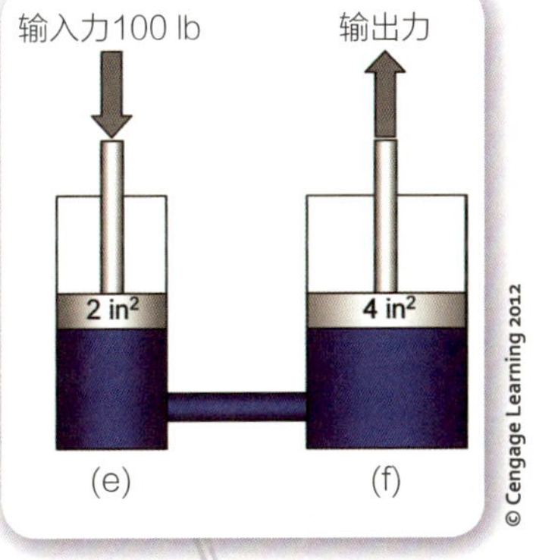

$$p_I = \frac{F_I}{A_I}$$
$$= \frac{100 \text{ lb}}{2 \text{ in}^2}$$
$$= 50 \text{ lb/in}^2 \text{ 或} 50 \text{ psi}$$

从帕斯卡定律得知液压缸E中产生的50psi的液压大小不变地传到了液压缸F中。知道液压缸F的横截面面积，可以再次通过代入法计算式7-4中的变量来得到未知输出力的大小：

$$\frac{F_I}{A_I} = \frac{F_O}{A_O} \Rightarrow F_O = A_O\left(\frac{F_I}{A_I}\right)$$
$$F_O = 4 \text{ in}^2\left(\frac{100 \text{ lb}}{2 \text{ in}^2}\right)$$
$$= 200 \text{ lb}$$

100磅的输入力产生了200磅的输出力，这就是 **力的液压放大效应**，类似于机械效益的概念。在第3章“机械效益”中提到，机械效益需要付出一定的代价。在本节，放大输入力的代价是，输入液压缸的活塞移动距离增大，这个例子中输入液压缸的活塞移动距离为输出液压缸的两倍。

在静态液压系统中，作用于活塞上的输出力和输入力与对应的活塞移动距离成反比：

$$\frac{\text{输出力}}{\text{输入力}} = \frac{\text{输入力推动活塞移动距离}}{\text{输出力推动活塞移动距离}} \quad (7\text{-}5)$$

$$\frac{F_O}{F_I} = \frac{y_I}{y_O}$$

图7-38　液压系统通过力的液压放大来实现机械效益。本例中，100磅的输入力作用10单位距离会产生1000磅的输出力作用1单位距离。

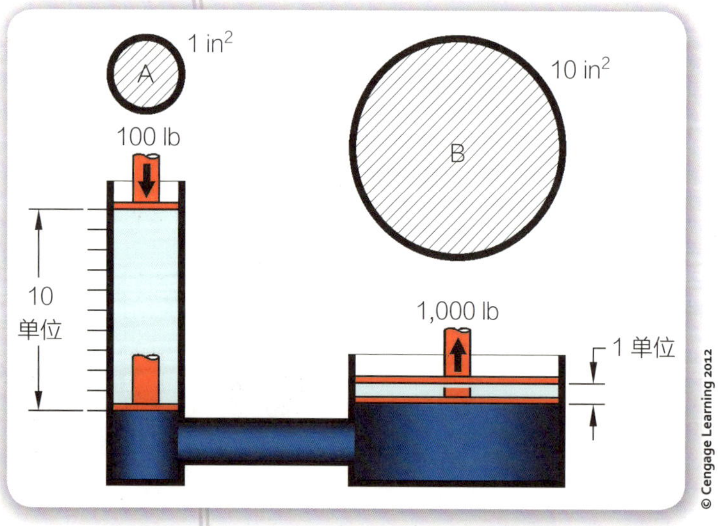

可以通过图7-38中的密闭的液压系统来阐明力和距离之间的反比关系。活塞A与液体接触的面积为1平方英寸。活塞B与液体的接触面积为10平方英寸。将100磅力作用于活塞A上会使静态液压系统压强增大。同样大小的压强会通过液体垂直作用于活塞B的表面上，并产生1000磅的输出力。那么活塞B的移动距离为多少?

在我们解决该问题前，我们先要搞清体积的概念。**体积** 是三维物体所占空间的大小或容器所容纳的空间大小。由于液压缸中的液体与液压缸形状一致，液体的体积等于液压缸的体积（见式7-6）。

液压缸的体积（V）等于其横截面面积（A）乘以其高度（h）：

$$V_{液压缸} = Ah \tag{7-6}$$

由于液体实际不可压缩，液压缸A中溢出的液体体积（ΔV_I）会直接转移到液压缸B（ΔV_O）中。式7-7给出了输入输出液体体积关系：

$$\Delta V_I = \Delta V_O \tag{7-7}$$

液压缸之间传输的液体体积也可用液压缸的横截面面积乘以液体高度代替：

$$A_I h_I = A_O h_O \tag{7-8}$$

液压缸A中流出的圆柱状液体的高度不等于液压缸B中流入的液体的高度。我们可通过代入法计算流入B中的液体的高度：

$$A_I h_I = A_O h_O \Rightarrow h_O = \frac{A_I h_I}{A_O}$$

$$h_O = 1\ \text{in}^2 \frac{10\ \text{in}}{10\ \text{in}^2}$$

$$= 1\ \text{in}$$

液压缸B中流入的液体高度等于该液压缸中活塞的移动距离。

趣味阅读

典型的双作用气缸伸缩所产生的力是不同的。图7-39对其原因做了阐述，因为活塞两侧与液体接触的面积是不同的。接触面积的不同导致液压所产生的推力或者拉力不同。

图7-39 活塞两侧与液体接触的面积不同，导致相同的液体压强所产生的伸缩力不同。

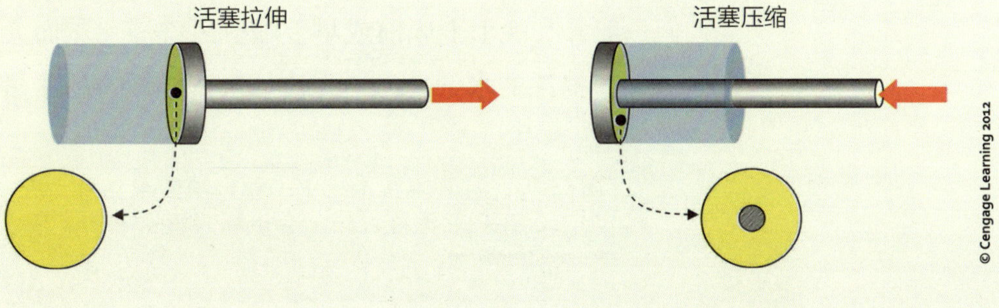

（接下页）

趣味阅读

尽管线性执行机构的制造商标明了气缸的内孔直径，却没标明活塞面积。为了了解给定液压会产生多大的力，工程师必须计算活塞头的面积。在某些情况下，活塞头一侧的杆子所占据的面积也需要考虑。

流体动力学（hydrodynamics）：

研究处于运动状态的流体。

流体动力学基础

现在我们对静止液体的性质有了基本的了解，接下来，我们把注意力转到流体力学的第二个分支——流体动力学。**流体动力学** 研究处于运动状态的液体。其基本概念包括黏度，流量和流速，以及液体管道横截面面积的改变对通过该管道的液体压强和流速的影响。

黏度 黏度是液体在液压系统中一个重要的性质。**黏度**代表液体流动所受的阻力。毫无疑问，水是最为大家熟悉的液体，因为它是生活的必需品。水是一种稀液，可以自由、快速地流动。水的黏度非常低，所以不能用于工业液压传动装置，因为只有黏度足够大的液体，才能避免从组件间密封装置内泄漏出来。如石油基的液压油之类的液体就比较黏稠，相较于水来说流动的阻力更大。

谨记：液压传动系统中的液压油有两种作用。受压液体的流动能够传递能量，并润滑系统中的运动组件。因此液压油需要有足够的黏性来达到润滑作用并避免通过密封装置时发生泄漏。另一方面，黏度必须足够小以保证流体不需要太大的压力就可顺畅流过 **传输管道** 。

6

液体流量与流速 在理想的操作环境下，液体应该平稳、顺畅地流过管道。这种流称为 **层流** 。若液体通过传输管道时流速很大，会产生 **湍流**（见图7-40）。为了避免液压系统中产生湍流，工程师必须控制液体的流量和流速。

人们一般都在晚上上床前或早上睡醒后洗澡。然而大多数人都没考虑过洗澡时消耗的水量。为了弄清每次洗澡耗费的水量，需要知道

图7-40 当液体在系统中平稳、顺畅地流动，就形成层流。若流速太快，会出现湍流。

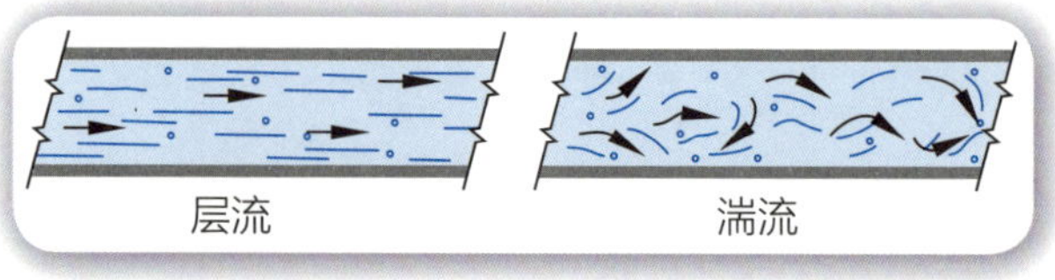

每次洗澡的平均时间以及喷淋头的流量。**流量**（Q）为单位时间（t）通过系统给定横截面的流体的体积（V）（见图7-9）。液压传动系统中流量的美制单位为加仑/分钟（gal/min）或立方英寸/分钟（in^3/min）。加仑/分钟等于231立方英寸/分钟。公制系统中，流量的单位为升/分钟（L/min）或立方米/秒（m^3/s）。

$$Q=\frac{V}{t} \tag{7-9}$$

假定喷淋头的流量为2.5加仑/分钟，洗澡的平均时间为10分钟。那么每次洗澡平均使用的水量为多少加仑呢？

$$Q=\frac{V}{t} \Rightarrow V=Qt$$

$$V=\left(\frac{2.5\ \text{gal}}{1\ \text{min}}\right)\times 10\ \text{min}$$

$$=25\ \text{gal}$$

例题

问题：浇水软管可在两分钟内装满容积为5加仑的水桶。那么水通过软管的流量是多少？

$$Q=\frac{V}{t}$$

$$=\frac{5\ \text{gal}}{2\ \text{min}}$$

$$=2.5\ \text{gal/min}$$

测量液体流量专用的测量装置称为**流量计**。其中一种称为变截面流量计（见图7-41）。该装置用浮子位置来指示液体流量为多少加仑/

图7-41 （a）变截面流量计用于测量通过液压系统的液体流量。（b）流量计的图形符号可能会出现在泵的示意图的出流位置。

(a) Adapted from Johnson, *Introduction to Fluid Power*, © 2002 Delmar Learning, a part of Cengage Learning, Inc. Reproduced with permission. www.cengage.com/permissions. (b) © Cengage Learning 2012

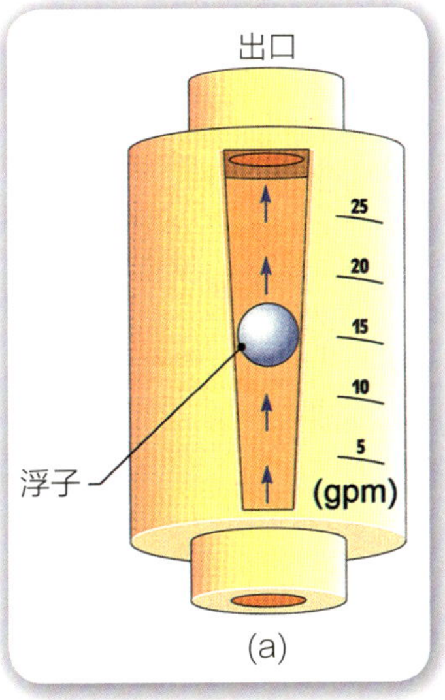

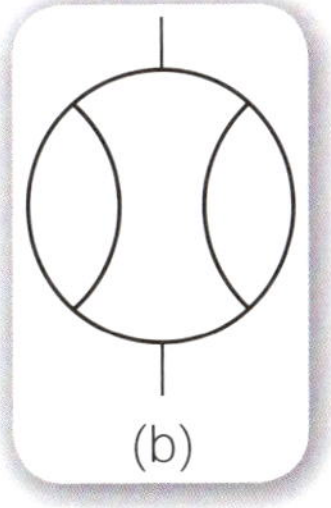

分钟。流量计使用时必须保持竖直放置，因为它靠重力来完成任务。液体在流量计的锥形管里向上运动，就会把里面自由漂浮的障碍物（称为浮子）向上推。相反，重力则把浮子向下拉。当液体作用在浮子上的浮力和浮子的重力平衡时，浮子就会悬浮。流量计侧面的标记就会显示流量为多少加仑/分钟。

流体通过系统的速度称为**流速**（v）。式7-10说明流体流速是液滴运动距离（x）和运动这段距离所耗费的时间（t）的比值。美制单位为英尺/分钟（ft/min）或英寸/秒（in/s），国际标准单位系统用米/秒（m/s）表示。

$$v=\frac{x}{t} \tag{7-10}$$

例题

问题： 若上一题中的管子长20英尺，水从龙头流到管子末端需要12秒，水的流速为多少英寸/分钟？

第一步： 将管子长度从英尺转换为英寸。

$$\frac{12\ \text{in}}{1\ \text{ft}}=\frac{x}{20\ \text{ft}}$$
$$x=\frac{12\ \text{in}\times 20\ \text{ft}}{1\ \text{ft}}$$
$$=240\ \text{in}$$

第二步： 将水从龙头到管子末端所用的秒数转换为分钟数。

$$\frac{60\ \text{s}}{1\ \text{min}}=\frac{12\ \text{s}}{t}$$
$$t=\frac{12\ \text{s}\times 1\ \text{min}}{60\ \text{s}}$$
$$=0.2\ \text{min}$$

第三步： 计算水的流速为多少英寸/分钟。

$$v=\frac{x}{t}$$
$$=\frac{240\ \text{in}}{0.2\ \text{min}}$$
$$=1200\ \text{in/min}$$

假定流量恒定，减小流体传输管的直径会导致流速增大。为了更好地理解流量和流速之间的区别，想象下你被要求在12秒内喝下12盎司的水，这些水装在一个直径1英寸的开口容器中。如果你足够渴，这不难做到。再想象下如果你完成这个任务用的是直径1/4英寸的吸管。那就要达到足够快的流速才能在12s内把这12盎司的液体喝光，这项任务十分艰巨。假如流体运动通道的横截面积（A）减小，那么流速必须增加以维持恒定的流量（Q）。式7-11描述了流速、流量和横截面积之间的关系：

$$v=\frac{Q}{A} \tag{7-11}$$

伯努利定律 在流体传动系统中，不同尺寸的管子、装置和阀会构成流体流经的通道。当流体从压力源（泵或压缩机）流出，往往

例题

问题： 液压油以1200英寸/分钟的速度流过管子。管子的内直径为1.25英寸。把液压油的流速换算成以加仑/分钟为单位。

第一步： 计算管子的横截面积。

$$\begin{aligned}A&=\frac{\pi d^2}{4}\\&=\frac{\pi\times(1.25\ \text{in})^2}{4}\\&=1.227\ \text{in}^2\end{aligned}$$

第二步： 计算液体的流速，以英寸/分钟为单位。

$$\begin{aligned}Q&=vt\\&=1200\ \text{in/min}\times1.227\ \text{in}^2\\&=1472.4\ \text{in}^3/\text{min}\end{aligned}$$

第三步： 将流速单位换算成加仑/分钟。

$$231\ \text{in}^3/\text{min}=1\ \text{gpm}$$

$$1\ \text{in}^3/\text{min}=\frac{1\ \text{gpm}}{231}$$

代入Q，

$$\begin{aligned}Q&=1472.4\ \text{in/min}\times\frac{1\ \text{gpm}}{231\ \text{in}^3/\text{min}}\\&=6.37\ \text{gpm}\end{aligned}$$

工程师档案

诸事皆可能

霍布斯：化学工艺工程师

霍布斯（Jamesia Hobbs）是一名工艺工程师，供职于美国科罗拉多州丹佛市的一个全球咨询公司的总部，她说：“工程涉及到我们日常生活中的各个方面。”在公司亚特兰大办公室工作的霍布斯被工程学的多样性所吸引。她说：“你的职业生涯有多条路可走，我就爱这许许多多的可能性，不喜欢停滞不前。”

迄今为止她都没有停滞不前。在获得她的工程学位后，霍布斯在造纸行业的一个龙头企业工作。就是在那，她萌生了想要成为工程师的愿望。“工程师分两种，”她说，“实干型工程师，他们只是一味积极投入；另一种我称之为把控型工程师，也就是幕后工作者，他们的工作就是协助前者使之能够顺利完成自己的工作。我很早就意识到我更适合做后者，因为我确实很喜欢做设计工作，并把完成的内容打包发给客户。”

工作内容

霍布斯目前所在的公司涉及多个方面的内容，她在能源化工部门工作。她说：“现在我正投入在多晶硅工业的研究中，来设计某些能被运用于太阳能技术中的材料。现在的重点是为一些打算走环保型路线的公司提供帮助。”

作为一名化学工程师，霍布斯主要关心的是流过设备的原材料情况。她观察温度变化范围、化学品所处的气压大小以及管道中的情况。作为一名顾问，霍布斯几乎不进入现场检测。但她那让人难忘的工程师经历足以让她具备丰富的经验。霍布斯说：“当我还在纸品公司工作时，我是负责几个项目停工关闭系统的工程师。在一次停工期间，有一台设备必须彻底关闭进行维修和清洁。当时在动力室有一个很大的锅炉需要清洁和检查，而我就正好有机会进去看一遍。这些事情在学校里你也可以听到，但当你亲临现场，你会发现这将是一个极大的启发。”

职业启蒙

霍布斯并不是一直都清楚自己要当一名工程师。她说：“在我小的时候，我对于我长大要做什么的想法每周都会变，但是我始终热爱数学和科学，它们对我来说就像谜一样。当我听说一个朋友家的女儿进入化学工程行业的时候，我觉得有点意思。”

霍布斯的父母支持她的想法，但并没有强迫她。她说：“他们俩在我出生前都没有上过大学，但他们一直强调教育对我的未来是多么重要。所以在我很小的时候，我就知道取得好成绩以进入大学是多么重要。为了强调大学教育的重要性，我的母亲在我高中二年级的时候开始攻读一个大学学位。”

教育经历

霍布斯以优异的成绩从北卡罗来纳州立农工大学毕业。她说：“这真的是一个很小的集体，因为在我们班只有12人左右，所以更像是一个家庭。”

霍布斯最爱的老师都是严厉管教学生的。霍布斯说：“我喜欢老师们严格要求我们，这样我才能学得最好。”

给学生的建议

霍布斯建议学生们一定要在数学和科学上打好坚实的基础以便于接受工程教育，但她同时也鼓励学生们应该做好多方面准备。她说：“从长远考虑，应该通过一家公司或是一家机构与工程始终保持接触，并且从不同方面找到可以运用到你的专业知识的地方。”

会遇到通道截面面积改变的情况。从叫做伯努利定律的流体动力学的基本原理可知，这种截面面积的改变会影响流体的流速和压强。该定律以其发现者——出生于荷兰的瑞士数学家丹尼尔·伯努利——命名。

伯努利定律指出，当流体受到的压强减小时，流速就会增加。相反地，流速减小则压强增大。伯努利定律可用于那些装有文丘里管的装置。文丘里管的命名是为了纪念其发明者、意大利物理学家文丘里（Giovani Battista Venturi，1746—1822）。文丘里管装于管道里，当流体通过它时会导致压强减小。流体压强减小的同时会伴着流速的增加，反之亦然。文丘里管最易辨认的例子是发电站里巨大的水冷塔（见图7-42）。水冷塔的底部打开使空气进入。冷凝蒸汽变成的热水喷入塔内使空气变热并上升。空气在塔内上升的过程中，由于塔的横截面积逐渐减小，气体压强也逐渐减小。这就使得冷却热水的气体运动更快。冷却后的水在塔的底部收集并再次进入发电厂的冷却系统中循环使用。流体通过管子收缩段会产生压强减小的现象称为**文丘里效应**。

伯努利定律（Bernoulli's principle）：
当流体受到的压强减小时，流速就会增加。

图7-42　（a）发电厂里巨大的水冷塔就属于文丘里管。（b）文丘里管根据伯努利定律运作。当流体从管子大直径、高压的区段流到小直径、低压的区段时，流体的流速会增加。

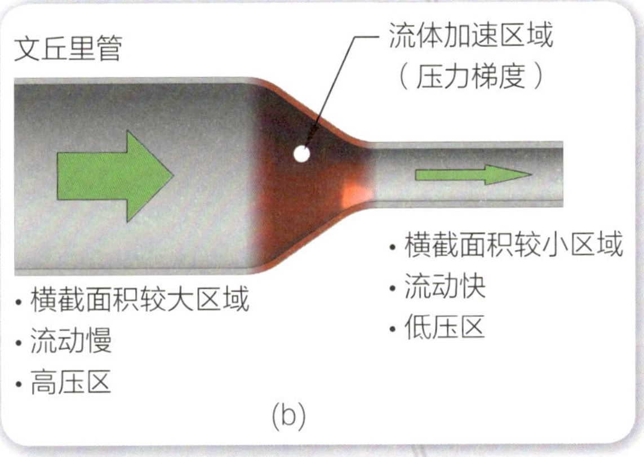

真空发生器为含有文丘里管的气动装置，通过使压缩空气的流速增加来产生吸力（见图7-43）。真空发生器常用于组装、打包及制造设备中，用来提起和夹紧物件。装有真空发生器和橡胶吸盘的机器人可以安全地移动像鸡蛋那样易碎的东西。真空发生器也装于固定板上，使得不使用老虎钳或带状卡就能安全地抓住工件。

图7-43　真空发生器利用文丘里效应，通过加速压缩空气的流动产生吸力。

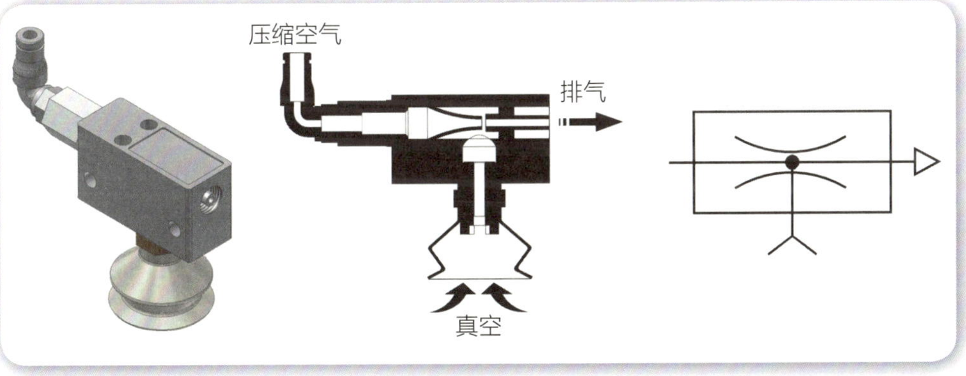

真空发生器的操作不需要移动部件，它是利用周围的大气压来产生真空。真空发生器有三个孔：一个用于输入压缩空气，一个用于排出气体，另一个用于抽真空。压缩空气流经真空发生器到达排气孔的过程中，会经过一个横截面积变小的通道。随着气体流速增加，与其运动方向垂直的方向上产生的压强则会减小。真空发生器内的真空孔垂直于压缩气体的流动通道。真空发生器外的大气压就会大于压缩空气在垂直于其运动方向上所产生的压强。由于气体总是由高压流向低压，高压空气就被吸入到真空发生器中，导致出现真空（负压）。

8

气压种类

看过天气预报的人都知道气压的概念。气象预报经常会在预报晴朗或风雨天时分别提到高压系统和低压系统。这些术语指地球大气中某一区域内所含空气团的气压不同。设计气动系统的工程师尤其关心气压，并用特殊的仪器来测量气压。气动系统中测量得到的气压指表压。在气动系统中控制好表压是保证效率和安全的关键。工程师还关心另一种气压，即绝对气压。绝对气压指的是大气压强与表压（相对压强）之和，主要用于计算封闭气动系统的温度和体积。

大气压 你可能不会感觉到你周围的空气在持续不断地对你施压。这就是**大气压**（$p_{大气}$），由你上方的空气重力引起，实际上，底面积为1平方英寸，高度从海平面到大气层外的空气柱约重14.7磅力。因此，海平面处的大气压约等于14.7磅/英寸^2（绝对压强，简记为psia），或101千帕。海平面气压定义为一个大气压。

表压 之前所讨论的气压计用于监测气动系统内的气压。若你曾检查过汽车或自行车车胎的气压，那么你肯定用过气压计。工业上常用的气压计称为布顿管式气压计（见图7-44）。该气压计用于测量气动系统内的气压。气压计内弯曲的空心管在受到超过大气压的压强时会慢慢变直。该管通过联动装置与简单的齿轮组相连。当管子改变形状时，会引起齿轮转动。接着，齿轮带动气压计刻度盘上的指针移动，指出压强为多少psig。气压计所指的压强称为**表压**（$p_{表压}$），不能与大气压搞混。一般的气动系统在90 psig的压强下运行。

因为大气的重力同样作用于气压计上，因此气压

图7-44 （a）布顿管式气压计用于测量气动系统内的气压。（b）气压计内装有弯曲的金属管。压强变化时管子会改变形状，并且会带动气压计表盘上的指针转动。

(a) © iStockphoto.com/Difydave. (b) Adapted from Johnson, *Introduction to Fluid Power*, © 2002 Delmar Learning, a part of Cengage Learning, Inc. Reproduced with permission. www.cengage.com/permissions.

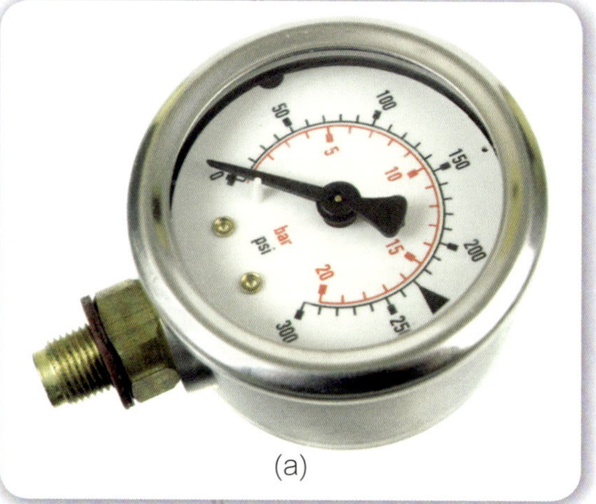

(a)

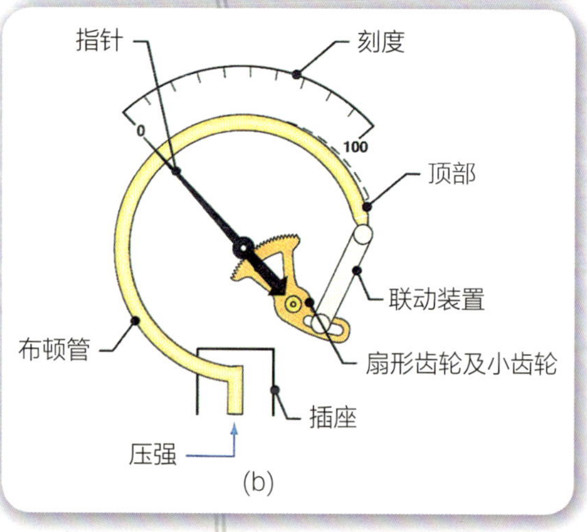

(b)

计无法显示大气压强。气压计的零点就是大气压强，若气体压强大于大气压，则气压计显示为正值，若低于大气压，则气压计显示为负值。名词“真空”也用来表示任何低于大气压的压强（见图7-45）。

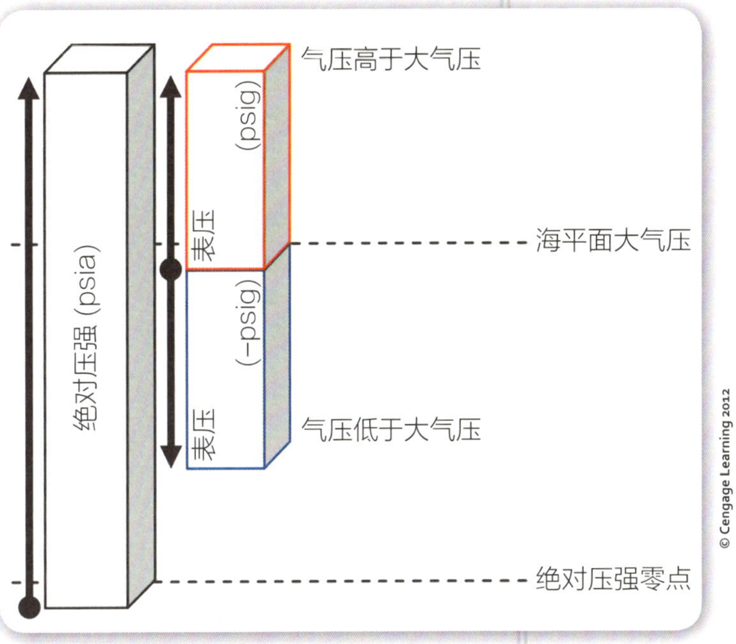

图7-45　气压高于大气压，表压为正值，气压低于大气压则表压为负值。

绝对压强

图7-45也显示了另一种压强，称为**绝对压强**（$p_{绝对}$）。绝对压强基于理想真空或绝对压强零点的概念，并定义为系统所受到的总压强，包括大气压。由于绝对压强从最低可能压强开始计算，其数值总是正值。因此，绝对压强是气压计所测的表压和大气压的总和，关系式见式7-12。科学家和工程师用绝对压强来计算理想气体变化方程。

$$p_{绝对} = p_{表压} + p_{大气} \quad (7\text{-}12)$$

绝对温度

研究理想气体定律之前，我们首先要明确，我们日常所用的摄氏温度（℃）和华氏温度（°F）并不能直接用于理想气体定律，尽管它们在家庭生活和科学研究中都得到了广泛的应用。摄氏温度和华氏温度的零点都是基于物质的物理反应而人为规定的。例如，0℃的定义就是冰在标准大气压下融化的温度。

科学家和工程师使用**绝对温标**——开氏温标——来预测气体物理性质的变化。如第5章所述，开氏温标的零点是物质没有任何热能时的温度，它的单位是开尔文（K）。该单位的命名是为了纪念该温标的创立者、英国物理学家兼工程师开尔文勋爵（1824—1907）。

温度是分子运动的度量，因此绝对零度（0 K）为分子停止运动的温度。需记住度数符号（°）不能用来表示开尔文温度。另外，不同于华氏温标和摄氏温标，开氏温标没有负值。研究气体的性质时需要将温度的单位从摄氏度或华氏度换算为开尔文。式7-13为将华氏度转为开尔文的公式。式7-14为将摄氏度转为开尔文的公式。

$$K = \frac{(°F + 459.67)\cdot 5}{9} \quad (7\text{-}13)$$

$$K = ℃ + 273.15 \quad (7\text{-}14)$$

理想气体定律

工程师在设计活塞、汽车和自行车轮胎、缓冲装置以及氢气球时，需用到气体。这种情况下，气体体积（V）、绝对压强（p）以及绝对温度（T）都是需要了解及控制的变量，因为一个量的改变会导致另外两个量也发生改变。查理定律、盖-吕萨克定律及玻意耳定律这三个物理定律规定了当其中一个变量保持恒定，另外两个变量间的数学关系。它们都基于绝对温度和绝对压强的概念，称为理想气体定律。

玻意耳定律　当封闭气体的温度保持恒定时，气体体积和绝对压强之间的数学关系式称为**玻意耳定律**。该命名是为了纪念其发现者、爱尔兰科学家兼发明家玻意耳（1627—1691）。玻意耳定律指出，当气体温度不变时，气体的绝对压强和体积成反比。这意味着当气压增大时，封闭气体的体积会减小，反之亦然。式7-15为玻意耳定律的数学表达式：

$$p_1V_1 = p_2V_2 \qquad (7\text{-}15)$$

玻意耳定律的一个应用实例为将密封气体活塞用作办公椅中的缓冲装置（见图7-46）。当你坐在办公椅上，活塞杆缩回活塞筒中，导致活塞筒内的气体体积减小。由于气体体积和压强成反比，体积的减小引起活塞筒内气压的增大。当体重产生的力和活塞筒内气压作用在活塞杆上的力达到平衡时，活塞杆就停止运动。

查理定律　如果封闭气体的压强保持恒定，气体体积和温度间的数学关系式称为**查理定律**。该命名是为了纪念其发现者、法国的发明家兼科学家查理（Jacques Charles，1746—1823）。查理定律指出，当

玻意耳定律（Boyle's law）：
如果封闭气体的温度保持恒定，气体的绝对压强和体积成反比。

查理定律（Charles' law）：
如果封闭气体的压强保持恒定，气体的体积和绝对温度成正比。

图7-46　（a）办公椅里的气体活塞缓冲装置为玻意耳定律的应用实例。（b）当活塞内的气体体积减小时，活塞杆受到的压强会增大。

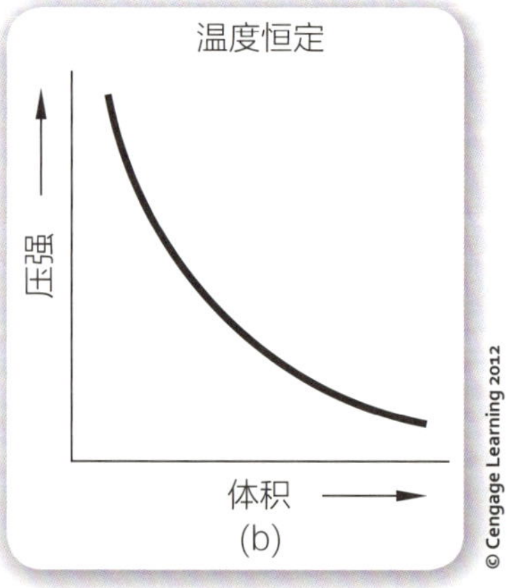

例题

问题： 一个封闭的软质容器内有333 cm^3（V_1）气体。气体作用在容器内表面的绝对压强为113 kPa（p_1）。假定气体温度恒定，气体压强变为100 kPa（p_2）后的气体体积为多少？

$$p_1V_1 = p_2V_2 \qquad V_2 = \frac{p_1V_1}{p_2}$$

$$V_2 = \frac{113\ \text{kPa} \cdot 333\ \text{cm}^3}{100\ \text{kPa}}$$

$$= \frac{37\ 629\ \text{kPa} \cdot \text{cm}^3}{100\ \text{kPa}}$$

$$= 376.29\ \text{cm}^3$$

封闭气体压强保持恒定时，气体体积和绝对温度成正比。式7-16为查理定律的数学表达式：

$$\frac{V_1}{T_1} = \frac{V_2}{T_2} \qquad (7\text{-}16)$$

你若注意到冬天的时候篮球变软并且弹性变差，那么你就见证了查理定律的实例（见图7-47）。篮球充气膨胀，它的压强为一个定值。当夏天渐渐过渡到秋天和冬天，篮球内部及周围的气体温度都会降低，篮球内的气体体积也要相应地减小。这是为了保持篮球内部气压保持不变。气温、气压和体积之间的关系告诉我们，需要定期检查汽车车胎气压以使相同油耗达到里程最大化并减少轮胎磨损。

图7-47 （a）查理定律解释了为什么篮球在冬天的反弹效应小于夏天的反弹效应。（b）温度降低，篮球内的气体体积会减小。因此尽管篮球充了气，还是会出现这种现象。

(a)

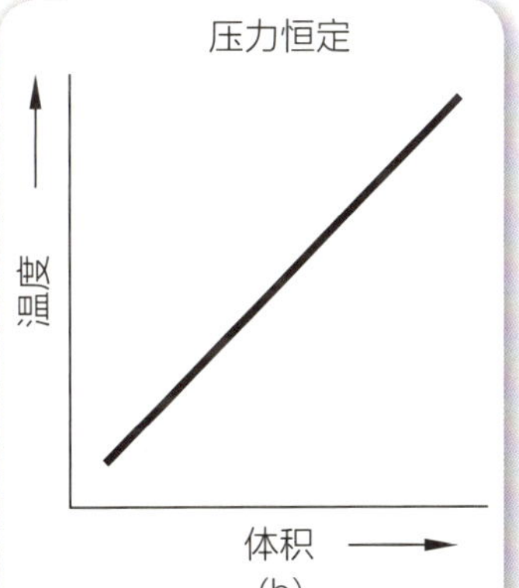

(b)

例题

问题： 一份氮气样本的体积为74.5 cm³（V_1），气温（T_1）为13℃。当温度变为多少时，气体体积变为33.3 cm³（V_2）？

第一步： 将摄氏温度转换为开氏温度。

$$K = °C + 273.15$$

$$T_1 = 13 + 273.15$$

$$= 286.15\ K$$

第二步： 用查理定律计算未知的开氏温度。

$$\frac{V_1}{T_1} = \frac{V_2}{T_2} \qquad T_2 = \frac{(T_1 V_2)}{V_1}$$

$$T_2 = \frac{286.15\ K \times 33.3\ cm^3}{74.5\ cm^3}$$

$$= \frac{9528.8\ K \cdot cm^3}{74.5\ cm^3}$$

$$= 127.90\ K$$

第三步： 将计算得到的温度（T_2）从开氏温度转换为摄氏温度。

$$K = °C + 273.15 \Rightarrow °C = K - 273.15$$

$$T_2 = 127.9 - 273.15$$

$$= -145.25°C$$

盖-吕萨克定律（Gay-Lussac's law）： 如果封闭气体的体积保持恒定，气体的绝对压强和绝对温度成正比。

盖-吕萨克定律 当封闭气体的体积保持恒定时，气体的压强和温度间的数学关系称为**盖-吕萨克定律**。该命名是为了纪念其发现者，法国的化学家和物理学家盖-吕萨克（Joseph Louis Gay-Lussac，1778—1850）。该定律指出，当封闭气体体积恒定时，气体的绝对压强正比于其绝对温度。式7-17为盖-吕萨克定律的数学表达式：

$$\frac{p_1}{T_1} = \frac{p_2}{T_2} \qquad (7\text{-}17)$$

你可能注意到夏天的时候高速公路上轮胎爆裂的事故要多于冬天。盖-吕萨克定律可以用来解释这种现象（见图7-48）。汽车轮胎相当于一个储存压缩空气的硬质容器。轮胎的制作材料有着耐压极限，因此你可以看到轮胎壁上印着最大气压值。轮胎内压缩空气的温度升高不仅仅是因为夏天高温，同时也是因为路面和轮胎表面产生的摩擦。这导致了轮胎内压缩空气的气压变大。当轮胎内的气压超过了材料的耐压极限时，轮胎就会发生爆裂。

图7-48 （a）盖-吕萨克定律解释了为什么夏天比冬天会发生更多的车胎爆裂事故。（b）当温度升高时，轮胎内的气压也随之升高。当胎压超过轮胎材料的耐压极限时，会导致轮胎破裂。

(a)

© iStockphoto.com/MotoEd

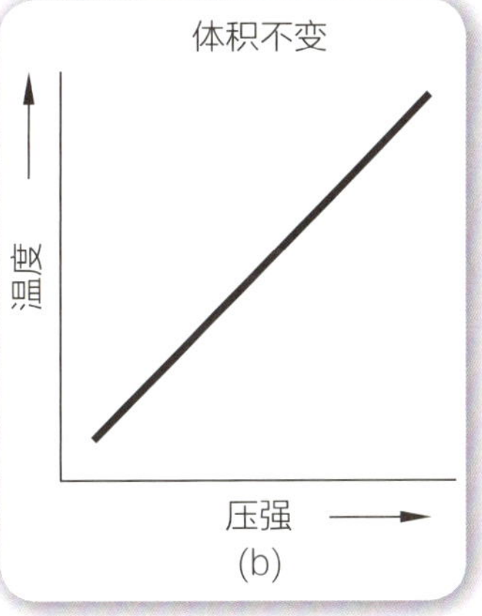

(b)

© Cengage Learning 2012

例题

问题： 用一个封闭的硬质容器存储气体。容器内的气压计显示在标准大气压下其初始压强为0 psig（p_1），其初始温度为65°F（T_1）。若气体温度升到145°F（T_2），那么标准大气压下容器内气压计的读数为多少?

第一步： 将表压转换为绝对压强。标准大气压等于14.7 psia。

$$p_{绝对} = p_{表压} + p_{大气}$$
$$= 0\ \text{psig} + 14.7\ \text{psia}$$
$$= 14.7\ \text{psia}$$

第二步： 将初始温度从华氏温度转换为开氏温度。

$$\text{K} = (°\text{F} + 459.67) \times \frac{5}{9}$$
$$T_1 = (65 + 459.67) \times \frac{5}{9}$$
$$= 291.48\ \text{K}$$

第三步： 将最终温度（T_2）从华氏温度转换为开氏温度。

$$\text{K} = (°\text{F} + 459.67) \times \frac{5}{9}$$
$$T_2 = (145 + 459.67) \times \frac{5}{9}$$
$$= 335.93\ \text{K}$$

(接下页)

例题

第四步： 用盖-吕萨克定律计算未知的绝对压强。

$$\frac{p_1}{T_1}=\frac{p_2}{T_2} \Rightarrow p_2=\frac{p_1T_2}{T_1}$$

$$p_2=\frac{14.7\ \text{psia}\times 335.93\ \text{K}}{291.48\ \text{K}}$$

$$=\frac{4938.17\ \text{psia}\cdot\text{K}}{291.48\ \text{K}}$$

$$=16.94\ \text{psia}$$

第五步： 将最终压强（p_2）从绝对压强转换为表压。

$$p_{2\text{表压}}=p_{2\text{绝对}}-p_{\text{大气}}$$

$$=16.94\ \text{psia}-14.7\ \text{psia}$$

$$=2.24\ \text{psia}$$

总　结

本章主要介绍了以下内容：

- 流体压力传动系统利用受压液体或气体所包含的能量将力跨距离传输。这是机械和电气能量传输方式所无法实现的。事实上，液压系统的功率密度是电动机的10倍，使液压系统成为飞机飞行操纵装置很好的选择。
- 液压系统使用受压液体，而气动系统使用压缩气体。液压系统可自润滑，适合于需要缓慢、平稳搬运，有时可能需要间歇性停顿的重物。它们产生大量的热，在相对较高的压强下运作，并且会在某些点产生液压油泄漏。因此，它们不适合安装在要求环境整洁或过热、有明火的地方，以免引燃液压油。气动系统在相对较低的压强下运作，适合于使较轻物体快速、连续地运动。气动系统还可产生真空，用于提升、搬运或夹紧物件。许多气动系统直接利用周围免费的空气。与液压系统不同的是，它们能够将废气排回大气。维持恒定的压缩空气源价格不菲，因此只有在特殊情况下才使用。但是，气动装置会产生非常响的噪声。
- 液压系统和气动系统有一些共同要素。两种系统都含有用于挤压流体的装置，如泵或者空气压缩机。流体需要经过一些调节装置来确保它们不会损坏系统内组件的内部工作。气动系统和液压系统都有流体运动通道。两个系统中不同类型的阀对控制压强、流速以及流体在回路中流动方向起到了相同的作用。这两种系统还含有一些输出装置，如利用受压流体能量的线性执行机构。
- 流体静力系统中的流体处于静态平衡状态。同样，这些系统内的流体压强保持恒定。液压活塞、气压活塞、汽车轮胎以及自行车轮胎都是流体静力学原理的应用实例。流体动力系统包含运动的流体。流体流过管道时，管道的几何形状会影响它的流速和压强。气动真空发生器是流体压力传动系统的应用实例之一。
- 帕斯卡定律是流体静力学的一条基本原理。该定律描述了封闭流体所受的压强会等量且垂直地作用在容器的内表面上。液压机、瓶式千斤顶以及任何形式的流体线性执行机构都根据帕斯卡定律运作。
- 力的液压放大可使小的输入力产生大的输出力。如果封闭的静态液压回路中有两个不同横截面积的线性执行机构连在一起，就会出现这种力的液压放大现象。由于两个液压缸中的压强同步变化，输出液压缸活塞头面积的增加会导致输出力的增加。

总　结

（接上页）

但输入液压缸中的活塞运动距离大于输出液压缸的活塞运动距离。输入和输出液压缸的活塞运动距离的比值等于作用于这两个活塞的输出力和输入力的比值。

- 流体流量与一定体积流体流经系统所费的时间相关。常用的测量单位包括加仑/分钟（gal/min），英寸^3/分钟（in^3/min），升/分钟（L/min），以及米^3/秒（m^3/s）。流速为流体粒子（液滴）运动距离和耗费时间的函数。流速的单位有英尺/分钟（ft/min），英寸/秒（in/s）以及米/秒（m/s）。
- 由伯努利定律可知，流体所受压强减小，则流速增加，反之亦然。该流体动力学基本原理可应用于装有文丘里管的装置，如气动真空发生器以及发电厂里的水冷塔。当流体流经以上这些设备时会碰到通道横截面积缩小的情况，导致流速的增加并引起压强减小。
- 大气压（$p_{大气}$）为从海平面延伸至地球大气层最上层的空气柱的重量。若空气柱在海平面上的作用面积为1in^2，该大气压为14.7psi。表压（$p_{表压}$）为封闭系统中的流体压强。表压零点为大气压，压强计上的读数用psig表示。正表压大于大气压，负表压小于大气压，表示出现真空。不同于大气压或表压，绝对气压基于压强为零或理想真空的概念。因此，绝对压强不存在负值，这种压强与理想气体定律一起用于计算封闭气动系统中的气体性质。
- 被广泛使用的摄氏温标和华氏温标的零点是基于物质的物理变化而人为规定的。开氏温标则是基于绝对零度的概念确定的。绝对零度是所有分子都停止运动的温度。工程师和科学家利用这种温标计算封闭气动系统中气体的物理性质。
- 玻意耳定律、查理定律以及盖-吕萨克定律都是理想气体定律。每条定律都描述了封闭气动系统中气体的绝对温度、绝对压强和体积之间的关系。这些定律之间的区别在于哪个变量（温度、压强或体积）保持不变。玻意耳定律基于气温恒定，查理定律基于气压恒定，盖-吕萨克定律基于气体体积恒定。变量间的关系式可解释如气体活塞（玻意耳定律），篮球在冬天变软（查理定律）以及夏天汽车轮胎大量的爆裂现象（盖-吕萨克定律）。

课后作业

1. 机器所用的三种基本动力传输方式是什么？
2. 什么是流体压力传动系统？
3. 为什么气体和液体都称为流体？
4. 什么是流体静力学？
5. 说出流体静力学的两种常见应用。
6. 什么是流体动力学？
7. 说出流体动力学的两种常见应用。
8. 为什么飞机控制等应用更倾向于用液压传动系统而非机电装置？
9. 如何计算圆的面积？研究流体压力传动系统时为何该数学公式很有用？
10. 何为压强，其常用的美制单位及国际标准单位是什么？
11. 写出压强、力及面积之间的数学关系式。
12. 解释为什么人们在（不小心地）走过结冰的水面时更喜欢穿雪地鞋而不是普通的鞋子。
13. 液体和气体在压缩性方面有何不同？
14. 液压传动系统和气压传动系统最适合于什么场合？
15. 分别指出液压传动系统和气压传动系统的三个缺陷。
16. 帕斯卡是谁，他对流体传动有何贡献？
17. 第一台利用帕斯卡定律的流体压力传动装置是什么，谁发明了它？
18. 什么是标准，为何工程师要设计标准？
19. 什么是图形符号，为什么用图形符号来交流流体压力传动系统的设计？
20. 液压系统和气动系统共同的组件是什么？
21. 工作管路和控制管路的区别是什么？
22. 工程师如何判断示意图中的交叉线是否表示真正的流体压力传动管线相连？
23. 流体压力传动回路中的过滤器有何作用？
24. 液压系统中两种最常见的线性执行机构是什么，它们之间有何区别？
25. 截流阀和止回阀的区别是什么，这些阀的作用是什么？
26. 在什么情况下工程师会在流体压力传动回路中使用梭阀？
27. 流量控制阀的作用是什么？
28. 画出过滤器、单作用气缸、双作用气缸、截流阀、止回阀、梭阀和流量控制阀的图形符号。
29. 流体压力传动回路中的蓄液池有何作用？
30. 流体压力传动系统用什么机械装置来产生压力？
31. 什么是原动机，流体压力传动系统需要原动机么？
32. 流体压力传动回路中的溢流阀有何作用？
33. 方向控制阀的功能是什么，如何分辨该阀上的各个孔？
34. 画出蓄液池、定量泵，溢流阀及四通道中心汇接方向控制阀的图形符号。
35. 为什么外界空气在用于气压传动系统前要先经过预处理？
36. 气压传动系统中用什么机械装置来产生气压？
37. 气压调节器的作用是什么？
38. 气压传动系统中为何要使用润滑器？
39. 气压传动系统中的压缩空气在使用前存于哪里？

课后作业

（接上页）

40. 为什么工程师用简单的压缩空气图形符号代替气体在进入气压传动系统前所经过的所有调节装置的图形符号？
41. 画出气体压缩机、能手动排水的气体过滤器、气压调节器、流量计、润滑器、储气罐以及气体供给组件的图示符号。
42. 为什么把简单的气动方向控制阀称为二位三通阀？
43. 气动方向控制阀三种最常见的机械驱动方式是什么？
44. 气动二位五通阀的作用是什么？
45. 画出排气口示意图。
46. 什么是螺线管，它如何控制方向控制阀？
47. 什么是流体静力学？
48. 什么是力的液压放大效应，它付出的代价是什么？
49. 如何用帕斯卡定律解释封闭静态液压系统中，两个不同几何尺寸的液压缸产生力的液压放大效应？
50. 如何计算圆筒式执行机构中的液体体积？
51. 若两个不同几何尺寸的液压缸相连组成封闭静态液压系统，为什么一个液压缸中的活塞运动距离大于另一个？
52. 为什么典型的双作用气缸在拉伸和压缩冲程时会产生不同大小的力？
53. 什么是流体动力学？
54. 在设计液压系统时，为什么需重点考虑流体的黏度？
55. 湍流和层流的区别是什么？
56. 流量和流速的区别是什么？
57. 写出流量计算公式及其常用的美制单位和国际标准单位。
58. 流量计的作用是什么？
59. 写出流速计算公式及其常用的美制单位和国际标准单位。
60. 流体流量和流速间的数学关系是什么？
61. 什么是伯努利定律？
62. 写出两种根据伯努利定律运作的装置，并解释其作用。
63. 什么是大气压，海平面处的大气压为多少？
64. 什么是表压，它与其他压强的不同在哪？
65. 什么是绝对压强，为什么工程师和科学家要考虑绝对压强？
66. 大气压、表压和绝对压强之间的数学关系是什么？
67. 科学家或工程师何时会使用绝对温标而不是华氏或摄氏温标？
68. 与理想气体定律相关的常见变量是什么？
69. 什么是玻意耳定律？写出它的公式及一个应用实例。
70. 什么是查理定律？写出它的公式及一个应用实例。
71. 什么是盖-吕萨克定律？写出它的公式及一个应用实例。

补充作业

问题陈述：救援人员在进行校园演讲时经常被询问关于标准搜救设备之一——瓶式液压千斤顶的工作原理。学生们想要了解这种设备如何操作，以及它们是怎么放大人的力量，产生巨大输出力的。但由于瓶式千斤顶的液体和内部结构都不可见，因此不容易解释其工作原理。

设计要求：设计、制作并测试瓶式千斤顶的功能型概念模型，使救援人员在学校演讲时可利用该模型进行解释（见图7-49）。计算输入和输出液压缸之间力的放大倍数。解决方案必须符合以下要求：

- 可简单组装、拆卸；
- 用水作为工作流体；
- 含有止回阀和截流阀；
- 用30毫升和60毫升的注射器分别作为输入和输出液压缸；
- 用可买到的塑料容器作为蓄液池。

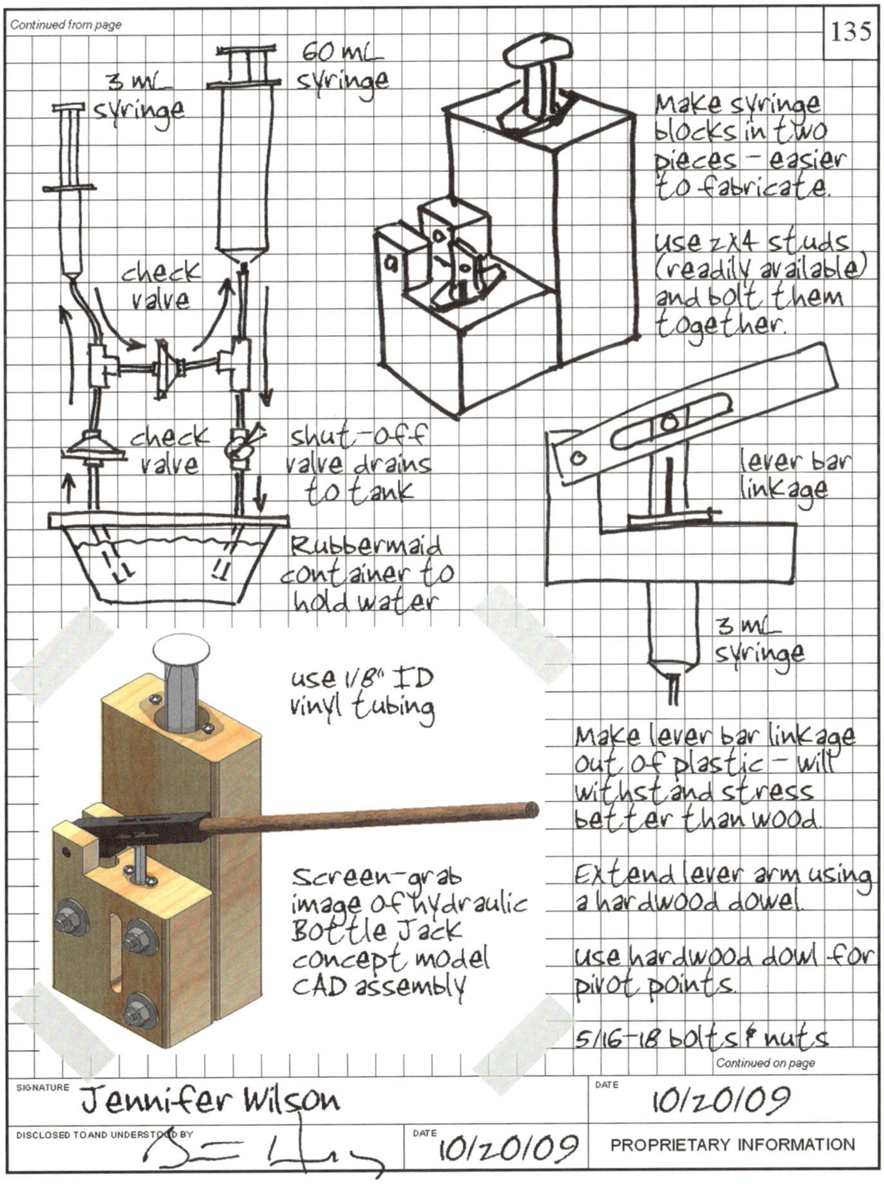

图7-49　一名学生的瓶式千斤顶概念模型解决方案，记录在工程笔记本上。

术语表（按照拼音字母顺序排列）

B

Btu（British thermal units）：英制热量单位，将1磅的纯水升高1℉所需的能量。

泵（pump）：一种将流体或压力引入流体系统中的装置。

比热容（specific heat capacity）：衡量物质吸收热量的能力的物理量。

闭合电路（closed circuit）：在加电压的情况下，电流可以通过的电路。

变量泵（variable-displacement pump）：一种允许用户增大或减小流量的液压泵。

标量（scalar）：只具有数值大小，而没有方向的量。

标准（standard）：由权威专家认定或约定俗成的参照物，作为比较和查证的依据。

表压（gauge pressure）：由流体系统内的压强计测出的压强值。

并联电路（parallel circuit）：为电流提供两个或多个通道的电路。

玻意耳定律（Boyle' s law）：如果封闭气体的温度保持恒定，气体的绝对压强和体积成反比。

伯努利定律（Bernoulli' s principle）：当流体受到的压强减小时，流速就会增加。

不可再生能源（nonrenewable energy source）：在人类的生命周期中不能被补充的能源。

部件（component）：手工或机械制作的，属于完整机械系统的单个组成部分。

C

操纵管路（pilot line）：在流体压力传动系统中，运送加压液体以实现控制阀门作用的管路。

草图（sketch）：用于展示一个事物或者场景主要特点的粗略手画稿。

层流（laminar flow）：平稳顺畅的流体流动。

查理定律（Charles' law）：如果封闭气体的压强保持恒定，气体的体积和绝对温度成正比。

场力（long-range force）：不通过物理接触传递的力，如重力和磁力。

齿轮（gear）：有齿的轮子，用来将一个轴的旋转运动和转矩传递给其他轴。

齿轮组（gear train）：两个或多个相啮合的齿轮，在机械系统的输入、输出轴之间，用来增加或者减小旋转速度和转矩，改变或者保持旋转运动的方向。

齿数比（gear ratio）：齿轮组中输入齿轮（主动齿轮）与输出齿轮（从动齿轮）转数的比值。

储气罐（receiver tank）：在气动系统中保存压缩气体的设备。

传输管道（transmission line）：用于连接流体动力系统中两个部件的管道。

串联电路（series circuit）：电流只有一条通道流过两个或多个电子元件的电路。

D

大气压（atmosphere pressure）：由测量点上方的大气重量所产生的压力；海平面的标准大气压大小为14.7磅/英寸^2。

单作用油缸（single-acting cylinder）：一种常见的线性执行机构，受压流体仅从一个方向控制活塞运动，压力解除后活塞能自动回弹到未执行位置。

导体（conductor）：电子能轻易地流过的材料。

第二类杠杆（2nd-class lever）：支点和动力作用点分别在阻力作用点两边的杠杆。

第三类杠杆（3rd-class lever）：支点和阻力作用点分别在动力作用点两边的杠杆。

第一类杠杆（1st-class lever）：支点在动力作用点和阻力作用点之间的杠杆。

电池（battery）：电池是一种通过化学反应产生电的器件。电池中两个分开的金属电极，浸在一种叫做电解液的化学溶液中，发生化学反应并且产生电。

电磁辐射（electromagnetic radiation）：一种无需介质就可以在空间中传输能量的方式，而热对流和热传导需要介质来传输能量。

电磁感应（electromagnetic induction）：导体通过磁场时，在导体中产生电压的现象。

电导率（conductance）：衡量电流通过材料的难易程度，以西门子为单位。

电荷定律（law of charges）：异性的电荷相互吸引，同性电荷相互排斥。

电流（current）：带电粒子（例如自由电子、空穴和离子）的运动形成电流。

电路（electrical circuit）：电荷在电源与一个或多个电子元件之间流动的闭合通道。

电能（electrical energy）：电子流动产生的能量，也被称为电力。

电力（electricity）：通过电子流过导体实现的能量传输。

电压（voltage）：两点之间的电势差，以伏特为单位。

电子（electron）：极小的带负电的亚原子粒子，绕着原子核旋转。

电子表格（spreadsheet）：计算机中具有行和列的可输入数据和文字的表格，可用于组织信息、进行数学计算。

电阻（resistance）：对电荷流动的阻力，以欧姆为单位。

调研（research）：为了搜集证据，得出新的结论而对材料和根源进行的系统分析。

定量泵（fixed-displacement pump）：一种可产生恒定流量的液压泵。

动力（effort force）：一种传给机械或者系统的输入力，它是由人、发动机、磁场、弹簧、流动的水、风或者其他事物向机械或系统输入能量时产生的力。

动力绳（effort cable）：滑轮系统中施加动力的一段绳索。

动能（kinetic energy）：由于运动而具有的能量。

对流（convection）：通过流体中热物质的运动来传递热。

多视图（multiview）：物体的一种图形呈现方式，将一个物体用一系列的不同方向的二维视图表示。

F

发电机（generator）：将机械能转换成电能的设备。

阀门（valve）：控制流体流量的一类装置。

方向控制阀（directional control valve）：在回路中改变流体运动途径的阀门。

分子（molecule）：保持物质特有化学性质的最

小微粒。

封闭的热力学系统(closed thermodynamic system)：与外界只有能量交换而无物质交换的系统。

辐射能(radiant energy)：以波的形式传播的电磁能，如光、无线电波、微波和X射线等。

负载(load)：需要移动的物体的重量或机械装置完成任务时要克服的阻力。

复合机械(compound machine)：一个由两个或更多个简单机械组合在一起共同完成任务的机械。

复式齿轮组(compound gear train)：齿轮组中，至少有一个中间齿轮轴上有两个齿轮，它们尺寸不同，但是以相同的速度旋转。

G

盖-吕萨克定律(Gay-Lussac's law)：如果封闭气体的体积保持恒定，气体的绝对压强和绝对温度成正比。

杠杆(lever)：一根可以绕着支点转动一定角度的刚性杆，常用来撬动物体。

工程师(engineer)：受过专业训练并擅长于设计及运用技术解决人类问题的人。

工程师笔记本(engineer's notebook)：一种用来记录工程调查内容和在设计过程中产生的想法的日记本。

工作管路(working line)：在流体压力传动系统中，将流体从执行机构或其他工作装置输送或输出的管路。

功(work)：当力作用在物体上使之产生移动或形变时，传递的能量的大小。

功率(power)：单位时间里转换或者传递的能量的大小，以瓦特为单位。

功率密度(power density)：单位体积的功率。

灌溉(irrigation)：通过人工方式，将水输送到田地里用于浇灌作物。

光伏电池(photovoltaic cell)：能够吸收光子产生电压的半导体器件。

国际单位(International System of Units, SI)：米制单位的现代形式，是全世界科学和商业界最普遍采用的单位制。

过滤器(filter)：气压和液压传动系统中一种净化流体的装置，用于去除流体传动回路中会危害运动元件内部运作的特殊物质。

H

核聚变(nuclear fusion)：较轻的原子核聚合到一起，并释放能量的核反应。

核裂变(nuclear fission)：重原子核分裂成较轻的原子核，并释放能量的核反应。

核能(potential nuclear energy)：储存在原子核里的能量。

红外线温度计(infrared thermometer)：常用于高温测量的温度计，例如火炉、烧窑等处的温度测量，一般的温度计在这些场合都很难发挥作用。

华氏温标(Fahrenheit scale)：一种将水的沸点设为212度、以水的冰点为32度的温标。

滑轮(pulley)：可自由转动的轮子(一般带槽)，有绳、链或带子穿过。

滑轮组(block and tackle)：由两个或两个以上的滑轮组成的滑轮系统，用于提升或移动物体。

化合物(compound)：由两种或者多种元素组成的物质。

化石燃料(fossil fuel)：化石燃料是由几百万年前死亡的众多微小植物和动物的遗体残骸转变而成的。

化学势能(potential chemical energy)：储存在分子化学键之中的能量。

会议章程(guideline)：一系列的指导意见。

活塞(piston)：在执行机构内由流体压力驱动的固体圆柱部件；也是空气压缩机内的一个部件，用于在气动回路中压缩和移动空气。

J

机电一体化(mechatronics)：将计算机工程、电子工程和机械工程三者结合起来的一门学问。

机构(mechanism)：是指运动机械零件的装配组合，由刚性结构支撑。

机器(machine)：任何可以帮助人们完成任务的设备，可以是固定的，也可以是活动的。

机械动能(motion energy)：运动的物体或者物质所包含的能量。

机械势能(potential mechanical energy)：由于力的作用而储存在物体内部的能量，比如拉开的弹弓。

机械效益(mechanical advantage)：机械的输出力和输入力之比。

基尔霍夫电流定律(Kirchhoff's current law)：电路中，进入任一节点的总电流必须等于流出这一节点的总电流。

基尔霍夫电压定律(Kirchhoff's voltage law)：在一个单环路上，所有耗电元件的电压降与电源施加的电压之和必须等于零。

极性(polarity)：带正电或者带负电的一种状态。

计算机辅助设计(computer-aided design, CAD)：(1)设计物体尺寸时可以起到辅助作用的计算机软件统称；(2)可以绘制工程图的计算机软件。

计算机辅助制造(computer-aided manufacturing, CAM)：利用CAD绘制工程图纸、用数控技术生产产品的制造方式。

价电子层(valence shell)：原子的最外层电子层。

间歇的(intermittent)：事件以不规则时间间隔发生。

简单齿轮组(simple gear train)：两个或多个齿轮相啮合，每个轴只有一个齿轮。

简单机械(simple machine)：能够改变力的大小和方向的机械装置。

焦(joule, J)：功和能量的国际标准单位。

阶梯法(stepladder method)：一种头脑风暴的方法。首先每位小组成员在限定时间内独立构想。之后，其中两位成员共享他们的创意，继续头脑风暴。之后其他成员每次一人加入讨论，先介绍自己的想法，再听取别人的想法。

接触力(contact force)：通过物理接触，从一个物体传递到另一个物体的力。

节圆(pitch circle)：它是一个假想的圆，上面均匀地排列着齿轮齿或者其他带齿设备的齿。

截流阀(shutoff valve)：用来完全或部分地打开或关闭流体压力传动系统的阀门。

径节(diametral pitch)：节圆上每一英寸弧长上包含的齿的数量，也用来衡量齿轮齿的尺寸。

抉择矩阵(decision matrix)：一个记分表格。当设计师需要从两个甚至更多个提案做出选择时，可以从几个最重要的角度进行考察、打分，最后根据综合得分选出最佳提案。

绝对零度(absolute zero)：开氏温标的最低温度，记作0 K。

绝对温标(absolute temperature)：一种温度计算和度量的尺度(如开氏温标)，基本假设是在绝对0度时，物质没有任何的热能。

绝对压强(absolute pressure)：作用在系统上的全部压强，包括大气压。

K

卡（calorie, cal）：使1克水的温度升高1℃所需要的热量。

开放的热力学系统（open thermodynamic system）：物质和能量可以和外界自由交换的系统。

开路（open circuit）：在加电压的情况下，电流不能通过的电路。

开氏温标（kelvin scale）：在科学和工程领域常用的温标，1开尔文等于1摄氏度。

科学家（scientist）：通过观察和实验研究，得到物质世界中的知识的一类人。

可再生能源（renewable energy source）：在短期内能够补充的能源。

空气压缩机（air compressor）：用于在气动回路中产生压强的机械设备。

库仑（coulomb）：电荷的基本单位，用大写字母C表示。

快速成型技术（rapid prototype, RP）：一种附加了制造程序的CAD数据驱动的物理模型构建技术。

L

离子（ion）：一个原子或分子丢失或者获得电子，从而带正电或者带负电，就成为了离子。

理想动力（ideal effort force）：在理想条件下（机械的效率为100%），移动负载所需要的力。

理想机械效益（ideal mechanical advantage, IMA）：动力在物体上的作用距离与物体相应的运动距离之间的比值。

理想气体定律（perfect gas laws）：在密闭系统中气体的体积、绝对压强、绝对温度之间的数学关系，三个变量中有一个保持不变，包括玻意耳定律、查理定律、盖-吕萨克定律。

力（force）：对物体施加拉或推的作用，可以让物体开始运动、改变物体运动状态，或使物体变形。

力的液压放大效应（hydraulic amplification of force）：在密闭的液压系统中，当不同尺寸的活塞连通的时候造成的对输入力的放大效应。

力学（mechanics）：对运动、力及其对物体的作用效果的研究。

立体草图（pictorial）：一种表示物体三维尺寸的绘图方法，图上利用单个视图显示物体的高度、宽度和深度。

连杆机构（linkage）：是指机械系统中某些刚性机械零件的集合，它们连接在一起传递力和控制运动。

链（chain）：由一系列长度一致的链节连接到一起形成的一条连续的带。

链传动比（chain drive ratio）：在链传动系统中，主动链轮和从动链轮的转速比。

链轮（sprocket）：带齿的轮子，与连续的链条紧密结合，在机械系统中，将输入轴的转速和转矩传递到输出轴。

链条节距（chain pitch）：一个链节上两个圆心之间的距离。

流量（flow rate）：单位时间通过系统给定横截面的流体的体积。

流量计（flow meter）：用于测量流体流量的装置。

流量控制阀（flow control valve）：当流体在气动回路和液压回路中单方向流动时，用来控制流体流量的阀门；也常用于控制执行机构的速度。

流速（flow velocity）：液滴运动距离和运动这段距离所耗费的时间的比值。

流体动力学（hydrodynamics）：研究处于运动状态的流体。

流体静力学(hydrostatics): 研究处于静态平衡的流体的性质和基本规律。

流体力学(fluid mechanics): 研究处于静止或运动状态的气体和液体的性质和基本规律。

流体压力传动(fluid power): 利用受压封闭流体的流动将力从一处传递到另一处。

路程(distance): 物体沿实际路线运动的距离,不以起点和终点的直线距离衡量。

轮轴(wheel and axle): 一种旋转装置,将一个轮子套接在直径很小的轴上。

螺距(pitch): 螺旋每旋转一周向前推进的直线距离。

螺线管(solenoid): 一种机电装置,利用电磁学原理控制执行机构的运动。

螺旋(screw): 侧面刻有螺纹的圆柱体,它可以将旋转运动转变为直线运动,同时产生巨大的输出力。

M

马力(horsepower, hp): 一种非国际单位制的单位,用于衡量动力,1马力等于在1秒内将500磅的力移动1英尺所需要的动力。

美制单位(United States customary system of units): 以英寸、英尺、码、英里为基本度量单位的单位制。

面积(area): 二维空间封闭图形的尺寸。

模型(model): 一种用来进行交流、开发和测试设计成果的三维展示。

摩擦力(friction): 当两个物体作相对运动时,在两接触面之间所产生的阻力。

N

能量(energy): 使物质运动或变化的能力。

能量守恒(conservation of energy): 规定能量不会自行产生,也不会毁灭的科学定律。

黏度(viscosity): 衡量流体抵抗流动能力强弱的性质。

农业(agriculture): 种植农作物和饲养禽畜的活动。

O

欧姆定律(Ohm's law): 通过导体的直流电流与导体两端的电压成正比,与导体的电阻成反比。

P

帕斯卡定律(Pascal's law): 施加于封闭流体的压强会均匀传递,并垂直作用于流体容器的内表面。

平行四边形(parallelogram): 两组对边分别平行的四边形。

评审(critique): 对个人工作的深入分析与评定。

Q

气动技术(pneumatics): 研究受压气体力学规律的自然科学技术。

气压调节器(pressure regulator): 在气动系统中,用于手动调节及控制压缩空气气压的设备。

曲柄(crank): 具有一个固定的轴点,可以旋转360度的条棒。

R

热(heat): 从高温物质向低温物质流动,或者有流动趋势的能量。

热传导(thermal conduction): 当热(热能)在物质内部通过粒子与粒子的碰撞进行传递时,就发生了热传导。

热电偶(thermocouple): 由两个不同的金属组

成的器件。在加热情况下，器件中会产生一个小的电压。

热辐射（thermal radiation）：利用电磁波从一个地方向另一个地方传递热（热能）。

热交换器（heat exchanger）：能高效率地把热量从一种物质传递给另一种物质的设备。

热力学（thermodynamics）：物理学的一个分支，以能量和机械功的自然规律为基础。

热力学系统（thermodynamic system）：热量的流动可被观察和预测的物体集合体。

热能（thermal energy）：是物质或者物体内部的一种能量，由原子和分子的振动和平动而产生。

润滑器（lubricator）：将小油滴与压缩空气混合起来以起到润滑气动回路中的部件的设备。

S

三通接头（T-connector）：一种流体传动组件，用于液压系统或气动系统中，将三根独立的传输管路连接在一起。

熵（entropy）：衡量一个系统中不可用能量的物理量。

设计概要（design brief）：一份概括设计项目中最重要信息的说明性文件，它是工程师和客户之间的约定，也是在设计开发过程的任何一个环节中，评价某个方案有效性的标准。

设计过程（design process）：一个可以产生想法，并将想法转变为解决方案的系统方法。

设计要求（design statement）：设计概要的一部分，阐述该设计旨在解决什么问题及解决问题的程度，但无需说明如何解决问题。

摄氏温标（Celsius scale）：一种将水的沸点设为100度、以水的冰点为0度的温标。

生物质发电（biomass power, biopower）：利用储存在生物质内的能量得到的电能。

声能（sound energy）：是以纵波的形式传播的能量，声波经过时，物质会膨胀和压缩。

湿度计（hygrometer）：用于测量空气中水蒸气含量的工具。

实际动力（actual effort force）：在机械的工作效率低于100%的实际条件下，移动负载所需要的力。

实际机械效益（actual mechanical advantage, AMA）：作用在物体上的力和其实际有效作用力的比值。

矢量（vector）：既有方向又有大小的量。

势能（potential energy）：储存在物体内的静态能量。

数字温度计（digital thermometer）：用热敏电阻测量温度的装置。

双作用油缸（double-acting cylinder）：一种常见的线性执行机构，受压流体从两个方向控制活塞运动。

水力学（hydraulics）：研究受压液体静止或运动状态下的力学规律及其应用的自然科学技术。

水银温度计（mercury thermometer）：利用密封于玻璃内的水银（一种在室温下处于液态的金属）测量温度的装置。

四杆机构（four-bar linkage）：一种常见的连杆机构，由三个可移动的连杆、两个固定的枢轴和两个铰节点组成，常用于机械的框架中。

梭阀（shuttle valve）：一种流体阀门，通常用于两个独立运作的方向控制阀必须共同控制一个执行机构的时候。

T

碳氢化合物（hydrocarbon）：只包含碳和氢两种元素的有机化合物。

体积（volume）：三维物体所占空间的大小或容

器所容纳的空间大小。

头脑风暴（brainstorming）：设计团队为激发灵感所使用的一切方法。

凸轮和从动件（cam and follower）：将连续的旋转运动转换成间歇的直线运动的机构。

图形符号（schematic symbol）：一种用于表示电力系统、机械系统或流体压力传动系统元件的简化图形。

湍流（turbulent flow）：一种流体流动的形式，在流动速度、方向和压力上随机起伏波动、无规律。

W

瓦（watt，W）：功率的国际标准单位。

万用表（multimeter）：一种测量工具，包含测量电流的电流表、测量电压的电压表、测量电阻的欧姆表。

位移（displacement）：衡量物体运动距离的矢量，是物体起始点和终点之间的直线距离。

温度（temperature）：反映物质中分子平均动能的物理量。

文丘里效应（Venturi effect）：流体通过管子收缩段会产生压强减小的现象。

问题陈述（problem statement）：设计概要的一部分，清楚简洁地表达出客户或目标消费者的痛点和需求。

X

显微术（microscopy）：利用显微镜进行探索研究。

效率（efficiency）：实际机械效益与理想机械效益的比值。

楔子（wedge）：一种具有斜面的刚体，可以挤进物体内部并施加力的作用。

斜面（inclined plane）：一个具有一定倾角的固定平面，常用于连接两个在垂直方向有一定高度差的平面。

蓄液池（reservoir）：储存非加压液体的场所，保护液体免受外界的污染；也可以发挥热交换器的作用。

Y

压电效应（piezoelectric effect）：当材料受到机械压力时会产生电压的现象。

压力水管（penstock）：一个管道或者有闸的人工水道，控制坝后面的水的流动。

压强（pressure）：表示压力作用的效果的物理量，当力分布于一定面积并且垂直作用于物体表面时，就会产生压强。

阳极（anode）：带负电的电极。

样品（prototype）：一种专门用来检测设计方案的工作模型。

摇杆（rocker）：有一个固定点，在一定的角度范围内可以旋转的杆件。

一致意见（consensus）：总体上的统一意见。

乙醇（ethanol）：是一种替代燃料，用可再生、可持续的原料生产。

溢流阀（pressure relief valve）：一种安全阀门，在液压回路中可将液体放回蓄液池中，在压力过大时可以保护泵机和其他部件。

阴极（cathode）：带正电的电极。

英吉利海峡隧道（Channel Tunnel）：位于英吉利海峡底部的一条连接英法两国的海底铁路隧道。

有限元分析（finite element analysis，FEA）：一种基于计算机的设计分析工具，使用者通过它可以对三维的CAD模型施加虚拟的作用力或压力，计算机可模拟出模型产生的挠度、应力及其他效应。

元素（element）：仅由一种原子组成的物质，不能用化学方法分解成更简单的形式。

原动机（prime mover）：一种驱动液压泵或空气压缩机的装置，例如电动机或内燃机。

原子（atom）：物质中保持元素性质的最小的不可分单元，是元素最基本的组成单位。

原子核（nucleus）：原子核位于原子的中心，由质子和中子组成。

原子序数（atomic number）：存在于原子核中的质子的数目。

约束条件（constraint）：在设计项目中设定的限制，比如，项目时间期限、预算、材料或者制造方法。

Z

真空发生器（vacuum generator）：一种含有文丘里管的气动装置，通过使压缩空气的流速增加来产生吸力。

支撑绳（support cable）：滑轮系统中承受全部或者部分负载的一段绳索。

支点（fulcrum）：杠杆、轮子或连杆的旋转点。

执行机构（actuator）：流体压力传动系统中，将流体压力转为机械运动以移动负载的设备。

止回阀（check valve）：一种单向阀，只允许流体单方向流动。

指标（criteria）：评判一个设计是否可采纳的具体标准。

质子（proton）：位于原子核中的亚原子粒子，带一个正电荷。

中间齿轮（idler gear）：齿轮传动系统中在主动齿轮和从动齿轮之间的齿轮，用于维持或改变主、从动齿轮之间旋转的方向。

中世纪（Middle Ages）：公元400年到1500年的时代。

中子（neutron）：位于原子核中的亚原子粒子，不带电荷。

重力势能（potential gravitational energy）：在重力场中，由于物体的位置而储存在内部的能量。

轴承（bearing）：用于减小物体线性运动或转动时接触面间摩擦力的机械装置。

转矩（torque）：当一个力作用在物体上时，使该物体绕轴转动的趋势的大小。用小写希腊字母τ表示。

转矩（torque）：使物体发生转动的一种特殊的力矩，用小写希腊字母τ表示。

转矩比（torque ratio, TR）：输入齿轮和输出齿轮的转矩之比。

转速（rotational speed）：衡量物体沿轴旋转的速度大小；用希腊小写字母ω表示。

转速比（speed ratio）：齿轮组的输入齿轮和输出齿轮之间的转速之比。

装配（assembly）：将部件拼装，使其成为一个完整单元的动作。

阻力（resistance）：机械装置要完成任务必须克服的力。

图书在版编目（CIP）数据

工程原理. 上/（美）布雷特·A. 汉德利，（美）戴维·M. 马歇尔，（美）克雷格·库恩著；黄兆祺等译. —上海：上海科技教育出版社，2017.12

（中小学工程教育丛书/张民生主编）

书名原文：Principles of Engineering

ISBN 978-7-5428-5958-7

Ⅰ. ①工… Ⅱ. ①布… ②戴… ③克… ④黄… Ⅲ. ①工程技术—原理—高中—教材Ⅳ. ①G634.931

中国版本图书馆CIP数据核字（2017）第100400号

责任编辑 赵 地 郑丁葳

装帧设计 杨 静

中小学工程教育丛书

工程原理（上）

布雷特·A. 汉德利（Brett A. Handley）

戴维·M. 马歇尔（David M. Marshall） 著

克雷格·库恩（Craig Coon）

黄兆祺 楼初旸 唐楚虹 汪凡 王佳元 译

出版发行 上海科技教育出版社有限公司

（上海市柳州路218号 邮政编码200235）

网 址 www.sste.com www.ewen.co

经 销 各地新华书店

印 刷 上海普顺印刷包装有限公司

开 本 889×1194 1/16

印 张 18

版 次 2017年12月第1版

印 次 2017年12月第1次印刷

书 号 ISBN 978-7-5428-5958-7/G·3256

图 字 09-2016-202号

定 价 98.00元

Principles of Engineering
By
Brett Handley, Craig Coon and David M. Marshall